James R. Boise

The first three Books of Xenophon's Anabasis

James R. Boise

The first three Books of Xenophon's Anabasis

ISBN/EAN: 9783337138509

Printed in Europe, USA, Canada, Australia, Japan

Cover: Foto ©ninafisch / pixelio.de

More available books at **www.hansebooks.com**

CLASSICAL WORKS.
LATIN TEXT-BOOKS.

Historical Indexes, and a Map of Gaul. By J. A. SPENCER, D. D. 12mo. 408 pages.

Cicero's Select Orations. With Notes for the use of Schools and Colleges. By E. A. JOHNSON, Professor of Latin in the University of New York. 12mo. 459 pages.

Cicero de Officiis. With English Notes, mostly translated from Zumpt and Bonnell. By THOMAS A. THACHER, of Yale College. 12mo. 194 pages.

STANDARD CLASSICAL WORKS.

Horace, The Works of. With English Notes, for the use of Schools and Colleges. By J. L. LINCOLN, Professor of Latin Language and Literature in Brown University. 12mo. 575 pages.

Livy. Selections from the first five books, together with the twenty-first and twenty-second books entire. With a Plan of Rome, and a Map of the Passage of Hannibal, and English Notes for the use of Schools. By J. L. LINCOLN, Prof. of the Latin Language and Literature in Brown University. 12mo. 329 pages.

Quintus Curtius; Life and Exploits of Alexander the Great. Edited and illustrated with English Notes, by WILLIAM HENRY CROSBY. 12mo. 385 pages.

Sallust's Jugurtha and Catiline. With Notes and a Vocabulary. By BUTLER and STURGAS. 12mo. 397 pages.

It is believed that this will be found superior to any edition heretofore published in this country.

The Histories of Tacitus. With Notes for Colleges. By W. S. TYLER, Professor of Latin and Greek in Amherst College. 12mo. 453 pages.

Tacitus's Germania and Agricola. With Notes for Colleges. By W. S. TYLER. 12mo. 193 pages.

Virgil's Æneid.* With Explanatory Notes. By HENRY FRIEZE, Professor of Latin in the State University of Michigan. (Recently published.) 12mo. 598 pages.

The type is unusually large and distinct. The work contains eighty-five engravings, which delineate the usages, customs, weapons, arts, and mythology of the ancients, with a vividness that can be attained only by pictorial illustrations.

GREEK TEXT-BOOKS.

A First Greek Book* and Introductory Reader. By A. HARKNESS, Ph. D., author of "Arnold's First Latin Book," "Second Latin Book," etc. (Recently published.) 12mo. 276 pages.

Acts of the Apostles, according to the text of AUGUSTUS HAHN. With Notes and a Lexicon by JOHN J. OWEN, D.D., LL. D. With Map. 12mo.

Arnold's First Greek Book,* on the Plan of the First Latin Book. 12mo. 297 pages.

Arnold's Practical Introduction to Greek Prose Composition.* 12mo. 297 pages.

——— **Second Part to the above.*** 12mo. 248 pages.

☞ SEE END OF THIS VOLUME.

THE

FIRST THREE BOOKS

OF

XENOPHON'S ANABASIS:

WITH

EXPLANATORY NOTES,

AND

REFERENCES TO HADLEY'S AND KÜHNER'S GREEK GRAMMARS,
AND TO GOODWIN'S GREEK MOODS AND TENSES;

A COPIOUS

GREEK-ENGLISH VOCABULARY;

AND

KIEPERT'S MAP OF THE ROUTE OF THE TEN THOUSAND.

BY

JAMES R. BOISE,
PROFESSOR IN THE UNIVERSITY OF MICHIGAN.

NEW YORK:
D. APPLETON AND COMPANY,
549 & 551 BROADWAY.
1871.

Entered, according to Act of Congress, in the year 1864, by
D. APPLETON & COMPANY,
in the Clerk's Office of the District Court of the United States for the Southern District of New York.

PREFACE.

THIS work has been prepared at the suggestion of several of the most eminent classical teachers in this country. It is intended exclusively for those who are preparing for college. The notes are consequently for the most part elementary; and are accompanied with numerous questions, and references to the grammars mentioned on the title-page. The references to Kühner are chiefly to the Elementary Grammar. The few references to the Larger Grammar are indicated by the letters L. G. While an attempt has been made to bring to the attention of the learner all the leading principles of Greek Syntax, introducing them as nearly as possible in the order of the various topics as presented in the best grammars, particular attention has been paid to the tenses and moods, to the structure of hypothetical sentences, and to the particles, especially to the use of the negatives. Above all, it has been the aim of the Editor to accustom the learner to the constant use of his grammar; and it is believed that no teacher can do his pupil a greater service than by holding him to a strict account of all the grammatical principles to which reference is made in the notes on his daily lessons. The thoroughness of the learner in this respect will depend in a great degree on the fidelity and strictness of the teacher.

The text of this edition is substantially that of Hertlein (2d ed. 1854, Weidmannsche Buchhandlung), with a very few variations adopted from L. Dindorf (2d ed. Oxford, 1855). The omission of the breathings over ρρ, and the use of small instead of capital letters at the beginning of sentences in the midst of paragraphs, is in conformity with the usage adopted in the greater part of the most critical editions of Greek authors recently published in Europe. Whatever the Editor's personal preferences may have been on this point, he did not feel at liberty to depart from the usage of nearly all the best editions of the Anabasis to which he has had access.

In the notes and vocabulary, some variations may be found in the accentuation of such expressions as τὲ ... τέ, or τὲ ... τε, or τέ ... τέ, or even τε ... τε; καὶ ... καί, or ͵καὶ ... καὶ, or καί ... καί, and the like, all of which forms are found in the most critical grammars now in general use, and for each of which, a reason may be given. The first of the above forms (adopted by Kühner and Krüger in their editions of the Anabasis) will generally be found in this work.

In addition to the helps formerly used, and acknowledged in the Preface of my first edition of the Anabasis (1856), I have now been able to avail myself of the excellent edition of the first three books of the Anabasis by Vollbrecht (Leipsic, 1857). Particular acknowledgments are due to Prof. S. H. Taylor, LL. D., of Andover, Mass., for the valuable assistance derived from his work, entitled Method of Classical Study, which contains the first chapter of the Anabasis with critical notes and questions (a work which every classical teacher in the country should not only have in his library, but carefully study) ; also to Mr. James M. Whiton, of New Haven, Ct., who, in his Companion-Book to Hadley's Greek Grammar, has included the eighth chapter of the first book of the Anabasis with critical notes. Both these works have been most carefully examined, and many valuable suggestions have been received from them.

The vocabulary at the end of the volume is the result of much labor, and will be found, it is hoped, an important aid to the learner. Should any teacher or student discover any omissions of words used in the first three books of the Anabasis, I should feel under great obligations to him if he would have the kindness to call my attention to them. In the preparation of the vocabulary, the following works have been chiefly used :—the well-known Lexicon Xenophonteum, by Sturz ; a Lexicon of the Anabasis, by C. G. Krüger (Berlin, 1849) ; another by K. Matthiæ (Leipsic, 1852) ; and another by F. C. Theisz (Leipsic, 1858).

Ann Arbor, Mich., *October*, 1862.

MAP SHOWING THE PERT.

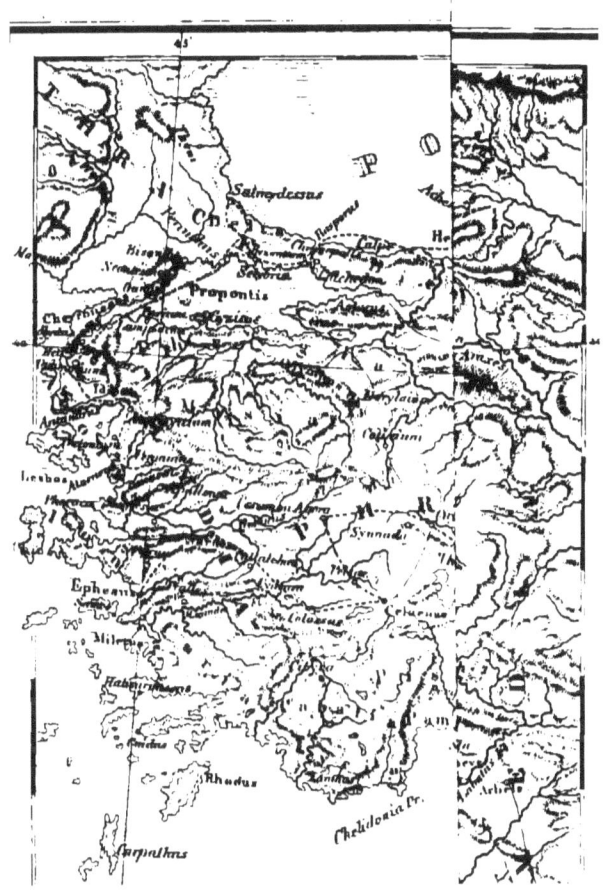

ΞΕΝΟΦΩΝΤΟΣ
ΚΥΡΟΥ ΑΝΑΒΑΣΙΣ.

BOOK I.

Δαρείου καὶ Παρυσάτιδος γίγνονται παῖδες δύο, 1 πρεσβύτερος μὲν Ἀρταξέρξης, νεώτερος δὲ Κῦρος. ἐπεὶ δὲ ἠσθένει Δαρεῖος καὶ ὑπώπτευε τελευτὴν τοῦ βίου, ἐβούλετο τὼ παῖδε ἀμφοτέρω παρεῖναι. ὁ μὲν 2 οὖν πρεσβύτερος παρὼν ἐτύγχανε· Κῦρον δὲ μεταπέμπεται ἀπὸ τῆς ἀρχῆς, ἧς αὐτὸν σατράπην ἐποίησε, καὶ στρατηγὸν δὲ αὐτὸν ἀπέδειξε πάντων, ὅσοι εἰς Καστωλοῦ πεδίον ἀθροίζονται. ἀναβαίνει οὖν ὁ Κῦρος λαβὼν Τισσαφέρνην ὡς φίλον, καὶ τῶν Ἑλλήνων δὲ ἔχων ὁπλίτας ἀνέβη τριακοσίους, ἄρχοντα δὲ αὐτῶν Ξενίαν Παρράσιον. ἐπεὶ δὲ ἐτελεύτησε Δαρεῖος, καὶ 3 κατέστη εἰς τὴν βασιλείαν Ἀρταξέρξης, Τισσαφέρνης διαβάλλει τὸν Κῦρον πρὸς τὸν ἀδελφόν, ὡς ἐπιβουλεύοι αὐτῷ. ὁ δὲ πείθεταί τε καὶ συλλαμβάνει Κῦρον ὡς ἀποκτενῶν· ἡ δὲ μήτηρ ἐξαιτησαμένη αὐτὸν ἀποπέμπει πάλιν ἐπὶ τὴν ἀρχήν. ὁ δ' ὡς ἀπῆλθε κιν- 4 δυνεύσας καὶ ἀτιμασθείς, βουλεύεται, ὅπως μήποτε ἔτι ἔσται ἐπὶ τῷ ἀδελφῷ, ἀλλ', ἢν δύνηται, βασιλεύσει ἀντ' ἐκείνου. Παρύσατις μὲν δὴ ἡ μήτηρ ὑπῆρχε τῷ Κύρῳ, φιλοῦσα αὐτὸν μᾶλλον ἢ τὸν βασιλεύοντα Ἀρταξέρξην. ὅστις δ' ἀφικνεῖτο τῶν παρὰ βασιλέως 5 πρὸς αὐτόν, πάντας οὕτω διατιθεὶς ἀπεπέμπετο, ὥστε

αὐτῷ μᾶλλον φίλους εἶναι ἢ βασιλεῖ. καὶ τῶν παρ
ἑαυτῷ δὲ βαρβάρων ἐπεμελεῖτο ὡς πολεμεῖν τε ἱκανοὶ
εἴησαν καὶ εὐνοϊκῶς ἔχοιεν αὐτῷ. τὴν δὲ Ἑλληνικὴν
δύναμιν ἤθροιζεν ὡς μάλιστα ἐδύνατο ἐπικρυπτόμενος,
ὅπως ὅτι ἀπαρασκευότατον λάβοι βασιλέα. ὧδε οὖν
ἐποιεῖτο τὴν συλλογήν. ὁπόσας εἶχε φυλακὰς ἐν ταῖς
πόλεσι, παρήγγειλε τοῖς φρουράρχοις ἑκάστοις λαμβά-
νειν ἄνδρας Πελοποννησίους ὅτι πλείστους καὶ βελτί-
στους, ὡς ἐπιβουλεύοντος Τισσαφέρνους ταῖς πόλεσι.
καὶ γὰρ ἦσαν αἱ Ἰωνικαὶ πόλεις Τισσαφέρνους τὸ
ἀρχαῖον, ἐκ βασιλέως δεδομέναι, τότε δ' ἀφεστήκεσαν
πρὸς Κῦρον πᾶσαι πλὴν Μιλήτου. ἐν Μιλήτῳ δὲ
Τισσαφέρνης προαισθόμενος τὰ αὐτὰ ταῦτα βουλευο-
μένους, ἀποστῆναι πρὸς Κῦρον, τοὺς μὲν αὐτῶν ἀπέ-
κτεινε, τοὺς δ' ἐξέβαλεν. ὁ δὲ Κῦρος ὑπολαβὼν τοὺς
φεύγοντας, συλλέξας στράτευμα ἐπολιόρκει Μίλητον
καὶ κατὰ γῆν καὶ κατὰ θάλατταν, καὶ ἐπειρᾶτο κατά-
γειν τοὺς ἐκπεπτωκότας. καὶ αὕτη αὖ ἄλλη πρόφασις
ἦν αὐτῷ τοῦ ἀθροίζειν στράτευμα. πρὸς δὲ βασιλέα
πέμπων ἠξίου ἀδελφὸς ὢν αὐτοῦ δοθῆναι οἷ ταύτας τὰς
πόλεις μᾶλλον ἢ Τισσαφέρνην ἄρχειν αὐτῶν, καὶ ἡ
μήτηρ συνέπραττεν αὐτῷ ταῦτα· ὥστε βασιλεὺς τῆς
μὲν πρὸς ἑαυτὸν ἐπιβουλῆς οὐκ ᾐσθάνετο, Τισσαφέρνει
δὲ ἐνόμιζε πολεμοῦντα αὐτὸν ἀμφὶ τὰ στρατεύματα
δαπανᾶν· ὥστε οὐδὲν ἤχθετο αὐτῶν πολεμούντων. καὶ
γὰρ ὁ Κῦρος ἀπέπεμπε τοὺς γιγνομένους δασμοὺς βασι
λεῖ ἐκ τῶν πόλεων ὧν Τισσαφέρνης ἐτύγχανεν ἔχων.
ἄλλο δὲ στράτευμα αὐτῷ συνελέγετο ἐν Χερρονήσῳ
τῇ καταντιπέρας Ἀβύδου τόνδε τὸν τρόπον. Κλέαρχος
Λακεδαιμόνιος φυγὰς ἦν· τούτῳ συγγενόμενος ὁ Κῦρος
ἠγάσθη τε αὐτὸν καὶ δίδωσιν αὐτῷ μυρίους δαρεικούς.
ὁ δὲ λαβὼν τὸ χρυσίον στράτευμα συνέλεξεν ἀπὸ τού-
των τῶν χρημάτων, καὶ ἐπολέμει ἐκ Χερρονήσου ὁρμώ-
μενος τοῖς Θρᾳξὶ τοῖς ὑπὲρ Ἑλλήσποντον οἰκοῦσι, καὶ

ὠφέλει τοὺς "Ελληνας· ὥστε καὶ χρήματα συνεβάλλοντο αὐτῷ εἰς τὴν τροφὴν τῶν στρατιωτῶν αἱ Ἑλλησποντιακαὶ πόλεις ἑκοῦσαι. τοῦτο δ' αὖ οὕτω τρεφόμενον ἐλάνθανεν αὐτῷ τὸ στράτευμα. Ἀρίστιππος δὲ 10 ὁ Θετταλὸς ξένος ὢν ἐτύγχανεν αὐτῷ, καὶ πιεζόμενος ὑπὸ τῶν οἴκοι ἀντιστασιωτῶν ἔρχεται πρὸς τὸν Κῦρον, καὶ αἰτεῖ αὐτὸν εἰς δισχιλίους ξένους καὶ τριῶν μηνῶν μισθόν, ὡς οὕτω περιγενόμενος ἂν τῶν ἀντιστασιωτῶν. ὁ δὲ Κῦρος δίδωσιν αὐτῷ εἰς τετρακισχιλίους καὶ ἓξ μηνῶν μισθόν, καὶ δεῖται αὐτοῦ μὴ πρόσθεν καταλῦσαι πρὸς τοὺς ἀντιστασιώτας πρὶν ἂν αὐτῷ συμβουλεύσηται. οὕτω δὲ αὖ τὸ ἐν Θετταλίᾳ ἐλάνθανεν αὐτῷ τρεφόμενον στράτευμα. Πρόξενον δὲ τὸν Βοιώτιον 11 ξένον ὄντα αὐτῷ ἐκέλευσε λαβόντα ἄνδρας ὅτι πλείστους παραγενέσθαι, ὡς εἰς Πισίδας βουλόμενος στρατεύεσθαι, ὡς πράγματα παρεχόντων τῶν Πισιδῶν τῇ ἑαυτοῦ χώρᾳ. Σοφαίνετον δὲ τὸν Στυμφάλιον καὶ Σωκράτην τὸν Ἀχαιόν, ξένους ὄντας καὶ τούτους, ἐκέλευσεν ἄνδρας λαβόντας ἐλθεῖν ὅτι πλείστους, ὡς πολεμήσων Τισσαφέρνει σὺν τοῖς φυγάσι τῶν Μιλησίων. καὶ ἐποίουν οὕτως οὗτοι.

Ἐπεὶ δ' ἐδόκει ἤδη πορεύεσθαι αὐτῷ ἄνω, τὴν μὲν 2 πρόφασιν ἐποιεῖτο ὡς Πισίδας βουλόμενος ἐκβαλεῖν παντάπασιν ἐκ τῆς χώρας· καὶ ἀθροίζει ὡς ἐπὶ τούτους τό τε βαρβαρικὸν καὶ τὸ Ἑλληνικὸν ἐνταῦθα στράτευμα· καὶ παραγγέλλει τῷ τε Κλεάρχῳ λαβόντι ἥκειν ὅσον ἦν αὐτῷ στράτευμα, καὶ τῷ Ἀριστίππῳ συναλλαγέντι πρὸς τοὺς οἴκοι ἀποπέμψαι πρὸς ἑαυτὸν ὃ εἶχε στράτευμα, καὶ Ξενίᾳ τῷ Ἀρκάδι, ὃς αὐτῷ προεστήκει τοῦ ἐν ταῖς πόλεσι ξενικοῦ, ἥκειν παραγγέλλει λαβόντα τοὺς ἄνδρας πλὴν ὁπόσοι ἱκανοὶ ἦσαν τὰς ἀκροπόλεις φυλάττειν. ἐκάλεσε δὲ καὶ τοὺς 3 Μίλητον πολιορκοῦντας, καὶ τοὺς φυγάδας ἐκέλευσε σὺν αὐτῷ στρατεύεσθαι, ὑποσχόμενος αὐτοῖς, εἰ καλῶς καταπράξειεν ἐφ' ἃ ἐστρατεύετο, μὴ πρόσθεν παύσασθαι, πρὶν αὐτοὺς καταγάγοι οἴκαδε. οἱ δὲ ἡδέως ἐπείθοντο· ἐπίστευον γὰρ αὐτῷ· καὶ λαβόντες τὰ ὅπλα 3 παρῆσαν εἰς Σάρδεις. Ξενίας μὲν δὴ τοὺς ἐκ τῶν πόλεων λαβὼν παρεγένετο εἰς Σάρδεις, ὁπλίτας εἰς τετρακισχιλίους· Πρόξενος δὲ παρῆν ἔχων ὁπλίτας μὲν εἰς πεντακοσίους καὶ χιλίους, γυμνῆτας δὲ πεντακοσίους, Σοφαίνετος δὲ ὁ Στυμφάλιος ὁπλίτας ἔχων χιλίους, Σωκράτης δὲ ὁ Ἀχαιὸς ὁπλίτας ἔχων ὡς πεντακοσίους, Πασίων δὲ ὁ Μεγαρεὺς τριακοσίους μὲν ὁπλίτας, τριακοσίους δὲ πελταστὰς ἔχων παρεγένετο· ἦν δὲ καὶ οὗτος καὶ ὁ Σωκράτης τῶν ἀμφὶ Μίλητον 4 στρατευομένων. οὗτοι μὲν εἰς Σάρδεις αὐτῷ ἀφίκοντο. Τισσαφέρνης δὲ κατανοήσας ταῦτα, καὶ μείζονα ἡγησάμενος εἶναι ἢ ὡς ἐπὶ Πισίδας τὴν παρασκευήν, πορεύεται ὡς βασιλέα ᾗ ἐδύνατο τάχιστα, ἱππέας ἔχων ὡς 5 πεντακοσίους. καὶ βασιλεὺς μὲν δή, ἐπεὶ ἤκουσε παρὰ Τισσαφέρνους τὸν Κύρου στόλον, ἀντιπαρεσκευάζετο.

Κῦρος δὲ ἔχων οὓς εἴρηκα ὡρμᾶτο ἀπὸ Σάρδεων· καὶ ἐξελαύνει διὰ τῆς Λυδίας σταθμοὺς τρεῖς, παρασάγγας εἴκοσι καὶ δύο, ἐπὶ τὸν Μαίανδρον ποταμόν. τούτου τὸ εὖρος δύο πλέθρα· γέφυρα δὲ ἐπῆν ἐζευγμένη 6 πλοίοις ἑπτά. τοῦτον διαβὰς ἐξελαύνει διὰ Φρυγίας σταθμὸν ἕνα, παρασάγγας ὀκτώ, εἰς Κολοσσάς, πόλιν οἰκουμένην, εὐδαίμονα καὶ μεγάλην. ἐνταῦθα ἔμεινεν ἡμέρας ἑπτά· καὶ ἧκε Μένων ὁ Θετταλός, ὁπλίτας ἔχων χιλίους καὶ πελταστὰς πεντακοσίους, Δόλοπας 7 καὶ Αἰνιᾶνας καὶ Ὀλυνθίους. ἐντεῦθεν ἐξελαύνει σταθμοὺς τρεῖς, παρασάγγας εἴκοσιν, εἰς Κελαινάς, τῆς Φρυγίας πόλιν οἰκουμένην, μεγάλην καὶ εὐδαίμονα. ἐνταῦθα Κύρῳ βασίλεια ἦν καὶ παράδεισος μέγας, ἀγρίων θηρίων πλήρης, ἃ ἐκεῖνος ἐθήρευεν ἀπὸ ἵππου, ὁπότε γυμνάσαι βούλοιτο ἑαυτόν τε καὶ τοὺς ἵππους. διὰ μέσου δὲ τοῦ παραδείσου ῥεῖ ὁ Μαίανδρος ποταμός·

αἱ δὲ πηγαὶ αὐτοῦ εἰσιν ἐκ τῶν βασιλείων· ῥεῖ δὲ καὶ διὰ τῆς Κελαινῶν πόλεως. ἔστι δὲ καὶ μεγάλου βασιλέως βασίλεια ἐν Κελαιναῖς ἐρυμνὰ ἐπὶ ταῖς πηγαῖς τοῦ Μαρσύου ποταμοῦ ὑπὸ τῇ ἀκροπόλει· ῥεῖ δὲ καὶ οὗτος διὰ τῆς πόλεως καὶ ἐμβάλλει εἰς τὸν Μαίανδρον· τοῦ δὲ Μαρσύου τὸ εὖρός ἐστιν εἴκοσι καὶ πέντε ποδῶν. ἐνταῦθα λέγεται Ἀπόλλων ἐκδεῖραι Μαρσύαν, νικήσας ἐρίζοντά οἱ περὶ σοφίας, καὶ τὸ δέρμα κρεμάσαι ἐν τῷ ἄντρῳ, ὅθεν αἱ πηγαί· διὰ δὲ τοῦτο ὁ ποταμὸς καλεῖται Μαρσύας. ἐνταῦθα Ξέρξης, ὅτε ἐκ τῆς Ἑλλάδος ἡττηθεὶς τῇ μάχῃ ἀπεχώρει, λέγεται οἰκοδομῆσαι ταῦτά τε τὰ βασίλεια καὶ τὴν Κελαινῶν ἀκρόπολιν. ἐνταῦθα ἔμεινε Κῦρος ἡμέρας τριάκοντα· καὶ ἧκε Κλέαρχος ὁ Λακεδαιμόνιος, φυγάς, ἔχων ὁπλίτας χιλίους καὶ πελταστὰς Θρᾷκας ὀκτακοσίους καὶ τοξότας Κρῆτας διακοσίους. ἅμα δὲ καὶ Σωσίας παρῆν ὁ Συρακόσιος ἔχων ὁπλίτας τριακοσίους καὶ Σοφαίνετος ὁ Ἀρκὰς ἔχων ὁπλίτας χιλίους. καὶ ἐνταῦθα Κῦρος ἐξέτασιν καὶ ἀριθμὸν τῶν Ἑλλήνων ἐποίησεν ἐν τῷ παραδείσῳ, καὶ ἐγένοντο οἱ σύμπαντες ὁπλῖται μὲν μύριοι καὶ χίλιοι, πελτασταὶ δὲ ἀμφὶ τοὺς δισχιλίους. ἐντεῦθεν ἐξελαύνει σταθμοὺς δύο, παρασάγγας δέκα, εἰς Πέλτας, πόλιν οἰκουμένην. ἐνταῦθ᾽ ἔμεινεν ἡμέρας τρεῖς· ἐν αἷς Ξενίας ὁ Ἀρκὰς τὰ Λύκαια ἔθυσε καὶ ἀγῶνα ἔθηκε· τὰ δὲ ἆθλα ἦσαν στλεγγίδες χρυσαῖ· ἐθεώρει δὲ τὸν ἀγῶνα καὶ Κῦρος. ἐντεῦθεν ἐξελαύνει σταθμοὺς δύο, παρασάγγας δώδεκα, εἰς Κεραμῶν ἀγοράν, πόλιν οἰκουμένην, ἐσχάτην πρὸς τῇ Μυσίᾳ χώρᾳ. ἐντεῦθεν ἐξελαύνει σταθμοὺς τρεῖς, παρασάγγας τριάκοντα, εἰς Καΰστρου πεδίον, πόλιν οἰκουμένην. ἐνταῦθ᾽ ἔμεινεν ἡμέρας πέντε· καὶ τοῖς στρατιώταις ὠφείλετο μισθὸς πλέον ἢ τριῶν μηνῶν, καὶ πολλάκις ἰόντες ἐπὶ τὰς θύρας ἀπῄτουν. ὁ δὲ ἐλπίδας λέγων διῆγε καὶ δῆλος ἦν ἀνιώμενος· οὐ γὰρ ἦν

12 πρὸς τοῦ Κύρου τρόπου ἔχοντα μὴ ἀποδιδόναι. ἐνταῦθα ἀφικνεῖται Ἐπύαξα ἡ Συεννέσιος γυνὴ τοῦ Κιλίκων βασιλέως παρὰ Κῦρον· καὶ ἐλέγετο Κύρῳ δοῦναι χρήματα πολλά. τῇ δ' οὖν στρατιᾷ τότε ἀπέδωκε Κῦρος μισθὸν τεττάρων μηνῶν. εἶχε δὲ ἡ Κίλισσα καὶ φύλακας περὶ αὐτὴν Κίλικας καὶ Ἀσπενδίους· ἐλέγετο 13 δὲ καὶ συγγενέσθαι Κῦρον τῇ Κιλίσσῃ. ἐντεῦθεν δὲ ἐξελαύνει σταθμοὺς δύο, παρασάγγας δέκα, εἰς Θύμβριον, πόλιν οἰκουμένην· ἐνταῦθα ἦν παρὰ τὴν ὁδὸν κρήνη ἡ Μίδου καλουμένη τοῦ Φρυγῶν βασιλέως, ἐφ' ᾗ λέγεται Μίδας τὸν Σάτυρον θηρεῦσαι οἴνῳ κεράσας 14 αὐτήν. ἐντεῦθεν ἐξελαύνει σταθμοὺς δύο, παρασάγγας δέκα, εἰς Τυριαῖον, πόλιν οἰκουμένην. ἐνταῦθα ἔμεινεν ἡμέρας τρεῖς. καὶ λέγεται δεηθῆναι ἡ Κίλισσα Κύρου ἐπιδεῖξαι τὸ στράτευμα αὐτῇ. βουλόμενος οὖν ἐπιδεῖξαι ἐξέτασιν ποιεῖται ἐν τῷ πεδίῳ τῶν Ἑλλήνων 15 καὶ τῶν βαρβάρων. ἐκέλευσε δὲ τοὺς Ἕλληνας, ὡς νόμος αὐτοῖς εἰς μάχην, οὕτω ταχθῆναι καὶ στῆναι, συντάξαι δὲ ἕκαστον τοὺς ἑαυτοῦ. ἐτάχθησαν οὖν ἐπὶ τεττάρων. εἶχε δὲ τὸ μὲν δεξιὸν Μένων καὶ οἱ σὺν αὐτῷ, τὸ δὲ εὐώνυμον Κλέαρχος καὶ οἱ ἐκείνου, τὸ δὲ 16 μέσον οἱ ἄλλοι στρατηγοί. ἐθεώρει οὖν ὁ Κῦρος πρῶτον μὲν τοὺς βαρβάρους· οἱ δὲ παρήλαυνον τεταγμένοι κατὰ ἴλας καὶ κατὰ τάξεις· εἶτα δὲ τοὺς Ἕλληνας, παρελαύνων ἐφ' ἅρματος καὶ ἡ Κίλισσα ἐφ' ἁρμαμάξης. εἶχον δὲ πάντες κράνη χαλκᾶ καὶ χιτῶνας φοινικοῦς καὶ κνημῖδας καὶ τὰς ἀσπίδας ἐκκεκαλυμ-17 μένας. ἐπειδὴ δὲ πάντας παρήλασε, στήσας τὸ ἅρμα πρὸ τῆς φάλαγγος, πέμψας Πίγρητα τὸν ἑρμηνέα παρὰ τοὺς στρατηγοὺς τῶν Ἑλλήνων ἐκέλευσε προβαλέσθαι τὰ ὅπλα καὶ ἐπιχωρῆσαι ὅλην τὴν φάλαγγα. οἱ δὲ ταῦτα προεῖπον τοῖς στρατιώταις· καὶ ἐπεὶ ἐσάλπιγξε, προβαλλόμενοι τὰ ὅπλα ἐπῇσαν. ἐκ δὲ τούτου θᾶττον προϊόντων σὺν κραυγῇ ἀπὸ τοῦ αὐτομάτου

δρόμος ἐγένετο τοῖς στρατιώταις ἐπὶ τὰς σκηνάς, τῶν δὲ βαρβάρων φόβος πολὺς καὶ ἄλλοις καὶ ἥ τε 8 Κίλισσα ἔφυγεν ἐκ τῆς ἁρμαμάξης καὶ οἱ ἐκ τῆς ἀγορᾶς καταλιπόντες τὰ ὤνια ἔφυγον· οἱ δὲ Ἕλληνες σὺν γέλωτι ἐπὶ τὰς σκηνὰς ἦλθον. ἡ δὲ Κίλισσα ἰδοῦσα τὴν λαμπρότητα καὶ τὴν τάξιν τοῦ στρατεύματος ἐθαύμασε. Κῦρος δὲ ἥσθη τὸν ἐκ τῶν Ἑλλήνων εἰς τοὺς βαρβάρους φόβον ἰδών. ἐντεῦθεν ἐξελαύνει 10 σταθμοὺς τρεῖς, παρασάγγας εἴκοσιν, εἰς Ἰκόνιον, τῆς Φρυγίας πόλιν ἐσχάτην. ἐνταῦθα ἔμεινε τρεῖς ἡμέρας. ἐντεῦθεν ἐξελαύνει διὰ τῆς Λυκαονίας σταθμοὺς πέντε, παρασάγγας τριάκοντα. ταύτην τὴν χώραν ἐπέτρεψε διαρπάσαι τοῖς Ἕλλησιν ὡς πολεμίαν οὖσαν. ἐντεῦ- 20 θεν Κῦρος τὴν Κίλισσαν εἰς τὴν Κιλικίαν ἀποπέμπει τὴν ταχίστην ὁδόν, καὶ συνέπεμψεν αὐτῇ στρατιώτας οὓς Μένων εἶχε καὶ αὐτόν. Κῦρος δὲ μετὰ τῶν ἄλλων ἐξελαύνει διὰ Καππαδοκίας σταθμοὺς τέτταρας, παρασάγγας εἴκοσι καὶ πέντε, πρὸς Δάναν, πόλιν οἰκουμένην, μεγάλην καὶ εὐδαίμονα. ἐνταῦθα ἔμειναν ἡμέρας τρεῖς· ἐν ᾧ Κῦρος ἀπέκτεινεν ἄνδρα Πέρσην Μεγαφέρνην, φοινικιστὴν βασίλειον, καὶ ἕτερόν τινα τῶν ὑπάρχων δυνάστην, αἰτιασάμενος ἐπιβουλεύειν αὐτῷ. ἐντεῦθεν 21 ἐπειρῶντο εἰσβάλλειν εἰς τὴν Κιλικίαν· ἡ δὲ εἰσβολὴ ἦν ὁδὸς ἁμαξιτὸς ὀρθία ἰσχυρῶς καὶ ἀμήχανος εἰσελθεῖν στρατεύματι, εἴ τις ἐκώλυεν. ἐλέγετο δὲ καὶ Συέννεσις εἶναι ἐπὶ τῶν ἄκρων φυλάττων τὴν εἰσβολήν· δι' ὃ ἔμεινεν ἡμέραν ἐν τῷ πεδίῳ. τῇ δ' ὑστεραίᾳ ἧκεν ἄγγελος λέγων, ὅτι λελοιπὼς εἴη Συέννεσις τὰ ἄκρα, ἐπεὶ ᾔσθετο, ὅτι τὸ Μένωνος στράτευμα ἤδη ἐν Κιλικίᾳ ἦν εἴσω τῶν ὀρέων, καὶ ὅτι τριήρεις ἤκουε περιπλεούσας ὑπ' Ἰωνίας εἰς Κιλικίαν Ταμὼν ἔχοντα τὰς Λακεδαιμονίων καὶ αὐτοῦ Κύρου. Κῦρος δ' οὖν ἀνέβη 22 ἐπὶ τὰ ὄρη οὐδενὸς κωλύοντος, καὶ εἶδε τὰς σκηνάς, οὗ οἱ Κίλικες ἐφύλαττον. ἐντεῦθεν δὲ κατέβαινεν εἰς

πεδίον μέγα καὶ καλόν, ἐπίρρυτον, καὶ δένδρων παντο
δαπῶν σύμπλεων καὶ ἀμπέλων. πολὺ δὲ καὶ σήσαμον
καὶ μελίνην καὶ κέγχρον καὶ πυροὺς καὶ κριθὰς φέρει.
ὄρος δ' αὐτὸ περιέχει ὀχυρὸν καὶ ὑψηλὸν πάντῃ ἐκ
23 θαλάττης εἰς θάλατταν. καταβὰς δὲ διὰ τούτου τοῦ
πεδίου ἤλασε σταθμοὺς τέτταρας, παρασάγγας πέντε
καὶ εἴκοσιν, εἰς Ταρσούς, τῆς Κιλικίας πόλιν μεγάλην
καὶ εὐδαίμονα. ἐνταῦθα ἦσαν τὰ Συεννέσιος βασίλεια
τοῦ Κιλίκων βασιλέως· διὰ μέσης δὲ τῆς πόλεως ῥεῖ
24 ποταμὸς Κύδνος ὄνομα, εὖρος δύο πλέθρων. ταύτην
τὴν πόλιν ἐξέλιπον οἱ ἐνοικοῦντες μετὰ Συεννέσιος εἰς
χωρίον ὀχυρὸν ἐπὶ τὰ ὄρη πλὴν οἱ τὰ καπηλεῖα ἔχον-
τες· ἔμειναν δὲ καὶ οἱ παρὰ τὴν θάλατταν οἰκοῦντες
25 ἐν Σόλοις καὶ ἐν Ἰσσοῖς. Ἐπύαξα δὲ ἡ Συεννέσιος
γυνὴ προτέρα Κύρου πέντε ἡμέρας εἰς Ταρσοὺς ἀφί-
κετο. ἐν δὲ τῇ ὑπερβολῇ τῶν ὀρῶν τῶν εἰς τὸ πεδίον
δύο λόχοι τοῦ Μένωνος στρατεύματος ἀπώλοντο· οἱ
μὲν ἔφασαν ἁρπάζοντάς τι κατακοπῆναι ὑπὸ τῶν Κιλί-
κων, οἱ δὲ ὑπολειφθέντας, καὶ οὐ δυναμένους εὑρεῖν
τὸ ἄλλο στράτευμα οὐδὲ τὰς ὁδοὺς εἶτα πλανωμένους
26 ἀπολέσθαι· ἦσαν δ' οὖν οὗτοι ἑκατὸν ὁπλῖται. οἱ δ'
ἄλλοι ἐπεὶ ἧκον, τήν τε πόλιν τοὺς Ταρσοὺς διήρπα-
σαν, διὰ τὸν ὄλεθρον τῶν συστρατιωτῶν ὀργιζόμενοι,
καὶ τὰ βασίλεια τὰ ἐν αὐτῇ. Κῦρος δὲ ἐπεὶ εἰσή-
λασεν εἰς τὴν πόλιν μετεπέμπετο τὸν Συέννεσιν πρὸς
ἑαυτόν· ὁ δ' οὔτε πρότερον οὐδενί πω κρείττονι ἑαυτοῦ
εἰς χεῖρας ἐλθεῖν ἔφη οὔτε τότε Κύρῳ ἰέναι ἤθελε,
27 πρὶν ἡ γυνὴ αὐτὸν ἔπεισε καὶ πίστεις ἔλαβε. μετὰ
δὲ ταῦτα ἐπεὶ συνεγένοντο ἀλλήλοις, Συέννεσις μὲν
ἔδωκε Κύρῳ χρήματα πολλὰ εἰς τὴν στρατιάν, Κῦρος
δὲ ἐκείνῳ δῶρα, ἃ νομίζεται παρὰ βασιλεῖ τίμια, ἵπ-
πον χρυσοχάλινον καὶ στρεπτὸν χρυσοῦν καὶ ψέλια
καὶ ἀκινάκην χρυσοῦν καὶ στολὴν Περσικήν, καὶ τὴν
χώραν μηκέτι ἁρπάζεσθαι, τὰ δὲ ἡρπασμένα ἀνδρά-
ποδα, ἤν που ἐντυγχάνωσιν. ἀπολαμβάνειν.

Ἐνταῦθα ἔμεινε Κῦρος καὶ ἡ στρατιὰ ἡμέρας εἴκο- 3
σιν· οἱ γὰρ στρατιῶται οὐκ ἔφασαν ἰέναι τοῦ πρόσω·
ὑπώπτευον γὰρ ἤδη ἐπὶ βασιλέα ἰέναι· μισθωθῆναι δὲ
οὐκ ἐπὶ τούτῳ ἔφασαν. πρῶτον δὲ Κλέαρχος τοὺς
αὑτοῦ στρατιώτας ἐβιάζετο ἰέναι· οἱ δὲ αὐτόν τε ἔβαλ-
λον καὶ τὰ ὑποζύγια τὰ ἐκείνου, ἐπεὶ ἤρξατο προϊέναι·
Κλέαρχος δὲ τότε μὲν μικρὸν ἐξέφυγε τὸ μὴ κατα- 2
πετρωθῆναι· ὕστερον δ', ἐπεὶ ἔγνω, ὅτι οὐ δυνήσεται
βιάσασθαι, συνήγαγεν ἐκκλησίαν τῶν αὑτοῦ στρατιω-
τῶν· καὶ πρῶτον μὲν ἐδάκρυε πολὺν χρόνον ἑστώς·
οἱ δὲ ὁρῶντες ἐθαύμαζον καὶ ἐσιώπων· εἶτα ἔλεξε
τοιάδε. Ἄνδρες στρατιῶται, μὴ θαυμάζετε, ὅτι χαλε- 3
πῶς φέρω τοῖς παροῦσι πράγμασιν. ἐμοὶ γὰρ Κῦρος
ξένος ἐγένετο, καί με φεύγοντα ἐκ τῆς πατρίδος τά τε
ἄλλα ἐτίμησε καὶ μυρίους ἔδωκε δαρεικούς· οὓς ἐγὼ
λαβὼν οὐκ εἰς τὸ ἴδιον κατεθέμην ἐμοί, ἀλλ' οὐδὲ καθη-
δυπάθησα, ἀλλ' εἰς ὑμᾶς ἐδαπάνων. καὶ πρῶτον μὲν 4
ἐπὶ τοὺς Θρᾷκας ἐπολέμησα καὶ ὑπὲρ τῆς Ἑλλάδος
ἐτιμωρούμην μεθ' ὑμῶν, ἐκ τῆς Χερρονήσου αὐτοὺς
ἐξελαύνων βουλομένους ἀφαιρεῖσθαι τοὺς ἐνοικοῦντας
Ἕλληνας τὴν γῆν. ἐπειδὴ δὲ Κῦρος ἐκάλει, λαβὼν
ὑμᾶς ἐπορευόμην, ἵνα, εἴ τι δέοιτο, ὠφελοίην αὐτὸν
ἀνθ' ὧν εὖ ἔπαθον ὑπ' ἐκείνου. ἐπεὶ δὲ ὑμεῖς οὐ βού- 5
λεσθε συμπορεύεσθαι, ἀνάγκη δή μοι ἢ ὑμᾶς προδόντα
τῇ Κύρου φιλίᾳ χρῆσθαι ἢ πρὸς ἐκεῖνον ψευσάμενον
μεθ' ὑμῶν ἰέναι. εἰ μὲν δὴ δίκαια ποιήσω οὐκ οἶδα,
αἱρήσομαι δ' οὖν ὑμᾶς, καὶ σὺν ὑμῖν ὅ,τι ἂν δέῃ πεί-
σομαι. καὶ οὔποτε ἐρεῖ οὐδείς, ὡς ἐγὼ Ἕλληνας ἀγα-
γὼν εἰς τοὺς βαρβάρους προδοὺς τοὺς Ἕλληνας τὴν
τῶν βαρβάρων φιλίαν εἱλόμην, ἀλλ' ἐπεὶ ὑμεῖς ἐμοὶ 6
οὐ θέλετε πείθεσθαι οὐδὲ ἕπεσθαι, ἐγὼ σὺν ὑμῖν ἕψο-
μαι καὶ ὅ,τι ἂν δέῃ πείσομαι. νομίζω γὰρ ὑμᾶς ἐμοὶ
εἶναι καὶ πατρίδα καὶ φίλους καὶ συμμάχους, καὶ σὺν
ὑμῖν μὲν ἂν οἶμαι εἶναι τίμιος, ὅπου ἂν ὦ, ὑμῶν δὲ

ἔρημος ὢν οὐκ ἂν ἱκανὸς εἶναι οἶμαι οὔτ' ἂν φίλοι ὠφελῆσαι οὔτ' ἂν ἐχθρὸν ἀλέξασθαι. ὡς ἐμοῦ οὖν ἰόντος ὅποι ἂν καὶ ὑμεῖς, οὕτω τὴν γνώμην ἔχετε.

7 ταῦτα εἶπεν· οἱ δὲ στρατιῶται, οἵ τε αὐτοῦ ἐκείνου καὶ οἱ ἄλλοι, ταῦτα ἀκούσαντες, ὅτι οὐ φαίη παρὰ βασιλέα πορεύεσθαι, ἐπῄνεσαν· παρὰ δὲ Ξενίου καὶ Πασίωνος πλείους ἢ δισχίλιοι λαβόντες τὰ ὅπλα καὶ τὰ σκευοφόρα ἐστρατοπεδεύσαντο παρὰ Κλεάρχῳ.

8 Κῦρος δὲ τούτοις ἀπορῶν τε καὶ λυπούμενος μετεπέμπετο τὸν Κλέαρχον· ὁ δὲ ἰέναι μὲν οὐκ ἤθελε, λάθρᾳ δὲ τῶν στρατιωτῶν πέμπων αὐτῷ ἄγγελον ἔλεγε θαρρεῖν, ὡς καταστησομένων τούτων εἰς τὸ δέον· μεταπέμπεσθαι δ' ἐκέλευεν αὐτόν· αὐτὸς δ' οὐκ ἔφη ἰέναι.

9 μετὰ δὲ ταῦτα συναγαγὼν τούς θ' ἑαυτοῦ στρατιώτας καὶ τοὺς προσελθόντας αὐτῷ καὶ τῶν ἄλλων τὸν βουλόμενον ἔλεξε τοιάδε. Ἄνδρες στρατιῶται, τὰ μὲν δὴ Κύρου δῆλον ὅτι οὕτως ἔχει πρὸς ἡμᾶς ὥσπερ τὰ ἡμέτερα πρὸς ἐκεῖνον· οὔτε γὰρ ἡμεῖς ἐκείνου ἔτι στρατιῶται, ἐπεί γε οὐ συνεπόμεθα αὐτῷ, οὔτε ἐκεῖνος ἔτι

10 ἡμῖν μισθοδότης. ὅτι μέντοι ἀδικεῖσθαι νομίζει ὑφ' ἡμῶν οἶδα· ὥστε καὶ μεταπεμπομένου αὐτοῦ οὐκ ἐθέλω ἐλθεῖν, τὸ μὲν μέγιστον, αἰσχυνόμενος, ὅτι σύνοιδα ἐμαυτῷ πάντα ἐψευσμένος αὐτόν, ἔπειτα καὶ δεδιὼς μὴ λαβών με δίκην ἐπιθῇ ὧν νομίζει ὑπ' ἐμοῦ ἠδική-

11 σθαι. ἐμοὶ οὖν δοκεῖ οὐχ ὥρα εἶναι ἡμῖν καθεύδειν οὐδ' ἀμελεῖν ἡμῶν αὐτῶν, ἀλλὰ βουλεύεσθαι ὅ, τι χρὴ ποιεῖν ἐκ τούτων. καὶ ἕως τε μένομεν αὐτοῦ, σκεπτέον μοι δοκεῖ εἶναι, ὅπως ἀσφαλέστατα μενοῦμεν, εἴ τε ἤδη δοκεῖ ἀπιέναι, ὅπως ἀσφαλέστατα ἄπιμεν, καὶ ὅπως τὰ ἐπιτήδεια ἕξομεν· ἄνευ γὰρ τούτων οὔτε

12 στρατηγοῦ οὔτε ἰδιώτου ὄφελος οὐδέν. ὁ δ' ἀνὴρ πολλοῦ μὲν ἄξιος φίλος ᾧ ἂν φίλος ᾖ, χαλεπώτατος δ' ἐχθρὸς ᾧ ἂν πολέμιος ᾖ. ἔχει δὲ δύναμιν καὶ πεζὴν καὶ ἱππικὴν καὶ ναυτικήν, ἣν πάντες ὁμοίως ὁρῶμέν τε

καὶ ἐπιστάμεθα· καὶ γὰρ οὐδὲ πόρρω δοκοῦμέν μοι αὐτοῦ καθῆσθαι· ὥστε ὥρα λέγειν ὅ, τι τις γιγνώσκει ἄριστον εἶναι. ταῦτα εἰπὼν ἐπαύσατο. ἐκ δὲ τούτου 13 ἀνίσταντο οἱ μὲν ἐκ τοῦ αὐτομάτου, λέξοντες ἃ ἐγίγνωσκον, οἱ δὲ καὶ ὑπ' ἐκείνου ἐγκέλευστοι, ἐπιδεικνύντες, οἵα εἴη ἡ ἀπορία ἄνευ τῆς Κύρου γνώμης καὶ μένειν καὶ ἀπιέναι. εἷς δὲ δὴ εἶπε, προσποιούμενος σπεύδειν 14 ὡς τάχιστα πορεύεσθαι εἰς τὴν Ἑλλάδα, στρατηγοὺς μὲν ἑλέσθαι ἄλλους ὡς τάχιστα, εἰ μὴ βούλεται Κλέαρχος ἀπάγειν· τὰ δ' ἐπιτήδεια ἀγοράζεσθαι· ἡ δ' ἀγορὰ ἦν ἐν τῷ βαρβαρικῷ στρατεύματι· καὶ συσκευάζεσθαι· ἐλθόντας δὲ Κῦρον αἰτεῖν πλοῖα, ὡς ἀποπλέοιεν· ἐὰν δὲ μὴ διδῷ ταῦτα, ἡγεμόνα αἰτεῖν Κῦρον, ὅστις διὰ φιλίας τῆς χώρας ἀπάξει· ἐὰν δὲ μηδὲ ἡγεμόνα διδῷ, συντάττεσθαι τὴν ταχίστην, πέμψαι δὲ καὶ προκαταληψομένους τὰ ἄκρα, ὅπως μὴ φθάσωσι μήτε Κῦρος μήτε οἱ Κίλικες καταλαβόντες, ὧν πολλοὺς καὶ πολλὰ χρήματα ἔχομεν ἀνηρπακότες. οὗτος μὲν δὴ τοιαῦτα εἶπε· μετὰ δὲ τοῦτον Κλέαρχος εἶπε τοσοῦτον. Ὡς μὲν στρατηγήσοντα ἐμὲ ταύτην 15 τὴν στρατηγίαν μηδεὶς ὑμῶν λεγέτω· πολλὰ γὰρ ἐνορῶ, δι' ἃ ἐμοὶ τοῦτο οὐ ποιητέον· ὡς δὲ τῷ ἀνδρὶ ὃν ἂν ἕλησθε πείσομαι ᾗ δυνατὸν μάλιστα, ἵνα εἰδῆτε ὅτι καὶ ἄρχεσθαι ἐπίσταμαι ὥς τις καὶ ἄλλος μάλιστα ἀνθρώπων. μετὰ τοῦτον ἄλλος ἀνέστη, ἐπιδεικνὺς μὲν 16 τὴν εὐήθειαν τοῦ τὰ πλοῖα αἰτεῖν κελεύοντος, ὥσπερ πάλιν τὸν στόλον Κύρου ποιουμένου, ἐπιδεικνὺς δὲ ὡς εὔηθες εἴη ἡγεμόνα αἰτεῖν παρὰ τούτου, ᾧ λυμαινόμεθα τὴν πρᾶξιν. εἰ δὲ καὶ τῷ ἡγεμόνι πιστεύσομεν ᾧ ἂν Κῦρος διδῷ, τί κωλύει καὶ τὰ ἄκρα ἡμῖν κελεύειν Κῦρον προκαταλαμβάνειν; ἐγὼ γὰρ ὀκνοίην 17 μὲν ἂν εἰς τὰ πλοῖα ἐμβαίνειν ἃ ἡμῖν δοίη, μὴ ἡμᾶς αὐταῖς ταῖς τριήρεσι καταδύσῃ, φοβοίμην δ' ἂν τῷ ἡγεμόνι ᾧ δοίη ἕπεσθαι, μὴ ἡμᾶς ἀγάγῃ ὅθεν οὐχ

οἷόν τε ἔσται ἐξελθεῖν, βουλοίμην δ' ἂν ἄκοντος ἀπιὼν Κύρου λαθεῖν αὐτὸν ἀπελθών· ὃ οὐ δυνατόν ἐστιν.
18 ἀλλ' ἐγώ φημι ταῦτα μὲν φλυαρίας εἶναι· δοκεῖ δέ μοι ἄνδρας ἐλθόντας πρὸς Κῦρον οἵτινες ἐπιτήδειοι σὺν Κλεάρχῳ ἐρωτᾶν ἐκεῖνον, τί βούλεται ἡμῖν χρῆσθαι· καὶ ἐὰν μὲν ἡ πρᾶξις ᾖ παραπλησία οἷάπερ καὶ πρόσθεν ἐχρῆτο τοῖς ξένοις, ἔπεσθαι καὶ ἡμᾶς, καὶ μὴ
19 κακίους εἶναι τῶν πρόσθεν τούτῳ συναναβάντων· ἐὰν δὲ μείζων ἡ πρᾶξις τῆς πρόσθεν φαίνηται καὶ ἐπιπονωτέρα καὶ ἐπικινδυνοτέρα, ἀξιοῦν ἢ πείσαντα ἡμᾶς ἄγειν ἢ πεισθέντα πρὸς φιλίαν ἀφιέναι· οὕτω γὰρ καὶ ἑπόμενοι ἂν φίλοι αὐτῷ καὶ πρόθυμοι ἐποίμεθα καὶ ἀπιόντες ἀσφαλῶς ἂν ἀπίοιμεν· ὅ, τι δ' ἂν πρὸς ταῦτα λέγῃ, ἀπαγγεῖλαι δεῦρο· ἡμᾶς δ' ἀκούσαντας
20 πρὸς ταῦτα βουλεύεσθαι. ἔδοξε ταῦτα, καὶ ἄνδρας ἑλόμενοι σὺν Κλεάρχῳ πέμπουσιν, οἳ ἠρώτων Κῦρον τὰ δόξαντα τῇ στρατιᾷ. ὁ δ' ἀπεκρίνατο, ὅτι ἀκούοι Ἀβροκόμαν, ἐχθρὸν ἄνδρα, ἐπὶ τῷ Εὐφράτῃ ποταμῷ εἶναι, ἀπέχοντα δώδεκα σταθμούς· πρὸς τοῦτον οὖν ἔφη βούλεσθαι ἐλθεῖν· κἂν μὲν ᾖ ἐκεῖ, τὴν δίκην ἔφη χρῄζειν ἐπιθεῖναι αὐτῷ, ἢν δὲ φεύγῃ, ἡμεῖς ἐκεῖ πρὸς
21 ταῦτα βουλευσόμεθα. ἀκούσαντες δὲ ταῦτα οἱ αἱρετοὶ ἀναγγέλλουσι τοῖς στρατιώταις· τοῖς δὲ ὑποψία μὲν ἦν, ὅτι ἄγει πρὸς βασιλέα, ὅμως δὲ ἐδόκει ἔπεσθαι. προσαιτοῦσι δὲ μισθόν· ὁ δὲ Κῦρος ὑπισχνεῖται ἡμιόλιον πᾶσι δώσειν οὗ πρότερον ἔφερον, ἀντὶ δαρεικοῦ τρία ἡμιδαρεικὰ τοῦ μηνὸς τῷ στρατιώτῃ· ὅτι δὲ ἐπὶ βασιλέα ἄγοι οὐδὲ ἐνταῦθα ἤκουσεν οὐδεὶς ἔν γε τῷ φανερῷ.

Ἐντεῦθεν ἐξελαύνει σταθμοὺς δύο, παρασάγγας δέκα, ἐπὶ τὸν Ψάρον ποταμόν, οὗ ἦν τὸ εὖρος τρία πλέθρα. ἐντεῦθεν ἐξελαύνει σταθμὸν ἕνα, παρασάγγας πέντε, ἐπὶ τὸν Πύραμον ποταμόν, οὗ τὸ εὖρος στάδιον. ἐντεῦθεν ἐξελαύνει σταθμοὺς δύο, παρασάγγας πέντε καίδεκα, εἰς Ἰσσούς, τῆς Κιλικίας ἐσχάτην πολιν, ἐπὶ τῇ θαλάττῃ οἰκουμένην, μεγάλην καὶ εὐδαίμονα. ἐνταῦθα ἔμειναν ἡμέρας τρεῖς· καὶ Κύρῳ παρῆσαν αἱ 2 ἐκ Πελοποννήσου νῆες τριάκοντα καὶ πέντε καὶ ἐπ' αὐταῖς ναύαρχος Πυθαγόρας Λακεδαιμόνιος. ἡγεῖτο δ' αὐτῶν Ταμὼς Αἰγύπτιος ἐξ Ἐφέσου, ἔχων ναῦς ἑτέρας Κύρου πέντε καὶ εἴκοσιν, αἷς ἐπολιόρκει Μίλητον, ὅτι Τισσαφέρνει φίλη ἦν, καὶ συνεπολέμει Κύρῳ πρὸς αὐτόν. παρῆν δὲ καὶ Χειρίσοφος Λακεδαιμόνιος ἐπὶ 3 τῶν νεῶν, μετάπεμπτος ὑπὸ Κύρου, ἑπτακοσίους ἔχων ὁπλίτας, ὧν ἐστρατήγει παρὰ Κύρῳ. αἱ δὲ νῆες ὥρμουν παρὰ τὴν Κύρου σκηνήν. ἐνταῦθα καὶ οἱ παρ' Ἀβροκόμᾳ μισθοφόροι Ἕλληνες ἀποστάντες ἦλθον παρὰ Κῦρον, τετρακόσιοι ὁπλῖται, καὶ συνεστρατεύοντο ἐπὶ βασιλέα. ἐντεῦθεν ἐξελαύνει σταθμὸν ἕνα, παρα- 4 σάγγας πέντε, ἐπὶ πύλας τῆς Κιλικίας καὶ τῆς Συρίας. ἦσαν δὲ ταῦτα δύο τείχη· καὶ τὸ μὲν ἔσωθεν τὸ πρὸ τῆς Κιλικίας Συέννεσις εἶχε καὶ Κιλίκων φυλακή· τὸ δὲ ἔξω τὸ πρὸ τῆς Συρίας βασιλέως ἐλέγετο φυλακὴ φυλάττειν. διὰ μέσου δὲ ῥεῖ τούτων ποταμὸς Κάρσος ὄνομα, εὖρος πλέθρου. ἅπαν δὲ τὸ μέσον τῶν τειχῶν ἦσαν στάδιοι τρεῖς· καὶ παρελθεῖν οὐκ ἦν βίᾳ· ἦν γὰρ ἡ πάροδος στενὴ καὶ τὰ τείχη εἰς τὴν θάλατταν καθήκοντα, ὕπερθεν δ' ἦσαν πέτραι ἠλίβατοι· ἐπὶ δὲ τοῖς τείχεσιν ἀμφοτέροις ἐφειστήκεσαν πύλαι. ταύτης 5 ἕνεκα τῆς παρόδου Κῦρος τὰς ναῦς μετεπέμψατο, ὅπως ὁπλίτας ἀποβιβάσειεν εἴσω καὶ ἔξω τῶν πυλῶν, καὶ βιασάμενοι τοὺς πολεμίους παρέλθοιεν, εἰ φυλάττοιεν ἐπὶ ταῖς Συρίαις πύλαις, ὅπερ ᾤετο ποιήσειν ὁ Κῦρος τὸν Ἀβροκόμαν, ἔχοντα πολὺ στράτευμα. Ἀβροκόμας δὲ οὐ τοῦτ' ἐποίησεν, ἀλλ' ἐπεὶ ἤκουσε Κῦρον ἐν Κιλικίᾳ ὄντα, ἀναστρέψας ἐκ Φοινίκης παρὰ βασιλέα ἀπήλαυνεν, ἔχων, ὡς ἐλέγετο, τριάκοντα μυριάδας στρατιᾶς. ἐντεῦθεν ἐξελαύνει διὰ Συρίας σταθμὸν ἕνα, παρασάγγας 6 πέντε, εἰς Μυρίανδον, πόλιν οἰκουμένην ὑπὸ Φοινίκων ἐπὶ τῇ θαλάττῃ· ἐμπόριον δ' ἦν τὸ χωρίον καὶ ὥρμουν αὐτόθι ὁλκάδες πολλαί. ἐνταῦθ' ἔμειναν 7 ἡμέρας ἑπτά· καὶ Ξενίας ὁ Ἀρκάς, στρατηγός, καὶ Πασίων ὁ Μεγαρεὺς ἐμβάντες εἰς πλοῖον καὶ τὰ πλείστου ἄξια ἐνθέμενοι ἀπέπλευσαν, ὡς μὲν τοῖς πλείστοις ἐδόκουν, φιλοτιμηθέντες, ὅτι τοὺς στρατιώτας αὐτῶν τοὺς παρὰ Κλέαρχον ἀπελθόντας, ὡς ἀπιόντας εἰς τὴν Ἑλλάδα πάλιν καὶ οὐ πρὸς βασιλέα, εἴα Κῦρος τὸν Κλέαρχον ἔχειν. ἐπεὶ δ' ἦσαν ἀφανεῖς, διῆλθε λόγος, ὅτι διώκει αὐτοὺς Κῦρος τριήρεσι· καὶ οἱ μὲν εὔχοντο ὡς δολίους ὄντας αὐτοὺς ληφθῆναι, οἱ δ' 8 ᾤκτειρον, εἰ ἁλώσοιντο. Κῦρος δὲ συγκαλέσας τοὺς στρατηγοὺς εἶπεν· Ἀπολελοίπασιν ἡμᾶς Ξενίας καὶ Πασίων. ἀλλ' εὖ γε μέντοι ἐπιστάσθωσαν, ὅτι οὔτε ἀποδεδράκασιν· οἶδα γὰρ ὅπῃ οἴχονται· οὔτε ἀποπεφεύγασιν· ἔχω γὰρ τριήρεις ὥστε ἑλεῖν τὸ ἐκείνων πλοῖον. ἀλλὰ μὰ τοὺς θεοὺς οὐκ ἔγωγε αὐτοὺς διώξω, οὐδ' ἐρεῖ οὐδείς, ὡς ἐγώ, ἕως μὲν ἂν παρῇ τις, χρῶμαι, ἐπειδὰν δὲ ἀπιέναι βούληται, συλλαβὼν καὶ αὐτοὺς κακῶς ποιῶ καὶ τὰ χρήματα ἀποσυλῶ. ἀλλὰ ἰόντων, εἰδότες, ὅτι κακίους εἰσὶ περὶ ἡμᾶς ἢ ἡμεῖς περὶ ἐκείνους. καίτοι ἔχω γε αὐτῶν καὶ τέκνα καὶ γυναῖκας ἐν Τράλλεσι φρουρούμενα· ἀλλ' οὐδὲ τούτων στερήσονται, ἀλλ' ἀπολήψονται τῆς πρόσθεν ἕνεκα περὶ ἐμὲ 9 ἀρετῆς. καὶ ὁ μὲν ταῦτα εἶπεν· οἱ δὲ Ἕλληνες, εἴ τις καὶ ἀθυμότερος ἦν πρὸς τὴν ἀνάβασιν, ἀκούοντες τὴν Κύρου ἀρετὴν ἥδιον καὶ προθυμότερον συνεπορεύοντο.

Μετὰ ταῦτα Κῦρος ἐξελαύνει σταθμοὺς τέτταρας, παρασάγγας εἴκοσιν, ἐπὶ τὸν Χάλον ποταμόν, ὄντα τὸ εὖρος πλέθρου, πλήρη δ' ἰχθύων μεγάλων καὶ πραέων, οὓς οἱ Σύροι θεοὺς ἐνόμιζον καὶ ἀδικεῖν οὐκ εἴων, οὐδὲ τὰς περιστεράς. αἱ δὲ κῶμαι, ἐν αἷς ἐσκήνουν, Παρυ-

σάτιδος ἦσαν, εἰς ζώνην δεδομέναι. ἐντεῦθεν ἐξελαύνει 10
σταθμοὺς πέντε, παρασάγγας τριάκοντα, ἐπὶ τὰς πηγὰς τοῦ Δαράδακος ποταμοῦ, οὗ τὸ εὖρος πλέθρου.
ἐνταῦθα ἦσαν τὰ Βελέσυος βασίλεια τοῦ Συρίας
ἄρξαντος, καὶ παράδεισος πάνυ μέγας καὶ καλός, ἔχων
πάντα, ὅσα ὧραι φύουσι· Κῦρος δ' αὐτὸν ἐξέκοψε
καὶ τὰ βασίλεια κατέκαυσεν. ἐντεῦθεν ἐξελαύνει στα- 11
θμοὺς τρεῖς, παρασάγγας πεντεκαίδεκα, ἐπὶ τὸν Εὐφράτην ποταμόν, ὄντα τὸ εὖρος τεττάρων σταδίων·
καὶ πόλις αὐτόθι ᾠκεῖτο μεγάλη καὶ εὐδαίμων Θάψακος ὀνόματι. ἐνταῦθα ἔμειναν ἡμέρας πέντε· καὶ
Κῦρος μεταπεμψάμενος τοὺς στρατηγοὺς τῶν Ἑλλήνων ἔλεγεν, ὅτι ἡ ὁδὸς ἔσοιτο πρὸς βασιλέα μέγαν
εἰς Βαβυλῶνα· καὶ κελεύει αὐτοὺς λέγειν ταῦτα τοῖς
στρατιώταις καὶ ἀναπείθειν ἕπεσθαι. οἱ δὲ ποιή- 12
σαντες ἐκκλησίαν ἀπήγγελλον ταῦτα· οἱ δὲ στρατιῶται ἐχαλέπαινον τοῖς στρατηγοῖς, καὶ ἔφασαν αὐτοὺς
πάλαι ταῦτ' εἰδότας κρύπτειν, καὶ οὐκ ἔφασαν ἰέναι,
ἐὰν μή τις αὐτοῖς χρήματα διδῷ, ὥσπερ καὶ τοῖς προτέροις μετὰ Κύρου ἀναβᾶσι παρὰ τὸν πατέρα τοῦ
Κύρου, καὶ ταῦτα οὐκ ἐπὶ μάχην ἰόντων, ἀλλὰ καλοῦντος τοῦ πατρὸς Κῦρον. ταῦτα οἱ στρατηγοὶ Κύρῳ 13
ἀπήγγελλον· ὁ δ' ὑπέσχετο ἀνδρὶ ἑκάστῳ δώσειν
πέντε ἀργυρίου μνᾶς, ἐπὰν εἰς Βαβυλῶνα ἥκωσι, καὶ
τὸν μισθὸν ἐντελῆ μέχρι ἂν καταστήσῃ τοὺς Ἕλληνας
εἰς Ἰωνίαν πάλιν. τὸ μὲν δὴ πολὺ τοῦ Ἑλληνικοῦ
οὕτως ἐπείσθη. Μένων δὲ πρὶν δῆλον εἶναι, τί ποιήσουσιν οἱ ἄλλοι στρατιῶται, πότερον ἕψονται Κύρῳ
ἢ οὔ, συνέλεξε τὸ αὑτοῦ στράτευμα χωρὶς τῶν ἄλλων
καὶ ἔλεξε τάδε. Ἄνδρες, ἐάν μοι πεισθῆτε, οὔτε κιν- 14
δυνεύσαντες οὔτε πονήσαντες τῶν ἄλλων πλέον προτιμήσεσθε στρατιωτῶν ὑπὸ Κύρου. τί οὖν κελεύω
ποιῆσαι; νῦν δεῖται Κῦρος ἕπεσθαι τοὺς Ἕλληνας
ἐπὶ βασιλέα· ἐγὼ οὖν φημι ὑμᾶς χρῆναι διαβῆναι τὸν

Εὐφράτην ποταμὸν πρὶν δῆλον εἶναι, ὅ, τι οἱ ἄλλοι
15 Ἕλληνες ἀποκρινοῦνται Κύρῳ. ἢν μὲν γὰρ ψηφίσωνται ἕπεσθαι, ὑμεῖς δόξετε αἴτιοι εἶναι ἄρξαντες τοῦ διαβαίνειν, καὶ ὡς προθυμοτάτοις οὖσιν ὑμῖν χάριν εἴσεται Κῦρος καὶ ἀποδώσει· ἐπίσταται δ᾽ εἴ τις καὶ ἄλλος· ἢν δ᾽ ἀποψηφίσωνται οἱ ἄλλοι, ἄπιμεν μὲν ἅπαντες τοὔμπαλιν, ὑμῖν δὲ ὡς μόνοις πειθομένοις πιστοτάτοις χρήσεται καὶ εἰς φρούρια καὶ εἰς λοχαγίας, καὶ ἄλλου οὕτινος ἂν δέησθε οἶδα ὅτι ὡς φίλου
16 τεύξεσθε Κύρου. ἀκούσαντες ταῦτα ἐπείθοντο καὶ διέβησαν πρὶν τοὺς ἄλλους ἀποκρίνασθαι. Κῦρος δ᾽ ἐπεὶ ᾔσθετο διαβεβηκότας, ἥσθη τε καὶ τῷ στρατεύματι πέμψας Γλοῦν εἶπεν. Ἐγὼ μέν, ὦ ἄνδρες, ἤδη ὑμᾶς ἐπαινῶ· ὅπως δὲ καὶ ὑμεῖς ἐμὲ ἐπαινέσετε ἐμοὶ
17 μελήσει, ἢ μηκέτι με Κῦρον νομίζετε. οἱ μὲν δὴ στρατιῶται ἐν ἐλπίσι μεγάλαις ὄντες εὔχοντο αὐτὸν εὐτυχῆσαι· Μένωνι δὲ καὶ δῶρα ἐλέγετο πέμψαι μεγαλοπρεπῶς. ταῦτα δὲ ποιήσας διέβαινε· συνείπετο δὲ καὶ τὸ ἄλλο στράτευμα αὐτῷ ἅπαν· καὶ τῶν διαβαινόντων τὸν ποταμὸν οὐδεὶς ἐβρέχθη ἀνωτέρω τῶν
18 μαστῶν ὑπὸ τοῦ ποταμοῦ. οἱ δὲ Θαψακηνοὶ ἔλεγον, ὅτι οὐπώποθ᾽ οὗτος ὁ ποταμὸς διαβατὸς γένοιτο πεζῇ, εἰ μὴ τότε, ἀλλὰ πλοίοις· ἃ τότε Ἀβροκόμας προϊὼν κατέκαυσεν, ἵνα μὴ Κῦρος διαβῇ. ἐδόκει δὴ θεῖον εἶναι καὶ σαφῶς ὑποχωρῆσαι τὸν ποταμὸν Κύρῳ ὡς
19 βασιλεύσοντι. ἐντεῦθεν ἐξελαύνει διὰ τῆς Συρίας σταθμοὺς ἐννέα, παρασάγγας πεντήκοντα, καὶ ἀφικνοῦνται πρὸς τὸν Ἀράξην ποταμόν. ἐνταῦθα ἦσαι κῶμαι πολλαὶ μεσταὶ σίτου καὶ οἴνου. ἐνταῦθα ἔμειναν ἡμέρας τρεῖς καὶ ἐπεσιτίσαντο.

Ἐντεῦθεν ἐξελαύνει διὰ τῆς Ἀραβίας τὸν Εὐφράτην ποταμὸν ἐν δεξιᾷ ἔχων σταθμοὺς ἐρήμους πέντε, παρασάγγας τριάκοντα καὶ πέντε. ἐν τούτῳ δὲ τῷ τόπῳ ἦν μὲν ἡ γῆ πεδίον ἅπαν ὁμαλόν. ὥσπερ θάλαττα, ἀψινθίου δὲ πλῆρες· εἰ δέ τι καὶ ἄλλο ἐνῆν ὕλης ἢ καλάμου, ἅπαντα ἦσαν εὐώδη, ὥσπερ ἀρώματα· δένδρον δ' οὐδὲν ἐνῆν. θηρία δὲ παντοῖα, πλεῖστοι μὲν 2 ὄνοι ἄγριοι, πολλοὶ δὲ στρουθοὶ οἱ μεγάλοι· ἐνῆσαν δὲ καὶ ὠτίδες καὶ δορκάδες. ταῦτα δὲ τὰ θηρία οἱ ἱππεῖς ἐνίοτε ἐδίωκον. καὶ οἱ μὲν ὄνοι, ἐπεί τις διώκοι, προδραμόντες ἕστασαν· πολὺ γὰρ τῶν ἵππων ἔτρεχον θᾶττον· καὶ πάλιν, ἐπεὶ πλησιάζοιεν οἱ ἵπποι, ταὐτὸν ἐποίουν, καὶ οὐκ ἦν λαβεῖν, εἰ μὴ διαστάντες οἱ ἱππεῖς θηρῷεν διαδεχόμενοι τοῖς ἵπποις. τὰ δὲ κρέα τῶν ἁλισκομένων ἦν παραπλήσια τοῖς ἐλαφείοις, ἁπαλώτερα δέ. στρουθὸν δὲ οὐδεὶς ἔλαβεν· οἱ δὲ διώξαντες 2 τῶν ἱππέων ταχὺ ἐπαύοντο· πολὺ γὰρ ἀπεσπᾶτο φεύγουσα, τοῖς μὲν ποσὶ δρόμῳ, ταῖς δὲ πτέρυξιν, αἴρουσα, ὥσπερ ἱστίῳ χρωμένη. τὰς δὲ ὠτίδας ἄν τις ταχὺ ἀνιστῇ, ἔστι λαμβάνειν· πέτονται γὰρ βραχύ, ὥσπερ πέρδικες, καὶ ταχὺ ἀπαγορεύουσι. τὰ δὲ κρέα αὐτῶν 4 ἥδιστα ἦν. πορευόμενοι δὲ διὰ ταύτης τῆς χώρας ἀφικνοῦνται ἐπὶ τὸν Μάσκαν ποταμόν, τὸ εὖρος πλεθριαῖον. ἐνταῦθα ἦν πόλις ἐρήμη, μεγάλη, ὄνομα δ' αὐτῇ Κορσωτή· περιερρεῖτο δ' αὕτη ὑπὸ τοῦ Μάσκα κύκλῳ. ἐνταῦθ' ἔμειναν ἡμέρας τρεῖς καὶ ἐπεσιτίσαντο. ἐντεῦθεν ἐξελαύνει σταθμοὺς ἐρήμους τρεῖς καὶ δέκα, 5 παρασάγγας ἐνενήκοντα, τὸν Εὐφράτην ποταμὸν ἐν δεξιᾷ ἔχων, καὶ ἀφικνεῖται ἐπὶ Πύλας. ἐν τουτοις τοῖς σταθμοῖς πολλὰ τῶν ὑποζυγίων ἀπώλετο ὑπὸ λιμοῦ· οὐ γὰρ ἦν χόρτος οὐδὲ ἄλλο οὐδὲν δένδρον, ἀλλὰ ψιλὴ ἦν ἅπασα ἡ χώρα· οἱ δὲ ἐνοικοῦντες ὄνους ἀλέτας παρὰ τὸν ποταμὸν ὀρύττοντες καὶ ποιοῦντες εἰς Βαβυλῶνα ἦγον καὶ ἐπώλουν καὶ ἀνταγοράζοντες σῖτον ἔζων. τὸ δὲ στράτευμα ὁ σῖτος ἐπέλιπε, καὶ πρίασθαι 6 οὐκ ἦν, εἰ μὴ ἐν τῇ Λυδίᾳ ἀγορᾷ ἐν τῷ Κύρου βαρβαρικῷ, τὴν καπίθην ἀλεύρων ἢ ἀλφίτων τεττάρων σίγλων. ὁ δὲ σίγλος δύναται ἑπτὰ ὀβολοὺς καὶ ἡμιωβολιον Ἀττικούς· ἡ δὲ καπίθη δύο χοίνικας Ἀττικὰς ἐχώρει. κρέα οὖν ἐσθίοντες οἱ στρατιῶται διεγίγνοντο. 7 ἦν δὲ τούτων τῶν σταθμῶν οὓς πάνυ μακροὺς ἤλαυνεν, ὁπότε ἢ πρὸς ὕδωρ βούλοιτο διατελέσαι ἢ πρὸς χιλόν. καὶ δή ποτε στενοχωρίας καὶ πηλοῦ φανέντος ταῖς ἁμάξαις δυσπορεύτου ἐπέστη ὁ Κῦρος σὺν τοῖς περὶ αὑτὸν ἀρίστοις καὶ εὐδαιμονεστάτοις, καὶ ἔταξε Γλοῦν καὶ Πίγρητα λαβόντας τοῦ βαρβαρικοῦ στρατοῦ συν- 8 εκβιβάζειν τὰς ἁμάξας. ἐπεὶ δ᾽ ἐδόκουν αὐτῷ σχολαίως ποιεῖν, ὥσπερ ὀργῇ ἐκέλευσε τοὺς περὶ αὐτὸν Πέρσας τοὺς κρατίστους συνεπισπεῦσαι τὰς ἁμάξας. ἔνθα δὴ μέρος τι τῆς εὐταξίας ἦν θεάσασθαι. ῥίψαντες γὰρ τοὺς πορφυροῦς κάνδυς ὅπου ἔτυχεν ἕκαστος ἑστηκώς, ἵεντο ὥσπερ ἂν δράμοι τις περὶ νίκης καὶ μάλα κατὰ πρανοῦς γηλόφου, ἔχοντες τούτους τε τοὺς πολυτελεῖς χιτῶνας καὶ τὰς ποικίλας ἀναξυρίδας, ἔνιοι δὲ καὶ στρεπτοὺς περὶ τοῖς τραχήλοις καὶ ψέλια περὶ ταῖς χερσίν· εὐθὺς δὲ σὺν τούτοις εἰσπηδήσαντες εἰς τὸν πηλὸν θᾶττον ἢ ὥς τις ἂν ᾤετο μετεώρους 9 ἐξεκόμισαν τὰς ἁμάξας. τὸ δὲ σύμπαν δῆλος ἦν Κῦρος ὡς σπεύδων πᾶσαν τὴν ὁδὸν καὶ οὐ διατρίβων ὅπου μὴ ἐπισιτισμοῦ ἕνεκα ἤ τινος ἄλλου ἀναγκαίου ἐκαθέζετο, νομίζων, ὅσῳ μὲν θᾶττον ἔλθοι, τοσούτῳ ἀπαρασκευαστοτέρῳ βασιλεῖ μαχεῖσθαι, ὅσῳ δὲ σχολαιότερον, τοσούτῳ πλέον συναγείρεσθαι βασιλεῖ στράτευμα. καὶ συνιδεῖν δ᾽ ἦν τῷ προσέχοντι τὸν νοῦν ἡ βασιλέως ἀρχὴ πλήθει μὲν χώρας καὶ ἀνθρώπων ἰσχυρὰ οὖσα, τοῖς δὲ μήκεσι τῶν ὁδῶν καὶ τῷ διεσπάσθαι τὰς δυνάμεις ἀσθενής, εἴ τις διὰ ταχέων 10 τὸν πόλεμον ἐποιεῖτο. πέραν δὲ τοῦ Εὐφράτου ποταμοῦ κατὰ τοὺς ἐρήμους σταθμοὺς ἦν πόλις εὐδαίμων καὶ μεγάλη, ὄνομα δὲ Χαρμάνδη. ἐκ ταύτης οἱ στρατιῶται ἠγόραζον τὰ ἐπιτήδεια, σχεδίαις διαβαίνοντες ὧδε. διφθέρας, ἃς εἶχον σκεπάσματα, ἐπίμπλασαν χόρτου κούφου, εἶτα συνῆγον καὶ συνέσπων, ὡς μὴ ἅπτεσθαι τῆς κάρφης τὸ ὕδωρ· ἐπὶ τούτων διέβαινον καὶ ἐλάμβανον τὰ ἐπιτήδεια, οἶνόν τε ἐκ τῆς βαλάνου πεποιημένον τῆς ἀπὸ τοῦ φοίνικος καὶ σῖτον μελίνης· τοῦτο γὰρ ἦν ἐν τῇ χώρᾳ πλεῖστον. ἀμφιλεξάντων δέ 11 τι ἐνταῦθα τῶν τε τοῦ Μένωνος στρατιωτῶν καὶ τῶν τοῦ Κλεάρχου ὁ Κλέαρχος κρίνας ἀδικεῖν τὸν τοῦ Μένωνος πληγὰς ἐνέβαλεν. ὁ δὲ ἐλθὼν πρὸς τὸ ἑαυτοῦ στράτευμα ἔλεγεν· ἀκούσαντες δ' οἱ στρατιῶται ἐχαλέπαινον καὶ ὠργίζοντο ἰσχυρῶς τῷ Κλεάρχῳ. τῇ δὲ 12 αὐτῇ ἡμέρᾳ Κλέαρχος ἐλθὼν ἐπὶ τὴν διάβασιν τοῦ ποταμοῦ καὶ ἐκεῖ κατασκεψάμενος τὴν ἀγορὰν ἀφιππεύει ἐπὶ τὴν ἑαυτοῦ σκηνὴν διὰ τοῦ Μένωνος στρατεύματος σὺν ὀλίγοις τοῖς περὶ αὐτόν· Κῦρος δὲ οὔπω ἧκεν, ἀλλ' ἔτι προσήλαυνε· τῶν δὲ Μένωνος στρατιωτῶν ξύλα σχίζων τις ὡς εἶδε τὸν Κλέαρχον διελαύνοντα, ἵησι τῇ ἀξίνῃ· καὶ οὗτος μὲν αὐτοῦ ἥμαρτεν· ἄλλος δὲ λίθῳ καὶ ἄλλος, εἶτα πολλοί, κραυγῆς γενομένης. ὁ δὲ κατα- 13 φεύγει εἰς τὸ ἑαυτοῦ στράτευμα, καὶ εὐθὺς παραγγέλλει εἰς τὰ ὅπλα· καὶ τοὺς μὲν ὁπλίτας αὐτοῦ ἐκέλευσε μεῖναι τὰς ἀσπίδας πρὸς τὰ γόνατα θέντας, αὐτὸς δὲ λαβὼν τοὺς Θρᾷκας καὶ τοὺς ἱππεῖς, οἳ ἦσαν αὐτῷ ἐν τῷ στρατεύματι πλείους ἢ τετταράκοντα, τούτων δὲ οἱ πλεῖστοι Θρᾷκες, ἤλαυνεν ἐπὶ τοὺς Μένωνος, ὥστ' ἐκείνους ἐκπεπλῆχθαι καὶ αὐτὸν Μένωνα, καὶ τρέχειν ἐπὶ τὰ ὅπλα· οἱ δὲ καὶ ἕστασαν ἀποροῦντες τῷ πράγματι. ὁ δὲ Πρόξενος, ἔτυχε γὰρ ὕστερος 14 προσιὼν καὶ τάξις αὐτῷ ἑπομένη τῶν ὁπλιτῶν, εὐθὺς οὖν εἰς τὸ μέσον ἀμφοτέρων ἄγων ἔθετο τὰ ὅπλα καὶ ἐδεῖτο τοῦ Κλεάρχου μὴ ποιεῖν ταῦτα. ὁ δ' ἐχαλέπαινεν, ὅτι αὐτοῦ ὀλίγου δεήσαντος καταλευσθῆναι πρᾴως λέγοι τὸ αὐτοῦ πάθος, ἐκέλευέ τε αὐτὸν ἐκ τοῦ μέσου ἐξίστασθαι. ἐν τούτῳ δὲ ἐπῄει καὶ Κῦρος καὶ 15 ἐπύθετο τὸ πρᾶγμα· εὐθὺς δ' ἔλαβε τὰ παλτὰ εἰς

τὰς χεῖρας καὶ σὺν τοῖς παροῦσι τῶν πιστῶν ἥκει
16 ἐλαύνων εἰς τὸ μέσον, καὶ λέγει τάδε. Κλέαρχε καὶ
Πρόξενε καὶ οἱ ἄλλοι οἱ παρόντες Ἕλληνες, οὐκ ἴστε
ὅ, τι ποιεῖτε. εἰ γάρ τινα ἀλλήλοις μάχην συνάψετε,
νομίζετε ἐν τῇδε τῇ ἡμέρᾳ ἐμέ τε κατακεκόψεσθαι
καὶ ὑμᾶς οὐ πολὺ ἐμοῦ ὕστερον· κακῶς γὰρ τῶν
ἡμετέρων ἐχόντων πάντες οὗτοι οὓς ὁρᾶτε βάρβαροι
πολεμιώτεροι ἡμῖν ἔσονται τῶν παρὰ βασιλεῖ ὄντων.
17 ἀκούσας ταῦτα ὁ Κλέαρχος ἐν ἑαυτῷ ἐγένετο· καὶ
παυσάμενοι ἀμφότεροι κατὰ χώραν ἔθεντο τὰ ὅπλα.

6 Ἐντεῦθεν προϊόντων ἐφαίνετο ἴχνια ἵππων καὶ
κόπρος· εἰκάζετο δ' εἶναι ὁ στίβος ὡς δισχιλίων ἵππων. οὗτοι προϊόντες ἔκαιον καὶ χιλὸν καὶ εἴ τι ἄλλο
χρήσιμον ἦν. Ὀρόντης δέ, Πέρσης ἀνήρ, γένει τε
προσήκων βασιλεῖ καὶ τὰ πολέμια λεγόμενος ἐν τοῖς
ἀρίστοις Περσῶν ἐπιβουλεύει Κύρῳ, καὶ πρόσθεν
2 πολεμήσας, καταλλαγεὶς δέ. οὗτος Κύρῳ εἶπεν, εἰ
αὐτῷ δοίη ἱππέας χιλίους, ὅτι τοὺς προκατακαίοντας
ἱππέας ἢ κατακάνοι ἂν ἐνεδρεύσας ἢ ζῶντας πολλοὺς
αὐτῶν ἕλοι καὶ κωλύσειε τοῦ καίειν ἐπιόντας, καὶ
ποιήσειεν ὥστε μήποτε δύνασθαι αὐτοὺς ἰδόντας τὸ
Κύρου στράτευμα βασιλεῖ διαγγεῖλαι. τῷ δὲ Κύρῳ
ἀκούσαντι ταῦτα ἐδόκει ὠφέλιμα εἶναι, καὶ ἐκέλευσεν
αὐτὸν λαμβάνειν μέρος παρ' ἑκάστου τῶν ἡγεμόνων.
3 ὁ δ' Ὀρόντης, νομίσας ἑτοίμους εἶναι αὐτῷ τοὺς ἱππέας, γράφει ἐπιστολὴν παρὰ βασιλέα, ὅτι ἥξοι ἔχων
ἱππεῖς ὡς ἂν δύνηται πλείστους· ἀλλὰ φράσαι τοῖς
ἑαυτοῦ ἱππεῦσιν ἐκέλευεν ὡς φίλιον αὐτὸν ὑποδέχεσθαι. ἐνῆν δὲ ἐν τῇ ἐπιστολῇ καὶ τῆς πρόσθεν φιλίας
ὑπομνήματα καὶ πίστεως. ταύτην τὴν ἐπιστολὴν δίδωσι πιστῷ ἀνδρί, ὡς ᾤετο. ὁ δὲ λαβὼν Κύρῳ δίδω-
4 σιν. ἀναγνοὺς δὲ αὐτὴν ὁ Κῦρος συλλαμβάνει Ὀρόντην, καὶ συγκαλεῖ εἰς τὴν ἑαυτοῦ σκηνὴν Περσῶν τοὺς
ἀρίστους τῶν περὶ αὐτὸν ἑπτά, καὶ τοὺς τῶν Ἑλλήνων

στρατηγοὺς ἐκέλευεν ὁπλίτας ἀγαγεῖν, τούτους δὲ θέσθαι τὰ ὅπλα περὶ τὴν αὐτοῦ σκηνήν. οἱ δὲ ταῦτα ἐποίησαν, ἀγαγόντες ὡς τρισχιλίους ὁπλίτας. Κλέαρ- 5 χον δὲ καὶ εἴσω παρεκάλεσε σύμβουλον, ὅς γε καὶ αὐτῷ καὶ τοῖς ἄλλοις ἐδόκει προτιμηθῆναι μάλιστα τῶν Ἑλλήνων. ἐπεὶ δ' ἐξῆλθεν, ἐξήγγειλε τοῖς φίλοις τὴν κρίσιν τοῦ Ὀρόντου ὡς ἐγένετο· οὐ γὰρ ἀπόρρητον ἦν. ἔφη δὲ Κῦρον ἄρχειν τοῦ λόγου ὧδε. Παρεκάλεσα 6 ὑμᾶς, ἄνδρες φίλοι, ὅπως σὺν ὑμῖν βουλευόμενος ὅ, τι δίκαιόν ἐστι καὶ πρὸς θεῶν καὶ πρὸς ἀνθρώπων, τοῦτο πράξω περὶ Ὀρόντου τουτουΐ. τοῦτον γὰρ πρῶτον μὲν ὁ ἐμὸς πατὴρ ἔδωκεν ὑπήκοον εἶναι ἐμοί· ἐπεὶ δὲ ταχθείς, ὡς ἔφη αὐτός, ὑπὸ τοῦ ἐμοῦ ἀδελφοῦ οὗτος ἐπολέμησεν ἐμοὶ ἔχων τὴν ἐν Σάρδεσιν ἀκρόπολιν, καὶ ἐγὼ αὐτὸν προσπολεμῶν ἐποίησα ὥστε δόξαι τούτῳ τοῦ πρὸς ἐμὲ πολέμου παύσασθαι καὶ δεξιὰν ἔλαβον καὶ ἔδωκα, μετὰ ταῦτα, ἔφη, ὦ Ὀρόντα, ἔστιν ὅ, τι σε 7 ἠδίκησα; ἀπεκρίνατο ὅτι οὔ. πάλιν δὲ ὁ Κῦρος ἠρώτα, Οὐκοῦν ὕστερον, ὡς αὐτὸς σὺ ὁμολογεῖς, οὐδὲν ὑπ' ἐμοῦ ἀδικούμενος ἀποστὰς εἰς Μυσοὺς κακῶς ἐποίεις τὴν ἐμὴν χώραν ὅ, τι ἐδύνω; ἔφη ὁ Ὀρόντης. Οὐκοῦν, ἔφη ὁ Κῦρος, ὁπότ' αὖ ἔγνως τὴν σεαυτοῦ δύναμιν, ἐλθὼν ἐπὶ τὸν τῆς Ἀρτέμιδος βωμὸν μεταμέλειν τε σοι ἔφησθα, καὶ πείσας ἐμὲ πιστὰ πάλιν ἔδωκάς μοι καὶ ἔλαβες παρ' ἐμοῦ; καὶ ταῦθ' ὡμολόγει ὁ Ὀρόντης. Τί οὖν, ἔφη ὁ Κῦρος, ἀδικηθεὶς ὑπ' ἐμοῦ νῦν τὸ τρίτον 8 ἐπιβουλεύων μοι φανερὸς γέγονας; εἰπόντος δὲ τοῦ Ὀρόντου ὅτι οὐδὲν ἀδικηθεὶς ἠρώτησεν ὁ Κῦρος αὐτόν, Ὁμολογεῖς οὖν περὶ ἐμὲ ἄδικος γεγενῆσθαι; Ἦ γὰρ ἀνάγκη, ἔφη ὁ Ὀρόντης. ἐκ τούτου πάλιν ἠρώτησεν ὁ Κῦρος, Ἔτι οὖν ἂν γένοιο τῷ ἐμῷ ἀδελφῷ πολέμιος, ἐμοὶ δὲ φίλος καὶ πιστός; ὁ δὲ ἀπεκρίνατο ὅτι οὐδ' εἰ γενοίμην, ὦ Κῦρε, σοί γ' ἄν ποτε ἔτι δόξαιμι. πρὸς 9 ταῦτα Κῦρος εἶπε τοῖς παροῦσιν, Ὁ μὲν ἀνὴρ τοιαῦτα

μὲν πεποίηκε, τοιαῦτα δὲ λέγει· ὑμῶν δὲ σὺ πρῶτος, ὦ Κλέαρχε, ἀπόφηναι γνώμην ὅ, τι σοι δοκεῖ. Κλέαρχος δὲ εἶπε τάδε. Συμβουλεύω ἐγὼ τὸν ἄνδρα τοῦτον ἐκποδὼν ποιεῖσθαι ὡς τάχιστα, ὡς μηκέτι δέῃ τοῦτον φυλάττεσθαι, ἀλλὰ σχολὴ ᾖ ἡμῖν τὸ κατὰ τοῦτον εἶναι
10 τοὺς ἐθελοντὰς φίλους τούτους εὖ ποιεῖν. ταύτῃ δὲ τῇ γνώμῃ ἔφη καὶ τοὺς ἄλλους προσθέσθαι. μετὰ ταῦτα κελεύοντος Κύρου ἔλαβον τῆς ζώνης τὸν Ὀρόντην ἐπὶ θανάτῳ ἅπαντες ἀναστάντες, καὶ οἱ συγγενεῖς· εἶτα δὲ ἐξῆγον αὐτὸν οἷς προσετάχθη. ἐπεὶ δὲ εἶδον αὐτὸν οἵπερ πρόσθεν προσεκύνουν, καὶ τότε προσεκύ-
11 νησαν, καίπερ εἰδότες, ὅτι ἐπὶ θάνατον ἄγοιτο. ἐπεὶ δὲ εἰς τὴν Ἀρταπάτου σκηνὴν εἰσήχθη τοῦ πιστοτάτου τῶν Κύρου σκηπτούχων, μετὰ ταῦτα οὔτε ζῶντα Ὀρόντην οὔτε τεθνηκότα οὐδεὶς εἶδε πώποτε, οὐδὲ ὅπως ἀπέθανεν οὐδεὶς εἰδὼς ἔλεγεν· εἴκαζον δὲ ἄλλοι ἄλλως· τάφος δὲ οὐδεὶς πώποτε αὐτοῦ ἐφάνη.

7 Ἐντεῦθεν ἐξελαύνει διὰ τῆς Βαβυλωνίας σταθμοὺς τρεῖς, παρασάγγας δώδεκα. ἐν δὲ τῷ τρίτῳ σταθμῷ Κῦρος ἐξέτασιν ποιεῖται τῶν Ἑλλήνων καὶ τῶν βαρβάρων ἐν τῷ πεδίῳ περὶ μέσας νύκτας· ἐδόκει γὰρ εἰς τὴν ἐπιοῦσαν ἕω ἥξειν βασιλέα σὺν τῷ στρατεύματι μαχούμενον· καὶ ἐκέλευε Κλέαρχον μὲν τοῦ δεξιοῦ κέρως ἡγεῖσθαι, Μένωνα δὲ τὸν Θετταλὸν τοῦ εὐωνύ-
2 μου, αὐτὸς δὲ τοὺς ἑαυτοῦ διέταξε. μετὰ δὲ τὴν ἐξέτασιν ἅμα τῇ ἐπιούσῃ ἡμέρᾳ ἥκοντες αὐτόμολοι παρὰ μεγάλου βασιλέως ἀπήγγελλον Κύρῳ περὶ τῆς βασιλέως στρατιᾶς. Κῦρος δὲ συγκαλέσας τοὺς στρατηγοὺς καὶ λοχαγοὺς τῶν Ἑλλήνων συνεβουλεύετό τε, πῶς ἂν τὴν μάχην ποιοῖτο, καὶ αὐτὸς παρῄνει θαρρύ-
3 νων τοιάδε. Ὦ ἄνδρες Ἕλληνες, οὐκ ἀνθρώπων ἀπορῶν βαρβάρων συμμάχους ὑμᾶς ἄγω, ἀλλὰ νομίζων ἀμείνονας καὶ κρείττους πολλῶν βαρβάρων ὑμᾶς εἶναι, διὰ τοῦτο προσέλαβον. ὅπως οὖν ἔσεσθε ἄνδρες

ἄξιοι τῆς ἐλευθερίας ἧς κέκτησθε καὶ ὑπὲρ ἧς ὑμᾶς ἐγὼ εὐδαιμονίζω. εὖ γὰρ ἴστε ὅτι τὴν ἐλευθερίαν ἑλοίμην ἂν ἀντὶ ὧν ἔχω πάντων καὶ ἄλλων πολλαπλασίων. ὅπως δὲ καὶ εἰδῆτε εἰς οἷον ἔρχεσθε ἀγῶνα, ἐγὼ ὑμᾶς 4 εἰδὼς διδάξω. τὸ μὲν γὰρ πλῆθος πολὺ καὶ κραυγῇ πολλῇ ἔπιασιν· ἂν δὲ ταῦτα ἀνάσχησθε, τὰ ἄλλα καὶ αἰσχύνεσθαί μοι δοκῶ, οἵους ἡμῖν γνώσεσθε τοὺς ἐν τῇ χώρᾳ ὄντας ἀνθρώπους. ὑμῶν δὲ ἀνδρῶν ὄντων καὶ εὐτόλμων γενομένων, ἐγὼ ὑμῶν τὸν μὲν οἴκαδε βουλόμενον ἀπιέναι τοῖς οἴκοι ζηλωτὸν ποιήσω ἀπελθεῖν, πολλοὺς δὲ οἶμαι ποιήσειν τὰ παρ' ἐμοὶ ἑλέσθαι ἀντὶ τῶν οἴκοι. ἐνταῦθα Γαυλίτης παρών, φυγὰς Σάμιος, 5 πιστὸς δὲ Κύρῳ, εἶπε, Καὶ μήν, ὦ Κῦρε, λέγουσί τινες, ὅτι πολλὰ ὑπισχνῇ νῦν διὰ τὸ ἐν τοιούτῳ εἶναι τοῦ κινδύνου προσιόντος· ἂν δὲ εὖ γένηταί τι, οὐ μεμνῆσθαί σέ φασιν· ἔνιοι δὲ οὐδ', εἰ μεμνῷό τε καὶ βούλοιο δύνασθαι ἂν ἀποδοῦναι ὅσα ὑπισχνῇ. ἀκούσας ταῦτα 6 ἔλεξεν ὁ Κῦρος, Ἀλλ' ἔστι μὲν ἡμῖν, ὦ ἄνδρες, ἡ ἀρχὴ ἡ πατρῴα πρὸς μὲν μεσημβρίαν μέχρι οὗ διὰ καῦμα οὐ δύνανται οἰκεῖν ἄνθρωποι, πρὸς δὲ ἄρκτον μέχρι οὗ διὰ χειμῶνα· τὰ δ' ἐν μέσῳ τούτων πάντα σατραπεύουσιν οἱ τοῦ ἐμοῦ ἀδελφοῦ φίλοι. ἢν δ' ἡμεῖς νικήσωμεν, 7 ἡμᾶς δεῖ τοὺς ἡμετέρους φίλους τούτων ἐγκρατεῖς ποιῆσαι.· ὥστε οὐ τοῦτο δέδοικα, μὴ οὐκ ἔχω ὅ, τι δῶ ἑκάστῳ τῶν φίλων, ἂν εὖ γένηται, ἀλλὰ μὴ οὐκ ἔχω ἱκανοὺς οἷς δῶ. ὑμῶν δὲ τῶν Ἑλλήνων καὶ στέφανον ἑκάστῳ χρυσοῦν δώσω. οἱ δὲ ταῦτα ἀκούσαντες αὐτοί 8 τε ἦσαν πολὺ προθυμότεροι καὶ τοῖς ἄλλοις ἐξήγγελλον. εἰσῄεσαν δὲ παρ' αὐτὸν οἵ τε στρατηγοὶ καὶ τῶν ἄλλων Ἑλλήνων τινὲς ἀξιοῦντες εἰδέναι, τί σφισιν ἔσται, ἐὰν κρατήσωσιν. ὁ δὲ ἐμπιπλὰς ἁπάντων τὴν γνώμην ἀπέπεμπε. παρεκελεύοντο δὲ αὐτῷ πάντες, 9 ὅσοιπερ διελέγοντο, μὴ μάχεσθαι, ἀλλ' ὄπισθεν ἑαυτῶν τάττεσθαι. ἐν δὲ τῷ καιρῷ τούτῳ Κλέαρχος ὧδέ πως ἤρετο τὸν Κῦρον· Οἴει γάρ σοι μαχεῖσθαι, ὦ Κῦρε, τὸν ἀδελφόν; Νὴ Δί', ἔφη ὁ Κῦρος, εἴπερ γε Δαρείου καὶ Παρυσάτιδός ἐστι παῖς, ἐμὸς δὲ ἀδελφός, οὐκ 10 ἀμαχεὶ ταῦτ' ἐγὼ λήψομαι. ἐνταῦθα δὴ ἐν τῇ ἐξοπλισίᾳ ἀριθμὸς ἐγένετο τῶν μὲν Ἑλλήνων ἀσπὶς μυρία καὶ τετρακοσία, πελτασταὶ δὲ δισχίλιοι καὶ πεντακόσιοι, τῶν δὲ μετὰ Κύρου βαρβάρων δέκα μυριάδες 11 καὶ ἅρματα δρεπανηφόρα ἀμφὶ τὰ εἴκοσι. τῶν δὲ πολεμίων ἐλέγοντο εἶναι ἑκατὸν καὶ εἴκοσι μυριάδες καὶ ἅρματα δρεπανηφόρα διακόσια. ἄλλοι δὲ ἦσαν ἑξακισχίλιοι ἱππεῖς, ὧν Ἀρταγέρσης ἦρχεν· οὗτοι δὲ 12 πρὸ αὐτοῦ βασιλέως τεταγμένοι ἦσαν. τοῦ δὲ βασιλέως στρατεύματος ἦσαν ἄρχοντες καὶ στρατηγοὶ καὶ ἡγεμόνες τέτταρες, τριάκοντα μυριάδων ἕκαστος, Ἀβροκόμας, Τισσαφέρνης, Γωβρύας, Ἀρβάκης. τούτων δὲ παρεγένοντο ἐν τῇ μάχῃ ἐνενήκοντα μυριάδες καὶ ἅρματα δρεπανηφόρα ἑκατὸν καὶ πεντήκοντα· Ἀβροκόμας δὲ ὑστέρησε τῆς μάχης ἡμέρας πέντε, ἐκ Φοινί- 13 κης ἐλαύνων. ταῦτα δὲ ἤγγελλον πρὸς Κῦρον οἱ αὐτομολήσαντες ἐκ τῶν πολεμίων παρὰ μεγάλου βασιλέως πρὸ τῆς μάχης, καὶ μετὰ τὴν μάχην οἳ ὕστερον ἐλή- 14 φθησαν τῶν πολεμίων ταὐτὰ ἤγγελλον. ἐντεῦθεν δὲ Κῦρος ἐξελαύνει σταθμὸν ἕνα, παρασάγγας τρεῖς, συντεταγμένῳ τῷ στρατεύματι παντὶ καὶ τῷ Ἑλληνικῷ καὶ τῷ βαρβαρικῷ· ᾤετο γὰρ ταύτῃ τῇ ἡμέρᾳ μαχεῖσθαι βασιλέα· κατὰ γὰρ μέσον τὸν σταθμὸν τοῦτον τάφρος ἦν ὀρυκτὴ βαθεῖα, τὸ μὲν εὖρος ὀργυιαὶ 15 πέντε, τὸ δὲ βάθος ὀργυιαὶ τρεῖς. παρετέτατο δὲ ἡ τάφρος ἄνω διὰ τοῦ πεδίου ἐπὶ δώδεκα παρασάγγας μέχρι τοῦ Μηδίας τείχους. [ἔνθα δή εἰσιν αἱ διώρυχες, ἀπὸ τοῦ Τίγρητος ποταμοῦ ῥέουσαι· εἰσὶ δὲ τέτταρες, τὸ μὲν εὖρος πλεθριαῖαι, βαθεῖαι δὲ ἰσχυρῶς, καὶ πλοῖα πλεῖ ἐν αὐταῖς σιταγωγά· εἰσβάλλουσι δὲ εἰς τὸν Εὐφράτην, διαλείπουσι δ' ἑκάστη παρα-

σάγγην, γέφυραι δ' ἔπεισιν.] ἦν δὲ παρὰ τὸν Εὐ- 16
φράτην πάροδος στενὴ μεταξὺ τοῦ ποταμοῦ καὶ τῆς
τάφρου ὡς εἴκοσι ποδῶν τὸ εὖρος· ταύτην δὲ τὴν
τάφρον βασιλεὺς μέγας ποιεῖ ἀντὶ ἐρύματος, ἐπειδὴ
πυνθάνεται Κῦρον προσελαύνοντα. ταύτην δὴ τὴν 17
πάροδον Κῦρός τε καὶ ἡ στρατιὰ παρῆλθε καὶ ἐγέν-
οντο εἴσω τῆς τάφρου. ταύτῃ μὲν οὖν τῇ ἡμέρᾳ οὐκ
ἐμαχέσατο βασιλεύς, ἀλλ' ὑποχωρούντων φανερὰ ἦσαν
καὶ ἵππων καὶ ἀνθρώπων ἴχνη πολλά. ἐνταῦθα Κῦρος 18
Σιλανὸν καλέσας τὸν Ἀμβρακιώτην μάντιν ἔδωκεν
αὐτῷ δαρεικοὺς τρισχιλίους, ὅτι τῇ ἑνδεκάτῃ ἀπ' ἐκεί-
νης τῆς ἡμέρας πρότερον θυόμενος εἶπεν αὐτῷ, ὅτι
βασιλεὺς οὐ μαχεῖται δέκα ἡμερῶν, Κῦρος δ' εἶπεν,
Οὐκ ἄρα ἔτι μαχεῖται, εἰ ἐν ταύταις οὐ μαχεῖται ταῖς
ἡμέραις· ἐὰν δ' ἀληθεύσῃς, ὑπισχνοῦμαί σοι δέκα
τάλαντα. τοῦτο τὸ χρυσίον τότε ἀπέδωκεν, ἐπεὶ
παρῆλθον αἱ δέκα ἡμέραι. ἐπεὶ δ' ἐπὶ τῇ τάφρῳ οὐκ 19
ἐκώλυε βασιλεὺς τὸ Κύρου στράτευμα διαβαίνειν,
ἔδοξε καὶ Κύρῳ καὶ τοῖς ἄλλοις ἀπεγνωκέναι τοῦ μά-
χεσθαι· ὥστε τῇ ὑστεραίᾳ Κῦρος ἐπορεύετο ἠμελη-
μένως μᾶλλον. τῇ δὲ τρίτῃ ἐπί τε τοῦ ἅρματος καθή- 20
μενος τὴν πορείαν ἐποιεῖτο καὶ ὀλίγους ἐν τάξει ἔχων
πρὸ αὐτοῦ, τὸ δὲ πολὺ αὐτῷ ἀνατεταραγμένον ἐπο-
ρεύετο καὶ τῶν ὅπλων τοῖς στρατιώταις πολλὰ ἐπὶ
ἁμαξῶν ἤγοντο καὶ ὑποζυγίων.

Καὶ ἤδη τε ἦν ἀμφὶ ἀγορὰν πλήθουσαν καὶ πλη- 8
σίον ἦν ὁ σταθμὸς ἔνθα ἔμελλε καταλύειν, ἡνίκα
Πατηγύας, ἀνὴρ Πέρσης, τῶν ἀμφὶ Κῦρον πιστῶν,
προφαίνεται ἐλαύνων ἀνὰ κράτος ἱδροῦντι τῷ ἵππῳ,
καὶ εὐθὺς πᾶσιν οἷς ἐνετύγχανεν ἐβόα καὶ βαρβαρικῶς
καὶ ἑλληνικῶς, ὅτι βασιλεὺς σὺν στρατεύματι πολλῷ
προσέρχεται ὡς εἰς μάχην παρεσκευασμένος. ἔνθα 2
δὴ πολὺς τάραχος ἐγένετο· αὐτίκα γὰρ ἐδόκουν οἱ Ἕλ-
ληνες καὶ πάντες δὲ ἀτάκτοις σφίσιν ἐπιπεσεῖσθαι.

3 Καὶ Κῦρός τε καταπηδήσας ἀπὸ τοῦ ἅρματος τὸν θώρακα ἐνέδυ καὶ ἀναβὰς ἐπὶ τὸν ἵππον τὰ παλτὰ εἰς τὰς χεῖρας ἔλαβε, τοῖς τε ἄλλοις πᾶσι παρήγγελλεν ἐξοπλίζεσθαι καὶ καθίστασθαι εἰς τὴν ἑαυτοῦ τάξιν
4 ἕκαστον. ἔνθα δὴ σὺν πολλῇ σπουδῇ καθίσταντο, Κλέαρχος μὲν τὰ δεξιὰ τοῦ κέρατος ἔχων πρὸς τῷ Εὐφράτῃ ποταμῷ, Πρόξενος δὲ ἐχόμενος, οἱ δ' ἄλλοι μετὰ τοῦτον, Μένων δὲ καὶ τὸ στράτευμα τὸ εὐώνυμον
5 κέρας ἔσχε τοῦ Ἑλληνικοῦ. τοῦ δὲ βαρβαρικοῦ ἱππεῖς μὲν Παφλαγόνες εἰς χιλίους παρὰ Κλέαρχον ἔστησαν ἐν τῷ δεξιῷ καὶ τὸ Ἑλληνικὸν πελταστικόν, ἐν δὲ τῷ εὐωνύμῳ Ἀριαῖός τε ὁ Κύρου ὕπαρχος καὶ τὸ ἄλλο
6 βαρβαρικόν. Κῦρος δὲ καὶ οἱ ἱππεῖς τούτου ὅσον ἑξακόσιοι ὡπλισμένοι θώραξι μὲν αὐτοὶ καὶ παραμηριδίοις καὶ κράνεσι πάντες πλὴν Κύρου· Κῦρος δὲ ψιλὴν ἔχων τὴν κεφαλὴν εἰς τὴν μάχην καθίστατο· λέγεται δὲ καὶ τοὺς ἄλλους Πέρσας ψιλαῖς ταῖς κεφαλαῖς ἐν
7 τῷ πολέμῳ διακινδυνεύειν. οἱ δ' ἵπποι πάντες οἱ μετὰ Κύρου εἶχον καὶ προμετωπίδια καὶ προστερνίδια· εἶχον
8 δὲ καὶ μαχαίρας οἱ ἱππεῖς Ἑλληνικάς. καὶ ἤδη τε ἦν μέσον ἡμέρας καὶ οὔπω καταφανεῖς ἦσαν οἱ πολέμιοι· ἡνίκα δὲ δείλη ἐγίγνετο, ἐφάνη κονιορτὸς ὥσπερ νεφέλη λευκή, χρόνῳ δὲ οὐ συχνῷ ὕστερον ὥσπερ μελανία τις ἐν τῷ πεδίῳ ἐπὶ πολύ. ὅτε δὲ ἐγγύτερον ἐγίγνοντο, τάχα δὴ καὶ χαλκός τις ἤστραπτε καὶ αἱ λόγχαι καὶ
9 αἱ τάξεις καταφανεῖς ἐγίγνοντο. καὶ ἦσαν ἱππεῖς μὲν λευκοθώρακες ἐπὶ τοῦ εὐωνύμου τῶν πολεμίων· Τισσαφέρνης ἐλέγετο τούτων ἄρχειν· ἐχόμενοι δὲ τούτων γερροφόροι, ἐχόμενοι δὲ ὁπλῖται σὺν ποδήρεσι ξυλίναις ἀσπίσιν, Αἰγύπτιοι δ' οὗτοι ἐλέγοντο εἶναι· ἄλλοι δ' ἱππεῖς, ἄλλοι τοξόται· πάντες δ' οὗτοι κατὰ ἔθνη ἐν πλαισίῳ πλήρει ἀνθρώπων ἕκαστον τὸ ἔθνος ἐπορεύετο·
10 πρὸ δὲ αὐτῶν ἅρματα διαλείποντα συχνὸν ἀπ' ἀλλήλων τὰ δὴ δρεπανηφόρα καλούμενα· εἶχον δὲ τὰ δρέπανα

ἐκ τῶν ἀξόνων εἰς πλάγιον ἀποτεταμένα καὶ ὑπὸ τοῖς δίφροις εἰς γῆν βλέποντα, ὡς διακόπτειν ὅτῳ ἐντυγχάνοιεν. ἡ δὲ γνώμη ἦν ὡς εἰς τὰς τάξεις τῶν Ἑλλήνων ἐλῶντα καὶ διακόψοντα. ὁ μέντοι Κῦρος εἶπεν, ὅτε καλέσας 11 παρεκελεύετο τοῖς "Ελλησι τὴν κραυγὴν τῶν βαρβάρων ἀνέχεσθαι, ἐψεύσθη τοῦτο· οὐ γὰρ κραυγῇ ἀλλὰ σιγῇ ὡς ἀνυστὸν καὶ ἡσυχῇ ἐν ἴσῳ καὶ βραδέως προσῄεσαν. καὶ ἐν τούτῳ Κῦρος παρελαύνων αὐτὸς σὺν 12 Πίγρητι τῷ ἑρμηνεῖ καὶ ἄλλοις τρισὶν ἢ τέτταρσι τῷ Κλεάρχῳ ἐβόα ἄγειν τὸ στράτευμα κατὰ μέσον τὸ τῶν πολεμίων, ὅτι ἐκεῖ βασιλεὺς εἴη· κἂν τοῦτ', ἔφη, νικῶμεν, πάνθ' ἡμῖν πεποίηται. ὁρῶν δὲ ὁ Κλέαρχος τὸ 13 μέσον στῖφος καὶ ἀκούων Κύρου ἔξω ὄντα τοῦ [Ἑλληνικοῦ] εὐωνύμου βασιλέα· τοσοῦτον γὰρ πλήθει περιῆν βασιλεὺς ὥστε μέσον τῶν ἑαυτοῦ ἔχων τοῦ Κύρου εὐωνύμου ἔξω ἦν· ἀλλ' ὅμως ὁ Κλέαρχος οὐκ ἤθελεν ἀποσπάσαι ἀπὸ τοῦ ποταμοῦ τὸ δεξιὸν κέρας, φοβούμενος μὴ κυκλωθείη ἑκατέρωθεν, τῷ δὲ Κύρῳ ἀπεκρίνατο ὅτι αὐτῷ μέλοι ὅπως καλῶς ἔχοι. καὶ ἐν τούτῳ τῷ 14 καιρῷ τὸ μὲν βαρβαρικὸν στράτευμα ὁμαλῶς προῄει, τὸ δὲ Ἑλληνικὸν ἔτι ἐν τῷ αὐτῷ μένον συνετάττετο ἐκ τῶν ἔτι προσιόντων. καὶ ὁ Κῦρος παρελαύνων οὐ πάνυ πρὸς αὐτῷ τῷ στρατεύματι κατεθεᾶτο ἑκατέρωσε ἀποβλέπων εἴς τε τοὺς πολεμίους καὶ τοὺς φίλους. ἰδὼν δὲ αὐτὸν ἀπὸ τοῦ Ἑλληνικοῦ Ξενοφῶν Ἀθηναῖος, 15 ὑπελάσας ὡς συναντῆσαι ἤρετο, εἴ τι παραγγέλλοι· ὁ δ' ἐπιστήσας εἶπε καὶ λέγειν ἐκέλευε πᾶσιν, ὅτι καὶ τὰ ἱερὰ καλὰ καὶ τὰ σφάγια καλά. ταῦτα δὲ λέγων 16 θορύβου ἤκουσε διὰ τῶν τάξεων ἰόντος, καὶ ἤρετο, τίς ὁ θόρυβος εἴη. ὁ δὲ Κλέαρχος εἶπεν, ὅτι τὸ σύνθημα παρέρχεται δεύτερον ἤδη. καὶ ὃς ἐθαύμασε, τίς παραγγέλλει, καὶ ἤρετο, ὅ, τι εἴη τὸ σύνθημα. ὁ δ'' ἀπεκρίνατο ὅτι Ζεὺς σωτὴρ καὶ νίκη. ὁ δὲ Κῦρος 17 ἀκούσας, Ἀλλὰ δέχομαί τε, ἔφη, καὶ τοῦτο ἔστω.

ταῦτα δ' εἰπὼν εἰς τὴν ἑαυτοῦ χώραν ἀπήλαυνε· καὶ οὐκέτι τρία ἢ τέτταρα στάδια διειχέτην τὼ φάλαγγε ἀπ' ἀλλήλων, ἡνίκα ἐπαιάνιζόν τε οἱ Ἕλληνες καὶ
18 προήρχοντο ἀντίοι ἰέναι τοῖς πολεμίοις. ὡς δὲ πορευομένων ἐξεκύμαινέ τι τῆς φάλαγγος, τὸ ἐπιλειπόμενον ἤρξατο δρόμῳ θεῖν· καὶ ἅμα ἐφθέγξαντο πάντες, οἷόνπερ τῷ Ἐνυαλίῳ ἐλελίζουσι, καὶ πάντες δὲ ἔθεον λέγουσι δέ τινες, ὡς καὶ ταῖς ἀσπίσι πρὸς τὰ δόρατα
19 ἐδούπησαν φόβον ποιοῦντες τοῖς ἵπποις. πρὶν δὲ τόξευμα ἐξικνεῖσθαι ἐκκλίνουσιν οἱ βάρβαροι καὶ φεύγουσι. καὶ ἐνταῦθα δὴ ἐδίωκον μὲν κατὰ κράτος οἱ Ἕλληνες, ἐβόων δὲ ἀλλήλοις μὴ θεῖν δρόμῳ, ἀλλ' ἐν
20 τάξει ἕπεσθαι. τὰ δ' ἅρματα ἐφέροντο τὰ μὲν δι' αὐτῶν τῶν πολεμίων, τὰ δὲ καὶ διὰ τῶν Ἑλλήνων κενὰ ἡνιόχων. οἱ δ' ἐπεὶ προΐδοιεν, διίσταντο· ἔστι δ' ὅστις καὶ κατελήφθη [ὥσπερ ἐν ἱπποδρόμῳ] ἐκπλαγείς· καὶ οὐδὲν μέντοι οὐδὲ τοῦτον παθεῖν ἔφασαν, οὐδ' ἄλλος δὲ τῶν Ἑλλήνων ἐν ταύτῃ τῇ μάχῃ ἔπαθεν οὐδεὶς οὐδέν, πλὴν ἐπὶ τῷ εὐωνύμῳ τοξευθῆναί τις
21 ἐλέγετο. Κῦρος δ' ὁρῶν τοὺς Ἕλληνας νικῶντας τὸ καθ' αὑτοὺς καὶ διώκοντας, ἡδόμενος καὶ προσκυνούμενος ἤδη ὡς βασιλεὺς ὑπὸ τῶν ἀμφ' αὐτόν, οὐδ' ὡς ἐξήχθη διώκειν, ἀλλὰ συνεσπειραμένην ἔχων τὴν τῶν σὺν ἑαυτῷ ἑξακοσίων ἱππέων τάξιν ἐπεμελεῖτο, ὅ, τι ποιήσει βασιλεύς. καὶ γὰρ ᾔδει αὐτὸν ὅτι μέσον ἔχοι
22 τοῦ Περσικοῦ στρατεύματος. καὶ πάντες δ' οἱ τῶν βαρβάρων ἄρχοντες μέσον ἔχοντες τὸ αὑτῶν ἡγοῦνται, νομίζοντες οὕτω καὶ ἐν ἀσφαλεστάτῳ εἶναι, ἢν ᾖ ἡ ἰσχὺς αὐτῶν ἑκατέρωθεν, καὶ εἴ τι παραγγεῖλαι χρῄζοιεν, ἐν ἡμίσει ἂν χρόνῳ αἰσθάνεσθαι τὸ στράτευμα.
23 καὶ βασιλεὺς δὴ τότε μέσον ἔχων τῆς αὑτοῦ στρατιᾶς ὅμως ἔξω ἐγένετο τοῦ Κύρου εὐωνύμου κέρατος. ἐπεὶ δὲ οὐδεὶς αὐτῷ ἐμάχετο ἐκ τοῦ ἀντίου οὐδὲ τοῖς αὑτοῦ τεταγμένοις ἔμπροσθεν, ἐπέκαμπτεν ὡς εἰς κύκλωσιν.

ἔνθα δὴ Κῦρος δείσας μὴ ὄπισθεν γενομενος κατακόψῃ 24
τὸ Ἑλληνικὸν ἐλαύνει ἀντίος· καὶ ἐμβαλὼν σὺν τοῖς
ἑξακοσίοις νικᾷ τοὺς πρὸ βασιλέως τεταγμένους καὶ
εἰς φυγὴν ἔτρεψε τοὺς ἐξακισχιλίους, καὶ ἀποκτεῖναι
λέγεται αὐτὸς τῇ ἑαυτοῦ χειρὶ Ἀρταγέρσην τὸν ἄρ-
χοντα αὐτῶν. ὡς δ' ἡ τροπὴ ἐγένετο, διασπείρονται 2
καὶ οἱ Κύρου ἑξακόσιοι εἰς τὸ διώκειν ὁρμήσαντες,
πλὴν πάνυ ὀλίγοι ἀμφ' αὐτὸν κατελείφθησαν, σχεδὸν
οἱ ὁμοτράπεζοι καλούμενοι. σὺν τούτοις δὲ ὢν καθορᾷ 26
βασιλέα καὶ τὸ ἀμφ' ἐκεῖνον στῖφος· καὶ εὐθὺς οὐκ
ἠνέσχετο, ἀλλ' εἰπών, Τὸν ἄνδρα ὁρῶ, ἵετο ἐπ' αὐτὸν
καὶ παίει κατὰ τὸ στέρνον καὶ τιτρώσκει διὰ τοῦ
θώρακος, ὥς φησι Κτησίας ὁ ἰατρός, καὶ ἰᾶσθαι αὐτὸς
τὸ τραῦμά φησι. παίοντα δ' αὐτὸν ἀκοντίζει τις παλ- 27
τῷ ὑπὸ τὸν ὀφθαλμὸν βιαίως· καὶ ἐνταῦθα μαχόμενοι
καὶ βασιλεὺς καὶ Κῦρος καὶ οἱ ἀμφ' αὐτοὺς ὑπὲρ ἑκα-
τέρου, ὁπόσοι μὲν τῶν ἀμφὶ βασιλέα ἀπέθνησκον
Κτησίας λέγει· παρ' ἐκείνῳ γὰρ ἦν· Κῦρος δὲ αὐτός
τε ἀπέθανε καὶ ὀκτὼ οἱ ἄριστοι τῶν περὶ αὐτὸν ἔκειντο
ἐπ' αὐτῷ. Ἀρταπάτης δ' ὁ πιστότατος αὐτῷ τῶν 28
σκηπτούχων θεράπων λέγεται, ἐπειδὴ πεπτωκότα εἶδε
Κῦρον, καταπηδήσας ἀπὸ τοῦ ἵππου περιπεσεῖν αὐτῷ.
καὶ οἱ μέν φασι βασιλέα κελεῦσαί τινα ἐπισφάξαι 29
αὐτὸν Κύρῳ, οἱ δ' ἑαυτὸν ἐπισφάξασθαι σπασάμενον
τὸν ἀκινάκην· εἶχε γὰρ χρυσοῦν, καὶ στρεπτὸν δὲ
ἐφόρει καὶ ψέλια καὶ τἆλλα ὥσπερ οἱ ἄριστοι Περ-
σῶν· ἐτετίμητο γὰρ ὑπὸ Κύρου δι' εὔνοιάν τε καὶ
πιστότητα.

Κῦρος μὲν οὖν οὕτως ἐτελεύτησεν, ἀνὴρ ὢν Περ- 9
σῶν τῶν μετὰ Κῦρον τὸν ἀρχαῖον γενομένων βασιλι-
κώτατός τε καὶ ἄρχειν ἀξιώτατος, ὡς παρὰ πάντων
ὁμολογεῖται τῶν Κύρου δοκούντων ἐν πείρᾳ γενέσθαι.
πρῶτον μὲν γὰρ ἔτι παῖς ὤν, ὅτ' ἐπαιδεύετο καὶ σὺν 2
τῷ ἀδελφῷ καὶ σὺν τοῖς ἄλλοις παισί, πάντων πάντα

3 κράτιστος ἐνομίζετο. πάντες γὰρ οἱ τῶν ἀρίστων Περσῶν παῖδες ἐπὶ ταῖς βασιλέως θύραις παιδεύονται· ἔνθα πολλὴν μὲν σωφροσύνην καταμάθοι ἄν τις, αἰσχρὸν δ'
4 οὐδὲν οὔτ' ἀκοῦσαι οὔτ' ἰδεῖν ἔστι. θεῶνται δ' οἱ παῖδες καὶ τοὺς τιμωμένους ὑπὸ βασιλέως καὶ ἀκούουσι, καὶ ἄλλους ἀτιμαζομένους· ὥστε εὐθὺς παῖδες ὄντες μαν-
5 θάνουσιν ἄρχειν τε καὶ ἄρχεσθαι. ἔνθα Κῦρος αἰδημονέστατος μὲν πρῶτον τῶν ἡλικιωτῶν ἐδόκει εἶναι, τοῖς τε πρεσβυτέροις καὶ τῶν ἑαυτοῦ ὑποδεεστέρων μᾶλλον πείθεσθαι, ἔπειτα δὲ φιλιππότατος καὶ τοῖς ἵπποις ἄριστα χρῆσθαι· ἔκρινον δ' αὐτὸν καὶ τῶν εἰς τὸν πόλεμον ἔργων, τοξικῆς τε καὶ ἀκοντίσεως, φιλο-
6 μαθέστατον εἶναι καὶ μελετηρότατον. ἐπεὶ δὲ τῇ ἡλικίᾳ ἔπρεπε, καὶ φιλοθηρότατος ἦν καὶ πρὸς τὰ θηρία μέντοι φιλοκινδυνότατος. καὶ ἄρκτον ποτὲ ἐπιφερομένην οὐκ ἔτρεσεν, ἀλλὰ συμπεσὼν κατεσπάσθη ἀπὸ τοῦ ἵππου, καὶ τὰ μὲν ἔπαθεν, ὧν καὶ τὰς ὠτειλὰς φανερὰς εἶχε, τέλος δὲ κατέκανε· καὶ τὸν πρῶτον μέν-
7 τοι βοηθήσαντα πολλοῖς μακαριστὸν ἐποίησεν. ἐπεὶ δὲ κατεπέμφθη ὑπὸ τοῦ πατρὸς σατράπης Λυδίας τε καὶ Φρυγίας τῆς μεγάλης καὶ Καππαδοκίας, στρατηγὸς δὲ καὶ πάντων ἀπεδείχθη, οἷς καθήκει εἰς Καστωλοῦ πεδίον ἀθροίζεσθαι, πρῶτον μὲν ἐπέδειξεν αὐτὸν ὅτι περὶ πλείστου ποιοῖτο, εἴ τῳ σπείσαιτο καὶ εἴ τῳ συν-
8 θοῖτο καὶ εἴ τῳ ὑπόσχοιτό τι, μηδὲν ψεύδεσθαι. καὶ γὰρ οὖν ἐπίστευον μὲν αὐτῷ αἱ πόλεις ἐπιτρεπόμεναι, ἐπίστευον δ' οἱ ἄνδρες· καὶ εἴ τις πολέμιος ἐγένετο, σπεισαμένου Κύρου ἐπίστευε μηδὲν ἂν παρὰ τὰς σπονδὰς
9 παθεῖν. τοιγαροῦν ἐπεὶ Τισσαφέρνει ἐπολέμησε, πᾶσαι αἱ πόλεις ἑκοῦσαι Κῦρον εἵλοντο ἀντὶ Τισσαφέρνους πλὴν Μιλησίων· οὗτοι δέ, ὅτι οὐκ ἤθελε τοὺς φεύ-
10 γοντας προέσθαι, ἐφοβοῦντο αὐτόν. καὶ γὰρ ἔργῳ ἐπεδείκνυτο καὶ ἔλεγεν, ὅτι οὐκ ἄν ποτε προοῖτο, ἐπεὶ ἅπαξ φίλος αὐτοῖς ἐγένετο, οὐδ' εἰ ἔτι μὲν μείους

γένοιντο, ἔτι δὲ κάκιον πράξειαν. φανερὸς δ' ἦν καὶ 11 εἴ τίς τι ἀγαθὸν ἢ κακὸν ποιήσειεν αὐτόν, νικᾶν πειρώμενος· καὶ εὐχὴν δέ τινες αὐτοῦ ἐξέφερον, ὡς εὔχοιτο τοσοῦτον χρόνον ζῆν, ἔστε νικῴη καὶ τοὺς εὖ καὶ τοὺς κακῶς ποιοῦντας ἀλεξόμενος. καὶ γὰρ οὖν πλεῖστοι 12 δὴ αὐτῷ ἑνί γε ἀνδρὶ τῶν ἐφ' ἡμῶν ἐπεθύμησαν καὶ χρήματα καὶ πόλεις καὶ τὰ ἑαυτῶν σώματα προέσθαι. οὐ μὲν δὴ οὐδὲ τοῦτ' ἄν τις εἴποι, ὡς τοὺς κακούργους 13 καὶ ἀδίκους εἴα καταγελᾶν, ἀλλ' ἀφειδέστατα πάντων ἐτιμωρεῖτο. πολλάκις δ' ἦν ἰδεῖν παρὰ τὰς στειβομένας ὁδοὺς καὶ ποδῶν καὶ χειρῶν καὶ ὀφθαλμῶν στεοομένους ἀνθρώπους· ὥστ' ἐν τῇ Κύρου ἀρχῇ ἐγένετο καὶ Ἕλληνι καὶ βαρβάρῳ μηδὲν ἀδικοῦντι ἀδεῶς πορεύεσθαι ὅποι τις ἤθελεν, ἔχοντι ὅ, τι προχωροίη. τούς γε μέντοι ἀγαθοὺς εἰς πόλεμον ὡμολόγητο δια- 14 φερόντως τιμᾶν. καὶ πρῶτον μὲν ἦν αὐτῷ πόλεμος πρὸς Πισίδας καὶ Μυσούς· στρατευόμενος οὖν καὶ αὐτὸς εἰς ταύτας τὰς χώρας οὓς ἑώρα ἐθέλοντας κινδυνεύειν, τούτους καὶ ἄρχοντας ἐποίει ἧς κατεστρέφετο χώρας, ἔπειτα δὲ καὶ ἄλλῃ δώροις ἐτίμα· ὥστε φαί- 15 νεσθαι τοὺς μὲν ἀγαθοὺς εὐδαιμονεστάτους, τοὺς δὲ κακοὺς δούλους τούτων ἀξιοῦν εἶναι. τοιγαροῦν πολλὴ ἦν ἀφθονία αὐτῷ τῶν θελόντων κινδυνεύειν, ὅπου τις οἴοιτο Κῦρον αἰσθήσεσθαι. εἴς γε μὴν δικαιοσύνην εἴ 16 τις αὐτῷ φανερὸς γένοιτο ἐπιδείκνυσθαι βουλόμενος, περὶ παντὸς ἐποιεῖτο τούτους πλουσιωτέρους ποιεῖν τῶν ἐκ τοῦ ἀδίκου φιλοκερδούντων. καὶ γὰρ οὖν ἄλλα 17 τε πολλὰ δικαίως αὐτῷ διεχειρίζετο καὶ στρατεύματι ἀληθινῷ ἐχρήσατο. καὶ γὰρ στρατηγοὶ καὶ λοχαγοὶ οὐ χρημάτων ἕνεκα πρὸς ἐκεῖνον ἔπλευσαν, ἀλλ' ἐπεὶ ἔγνωσαν κερδαλεώτερον εἶναι Κύρῳ καλῶς πειθαρχεῖν ἢ τὸ κατὰ μῆνα κέρδος. ἀλλὰ μὴν εἴ τίς γέ τι αὐτῷ 18 προστάξαντι καλῶς ὑπηρετήσειεν, οὐδενὶ πώποτε ἀχάριστον εἴασε τὴν προθυμίαν. τοιγαροῦν κράτιστοι δὴ

ὑπηρέται παντὸς ἔργου Κύρῳ ἐλέχθησαν γενέσθαι
19 εἰ δέ τινα ὁρῴη δεινὸν ὄντα οἰκονόμον ἐκ τοῦ δικαίου
καὶ κατασκευάζοντά τε ἧς ἄρχοι χώρας καὶ προσόδους
ποιοῦντα, οὐδένα ἂν πώποτε ἀφείλετο, ἀλλ' ἀεὶ πλείω
προσεδίδου· ὥστε καὶ ἡδέως ἐπόνουν καὶ θαρραλέως
ἐκτῶντο καὶ ὃ ἐπέπατο αὖ τις ἥκιστα Κῦρον ἔκρυπτεν·
οὐ γὰρ φθονῶν τοῖς φανερῶς πλουτοῦσιν ἐφαίνετο,
ἀλλὰ πειρώμενος χρῆσθαι τοῖς τῶν ἀποκρυπτομένων
20 χρήμασι. φίλους γε μὴν ὅσους ποιήσαιτο καὶ εὔνους
γνοίη ὄντας καὶ ἱκανοὺς κρίνειε συνεργοὺς εἶναι ὅ, τι
τυγχάνοι βουλόμενος κατεργάζεσθαι, ὁμολογεῖται πρὸς
21 πάντων κράτιστος δὴ γενέσθαι θεραπεύειν. καὶ γὰρ
αὐτὸ τοῦτο, οὗπερ αὐτὸς ἕνεκα φίλων ᾤετο δεῖσθαι,
ὡς συνεργοὺς ἔχοι, καὶ αὐτὸς ἐπειρᾶτο συνεργὸς τοῖς
φίλοις κράτιστος εἶναι τούτου ὅτου ἕκαστον αἰσθά-
22 νοιτο ἐπιθυμοῦντα. δῶρα δὲ πλεῖστα μὲν οἶμαι εἷς
γε ὢν ἀνὴρ ἐλάμβανε διὰ πολλά· ταῦτα δὲ πάντων
δὴ μάλιστα τοῖς φίλοις διεδίδου, πρὸς τοὺς τρόπους
ἑκάστου σκοπῶν καὶ ὅτου μάλιστα ὁρῴη ἕκαστον δεό-
23 μενον. καὶ ὅσα τῷ σώματι αὐτοῦ κόσμον πέμποι τις
ἢ ὡς εἰς πόλεμον ἢ ὡς εἰς καλλωπισμόν, καὶ περὶ
τούτων λέγειν αὐτὸν ἔφασαν, ὅτι τὸ μὲν ἑαυτοῦ σῶμα
οὐκ ἂν δύναιτο τούτοις πᾶσι κοσμηθῆναι, φίλους δὲ
καλῶς κεκοσμημένους μέγιστον κόσμον ἀνδρὶ νομίζοι.
24 καὶ τὸ μὲν τὰ μεγάλα νικᾶν τοὺς φίλους εὖ ποιοῦντα
οὐδὲν θαυμαστόν, ἐπειδή γε καὶ δυνατώτερος ἦν· τὸ δὲ
τῇ ἐπιμελείᾳ περιεῖναι τῶν φίλων καὶ τῷ προθυμεῖσθαι
χαρίζεσθαι, ταῦτα ἔμοιγε μᾶλλον δοκεῖ ἀγαστὰ εἶναι.
25 Κῦρος γὰρ ἔπεμπε βίκους οἴνου ἡμιδεεῖς πολλάκις, ὁπότε
πάνυ ἡδὺν λάβοι, λέγων ὅτι οὔπω δὴ πολλοῦ χρόνου
τούτου ἡδίονι οἴνῳ ἐπιτύχοι· τοῦτον οὖν σοὶ ἔπεμψε
καὶ δεῖταί σου τήμερον τοῦτον ἐκπιεῖν σὺν οἷς μάλιστα
26 φιλεῖς. πολλάκις δὲ χῆνας ἡμιβρώτους ἔπεμπε καὶ
ἄρτων ἡμίσεα καὶ ἄλλα τοιαῦτα, ἐπιλέγειν κελεύων

τὸν φέροντα· Τούτοις ἤσθη Κῦρος· βούλεται οὖν καὶ σὲ τούτων γεύσασθαι. ὅπου δὲ χιλὸς σπάνιος πάνυ 27 εἴη, αὐτὸς δ' ἐδύνατο παρασκευάσασθαι διὰ τὸ πολλοὺς ἔχειν ὑπηρέτας καὶ διὰ τὴν ἐπιμέλειαν, διαπέμπων ἐκέλευε τοὺς φίλους τοῖς τὰ ἑαυτῶν σώματα ἄγουσιν ἵπποις ἐμβάλλειν τοῦτον τὸν χιλόν, ὡς μὴ πεινῶντες τοὺς ἑαυτοῦ φίλους ἄγωσιν. εἰ δὲ δή ποτε 28 πορεύοιτο καὶ πλεῖστοι μέλλοιεν ὄψεσθαι, προσκαλῶν τοὺς φίλους ἐσπουδαιολογεῖτο, ὡς δηλοίη οὓς τιμᾷ. ὥστε ἔγωγε ἐξ ὧν ἀκούω οὐδένα κρίνω ὑπὸ πλειόνων πεφιλῆσθαι οὔτε Ἑλλήνων οὔτε βαρβάρων. τεκμήριον 29 δὲ τούτου καὶ τόδε. παρὰ μὲν Κύρου δούλου ὄντος οὐδεὶς ἀπῄει πρὸς βασιλέα, πλὴν Ὀρόντας ἐπεχείρησε· καὶ οὗτος δὴ ὃν ᾤετο πιστόν οἱ εἶναι ταχὺ αὐτὸν εὗρε Κύρῳ φιλαίτερον ἢ ἑαυτῷ· παρὰ δὲ βασιλέως πολλοὶ πρὸς Κῦρον ἀπῆλθον, ἐπειδὴ πολέμιοι ἀλλήλοις ἐγένοντο, καὶ οὗτοι μέντοι οἱ μάλιστα ὑπ' αὐτοῦ ἀγαπώμενοι, νομίζοντες παρὰ Κύρῳ ὄντες ἀγαθοὶ ἀξιωτέρας ἂν τιμῆς τυγχάνειν ἢ παρὰ βασιλεῖ. μέγα δὲ τεκμή- 30 ριον καὶ τὸ ἐν τῇ τελευτῇ τοῦ βίου αὐτῷ γενόμενον, ὅτι καὶ αὐτὸς ἦν ἀγαθὸς καὶ κρίνειν ὀρθῶς ἐδύνατο τοὺς πιστοὺς καὶ εὔνους καὶ βεβαίους. ἀποθνήσκοντος 31 γὰρ αὐτοῦ πάντες οἱ παρ' αὐτὸν φίλοι καὶ συντράπεζοι ἀπέθανον μαχόμενοι ὑπὲρ Κύρου πλὴν Ἀριαίου· οὗτος δὲ τεταγμένος ἐτύγχανεν ἐπὶ τῷ εὐωνύμῳ τοῦ ἱππικοῦ ἄρχων· ὡς δ' ᾔσθετο Κῦρον πεπτωκότα, ἔφυγεν ἔχων καὶ τὸ στράτευμα πᾶν, οὗ ἡγεῖτο.

Ἐνταῦθα δὴ Κύρου ἀποτέμνεται ἡ κεφαλὴ καὶ ἡ χεὶρ 10 ἡ δεξιά. βασιλεὺς δὲ καὶ οἱ σὺν αὐτῷ διώκων εἰσπίπτει εἰς τὸ Κύρειον στρατόπεδον· καὶ οἱ μὲν μετὰ Ἀριαίου οὐκέτι ἵστανται, ἀλλὰ φεύγουσι διὰ τοῦ αὐτῶν στρατοπέδου εἰς τὸν σταθμόν, ἔνθεν ὥρμηντο· τέτταρες δ' ἐλέγοντο παρασάγγαι εἶναι τῆς ὁδοῦ. βασιλεὺς δὲ καὶ οἱ σὺν αὐτῷ τά τε ἄλλα πολλὰ 2

διαρπάζουσι καὶ τὴν Φωκαΐδα τὴν Κύρου παλλακίδα
3 τὴν σοφὴν καὶ καλὴν λεγομένην εἶναι λαμβάνει. ἡ δὲ
Μιλησία ἡ νεωτέρα ληφθεῖσα ὑπὸ τῶν ἀμφὶ βασιλέα
ἐκφεύγει γυμνὴ πρὸς τῶν Ἑλλήνων οἳ ἔτυχον ἐν τοῖς
σκευοφόροις ὅπλα ἔχοντες, καὶ ἀντιταχθέντες πολλοὺς
μὲν τῶν ἁρπαζόντων ἀπέκτειναν, οἱ δὲ καὶ αὐτῶν
ἀπέθανον· οὐ μὴν ἔφυγόν γε, ἀλλὰ καὶ ταύτην ἔσωσαν
καὶ ἄλλα ὁπόσα ἐντὸς αὐτῶν καὶ χρήματα καὶ ἄνθρω-
4 ποι ἐγένοντο πάντα ἔσωσαν. ἐνταῦθα διέσχον ἀλλή-
λων βασιλεύς τε καὶ οἱ Ἕλληνες ὡς τριάκοντα στάδια,
οἱ μὲν διώκοντες τοὺς καθ' αὑτοὺς ὡς πάντας νικῶντες,
5 οἱ δ' ἁρπάζοντες ὡς ἤδη πάντες νικῶντες. ἐπεὶ δ'
ᾔσθοντο οἱ μὲν Ἕλληνες, ὅτι βασιλεὺς σὺν τῷ στρα-
τεύματι ἐν τοῖς σκευοφόροις εἴη, βασιλεὺς δ' αὖ ἤκουσε
Τισσαφέρνους, ὅτι οἱ Ἕλληνες νικῷεν τὸ καθ' αὑτοὺς
καὶ εἰς τὸ πρόσθεν οἴχονται διώκοντες, ἐνταῦθα δὴ
βασιλεὺς μὲν ἀθροίζει τε τοὺς ἑαυτοῦ καὶ συντάττεται,
ὁ δὲ Κλέαρχος ἐβουλεύετο Πρόξενον καλέσας πλησιαί-
τατος γὰρ ἦν, εἰ πέμποιέν τινας ἢ πάντες ἴοιεν ἐπὶ τὸ
6 στρατόπεδον ἀρήξοντες. ἐν τούτῳ καὶ βασιλεὺς δῆλος
ἦν προσιὼν πάλιν, ὡς ἐδόκει, ὄπισθεν. καὶ οἱ μὲν Ἕλ-
ληνες στραφέντες παρεσκευάζοντο ὡς ταύτῃ προσιόντος
καὶ δεξόμενοι, ὁ δὲ βασιλεὺς ταύτῃ μὲν οὐκ ἦγεν, ᾗ δὲ
παρῆλθεν ἔξω τοῦ εὐωνύμου κέρατος, ταύτῃ καὶ ἀπήγα-
γεν, ἀναλαβὼν καὶ τοὺς ἐν τῇ μάχῃ κατὰ τοὺς Ἕλληνας
αὐτομολήσαντας καὶ Τισσαφέρνην καὶ τοὺς σὺν αὐτῷ.
ὁ γὰρ Τισσαφέρνης ἐν τῇ πρώτῃ συνόδῳ οὐκ ἔφυγεν,
ἀλλὰ διήλασε παρὰ τὸν ποταμὸν κατὰ τοὺς Ἕλληνας
πελταστάς· διελαύνων δὲ κατέκανε μὲν οὐδένα, δια-
στάντες δ' οἱ Ἕλληνες ἔπαιον καὶ ἠκόντιζον αὐτούς·
Ἐπισθένης δὲ Ἀμφιπολίτης ἦρχε τῶν πελταστῶν καὶ
7 ἐλέγετο φρόνιμος γενέσθαι. ὁ δ' οὖν Τισσαφέρνης ὡς
μεῖον ἔχων ἀπηλλάγη, πάλιν μὲν οὐκ ἀναστρέφει, εἰς
δὲ τὸ στρατόπεδον ἀφικόμενος τὸ τῶν Ἑλλήνων ἐκεῖ

συντυγχάνει βασιλεῖ, καὶ ὁμοῦ δὴ πάλιν συνταξάμενοι ἐπορεύοντο. ἐπεὶ δ' ἦσαν κατὰ τὸ εὐώνυμον τῶν Ἑλ- 9 λήνων κέρας, ἔδεισαν οἱ Ἕλληνες, μὴ προσάγοιεν πρὸς τὸ κέρας καὶ περιπτύξαντες ἀμφοτέρωθεν αὐτοὺς κατακόψειαν· καὶ ἐδόκει αὐτοῖς ἀναπτύσσειν τὸ κέρας καὶ ποιήσασθαι ὄπισθεν τὸν ποταμόν. ἐν ᾧ δὲ ταῦτα 10 ἐβουλεύοντο καὶ δὴ βασιλεὺς παραμειψάμενος εἰς τὸ αὐτὸ σχῆμα κατέστησεν ἀντίαν τὴν φάλαγγα, ὥσπερ τὸ πρῶτον μαχούμενος συνῄει. ὡς δὲ εἶδον οἱ Ἕλληνες ἐγγύς τε ὄντας καὶ παρατεταγμένους, αὖθις παιανίσαντες ἐπῄεσαν πολὺ ἔτι προθυμότερον ἢ τὸ πρόσθεν. οἱ δ' αὖ βάρβαροι οὐκ ἐδέχοντο, ἀλλ' ἐκ 11 πλέονος ἢ τὸ πρόσθεν ἔφευγον· οἱ δ' ἐπεδίωκον μέχρι κώμης τινός· ἐνταῦθα δ' ἔστησαν οἱ Ἕλληνες· ὑπὲρ 12 γὰρ τῆς κώμης γήλοφος ἦν, ἐφ' οὗ ἀνεστράφησαν οἱ ἀμφὶ βασιλέα, πεζοὶ μὲν οὐκέτι, τῶν δὲ ἱππέων ὁ λόφος ἐνεπλήσθη, ὥστε τὸ ποιούμενον μὴ γιγνώσκειν. καὶ τὸ βασίλειον σημεῖον ὁρᾶν ἔφασαν, ἀετόν τινα χρυσοῦν ἐπὶ πέλτης [ἐπὶ ξύλου] ἀνατεταμένον. ἐπεὶ 13 δὲ καὶ ἐνταῦθ' ἐχώρουν οἱ Ἕλληνες, λείπουσι δὴ καὶ τὸν λόφον οἱ ἱππεῖς· οὐ μὴν ἔτι ἀθρόοι ἀλλ' ἄλλοι ἄλλοθεν· ἐψιλοῦτο δ' ὁ λόφος τῶν ἱππέων· τέλος δὲ καὶ πάντες ἀπεχώρησαν. ὁ οὖν Κλέαρχος οὐκ ἀνεβί- 14 βαζεν ἐπὶ τὸν λόφον, ἀλλ' ὑπὸ αὐτὸν στήσας τὸ στράτευμα πέμπει Λύκιον τὸν Συρακόσιον καὶ ἄλλον ἐπὶ τὸν λόφον καὶ κελεύει κατιδόντας τὰ ὑπὲρ τοῦ λόφου τί ἐστιν ἀπαγγεῖλαι. καὶ ὁ Λύκιος ἤλασέ τε 15 καὶ ἰδὼν ἀπαγγέλλει, ὅτι φεύγουσιν ἀνὰ κράτος. σχεδὸν δ' ὅτε ταῦτα ἦν καὶ ἥλιος ἐδύετο. ἐνταῦθα δ' 16 ἔστησαν οἱ Ἕλληνες καὶ θέμενοι τὰ ὅπλα ἀνεπαύοντο· καὶ ἅμα μὲν ἐθαύμαζον, ὅτι οὐδαμοῦ Κῦρος φαίνοιτο οὐδ' ἄλλος ἀπ' αὐτοῦ οὐδεὶς παρείη· οὐ γὰρ ᾔδεσαν αὐτὸν τεθνηκότα, ἀλλ' εἴκαζον ἢ διώκοντα οἴχεσθαι ἢ καταληψόμενόν τι προεληλακέναι· καὶ αὐτοὶ ἐβου- 17 λεύοντο, εἰ αὐτοῦ μείναντες τὰ σκευοφόρα ἐνταῦθα ἄγοιντο ἢ ἀπίοιεν ἐπὶ τὸ στρατόπεδον. ἔδοξεν οὖν αὐτοῖς ἀπιέναι· καὶ ἀφικνοῦνται ἀμφὶ δόρπηστον ἐπὶ 18 τὰς σκηνάς. ταύτης μὲν τῆς ἡμέρας τοῦτο τὸ τέλος ἐγένετο. καταλαμβάνουσι δὲ τῶν τε ἄλλων χρημάτων τὰ πλεῖστα διηρπασμένα καὶ εἴ τι σιτίον ἢ ποτὸν ἦν, καὶ τὰς ἁμάξας, μεστὰς ἀλεύρων καὶ οἴνου, ἃς παρεσκευάσατο Κῦρος, ἵνα, εἴ ποτε σφοδρὰ τὸ στράτευμα λάβοι ἔνδεια, διαδοίη τοῖς Ἕλλησιν· ἦσαν δ' αὗται τετρακόσιαι, ὡς ἐλέγοντο, ἅμαξαι· καὶ ταύτας τότε οἱ 19 σὺν βασιλεῖ διήρπασαν. ὥστε ἄδειπνοι ἦσαν οἱ πλεῖστοι τῶν Ἑλλήνων· ἦσαν δὲ καὶ ἀνάριστοι· πρὶν γὰρ δὴ καταλῦσαι τὸ στράτευμα πρὸς ἄριστον βασιλεὺς ἐφάνη. ταύτην μὲν οὖν τὴν νύκτα οὕτω διεγένοντο.

BOOK II.

1 Ὡς μὲν οὖν ἡθροίσθη Κύρῳ τὸ Ἑλληνικόν, ὅτε ἐπὶ τὸν ἀδελφὸν Ἀρταξέρξην ἐστρατεύετο, καὶ ὅσα ἐν τῇ ἀνόδῳ ἐπράχθη καὶ ὡς ἡ μάχη ἐγένετο καὶ ὡς Κῦρος ἐτελεύτησε καὶ ὡς ἐπὶ τὸ στρατόπεδον ἐλθόντες οἱ Ἕλληνες ἐκοιμήθησαν οἰόμενοι τὰ πάντα νικᾶν καὶ 2 Κῦρον ζῆν, ἐν τῷ ἔμπροσθεν λόγῳ δεδήλωται. ἅμα δὲ τῇ ἡμέρᾳ συνελθόντες οἱ στρατηγοὶ ἐθαύμαζον, ὅτι Κῦρος οὔτε ἄλλον πέμπει σημανοῦντα, ὅ, τι χρὴ ποιεῖν, οὔτε αὐτὸς φαίνοιτο. ἔδοξεν οὖν αὐτοῖς συσκευασαμένοις ἃ εἶχον καὶ ἐξοπλισαμένοις προϊέναι εἰς τὸ 3 πρόσθεν, ἕως Κύρῳ συμμίξειαν. ἤδη δὲ ἐν ὁρμῇ ὄντων ἅμα ἡλίῳ ἀνίσχοντι ἦλθε Προκλῆς ὁ Τευθρανίας ἄρχων, γεγονὼς ἀπὸ Δαμαράτου τοῦ Λάκωνος, καὶ Γλοῦς ὁ Ταμώ. οὗτοι ἔλεγον ὅτι Κῦρος μὲν τέθνηκεν, Ἀριαῖος δὲ πεφευγὼς ἐν τῷ σταθμῷ εἴη μετὰ τῶν ἄλλων βαρ

θάρων ὅθεν τῇ προτεραίᾳ ὥρμηντο, καὶ λέγοι ὅτι ταύτην μὲν τὴν ἡμέραν περιμείνειεν ἂν αὐτούς, εἰ μέλλοιεν ἥκειν, τῇ δὲ ἄλλῃ ἀπιέναι φαίη ἐπὶ Ἰωνίας, ὅθενπερ ἦλθε. ταῦτα ἀκούσαντες οἱ στρατηγοὶ καὶ οἱ ἄλλοι 4 Ἕλληνες πυνθανόμενοι βαρέως ἔφερον. Κλέαρχος δὲ τάδε εἶπεν. Ἀλλ' ὤφελε μὲν Κῦρος ζῆν· ἐπεὶ δὲ τετελεύτηκεν, ἀπαγγέλλετε Ἀριαίῳ, ὅτι ἡμεῖς νικῶμέν τε Βασιλέα, καί, ὡς ὁρᾶτε, οὐδεὶς ἔτι ἡμῖν μάχεται, καὶ εἰ μὴ ὑμεῖς ἤλθετε, ἐπορευόμεθα ἂν ἐπὶ βασιλέα. ἐπαγγελλόμεθα δὲ Ἀριαίῳ, ἐὰν ἐνθάδε ἔλθῃ, εἰς τὸν θρόνον τὸν βασίλειον καθιεῖν αὐτόν· τῶν γὰρ μάχῃ νικώντων καὶ τὸ ἄρχειν ἐστί. ταῦτ' εἰπὼν ἀποστέλλει τοὺς ἀγγέ- 5 λους καὶ σὺν αὐτοῖς Χειρίσοφον τὸν Λάκωνα καὶ Μένωνα τὸν Θετταλόν. καὶ γὰρ αὐτὸς Μένων ἐβούλετο· ἦν γὰρ φίλος καὶ ξένος Ἀριαίου. οἱ μὲν ᾤχοντο, 6 Κλέαρχος δὲ περιέμενε. τὸ δὲ στράτευμα ἐπορίζετο σῖτον ὅπως ἐδύνατο ἐκ τῶν ὑποζυγίων, κόπτοντες τοὺς βοῦς καὶ ὄνους· ξύλοις δ' ἐχρῶντο, μικρὸν προϊόντες ἀπὸ τῆς φάλαγγος οὗ ἡ μάχη ἐγένετο, τοῖς τε οἰστοῖς πολλοῖς οὖσιν, οὓς ἠνάγκαζον οἱ Ἕλληνες ἐκβάλλειν τοὺς αὐτομολοῦντας παρὰ βασιλέως, καὶ τοῖς γέρροις καὶ ταῖς ἀσπίσι ταῖς ξυλίναις ταῖς Αἰγυπτίαις· πολλαὶ δὲ καὶ πέλται καὶ ἅμαξαι ἦσαν φέρεσθαι ἔρημοι· οἷς πᾶσι χρώμενοι κρέα ἕψοντες ἤσθιον ἐκείνην τὴν ἡμέραν. καὶ ἤδη τε ἦν περὶ πλήθουσαν ἀγορὰν καὶ ἔρ- 7 χονται παρὰ βασιλέως καὶ Τισσαφέρνους κήρυκες, οἱ μὲν ἄλλοι βάρβαροι· ἦν δ' αὐτῶν Φαλῖνος εἷς Ἕλλην, ὃς ἐτύγχανε παρὰ Τισσαφέρνει ὢν καὶ ἐντίμως ἔχων· καὶ γὰρ προσεποιεῖτο ἐπιστήμων εἶναι τῶν ἀμφὶ τάξεις τε καὶ ὁπλομαχίαν. οὗτοι δὲ προσελθόντες καὶ 8 καλέσαντες τοὺς τῶν Ἑλλήνων ἄρχοντας λέγουσιν, ὅτι βασιλεὺς κελεύει τοὺς Ἕλληνας, ἐπεὶ νικῶν τυγχάνει καὶ Κῦρον ἀπέκτονε, παραδόντας τὰ ὅπλα ἰόντας ἐπὶ τὰς βασιλέως θύρας εὑρίσκεσθαι ἄν τι δύνωνται

9 ἀγαθόν. ταῦτα μὲν εἶπον οἱ βασιλέως κήρυκες· οἱ δὲ Ἕλληνες βαρέως μὲν ἤκουσαν, ὅμως δὲ Κλέαρχος τοσοῦτον εἶπεν, ὅτι οὐ τῶν νικώντων εἴη τὰ ὅπλα παραδιδόναι· ἀλλ', ἔφη, ὑμεῖς μέν, ὦ ἄνδρες στρατηγοί, τούτοις ἀποκρίνασθε ὅ, τι κάλλιστόν τε καὶ ἄριστον ἔχετε· ἐγὼ δὲ αὐτίκα ἥξω. ἐκάλεσε γάρ τις αὐτὸν τῶν ὑπηρετῶν, ὅπως ἴδοι τὰ ἱερὰ ἐξηρημένα·
10 ἔτυχε γὰρ θυόμενος. ἔνθα δὴ ἀπεκρίνατο Κλεάνωρ μὲν ὁ Ἀρκὰς πρεσβύτατος ὤν, ὅτι πρόσθεν ἂν ἀποθάνοιεν ἢ τὰ ὅπλα παραδοίησαν· Πρόξενος δὲ ὁ Θηβαῖος, Ἀλλ' ἐγώ, ἔφη, ὦ Φαλῖνε, θαυμάζω, πότερα ὡς κρατῶν βασιλεὺς αἰτεῖ τὰ ὅπλα ἢ ὡς διὰ φιλίαν δῶρα. εἰ μὲν γὰρ ὡς κρατῶν, τί δεῖ αὐτὸν αἰτεῖν καὶ οὐ λαβεῖν ἐλθόντα; εἰ δὲ πείσας βούλεται λαβεῖν, λεγέτω, τί ἔσται τοῖς στρατιώταις, ἐὰν αὐτῷ ταῦτα
11 χαρίσωνται. πρὸς ταῦτα Φαλῖνος εἶπε, Βασιλεὺς νικᾶν ἡγεῖται, ἐπεὶ Κῦρον ἀπέκτονε. τίς γὰρ αὐτῷ ἔστιν ὅστις τῆς ἀρχῆς ἀντιποιεῖται; νομίζει δὲ καὶ ὑμᾶς ἑαυτοῦ εἶναι, ἔχων ἐν μέσῃ τῇ ἑαυτοῦ χώρᾳ καὶ ποταμῶν ἐντὸς ἀδιαβάτων καὶ πλῆθος ἀνθρώπων ἐφ' ὑμᾶς δυνάμενος ἀγαγεῖν, ὅσον οὐδ', εἰ παρέχοι ὑμῖν, δύναισθε ἂν
12 ἀποκτεῖναι. μετὰ τοῦτον Θεόπομπος Ἀθηναῖος εἶπεν, Ὦ Φαλῖνε, νῦν, ὡς σὺ ὁρᾷς, ἡμῖν οὐδέν ἐστιν ἀγαθὸν ἄλλο εἰ μὴ ὅπλα καὶ ἀρετή. ὅπλα μὲν οὖν ἔχοντες οἰόμεθα ἂν καὶ τῇ ἀρετῇ χρῆσθαι, παραδόντες δ' ἂν ταῦτα καὶ τῶν σωμάτων στερηθῆναι. μὴ οὖν οἴου τὰ μόνα ἀγαθὰ ἡμῖν ὄντα ὑμῖν παραδώσειν, ἀλλὰ σὺν τούτοις καὶ περὶ τῶν ὑμετέρων ἀγαθῶν μαχούμεθα.
13 ἀκούσας δὲ ταῦτα ὁ Φαλῖνος ἐγέλασε καὶ εἶπεν, Ἀλλὰ φιλοσόφῳ μὲν ἔοικας, ὦ νεανίσκε, καὶ λέγεις οὐκ ἀχάριστα· ἴσθι μέντοι ἀνόητος ὤν, εἰ οἴει τὴν ὑμετέραν
14 ἀρετὴν περιγενέσθαι ἂν τῆς βασιλέως δυνάμεως. ἄλλους δέ τινας ἔφασαν λέγειν ὑπομαλακιζομένους, ὡς καὶ Κύρῳ πιστοὶ ἐγένοντο καὶ βασιλεῖ ἂν πολλοῦ ἄξιοι

γένοιντο, εἰ βούλοιτο φίλος γενέσθαι· καὶ εἴτε ἄλλο
τι θέλοι χρῆσθαι, εἴτ᾽ ἐπ᾽ Αἴγυπτον στρατεύειν, συγ-
καταστρέψαιντ᾽ ἂν αὐτῷ. ἐν τούτῳ Κλέαρχος ἧκε, 15
καὶ ἠρώτησεν, εἰ ἤδη ἀποκεκριμένοι εἶεν. Φαλῖνος δὲ
ὑπολαβὼν εἶπεν, Οὗτοι μέν, ὦ Κλέαρχε, ἄλλος ἄλλα
λέγει· σὺ δ᾽ ἡμῖν εἰπὲ τί λέγεις. ὁ δ᾽ εἶπεν, Ἐγώ σε, 16
ὦ Φαλῖνε, ἄσμενος ἑώρακα, οἶμαι δὲ καὶ οἱ ἄλλοι πάν-
τες· σύ τε γὰρ Ἕλλην εἶ καὶ ἡμεῖς τοσοῦτοι ὄντες,
ὅσους σὺ ὁρᾷς. ἐν τοιούτοις δὲ ὄντες πράγμασι συμ-
βουλευόμεθά σοι, τί χρὴ ποιεῖν περὶ ὧν λέγεις. σὺ 17
οὖν πρὸς θεῶν συμβούλευσον ἡμῖν ὅ, τι σοι δοκεῖ κάλ-
λιστον καὶ ἄριστον εἶναι, καὶ ὅ σοι τιμὴν οἴσει εἰς τὸν
ἔπειτα χρόνον ἀναλεγόμενον, ὅτι Φαλῖνός ποτε πεμ-
φθεὶς παρὰ βασιλέως κελεύσων τοὺς Ἕλληνας τὰ
ὅπλα παραδοῦναι ξυμβουλευομένοις ξυνεβούλευσεν αὐ-
τοῖς τάδε. οἶσθα δέ, ὅτι ἀνάγκη λέγεσθαι ἐν τῇ Ἑλ-
λάδι ἃ ἂν συμβουλεύσῃς. ὁ δὲ Κλέαρχος ταῦτα 18
ὑπήγετο, βουλόμενος καὶ αὐτὸν τὸν παρὰ βασιλέως
πρεσβεύοντα ξυμβουλεῦσαι μὴ παραδοῦναι τὰ ὅπλα,
ὅπως εὐέλπιδες μᾶλλον εἶεν οἱ Ἕλληνες. Φαλῖνος δὲ
ὑποστρέψας παρὰ τὴν δόξαν αὐτοῦ εἶπεν, Ἐγώ, εἰ μὲν 19
τῶν μυρίων ἐλπίδων μία τις ὑμῖν ἐστι σωθῆναι πολε-
μοῦντας βασιλεῖ, συμβουλεύω μὴ παραδιδόναι τὰ
ὅπλα· εἰ δέ τοι μηδεμία σωτηρίας ἐστὶν ἐλπὶς ἄκοντος
βασιλέως, συμβουλεύω σώζεσθαι ὑμῖν ὅπῃ δυνατόν.
Κλέαρχος δὲ πρὸς ταῦτα εἶπεν, Ἀλλὰ ταῦτα μὲν δὴ 20
σὺ λέγεις· παρ᾽ ἡμῶν δὲ ἀπάγγελλε τάδε, ὅτι ἡμεῖς
οἰόμεθα, εἰ μὲν δέοι βασιλεῖ φίλους εἶναι, πλείονος
ἂν ἄξιοι εἶναι φίλοι ἔχοντες τὰ ὅπλα ἢ παραδόντες
ἄλλῳ, εἰ δὲ δέοι πολεμεῖν, ἄμεινον ἂν πολεμεῖν ἔχοντες
τὰ ὅπλα ἢ ἄλλῳ παραδόντες. ὁ δὲ Φαλῖνος εἶπε, 21
Ταῦτα μὲν δὴ ἀπαγγελοῦμεν. ἀλλὰ καὶ τάδε ὑμῖν
εἰπεῖν ἐκέλευσε βασιλεύς, ὅτι μένουσι μὲν αὐτοῦ σπον-
δαὶ εἴησαν, προϊοῦσι δὲ καὶ ἀπιοῦσι πόλεμος. εἴπατε

οὖν καὶ περὶ τούτου, πότερα μενεῖτε καὶ σπονδαί εἰσιν
22 ἢ ὡς πολέμου ὄντος παρ' ὑμῶν ἀπαγγελῶ. Κλέαρχος
δ' ἔλεξεν, Ἀπάγγελλε τοίνυν καὶ περὶ τούτου, ὅτι καὶ
ἡμῖν ταὐτὰ δοκεῖ, ἅπερ καὶ βασιλεῖ. Τί οὖν ταῦτά
ἐστιν; ἔφη ὁ Φαλῖνος. ἀπεκρίνατο Κλέαρχος, Ἢν
μὲν μένωμεν, σπονδαί, ἀπιοῦσι δὲ καὶ προϊοῦσι πόλε-
23 μος. ὁ δὲ πάλιν ἠρώτησε, Σπονδὰς ἢ πόλεμον ἀπαγ-
γελῶ; Κλέαρχος δὲ ταὐτὰ πάλιν ἀπεκρίνατο, Σπονδαὶ
μὲν μένουσιν, ἀπιοῦσι δὲ ἢ προϊοῦσι πόλεμος. ὅ, τι
δὲ ποιήσοι οὐ διεσήμηνε.

2 Φαλῖνος μὲν δὴ ᾤχετο καὶ οἱ σὺν αὐτῷ. οἱ δὲ
παρὰ Ἀριαίου ἧκον, Προκλῆς καὶ Χειρίσοφος· Μένων
δὲ αὐτοῦ ἔμενε παρὰ Ἀριαίῳ. οὗτοι δὲ ἔλεγον, ὅτι
πολλοὺς φαίη Ἀριαῖος εἶναι Πέρσας ἑαυτοῦ βελτίους,
οὓς οὐκ ἂν ἀνασχέσθαι αὐτοῦ βασιλεύοντος· ἀλλ' εἰ
βούλεσθε συναπιέναι, ἥκειν ἤδη κελεύει τῆς νυκτός·
2 εἰ δὲ μή, αὐτὸς πρωῒ ἀπιέναι φησίν. ὁ δὲ Κλέαρχος
εἶπεν, Ἀλλ' οὕτω χρὴ ποιεῖν· ἐὰν μὲν ἥκωμεν, ὥσπερ
λέγετε· εἰ δὲ μή, πράττετε ὁποῖον ἄν τι ὑμῖν οἴησθε
μάλιστα συμφέρειν. ὅ, τι δὲ ποιήσοι οὐδὲ τούτοις
3 εἶπε. μετὰ δὲ ταῦτα ἤδη ἡλίου δύνοντος συγκαλέσας
τοὺς στρατηγοὺς καὶ λοχαγοὺς ἔλεξε τοιάδε. Ἐμοί,
ὦ ἄνδρες, θυομένῳ ἰέναι ἐπὶ βασιλέα οὐκ ἐγίγνετο τὰ
ἱερά. καὶ εἰκότως ἄρα οὐκ ἐγίγνετο· ὡς γὰρ ἐγὼ νῦν
πυνθάνομαι, ἐν μέσῳ ἡμῶν καὶ βασιλέως ὁ Τίγρης
ποταμός ἐστι ναυσίπορος, ὃν οὐκ ἂν δυναίμεθα ἄνευ
πλοίων διαβῆναι· πλοῖα δὲ ἡμεῖς οὐκ ἔχομεν. οὐ μὲν
δὴ αὐτοῦ γε μένειν οἷόν τε· τὰ γὰρ ἐπιτήδεια οὐκ ἔστιν
ἔχειν· ἰέναι δὲ παρὰ τοὺς Κύρου φίλους πάνυ καλὰ
4 ἡμῖν τὰ ἱερὰ ἦν. ὧδε οὖν χρὴ ποιεῖν· ἀπιόντας δει-
πνεῖν ὅ, τι τις ἔχει· ἐπειδὰν δὲ σημήνῃ τῷ κέρατι ὡς
ἀναπαύεσθαι, συσκευάζεσθε· ἐπειδὰν δὲ τὸ δεύτερον,
ἀνατίθεσθε ἐπὶ τὰ ὑποζύγια· ἐπὶ δὲ τῷ τρίτῳ ἕπεσθε
τῷ ἡγουμένῳ, τὰ μὲν ὑποζύγια ἔχοντες πρὸς τοῦ

ποταμοῦ, τὰ δὲ ὅπλα ἔξω. ταῦτα ἀκούσαντες οἱ στρα- 5
τηγοὶ καὶ λοχαγοὶ ἀπῆλθον καὶ ἐποίουν οὕτω. καὶ τὸ
λοιπὸν ὁ μὲν ἦρχεν, οἱ δὲ ἐπείθοντο, οὐχ ἑλόμενοι,
ἀλλὰ ὁρῶντες, ὅτι μόνος ἐφρόνει οἷα δεῖ τὸν ἄρχοντα,
οἱ δ' ἄλλοι ἄπειροι ἦσαν. ἀριθμὸς δὲ τῆς ὁδοῦ, ἣν 6
ἦλθον ἐξ Ἐφέσου τῆς Ἰωνίας μέχρι τῆς μάχης, σταθμοὶ τρεῖς καὶ ἐνενήκοντα, παρασάγγαι πέντε καὶ τριάκοντα καὶ πεντακόσιοι, στάδιοι πεντήκοντα καὶ ἑξακισχίλιοι καὶ μύριοι· ἀπὸ δὲ τῆς μάχης ἐλέγοντο εἶναι
εἰς Βαβυλῶνα στάδιοι ἑξήκοντα καὶ τριακόσιοι. ἐν- 7
τεῦθεν, ἐπεὶ σκότος ἐγένετο, Μιλτοκύθης μὲν ὁ Θρᾷξ
ἔχων τούς τε ἱππέας τοὺς μεθ' ἑαυτοῦ εἰς τετταράκοντα καὶ τῶν πεζῶν Θρᾳκῶν ὡς τριακοσίους ηὐτομόλησε πρὸς βασιλέα. Κλέαρχος δὲ τοῖς ἄλλοις 8
ἡγεῖτο κατὰ τὰ παρηγγελμένα, οἱ δ' εἵποντο. καὶ
ἀφικνοῦνται εἰς τὸν πρῶτον σταθμὸν παρὰ Ἀριαῖον
καὶ τὴν ἐκείνου στρατιὰν ἀμφὶ μέσας νύκτας· καὶ ἐν
τάξει θέμενοι τὰ ὅπλα ξυνῆλθον οἱ στρατηγοὶ καὶ λοχαγοὶ τῶν Ἑλλήνων παρὰ Ἀριαῖον· καὶ ὤμοσαν οἵ
τε Ἕλληνες καὶ Ἀριαῖος καὶ τῶν σὺν αὐτῷ οἱ κράτιστοι μήτε προδώσειν ἀλλήλους σύμμαχοί τε ἔσεσθαι·
οἱ δὲ βάρβαροι προσώμοσαν καὶ ἡγήσεσθαι ἀδόλως.
ταῦτα δ' ὤμοσαν, σφάξαντες ταῦρον καὶ λύκον καὶ 9
κάπρον καὶ κριὸν εἰς ἀσπίδα, οἱ μὲν Ἕλληνες βάπτοντες ξίφος, οἱ δὲ βάρβαροι λόγχην. ἐπεὶ δὲ τὰ πιστὰ 10
ἐγένετο, εἶπεν ὁ Κλέαρχος, Ἄγε δή, ὦ Ἀριαῖε, ἐπείπερ
ὁ αὐτὸς ὑμῖν στόλος ἐστὶ καὶ ἡμῖν, εἰπέ, τίνα γνώμην
ἔχεις περὶ τῆς πορείας, πότερον ἄπιμεν ᾗπερ ἤλθομεν ἢ ἄλλην τινὰ ἐννενοηκέναι δοκεῖς ὁδὸν κρείττω.
ὁ δ' εἶπεν, Ἣν μὲν ἤλθομεν ἀπιόντες παντελῶς ἂν 11
ὑπὸ λιμοῦ ἀπολοίμεθα· ὑπάρχει γὰρ νῦν ἡμῖν οὐδὲν
τῶν ἐπιτηδείων. ἑπτακαίδεκα γὰρ σταθμῶν τῶν ἐγγυτάτω οὐδὲ δεῦρο ἰόντες ἐκ τῆς χώρας οὐδὲν εἴχομεν
λαμβάνειν· ἔνθα δέ τι ἦν, ἡμεῖς διαπορευόμενοι κατε-

δαπανήσαμεν. νῦν δ' ἐπινοοῦμεν πορεύεσθαι μακρο-
12 τέραν μέν, τῶν δ' ἐπιτηδείων οὐκ ἀπορήσομεν. πορευ-
τέον δ' ἡμῖν τοὺς πρώτους σταθμοὺς ὡς ἂν δυνώμεθα
μακροτάτους, ἵνα ὡς πλεῖστον ἀποσπασθῶμεν τοῦ
βασιλικοῦ στρατεύματος· ἢν γὰρ ἅπαξ δύο ἢ τριῶν
ἡμερῶν ὁδὸν ἀπόσχωμεν, οὐκέτι μὴ δύνηται βασι-
λεὺς ἡμᾶς καταλαβεῖν. ὀλίγῳ μὲν γὰρ στρατεύματι
οὐ τολμήσει ἐφέπεσθαι· πολὺν δ' ἔχων στόλον οὐ
δυνήσεται ταχέως πορεύεσθαι. ἴσως δὲ καὶ τῶν
ἐπιτηδείων σπανιεῖ. ταύτην, ἔφη, τὴν γνώμην ἔχω
ἔγωγε.

13 Ἦν δὲ αὕτη ἡ στρατηγία οὐδὲν ἄλλο δυναμένη ἢ
ἀποδρᾶναι ἢ ἀποφυγεῖν· ἡ δὲ τύχη ἐστρατήγησε κάλ-
λιον. ἐπεὶ γὰρ ἡμέρα ἐγένετο, ἐπορεύοντο ἐν δεξιᾷ
ἔχοντες τὸν ἥλιον, λογιζόμενοι ἥξειν ἅμα ἡλίῳ δύνοντι
εἰς κώμας τῆς Βαβυλωνίας χώρας· καὶ τοῦτο μὲν οὐκ
14 ἐψεύσθησαν. ἔτι δὲ ἀμφὶ δείλην ἔδοξαν πολεμίους
ὁρᾶν ἱππέας· καὶ τῶν τε Ἑλλήνων οἱ μὴ ἔτυχον ἐν
ταῖς τάξεσιν ὄντες εἰς τὰς τάξεις ἔθεον, καὶ Ἀριαῖος,
ἐτύγχανε γὰρ ἐφ' ἁμάξης πορευόμενος, διότι ἐτέτρωτο,
15 καταβὰς ἐθωρακίζετο καὶ οἱ σὺν αὐτῷ. ἐν ᾧ δὲ ὡπλί-
ζοντο ἧκον λέγοντες οἱ προπεμφθέντες σκοποί, ὅτι οὐχ
ἱππεῖς εἰσιν ἀλλ' ὑποζύγια νέμοιντο. καὶ εὐθὺς ἔγνω-
σαν πάντες, ὅτι ἐγγύς που ἐστρατοπεδεύετο βασιλεύς·
καὶ γὰρ καὶ καπνὸς ἐφαίνετο ἐν κώμαις οὐ πρόσω.
16 Κλέαρχος δὲ ἐπὶ μὲν τοὺς πολεμίους οὐκ ἦγεν· ᾔδει
γὰρ καὶ ἀπειρηκότας τοὺς στρατιώτας καὶ ἀσίτους
ὄντας· ἤδη δὲ καὶ ὀψὲ ἦν· οὐ μέντοι οὐδὲ ἀπέκλινε,
φυλαττόμενος μὴ δοκοίη φεύγειν, ἀλλ' εὐθύωρον ἄγων
ἅμα τῷ ἡλίῳ δυομένῳ εἰς τὰς ἐγγυτάτω κώμας τοὺς
πρώτους ἔχων κατεσκήνωσεν, ἐξ ὧν διήρπαστο ὑπὸ
τοῦ βασιλικοῦ στρατεύματος καὶ αὐτὰ τὰ ἀπὸ τῶν
17 οἰκιῶν ξύλα. οἱ μὲν οὖν πρῶτοι ὅμως τρόπῳ τινὶ
ἐστρατοπεδεύσαντο, οἱ δὲ ὕστεροι σκοταῖοι προσιόντες

ὡς ἐτύγχανον ἕκαστοι ηὐλίζοντο, καὶ κραυγὴν πολλὴν ἐποίουν καλοῦντες ἀλλήλους, ὥστε καὶ τοὺς πολεμίους ἀκούειν· ὥστε οἱ μὲν ἐγγύτατα τῶν πολεμίων καὶ ἔφυγον ἐκ τῶν σκηνωμάτων. δῆλον δὲ τοῦτο τῇ ὑστεραίᾳ 18 ἐγένετο· οὔτε γὰρ ὑποζύγιον ἔτ᾽ οὐδὲν ἐφάνη οὔτε στρατόπεδον οὔτε καπνὸς οὐδαμοῦ πλησίον. ἐξεπλάγη δέ, ὡς ἔοικε, καὶ βασιλεὺς τῇ ἐφόδῳ τοῦ στρατεύματος. ἐδήλωσε δὲ τοῦτο οἷς τῇ ὑστεραίᾳ ἔπραττε. προϊούσης 19 μέντοι τῆς νυκτὸς ταύτης καὶ τοῖς Ἕλλησι φόβος ἐμπίπτει, καὶ θόρυβος καὶ δοῦπος ἦν, οἷον εἰκὸς φόβου ἐμπεσόντος γίγνεσθαι. Κλέαρχος δὲ Τολμίδην Ἠλεῖον, 20 ὃν ἐτύγχανεν ἔχων παρ᾽ ἑαυτῷ κήρυκα ἄριστον τῶν τότε, τοῦτον ἀνειπεῖν ἐκέλευσε σιγὴν κατακηρύξαντα, ὅτι προαγορεύουσιν οἱ ἄρχοντες, ὃς ἂν τὸν ἀφέντα τὸν ὄνον εἰς τὰ ὅπλα μηνύσῃ, ὅτι λήψεται μισθὸν τάλαντον ἀργυρίου. ἐπεὶ δὲ ταῦτα ἐκηρύχθη, ἔγνωσαν οἱ 21 στρατιῶται, ὅτι κενὸς ὁ φόβος εἴη καὶ οἱ ἄρχοντες σῶοι. ἅμα δὲ ὄρθρῳ παρήγγειλεν ὁ Κλέαρχος εἰς τάξιν τὰ ὅπλα τίθεσθαι τοὺς Ἕλληνας ᾗπερ εἶχον ὅτε ἦν ἡ μάχη.

Ὁ δὲ δὴ ἔγραψα, ὅτι βασιλεὺς ἐξεπλάγη τῇ ἐφόδῳ, 3 τῇδε δῆλον ἦν. τῇ μὲν γὰρ πρόσθεν ἡμέρᾳ πέμπων τὰ ὅπλα παραδιδόναι ἐκέλευε, τότε δὲ ἅμα ἡλίῳ ἀνατέλλοντι κήρυκας ἔπεμψε περὶ σπονδῶν. οἱ δ᾽ ἐπεὶ ἦλθον 2 πρὸς τοὺς προφύλακας, ἐζήτουν τοὺς ἄρχοντας. ἐπειδὴ δὲ ἀπήγγελλον οἱ προφύλακες, Κλέαρχος τυχὼν τότε τὰς τάξεις ἐπισκοπῶν εἶπε τοῖς προφύλαξι κελεύειν τοὺς κήρυκας περιμένειν, ἄχρι ἂν σχολάσῃ. ἐπεὶ δὲ 3 κατέστησε τὸ στράτευμα ὥστε καλῶς ἔχειν ὁρᾶσθαι πάντῃ φάλαγγα πυκνήν, τῶν δὲ ἀόπλων μηδένα καταφανῆ εἶναι, ἐκάλεσε τοὺς ἀγγέλους, καὶ αὐτός τε προῆλθε τούς τε εὐοπλοτάτους ἔχων καὶ εὐειδεστάτους τῶν αὐτοῦ στρατιωτῶν καὶ τοῖς ἄλλοις στρατηγοῖς ταὐτὰ ἔφρασεν. ἐπεὶ δὲ ἦν πρὸς τοῖς ἀγγέλοις, ἀνηρώτα, 4

τί βούλοιντο. οἱ δ᾽ ἔλεγον, ὅτι περὶ σπονδῶν ἥκοιεν, ἄνδρες, οἵτινες ἱκανοὶ ἔσονται τά τε παρὰ. βασιλέως τοῖς Ἕλλησιν ἀπαγγεῖλαι καὶ τὰ παρὰ τῶν Ἑλλήνων 5 βασιλεῖ. ὁ δὲ ἀπεκρίνατο, Ἀπαγγέλλετε τοίνυν αὐτῷ, ὅτι μάχης δεῖ πρῶτον· ἄριστον γὰρ οὐκ ἔστιν οὐδ᾽ ὁ τολμήσων περὶ σπονδῶν λέγειν τοῖς Ἕλλησι μὴ πορί-
6 σας ἄριστον. ταῦτα ἀκούσαντες οἱ ἄγγελοι ἀπήλαυνον, καὶ ἧκον ταχύ· ᾧ καὶ δῆλον ἦν, ὅτι ἐγγύς που βασιλεὺς ἦν ἢ ἄλλος τις, ᾧ ἐπετέτακτο ταῦτα πράττειν· ἔλεγον δέ, ὅτι εἰκότα δοκοῖεν λέγειν βασιλεῖ, καὶ ἥκοιεν ἡγεμόνας ἔχοντες, οἳ αὐτούς, ἐὰν σπονδαὶ γένων-
7 ται, ἄξουσιν ἔνθεν ἕξουσι τὰ ἐπιτήδεια. ὁ δὲ ἠρώτα, εἰ αὐτοῖς τοῖς ἀνδράσι σπένδοιτο τοῖς ἰοῦσι καὶ ἀπιοῦσιν, ἢ καὶ τοῖς ἄλλοις ἔσοιντο σπονδαί. οἱ δέ, Ἅπασιν, ἔφασαν, μέχρι ἂν βασιλεῖ τὰ παρ᾽ ὑμῶν διαγ-
8 γελθῇ. ἐπεὶ δὲ ταῦτα εἶπον, μεταστησάμενος αὐτοὺς ὁ Κλέαρχος ἐβουλεύετο· καὶ ἐδόκει τὰς σπονδὰς ποιεῖσθαι ταχὺ καὶ καθ᾽ ἡσυχίαν ἐλθεῖν τε ἐπὶ τὰ ἐπιτήδεια
9 καὶ λαβεῖν. ὁ δὲ Κλέαρχος εἶπε, Δοκεῖ μὲν κἀμοὶ ταῦτα· οὐ μέντοι ταχύ γε ἀπαγγελῶ, ἀλλὰ διατρίψω, ἔστ᾽ ἂν ὀκνήσωσιν οἱ ἄγγελοι, μὴ ἀποδόξῃ ἡμῖν τὰς σπονδὰς ποιήσασθαι· οἶμαί γε μέντοι, ἔφη, καὶ τοῖς ἡμετέροις στρατιώταις τὸν αὐτὸν φόβον παρέσεσθαι. ἐπεὶ δὲ ἐδόκει καιρὸς εἶναι, ἀπήγγελλεν, ὅτι σπένδοιτο,
10 καὶ εὐθὺς ἡγεῖσθαι ἐκέλευε πρὸς τἀπιτήδεια. καὶ οἱ μὲν ἡγοῦντο, Κλέαρχος μέντοι ἐπορεύετο τὰς μὲν σπονδὰς ποιησόμενος, τὸ δὲ στράτευμα ἔχων ἐν τάξει, καὶ αὐτὸς ὠπισθοφυλάκει. καὶ ἐνετύγχανον τάφροις καὶ αὐλῶσιν ὕδατος πλήρεσιν, ὡς μὴ δύνασθαι διαβαίνειν ἄνευ γεφυρῶν· ἀλλ᾽ ἐποιοῦντο διαβάσεις ἐκ τῶν φοινίκων, οἳ ἦσαν ἐκπεπτωκότες, τοὺς δὲ καὶ ἐξέκοπτον.
11 καὶ ἐνταῦθι ἦν Κλέαρχον καταμαθεῖν ὡς ἐπεστάτει, ἐν μὲν τῇ ἀριστερᾷ χειρὶ τὸ δόρυ ἔχων, ἐν δὲ τῇ δεξιᾷ βακτηρίαν· καὶ εἴ τις αὐτῷ δοκοίη τῶν πρὸς τοῦτο

τεταγμένων βλακεύειν, ἐκλεγόμενος τὸν ἐπιτήδειον ἔπαισεν ἄν, καὶ ἅμα αὐτὸς προσελάμβανεν εἰς τὸν πηλὸν ἐμβαίνων· ὥστε πᾶσιν αἰσχύνην εἶναι μὴ οὐ συσπουδάζειν. καὶ ἐτάχθησαν μὲν πρὸς αὐτοῦ οἱ 12 τριάκοντα ἔτη γεγονότες· ἐπεὶ δὲ καὶ Κλέαρχον ἑώρων σπουδάζοντα, προσελάμβανον καὶ οἱ πρεσβύτεροι. πολὺ δὲ μᾶλλον ὁ Κλέαρχος ἔσπευδεν, ὑποπτεύων μὴ 13 ἀεὶ οὕτω πλήρεις εἶναι τὰς τάφρους ὕδατος· οὐ γὰρ ἦν ὥρα οἵα τὸ πεδίον ἄρδειν· ἀλλ' ἵνα ἤδη πολλὰ προφαίνοιτο τοῖς Ἕλλησι δεινὰ εἰς τὴν πορείαν, τούτου ἕνεκα βασιλέα ὑπώπτευεν ἐπὶ τὸ πεδίον τὸ ὕδωρ ἀφεικέναι. πορευόμενοι δὲ ἀφίκοντο εἰς κώμας, ὅθεν ἀπέ- 14 δειξαν οἱ ἡγεμόνες λαμβάνειν τὰ ἐπιτήδεια. ἐνῆν δὲ σῖτος πολὺς καὶ οἶνος φοινίκων καὶ ὄξος ἑψητὸν ἀπὸ τῶν αὐτῶν. αὐταὶ δὲ αἱ βάλανοι τῶν φοινίκων, οἵας 15 μὲν ἐν τοῖς Ἕλλησιν ἔστιν ἰδεῖν, τοῖς οἰκέταις ἀπέκειντο, αἱ δὲ τοῖς δεσπόταις ἀποκείμεναι ἦσαν ἀπόλεκτοι, θαυμάσιαι τὸ κάλλος καὶ τὸ μέγεθος, ἡ δὲ ὄψις ἠλέκτρου οὐδὲν διέφερε· τὰς δέ τινας ξηραίνοντες τραγήματα ἀπετίθεσαν. καὶ ἦν καὶ παρὰ πότον ἡδὺ μέν, κεφαλαλγὲς δέ. ἐνταῦθα καὶ τὸν ἐγκέφαλον τοῦ φοί- 16 νικος πρῶτον ἔφαγον οἱ στρατιῶται, καὶ οἱ πολλοὶ ἐθαύμασαν τό τε εἶδος καὶ τὴν ἰδιότητα τῆς ἡδονῆς. ἦν δὲ σφόδρα καὶ τοῦτο κεφαλαλγές. ὁ δὲ φοῖνιξ, ὅθεν ἐξαιρεθείη ὁ ἐγκέφαλος, ὅλος αὐαίνετο.

Ἐνταῦθα ἔμειναν ἡμέρας τρεῖς· καὶ παρὰ μεγάλου 17 βασιλέως ἧκε Τισσαφέρνης καὶ ὁ τῆς βασιλέως γυναικὸς ἀδελφὸς καὶ ἄλλοι Πέρσαι τρεῖς· δοῦλοι δὲ πολλοὶ εἵποντο. ἐπεὶ δὲ ἀπήντησαν αὐτοῖς οἱ τῶν Ἑλλήνων στρατηγοί, ἔλεγε πρῶτος Τισσαφέρνης δι' ἑρμηνέως τοιάδε. Ἐγώ, ὦ ἄνδρες Ἕλληνες, γείτων οἰκῶ τῇ 18 Ἑλλάδι, καὶ ἐπεὶ ὑμᾶς εἶδον εἰς πολλὰ κακὰ καὶ ἀμήχανα ἐμπεπτωκότας, εὕρημα ἐποιησάμην, εἴ πως δυναίμην παρὰ βασιλέως αἰτήσασθαι δοῦναι ἐμοὶ ἀποσῶσαι

ὑμᾶς εἰς τὴν Ἑλλάδα. οἶμαι γὰρ ἂν οὐκ ἀχαρίστως μοι ἔχειν οὔτε πρὸς ὑμῶν οὔτε πρὸς τῆς πάσης Ἑλ-
19 λάδος. ταῦτα δὲ γνοὺς ᾐτούμην βασιλέα, λέγων αὐτῷ, ὅτι δικαίως ἄν μοι χαρίζοιτο, ὅτι αὐτῷ Κῦρόν τε ἐπιστρατεύοντα πρῶτος ἤγγειλα καὶ βοήθειαν ἔχων ἅμα τῇ ἀγγελίᾳ ἀφικόμην, καὶ μόνος τῶν κατὰ τοὺς Ἕλληνας τεταγμένων οὐκ ἔφυγον, ἀλλὰ διήλασα καὶ συνέμιξα βασιλεῖ ἐν τῷ ὑμετέρῳ στρατοπέδῳ, ἔνθα βασιλεὺς ἀφίκετο, ἐπεὶ Κῦρον ἀπέκτεινε, καὶ τοὺς ξὺν Κύρῳ βαρβάρους ἐδίωξα σὺν τοῖσδε τοῖς παροῦσι νῦν
20 μετ' ἐμοῦ, οἵπερ αὐτῷ εἰσι πιστότατοι. καὶ περὶ μὲν τούτων ὑπέσχετό μοι βουλεύσασθαι· ἐρέσθαι δέ με ὑμᾶς ἐκέλευσεν ἐλθόντα, τίνος ἕνεκεν ἐστρατεύσατε ἐπ' αὐτόν. καὶ συμβουλεύω ὑμῖν μετρίως ἀποκρίνασθαι, ἵνα μοι εὐπρακτότερον ᾖ, ἐάν τι δύνωμαι ἀγαθὸν ὑμῖν
21 παρ' αὐτοῦ διαπράξασθαι. πρὸς ταῦτα μεταστάντες οἱ Ἕλληνες ἐβουλεύοντο· καὶ ἀπεκρίναντο, Κλέαρχος δ' ἔλεγεν· Ἡμεῖς οὔτε συνήλθομεν ὡς βασιλεῖ πολεμήσοντες οὔτ' ἐπορευόμεθα ἐπὶ βασιλέα, ἀλλὰ πολλὰς προφάσεις Κῦρος εὕρισκεν, ὡς καὶ σὺ εὖ οἶσθα, ἵνα ὑμᾶς τε ἀπαρασκευάστους λάβοι καὶ ἡμᾶς ἐνθάδε
22 ἀναγάγοι. ἐπεὶ μέντοι ἤδη αὐτὸν ἑωρῶμεν ἐν δεινῷ ὄντα, ᾐσχύνθημεν καὶ θεοὺς καὶ ἀνθρώπους προδοῦναι αὐτόν, ἐν τῷ πρόσθεν χρόνῳ παρέχοντες ἡμᾶς αὐτοὺς
23 εὖ ποιεῖν. ἐπεὶ δὲ Κῦρος τέθνηκεν, οὔτε βασιλεῖ ἀντιποιούμεθα τῆς ἀρχῆς οὔτ' ἔστιν ὅτου ἕνεκα βουλοίμεθ' ἂν τὴν βασιλέως χώραν κακῶς ποιεῖν, οὐδ' αὐτὸν ἀποκτεῖναι ἂν ἐθέλοιμεν, πορευοίμεθα δ' ἂν οἴκαδε, εἴ τις ἡμᾶς μὴ λυποίη· ἀδικοῦντα μέντοι πειρασόμεθα σὺν τοῖς θεοῖς ἀμύνασθαι· ἐὰν μέντοι τις ἡμᾶς καὶ εὖ ποιῶν ὑπάρχῃ, καὶ τούτου εἴς γε δύναμιν οὐχ ἡττησό-
24 μεθα εὖ ποιοῦντες. ὁ μὲν οὕτως εἶπεν· ἀκούσας δὲ ὁ Τισσαφέρνης ἔφη, Ταῦτα ἐγὼ ἀπαγγελῶ βασιλεῖ καὶ ὑμῖν πάλιν τὰ παρ' ἐκείνου· μέχρι δ' ἂν ἐγὼ ἥκω αἱ

σπονδαὶ μενόντων· ἀγορὰν δὲ ἡμεῖς παρέξομεν. καὶ 25 εἰς μὲν τὴν ὑστεραίαν οὐχ ἧκεν· ὥσθ' οἱ Ἕλληνες ἐφρόντιζον· τῇ δὲ τρίτῃ ἧκων ἔλεγεν, ὅτι διαπεπραγμένος ἥκοι παρὰ βασιλέως δοθῆναι αὐτῷ σώζειν τοὺς Ἕλληνας, καίπερ πάνυ πολλῶν ἀντιλεγόντων, ὡς οὐκ ἄξιον εἴη βασιλεῖ ἀφεῖναι τοὺς ἐφ' ἑαυτὸν στρατευσαμένους. τέλος δὲ εἶπε, καὶ νῦν ἔξεστιν ὑμῖν πιστὰ 26 λαβεῖν παρ' ἡμῶν ἦ μὴν φιλίαν παρέξειν ὑμῖν τὴν χώραν καὶ ἀδόλως ἀπάξειν εἰς τὴν Ἑλλάδα ἀγορὰν παρέχοντας· ὅπου δ' ἂν μὴ ᾖ πρίασθαι, λαμβάνειν ὑμᾶς ἐκ τῆς χώρας ἐάσομεν τὰ ἐπιτήδεια. ὑμᾶς δ' 27 αὖ ἡμῖν δεήσει ὀμόσαι ἦ μὴν πορεύεσθαι ὡς διὰ φιλίας ἀσινῶς σῖτα καὶ ποτὰ λαμβάνοντας, ὁπόταν μὴ ἀγορὰν παρέχωμεν, ἢν δὲ παρέχωμεν ἀγοράν, ὠνουμένους ἕξειν τὰ ἐπιτήδεια. ταῦτα ἔδοξε, καὶ ὤμοσαν καὶ δεξιὰς 28 ἔδοσαν Τισσαφέρνης καὶ ὁ τῆς βασιλέως γυναικὸς ἀδελφὸς τοῖς τῶν Ἑλλήνων στρατηγοῖς καὶ λοχαγοῖς καὶ ἔλαβον παρὰ τῶν Ἑλλήνων. μετὰ δὲ ταῦτα Τισ- 29 σαφέρνης εἶπε, Νῦν μὲν δὴ ἄπειμι ὡς βασιλέα· ἐπειδὰν δὲ διαπράξωμαι ἃ δέομαι, ἥξω συσκευασάμενος ὡς ἀπάξων ὑμᾶς εἰς τὴν Ἑλλάδα καὶ αὐτὸς ἀπιὼν ἐπὶ τὴν ἐμαυτοῦ ἀρχήν.

Μετὰ ταῦτα περιέμενον Τισσαφέρνην οἵ τε Ἕλ- 4 ληνες καὶ Ἀριαῖος ἐγγὺς ἀλλήλων ἐστρατοπεδευμένοι ἡμέρας πλείους ἢ εἴκοσιν. ἐν δὲ ταύταις ἀφικνοῦνται πρὸς Ἀριαῖον καὶ οἱ ἀδελφοὶ καὶ οἱ ἄλλοι ἀναγκαῖοι καὶ πρὸς τοὺς σὺν ἐκείνῳ Περσῶν τινες, παρεθάρρυνοί τε καὶ δεξιὰς ἔνιοι παρὰ βασιλέως ἔφερον μὴ μνησικακήσειν βασιλέα αὐτοῖς τῆς σὺν Κύρῳ ἐπιστρατείας μηδὲ ἄλλου μηδενὸς τῶν παρῳχημένων. τούτων δὲ 2 γιγνομένων ἔνδηλοι ἦσαν οἱ περὶ Ἀριαῖον ἧττον προσέχοντες τοῖς Ἕλλησι τὸν νοῦν. ὥστε καὶ διὰ τοῦτο τοῖς μὲν πολλοῖς τῶν Ἑλλήνων οὐκ ἤρεσκον, ἀλλὰ προσιόντες τῷ Κλεάρχῳ ἔλεγον καὶ τοῖς ἄλλοις στρα

3 τηγοῖς, Τί μένομεν; ἢ οὐκ ἐπιστάμεθα, ὅτι βασιλεὺς ἡμᾶς ἀπολέσαι ἂν περὶ παντὸς ποιήσαιτο, ἵνα καὶ τοῖς ἄλλοις Ἕλλησι φόβος ᾖ ἐπὶ βασιλέα μέγαν στρατεύειν; καὶ νῦν μὲν ἡμᾶς ὑπάγεται μένειν διὰ τὸ διεσπάρθαι αὐτῷ τὸ στράτευμα· ἐπὰν δὲ πάλιν ἁλισθῇ αὐτῷ ἡ στρατιά, οὐκ ἔστιν ὅπως οὐκ ἐπιθήσεται ἡμῖν.
4 ἴσως δέ που ἢ ἀποσκάπτει τι ἢ ἀποτειχίζει, ὡς ἄπορος ᾖ ἡ ὁδός. οὐ γάρ ποτε ἑκών γε βουλήσεται ἡμᾶς ἐλθόντας εἰς τὴν Ἑλλάδα ἀπαγγεῖλαι, ὡς ἡμεῖς τοσοίδε ὄντες ἐνικῶμεν τὸν βασιλέα ἐπὶ ταῖς θύραις αὐτοῦ καὶ
5 καταγελάσαντες ἀπήλθομεν. Κλέαρχος δὲ ἀπεκρίνατο τοῖς ταῦτα λέγουσιν, Ἐγὼ ἐνθυμοῦμαι μὲν καὶ ταῦτα πάντα· ἐννοῶ δ' ὅτι, εἰ νῦν ἄπιμεν, δόξομεν ἐπὶ πολέμῳ ἀπιέναι καὶ παρὰ τὰς σπονδὰς ποιεῖν. ἔπειτα πρῶτον μὲν ἀγορὰν οὐδεὶς παρέξει ἡμῖν οὐδὲ ὅθεν ἐπισιτιούμεθα· αὖθις δὲ ὁ ἡγησόμενος οὐδεὶς ἔσται· καὶ ἅμα ταῦτα ποιούντων ἡμῶν εὐθὺς Ἀριαῖος ἀφεστήξει· ὥστε φίλος ἡμῖν οὐδεὶς λελείψεται, ἀλλὰ καὶ οἱ πρό-
6 σθεν ὄντες πολέμιοι ἡμῖν ἔσονται. ποταμὸς δ' εἰ μέν τις καὶ ἄλλος ἄρα ἡμῖν ἐστι διαβατέος οὐκ οἶδα· τὸν δ' οὖν Εὐφράτην οἴδαμεν ὅτι ἀδύνατον διαβῆναι κωλυόντων πολεμίων. οὐ μὲν δή, ἂν μάχεσθαί γε δέῃ, ἱππεῖς εἰσιν ἡμῖν ξύμμαχοι, τῶν δὲ πολεμίων ἱππεῖς εἰσιν οἱ πλεῖστοι καὶ πλείστου ἄξιοι· ὥστε νικῶντες μὲν τίνα ἂν ἀποκτείναιμεν; ἡττωμένων δὲ οὐδένα οἷόν
7 τε σωθῆναι. ἐγὼ μὲν οὖν βασιλέα, ᾧ οὕτω πολλά ἐστι τὰ σύμμαχα, εἴπερ προθυμεῖται ἡμᾶς ἀπολέσαι, οὐκ οἶδα ὅ, τι δεῖ αὐτὸν ὀμόσαι καὶ δεξιὰν δοῦναι καὶ θεοὺς ἐπιορκῆσαι καὶ τὰ ἑαυτοῦ πιστὰ ἄπιστα ποιῆσαι Ἕλλησί τε καὶ βαρβάροις. τοιαῦτα πολλὰ ἔλεγεν.
8 Ἐν δὲ τούτῳ ἧκε Τισσαφέρνης ἔχων τὴν ἑαυτοῦ δύναμιν ὡς εἰς οἶκον ἀπιὼν καὶ Ὀρόντας τὴν ἑαυτοῦ δύναμιν· ἦγε δὲ καὶ τὴν θυγατέρα τὴν βασιλέως ἐπὶ

γάμῳ. ἐντεῦθεν δὲ ἤδη Τισσαφέρνους ἡγουμένου καὶ 9
ἀγορὰν παρέχοντος ἐπορεύοντο· ἐπορεύετο δὲ καὶ
Ἀριαῖος τὸ Κύρου βαρβαρικὸν ἔχων στράτευμα ἅμα
Τισσαφέρνει καὶ Ὀρόντᾳ καὶ ξυνεστρατοπεδεύετο σὺν
ἐκείνοις. οἱ δὲ Ἕλληνες ὑφορῶντες τούτους αὐτοὶ ἐφ' 10
ἑαυτῶν ἐχώρουν ἡγεμόνας ἔχοντες. ἐστρατοπεδεύοντο
δὲ ἑκάστοτε ἀπέχοντες ἀλλήλων παρασάγγην καὶ
μεῖον· ἐφυλάττοντο δὲ ἀμφότεροι ὥσπερ πολεμίους
ἀλλήλους, καὶ εὐθὺς τοῦτο ὑποψίαν παρεῖχεν. ἐνίοτε 11
δὲ καὶ ξυλιζόμενοι ἐκ τοῦ αὐτοῦ καὶ χόρτον καὶ ἄλλα
τοιαῦτα ξυλλέγοντες πληγὰς ἐνέτεινον ἀλλήλοις· ὥστε
καὶ τοῦτο ἔχθραν παρεῖχε. διελθόντες δὲ τρεῖς στα- 12
θμοὺς ἀφίκοντο πρὸς τὸ Μηδίας καλούμενον τεῖχος,
καὶ παρῆλθον εἴσω αὐτοῦ. ἦν δὲ ᾠκοδομημένον πλίν-
θοις ὀπταῖς ἐν ἀσφάλτῳ κειμέναις, εὖρος εἴκοσι ποδῶν,
ὕψος δὲ ἑκατόν· μῆκος δ' ἐλέγετο εἶναι εἴκοσι παρα-
σαγγῶν· ἀπέχει δὲ Βαβυλῶνος οὐ πολύ. ἐντεῦθεν 13
δ' ἐπορεύθησαν σταθμοὺς δύο, παρασάγγας ὀκτώ·
καὶ διέβησαν διώρυχας δύο, τὴν μὲν ἐπὶ γεφύρας,
τὴν δ' ἐζευγμένην πλοίοις ἑπτά· αὗται δ' ἦσαν ἀπὸ
τοῦ Τίγρητος ποταμοῦ· κατετέτμηντο δὲ ἐξ αὐτῶν
καὶ τάφροι ἐπὶ τὴν χώραν, αἱ μὲν πρῶται μεγά-
λαι, ἔπειτα δ' ἐλάττους· τέλος δὲ καὶ μικροὶ ὀχετοί,
ὥσπερ ἐν τῇ Ἑλλάδι ἐπὶ τὰς μελίνας· καὶ ἀφικνοῦν-
ται ἐπὶ τὸν Τίγρητα ποταμόν· πρὸς ᾧ πόλις ἦν με-
γάλη καὶ πολυάνθρωπος, ᾗ ὄνομα Σιττάκη, ἀπέχουσα
τοῦ ποταμοῦ σταδίους πεντεκαίδεκα. οἱ μὲν οὖν Ἕλ- 14
ληνες παρ' αὐτὴν ἐσκήνησαν ἐγγὺς παραδείσου μεγάλου
καὶ καλοῦ καὶ δασέος παντοίων δένδρων, οἱ δὲ βάρ-
βαροι διαβεβηκότες τὸν Τίγρητα· οὐ μέντοι καταφα-
νεῖς ἦσαν. μετὰ δὲ τὸ δεῖπνον ἔτυχον ἐν περιπάτῳ 15
ὄντες πρὸ τῶν ὅπλων Πρόξενος καὶ Ξενοφῶν· καὶ
προσελθὼν ἄνθρωπός τις ἠρώτησε τοὺς προφύλακας,
ποῦ ἂν ἴδοι Πρόξενον ἢ Κλέαρχον· Μένωνα δὲ οὐκ

ἐζήτει, καὶ ταῦτα παρ' Ἀριαίου ὢν τοῦ Μένωνος ξένου.
16 ἐπεὶ δὲ Πρόξενος εἶπεν, ὅτι αὐτός εἰμι ὃν ζητεῖς, εἶπεν
ὁ ἄνθρωπος τάδε. Ἔπεμψέ με Ἀριαῖος καὶ Ἀρτάο-
ζος, πιστοὶ ὄντες Κύρῳ καὶ ὑμῖν εὖνοι, καὶ κελεύουσι
φυλάττεσθαι, μὴ ὑμῖν ἐπίθωνται τῆς νυκτὸς οἱ βάρ-
βαροι· ἔστι δὲ στράτευμα πολὺ ἐν τῷ πλησίον παρα-
17 δείσῳ. καὶ ἐπὶ τὴν γέφυραν τοῦ Τίγρητος ποταμοῦ
πέμψαι κελεύουσι φυλακήν, ὡς διανοεῖται αὐτὴν λῦσαι
Τισσαφέρνης τῆς νυκτός, ἐὰν δύνηται, ὡς μὴ διαβῆτε,
ἀλλ' ἐν μέσῳ ἀποληφθῆτε τοῦ ποταμοῦ καὶ τῆς διώ-
18 ρυχος. ἀκούσαντες ταῦτα ἄγουσιν αὐτὸν παρὰ τὸν
Κλέαρχον καὶ φράζουσιν ἃ λέγει. ὁ δὲ Κλέαρχος
19 ἀκούσας ἐταράχθη σφόδρα καὶ ἐφοβεῖτο. νεανίσκος
δέ τις τῶν παρόντων ἐννοήσας εἶπεν, ὡς οὐκ ἀκόλουθα
εἴη τό τε ἐπιθήσεσθαι καὶ λύσειν τὴν γέφυραν. δῆλον
γὰρ ὅτι ἐπιτιθεμένους ἢ νικᾶν δεήσει ἢ ἡττᾶσθαι.
ἐὰν μὲν οὖν νικῶσι, τί δεῖ αὐτοὺς λύειν τὴν γέφυραν;
οὐδὲ γάρ, ἂν πολλαὶ γέφυραι ὦσιν, ἔχοιμεν ἂν ὅποι
20 φυγόντες ἡμεῖς σωθῶμεν. ἐὰν δὲ ἡμεῖς νικῶμεν, λελυ-
μένης τῆς γεφύρας οὐχ ἕξουσιν ἐκεῖνοι ὅποι φύγωσιν·
οὐδὲ μὴν βοηθῆσαι πολλῶν ὄντων πέραν οὐδεὶς αὐτοῖς
21 δυνήσεται λελυμένης τῆς γεφύρας. ἀκούσας δὲ ὁ
Κλέαρχος ταῦτα ἤρετο τὸν ἄγγελον, πόση τις εἴη
χώρα ἡ ἐν μέσῳ τοῦ Τίγρητος καὶ τῆς διώρυχος. ὁ δὲ
εἶπεν, ὅτι πολλὴ καὶ κῶμαι ἔνεισι καὶ πόλεις πολλαὶ
22 καὶ μεγάλαι. τότε δὴ καὶ ἐγνώσθη, ὅτι οἱ βάρβαροι
τὸν ἄνθρωπον ὑποπέμψαιεν, ὀκνοῦντες μὴ οἱ Ἕλληνες
διελόντες τὴν γέφυραν μένοιεν ἐν τῇ νήσῳ ἐρύματα
ἔχοντες ἔνθεν μὲν τὸν Τίγρητα, ἔνθεν δὲ τὴν διώρυχα,
τὰ δ' ἐπιτήδεια ἔχοιεν ἐκ τῆς ἐν μέσῳ χώρας πολλῆς
καὶ ἀγαθῆς οὔσης καὶ τῶν ἐργασομένων ἐνόντων, εἶτα
δὲ καὶ ἀποστροφὴ γένοιτο, εἴ τις βούλοιτο βασιλέα
23 κακῶς ποιεῖν. μετὰ ταῦτα ἀνεπαύοντο· ἐπὶ μέντοι
τὴν γέφυραν ὅμως φυλακὴν ἔπεμψαν· καὶ οὔτε ἐπέθετο

οὐδεὶς οὐδαμόθεν οὔτε πρὸς τὴν γέφυραν οὐδεὶς ἦλθε τῶν πολεμίων, ὡς οἱ φυλάττοντες ἀπήγγελλον. ἐπειδὴ 24 δ' ἕως ἐγένετο, διέβαινον τὴν γέφυραν ἐζευγμένην πλοίοις τριάκοντα καὶ ἑπτὰ ὡς οἷόν τε μάλιστα πεφυλαγμένως· ἐξήγγελλον γάρ τινες τῶν παρὰ Τισσαφέρνους Ἑλλήνων, ὡς διαβαινόντων μέλλοιεν ἐπιθήσεσθαι. ἀλλὰ ταῦτα μὲν ψευδῆ ἦν· διαβαινόντων μέντοι ὁ Γλοῦς αὐτοῖς ἐπεφάνη μετ' ἄλλων σκοπῶν, εἰ διαβαίνοιεν τὸν ποταμόν· ἐπειδὴ δὲ εἶδεν, ᾤχετο ἀπελαύνων.

Ἀπὸ δὲ τοῦ Τίγρητος ἐπορεύθησαν σταθμοὺς τέτ- 25 ταρας, παρασάγγας εἴκοσιν, ἐπὶ τὸν Φύσκον ποταμόν, τὸ εὖρος πλέθρου· ἐπῆν δὲ γέφυρα. καὶ ἐνταῦθα ᾠκεῖτο πόλις μεγάλη, ᾗ ὄνομα Ὦπις· πρὸς ἣν ἀπήντησε τοῖς Ἕλλησιν ὁ Κύρου καὶ Ἀρταξέρξου νόθος ἀδελφὸς ἀπὸ Σούσων καὶ Ἐκβατάνων στρατιὰν πολλὴν ἄγων ὡς βοηθήσων βασιλεῖ· καὶ ἐπιστήσας τὸ ἑαυτοῦ στράτευμα παρερχομένους τοὺς Ἕλληνας ἐθεώρει. ὁ δὲ 26 Κλέαρχος ἡγεῖτο μὲν εἰς δύο, ἐπορεύετο δὲ ἄλλοτε καὶ ἄλλοτε ἐφιστάμενος. ὅσον δὲ [ἂν] χρόνον τὸ ἡγούμενον τοῦ στρατεύματος ἐπιστήσειε, τοσοῦτον ἦν ἀνάγκη χρόνον δι' ὅλου τοῦ στρατεύματος γίγνεσθαι τὴν ἐπίστασιν· ὥστε τὸ στράτευμα καὶ αὐτοῖς τοῖς Ἕλλησι δόξαι πάμπολυ εἶναι, καὶ τὸν Πέρσην ἐκπεπλῆχθαι θεωροῦντα. ἐντεῦθεν δὲ ἐπορεύθησαν διὰ 27 τῆς Μηδίας σταθμοὺς ἐρήμους ἕξ, παρασάγγας τριάκοντα, εἰς τὰς Παρυσάτιδος κώμας τῆς Κύρου καὶ βασιλέως μητρός. ταύτας Τισσαφέρνης Κύρῳ ἐπεγγελῶν διαρπάσαι τοῖς Ἕλλησιν ἐπέτρεψε πλὴν ἀνδραπόδων. ἐνῆν δὲ σῖτος πολὺς καὶ πρόβατα καὶ ἄλλα 28 χρήματα. ἐντεῦθεν δ' ἐπορεύθησαν σταθμοὺς ἐρήμους τέτταρας, παρασάγγας εἴκοσι, τὸν Τίγρητα ποταμὸν ἐν ἀριστερᾷ ἔχοντες. ἐν δὲ τῷ πρώτῳ σταθμῷ πέραν τοῦ ποταμοῦ πόλις ᾠκεῖτο μεγάλη καὶ εὐδαίμων ὄνομα

Καιναί, ἐξ ἧς οἱ βάρβαροι διῆγον ἐπὶ σχεδίαις διφθε ρίναις ἄρτους, τυρούς, οἶνον.

5 Μετὰ ταῦτα ἀφικνοῦνται ἐπὶ τὸν Ζαπάταν ποταμόν, τὸ εὖρος τεττάρων πλέθρων. καὶ ἐνταῦθα ἔμειναν ἡμέρας τρεῖς· ἐν δὲ ταύταις ὑποψίαι μὲν ἦσαν, φανερὰ 2 δὲ οὐδεμία ἐφαίνετο ἐπιβουλή. ἔδοξεν οὖν τῷ Κλεάρχῳ ξυγγενέσθαι τῷ Τισσαφέρνει καὶ εἴ πως δύναιτο παῦσαι τὰς ὑποψίας, πρὶν ἐξ αὐτῶν πόλεμον γενέσθαι· καὶ ἔπεμψέ τινα ἐροῦντα, ὅτι ξυγγενέσθαι αὐτῷ χρῄζει. 3 ὁ δὲ ἑτοίμως ἐκέλευεν ἥκειν. ἐπειδὴ δὲ ξυνῆλθον, λέγει ὁ Κλέαρχος τάδε. Ἐγώ, ὦ Τισσαφέρνη, οἶδα μὲν ἡμῖν ὅρκους γεγενημένους καὶ δεξιὰς δεδομένας μὴ ἀδικήσειν ἀλλήλους· φυλαττόμενον δὲ σέ τε ὁρῶ ὡς πολεμίους 4 ἡμᾶς καὶ ἡμεῖς ὁρῶντες ταῦτα ἀντιφυλαττόμεθα. ἐπεὶ δὲ σκοπῶν οὐ δύναμαι οὔτε σὲ αἰσθέσθαι πειρώμενον ἡμᾶς κακῶς ποιεῖν, ἐγώ τε σαφῶς οἶδα, ὅτι ἡμεῖς γε οὐδ᾽ ἐπινοοῦμεν τοιοῦτον οὐδέν, ἔδοξέ μοι εἰς λόγους σοι ἐλθεῖν, ὅπως, εἰ δυναίμεθα, ἐξέλοιμεν ἀλλήλων τὴν 5 ἀπιστίαν. καὶ γὰρ οἶδα ἀνθρώπους ἤδη τοὺς μὲν ἐκ διαβολῆς, τοὺς δὲ καὶ ἐξ ὑποψίας οἳ φοβηθέντες ἀλλήλους, φθάσαι βουλόμενοι πρὶν παθεῖν, ἐποίησαν ἀνήκεστα κακὰ τοὺς οὔτε μέλλοντας οὔτ᾽ αὖ βουλομένους 6 τοιοῦτον οὐδέν. τὰς οὖν τοιαύτας ἀγνωμοσύνας νομίζων συνουσίαις μάλιστα ἂν παύεσθαι, ἥκω καὶ διδάσκειν σε βούλομαι, ὡς σὺ ἡμῖν οὐκ ὀρθῶς ἀπιστεῖς. 7 πρῶτον μὲν γὰρ καὶ μέγιστον οἱ θεῶν ἡμᾶς ὅρκοι κωλύουσι πολεμίους εἶναι ἀλλήλοις· ὅστις δὲ τούτων σύνοιδεν αὑτῷ παρημεληκώς, τοῦτον ἐγὼ οὔποτ᾽ ἂν εὐδαιμονίσαιμι. τὸν γὰρ θεῶν πόλεμον οὐκ οἶδα οὔτ᾽ ἀπὸ ποίου ἂν τάχους φεύγων τις ἀποφύγοι οὔτ᾽ εἰς ποῖον ἂν σκότος ἀποδραίη οὔθ᾽ ὅπως ἂν εἰς ἐχυρὸν χωρίον ἀποσταίη. πάντῃ γὰρ πάντα τοῖς θεοῖς ὕποχα 8 καὶ πανταχῇ πάντων ἴσον οἱ θεοὶ κρατοῦσι. περὶ μὲν δὴ τῶν θεῶν τε καὶ τῶν ὅρκων οὕτω γιγνώσκω, παρ᾽

οἷς ἡμεῖς τὴν φιλίαν συνθέμενοι κατεθέμεθα· τῶν δ᾽ ἀνθρωπίνων σὲ ἐγὼ ἐν τῷ παρόντι νομίζω μέγιστον εἶναι ἡμῖν ἀγαθόν. σὺν μὲν γὰρ σοὶ πᾶσα μὲν ὁδὸς 9 εὔπορος, πᾶς δὲ ποταμὸς διαβατός, τῶν τε ἐπιτηδείων οὐκ ἀπορία· ἄνευ δὲ σοῦ πᾶσα μὲν διὰ σκότους ἡ ὁδός· οὐδὲν γὰρ αὐτῆς ἐπιστάμεθα· πᾶς δὲ ποταμὸς δύσπορος, πᾶς δὲ ὄχλος φοβερός, φοβερώτατον δ᾽ ἐρημία· μεστὴ γὰρ πολλῆς ἀπορίας ἐστίν. εἰ δὲ δὴ καὶ μα- 10 νέντες σε κατακτείναιμεν, ἄλλο τι ἂν ἢ τὸν εὐεργέτην κατακτείναντες πρὸς βασιλέα τὸν μέγιστον ἔφεδρον ἀγωνιζοίμεθα; ὅσων δὲ δὴ καὶ οἵων ἂν ἐλπίδων ἐμαυτὸν στερήσαιμι, εἰ σέ τι κακὸν ἐπιχειρήσαιμι ποιεῖν, ταῦτα λέξω. ἐγὼ γὰρ Κῦρον ἐπεθύμησά μοι φίλον 11 γενέσθαι, νομίζων τῶν τότε ἱκανώτατον εἶναι εὖ ποιεῖν ὃν βούλοιτο· σὲ δὲ νῦν ὁρῶ τήν τε Κύρου δύναμιν καὶ χώραν ἔχοντα καὶ τὴν σεαυτοῦ ἀρχὴν σώζοντα, τὴν δὲ βασιλέως δύναμιν, ᾗ Κῦρος πολεμίᾳ ἐχρῆτο, σοὶ ταύτην ξύμμαχον οὖσαν· τούτων δὲ τοιούτων 12 ὄντων τίς οὕτω μαίνεται ὅστις οὐ βούλεταί σοι φίλος εἶναι; ἀλλὰ μὴν ἐρῶ γὰρ καὶ ταῦτα, ἐξ ὧν ἔχω ἐλπίδας καὶ σὲ βουλήσεσθαι φίλον ἡμῖν εἶναι· οἶδα μὲν γὰρ ὑμῖν Μυσοὺς λυπηροὺς ὄντας, οὓς 13 νομίζω ἂν σὺν τῇ παρούσῃ δυνάμει ταπεινοὺς ὑμῖν παρασχεῖν, οἶδα δὲ καὶ Πισίδας· ἀκούω δὲ καὶ ἄλλα ἔθνη πολλὰ τοιαῦτα εἶναι, ἃ οἶμαι ἂν παῦσαι ἐνοχλοῦντα ἀεὶ τῇ ὑμετέρᾳ εὐδαιμονίᾳ. Αἰγυπτίους δέ, οἷς μάλιστα ὑμᾶς νῦν γιγνώσκω τεθυμωμένους, οὐχ ὁρῶ ποίᾳ δυνάμει συμμάχῳ χρησάμενοι μᾶλλον ἂν κολάσαισθε τῆς νῦν σὺν ἐμοὶ οὔσης. ἀλλὰ μὴν ἔν γε 14 τοῖς πέριξ οἰκοῦσι σὺ εἰ μὲν βούλοιό τῳ φίλος εἶναι, ὡς μέγιστος ἂν εἴης, εἰ δέ τίς σε λυποίη, ὡς δεσπότης ἀναστρέφοιο ἔχων ἡμᾶς ὑπηρέτας, οἵ σοι οὐκ ἂν τοῦ μισθοῦ ἕνεκα μόνον ὑπηρετοῖμεν, ἀλλὰ καὶ τῆς χάριτος ἧς σωθέντες ὑπὸ σοῦ σοὶ ἂν ἔχοιμεν δικαίως. ἐμοὶ μὲν 15 δὴ ταῦτα πάντα ἐνθυμουμένῳ οὕτω δοκεῖ θαυμαστὸν εἶναι τὸ σὲ ἡμῖν ἀπιστεῖν, ὥστε καὶ ἥδιστ᾽ ἂν ἀκούσαιμι τὸ ὄνομα, τίς οὕτως ἐστὶ δεινὸς λέγειν ὥστε σε πεῖσαι λέγων, ὡς ἡμεῖς σοι ἐπιβουλεύομεν. Κλέαρχος μὲν οὖν τοσαῦτα εἶπε· Τισσαφέρνης δὲ ὧδε ἀπημείφθη.

16 Ἀλλ᾽ ἥδομαι μέν, ὦ Κλέαρχε, ἀκούων σου φρονίμους λόγους· ταῦτα γὰρ γιγνώσκων εἴ τι ἐμοὶ κακὸν βουλεύοις, ἅμα ἄν μοι δοκεῖς καὶ σαυτῷ κακόνους εἶναι. ὡς δ᾽ ἂν μάθῃς, ὅτι οὐδ᾽ ἂν ὑμεῖς δικαίως οὔτε βασι-
17 λεῖ οὔτ᾽ ἐμοὶ ἀπιστοίητε, ἀντάκουσον. εἰ γὰρ ὑμᾶς ἐβουλόμεθα ἀπολέσαι, πότερά σοι δοκοῦμεν ἱππέων πλήθους ἀπορεῖν ἢ πεζῶν ἢ ὁπλίσεως, ἐν ᾗ ὑμᾶς μὲν βλάπτειν ἱκανοὶ εἴημεν ἄν, ἀντιπάσχειν δὲ οὐδεὶς κίν-
18 δυνος; ἀλλὰ χωρίων ἐπιτηδείων ὑμῖν ἐπιτίθεσθαι ἀπορεῖν ἄν σοι δοκοῦμεν; οὐ τοσαῦτα μὲν πεδία ἡμῖν φίλια ὄντα σὺν πολλῷ πόνῳ διαπορεύεσθε, τοσαῦτα δὲ ὄρη ὑμῖν ὁρᾶτε ὄντα πορευτέα, ἃ ἡμῖν ἔξεστι προκαταλαβοῦσιν ἄπορα ὑμῖν παρέχειν, τοσοῦτοι δ᾽ εἰσὶ ποταμοὶ ἐφ᾽ ὧν ἔξεστιν ἡμῖν ταμιεύεσθαι ὁπόσοις ἂν ὑμῶν βουλώμεθα μάχεσθαι; εἰσὶ δ᾽ αὐτῶν οὓς οὐδ᾽ ἂν παντάπασι διαβαίητε, εἰ μὴ ἡμεῖς ὑμᾶς διαπορεύοιμεν.
19 εἰ δ᾽ ἐν πᾶσι τούτοις ἡττώμεθα, ἀλλὰ τό γέ τοι πῦρ κρεῖττον τοῦ καρποῦ ἐστιν· ὃν ἡμεῖς δυναίμεθ᾽ ἂν κατακαύσαντες λιμὸν ὑμῖν ἀντιτάξαι, ᾧ ὑμεῖς οὐδ᾽,
20 εἰ πάνυ ἀγαθοὶ εἴητε, μάχεσθαι ἂν δύναισθε. πῶς ἂν οὖν ἔχοντες τοσούτους πόρους πρὸς τὸ ὑμῖν πολεμεῖν, καὶ τούτων μηδένα ἡμῖν ἐπικίνδυνον, ἔπειτα ἐκ τούτων πάντων τοῦτον ἂν τὸν τρόπον ἐξελοίμεθα ὃς μόνος μὲν πρὸς θεῶν ἀσεβής, μόνος δὲ πρὸς ἀνθρώπων
21 αἰσχρός; παντάπασι δὲ ἀπόρων ἐστὶ καὶ ἀμηχάνων καὶ ἀνάγκῃ ἐχομένων, καὶ τούτων πονηρῶν, οἵτινες ἐθέλουσι δι᾽ ἐπιορκίας τε πρὸς θεοὺς καὶ ἀπιστίας πρὸς ἀνθρώπους πράττειν τι. οὐχ οὕτως ἡμεῖς, ὦ Κλέαρχε,

οὔτε ἀλόγιστοι οὔτε ἠλίθιοί ἐσμεν. ἀλλὰ τί δὴ ὑμᾶς 22 ἐξὸν ἀπολέσαι οὐκ ἐπὶ τοῦτο ἤλθομεν; εὖ ἴσθι ὅτι ὁ ἐμὸς ἔρως τούτου αἴτιος τοῦ τοῖς Ἕλλησιν ἐμὲ πιστὸν γενέσθαι, καὶ ᾧ Κῦρος ἀνέβη ξενικῷ διὰ μισθοδοσίας πιστεύων, τούτῳ ἐμὲ καταβῆναι δι' εὐεργεσίας ἰσχυρόν. ὅσα δέ μοι ὑμεῖς χρήσιμοι ἔσεσθε τὰ μὲν καὶ 23 σὺ εἶπας, τὸ δὲ μέγιστον ἐγὼ οἶδα· τὴν μὲν γὰρ ἐπὶ τῇ κεφαλῇ τιάραν βασιλεῖ μόνῳ ἔξεστιν ὀρθὴν ἔχειν, τὴν δ' ἐπὶ τῇ καρδίᾳ ἴσως ἂν ὑμῶν παρόντων καὶ ἕτερος εὐπετῶς ἔχοι.

Ταῦτα εἰπὼν ἔδοξε τῷ Κλεάρχῳ ἀληθῆ λέγειν· 24 καὶ εἶπεν, Οὐκοῦν, ἔφη, οἵτινες τοιούτων ἡμῖν εἰς φιλίαν ὑπαρχόντων πειρῶνται διαβάλλοντες ποιῆσαι πολεμίους ἡμᾶς ἄξιοί εἰσι τὰ ἔσχατα παθεῖν; Καὶ 25 ἐγὼ μέν γε, ἔφη ὁ Τισσαφέρνης, εἰ βούλεσθέ μοι οἵ τε στρατηγοὶ καὶ οἱ λοχαγοὶ ἐλθεῖν, ἐν τῷ ἐμφανεῖ λέξω τοὺς πρὸς ἐμὲ λέγοντας ὡς σὺ ἐμοὶ ἐπιβουλεύεις καὶ τῇ σὺν ἐμοὶ στρατιᾷ. Ἐγὼ δέ, ἔφη ὁ Κλέαρχος, ἄξω 26 πάντας, καὶ σοὶ αὖ δηλώσω ὅθεν ἐγὼ περὶ σοῦ ἀκούω. ἐκ τούτων δὴ τῶν λόγων ὁ Τισσαφέρνης φιλοφρονού- 27 μενος τότε μὲν μένειν τε αὐτὸν ἐκέλευσε καὶ σύνδειπνον ἐποιήσατο. τῇ δὲ ὑστεραίᾳ ὁ Κλέαρχος ἐλθὼν ἐπὶ τὸ στρατόπεδον δῆλός τ' ἦν πάνυ φιλικῶς οἰόμενος διακεῖσθαι τῷ Τισσαφέρνει καὶ ἃ ἔλεγεν ἐκεῖνος ἀπήγγελλεν, ἔφη τε χρῆναι ἰέναι παρὰ Τισσαφέρνην οὓς ἐκέλευσε, καὶ οἳ ἂν ἐλεγχθῶσι διαβάλλοντες τῶν Ἑλλήνων, ὡς προδότας αὐτοὺς καὶ κακόνους τοῖς Ἕλλησιν ὄντας τιμωρηθῆναι. ὑπώπτευε δὲ εἶναι τὸν δια- 28 βάλλοντα Μένωνα, εἰδὼς αὐτὸν καὶ συγγεγενημένον Τισσαφέρνει μετ' Ἀριαίου καὶ στασιάζοντα αὐτῷ καὶ ἐπιβουλεύοντα, ὅπως τὸ στράτευμα ἅπαν πρὸς ἑαυτὸν λαβὼν φίλος ᾖ Τισσαφέρνει. ἐβούλετο δὲ καὶ ὁ 29 Κλέαρχος ἅπαν τὸ στράτευμα πρὸς ἑαυτὸν ἔχειν τὴν γνώμην καὶ τοὺς παραλυποῦντας ἐκποδὼν εἶναι. τῶν

δὲ στρατιωτῶν ἀντέλεγόν τινες αὐτῷ μὴ ἰέναι πάντας τοὺς λοχαγοὺς καὶ στρατηγοὺς μηδὲ πιστεύειν Τισσα-
30 φέρνει. ὁ δὲ Κλέαρχος ἰσχυρῶς κατέτεινεν, ἔστε διεπράξατο πέντε μὲν στρατηγοὺς ἰέναι, εἴκοσι δὲ λοχαγούς· συνηκολούθησαν δὲ ὡς εἰς ἀγορὰν καὶ τῶν ἄλλων στρατιωτῶν ὡς διακόσιοι.
31 Ἐπεὶ δὲ ἦσαν ἐπὶ ταῖς θύραις ταῖς Τισσαφέρνους, οἱ μὲν στρατηγοὶ παρεκλήθησαν εἴσω, Πρόξενος Βοιώτιος, Μένων Θετταλός, Ἀγίας Ἀρκάς, Κλέαρχος Λάκων, Σωκράτης Ἀχαιός· οἱ δὲ λοχαγοὶ ἐπὶ θύραις
32 ἔμενον. οὐ πολλῷ δὲ ὕστερον ἀπὸ τοῦ αὐτοῦ σημείου οἵ τ' ἔνδον ξυνελαμβάνοντο καὶ οἱ ἔξω κατεκόπησαν. μετὰ δὲ ταῦτα τῶν βαρβάρων τινὲς ἱππέων διὰ τοῦ πεδίου ἐλαύνοντες ᾧτινι ἐντυγχάνοιεν Ἕλληνι ἢ δούλῳ
33 ἢ ἐλευθέρῳ πάντας ἔκτεινον. οἱ δὲ Ἕλληνες τήν τε ἱππασίαν αὐτῶν ἐθαύμαζον ἐκ τοῦ στρατοπέδου ὁρῶντες καὶ ὅ, τι ἐποίουν ἠμφεγνόουν, πρὶν Νίκαρχος Ἀρκὰς ἧκε φεύγων τετρωμένος εἰς τὴν γαστέρα καὶ τὰ ἔντερα ἐν ταῖς χερσὶν ἔχων, καὶ εἶπε πάντα τὰ γεγενη-
34 μένα. ἐκ τούτου δὴ οἱ Ἕλληνες ἔθεον ἐπὶ τὰ ὅπλα πάντες ἐκπεπληγμένοι καὶ νομίζοντες αὐτίκα ἥξειν
35 αὐτοὺς ἐπὶ τὸ στρατόπεδον. οἱ δὲ πάντες μὲν οὐκ ἦλθον, Ἀριαῖος δὲ καὶ Ἀρτάοζος καὶ Μιθριδάτης, οἳ ἦσαν Κύρῳ πιστότατοι· ὁ δὲ τῶν Ἑλλήνων ἑρμηνεὺς ἔφη καὶ τὸν Τισσαφέρνους ἀδελφὸν σὺν αὐτοῖς ὁρᾶν καὶ γιγνώσκειν· ξυνηκολούθουν δὲ καὶ ἄλλοι Περσῶν
36 τεθωρακισμένοι εἰς τριακοσίους. οὗτοι ἐπεὶ ἐγγὺς ἦσαν, προσελθεῖν ἐκέλευον εἴ τις εἴη τῶν Ἑλλήνων ἢ στρατηγὸς ἢ λοχαγός, ἵνα ἀπαγγείλωσι τὰ παρὰ βασι-
37 λέως. μετὰ ταῦτα ἐξῆλθον φυλαττόμενοι τῶν Ἑλλήνων στρατηγοὶ μὲν Κλεάνωρ Ὀρχομένιος καὶ Σοφαίνετος Στυμφάλιος, ξὺν αὐτοῖς δὲ Ξενοφῶν Ἀθηναῖος, ὅπως μάθοι τὰ περὶ Προξένου· Χειρίσοφος δ' ἐτύγχανεν ἀπὼν ἐν κώμῃ τινὶ ξὺν ἄλλοις ἐπισιτιζόμενος.

ἐπεὶ δὲ ἔστησαν εἰς ἐπήκοον, εἶπεν Ἀριαῖος τάδε. 38
Κλέαρχος μέν, ὦ ἄνδρες Ἕλληνες, ἐπεὶ ἐπιορκῶν τε
ἐφάνη καὶ τὰς σπονδὰς λύων, ἔχει τὴν δίκην καὶ τέ-
θνηκε, Πρόξενος δὲ καὶ Μένων, ὅτι κατήγγειλαν αὐτοῦ
τὴν ἐπιβουλήν, ἐν μεγάλῃ τιμῇ εἰσιν. ὑμᾶς δὲ [ὁ]
βασιλεὺς τὰ ὅπλα ἀπαιτεῖ· αὐτοῦ γὰρ εἶναί φησιν,
ἐπείπερ Κύρου ἦσαν τοῦ ἐκείνου δούλου. πρὸς ταῦτα 39
ἀπεκρίναντο οἱ Ἕλληνες, ἔλεγε δὲ Κλεάνωρ ὁ Ὀρχο-
μένιος· Ὦ κάκιστε ἀνθρώπων Ἀριαῖε καὶ οἱ ἄλλοι,
ὅσοι ἦτε Κύρου φίλοι, οὐκ αἰσχύνεσθε οὔτε θεοὺς οὔτ'
ἀνθρώπους, οἵτινες ὀμόσαντες ἡμῖν τοὺς αὐτοὺς φίλους
καὶ ἐχθροὺς νομιεῖν, προδόντες ἡμᾶς σὺν Τισσαφέρνει
τῷ ἀθεωτάτῳ τε καὶ πανουργοτάτῳ τούς τε ἄνδρας
αὐτοὺς οἷς ὤμνυτε ὡς ἀπολωλέκατε καὶ τοὺς ἄλλους
ἡμᾶς προδεδωκότες ξὺν τοῖς πολεμίοις ἐφ' ἡμᾶς ἔρχε-
σθε. ὁ δὲ Ἀριαῖος εἶπε, Κλέαρχος γὰρ πρόσθεν ἐπι- 40
βουλεύων φανερὸς ἐγένετο Τισσαφέρνει τε καὶ Ὀρόντᾳ,
καὶ πᾶσιν ἡμῖν τοῖς ξὺν τούτοις. ἐπὶ τούτοις Ξενο- 41
φῶν τάδε εἶπε. Κλέαρχος μὲν τοίνυν εἰ παρὰ τοὺς
ὅρκους ἔλυε τὰς σπονδάς, τὴν δίκην ἔχει· δίκαιον γὰρ
ἀπόλλυσθαι τοὺς ἐπιορκοῦντας· Πρόξενος δὲ καὶ Μέ-
νων ἐπείπερ εἰσὶν ὑμέτεροι μὲν εὐεργέται, ἡμέτεροι
δὲ στρατηγοί, πέμψατε αὐτοὺς δεῦρο· δῆλον γὰρ ὅτι
φίλοι γε ὄντες ἀμφοτέροις πειράσονται καὶ ὑμῖν καὶ
ἡμῖν τὰ βέλτιστα ξυμβουλεύειν. πρὸς ταῦτα οἱ βαρ- 42
βαροι πολὺν χρόνον διαλεχθέντες ἀλλήλοις ἀπῆλθον
οὐδὲν ἀποκρινάμενοι.

Οἱ μὲν δὴ στρατηγοὶ οὕτω ληφθέντες ἀνήχθησαν 6
ὡς βασιλέα καὶ ἀποτμηθέντες τὰς κεφαλὰς ἐτελεύ-
τησαν, εἷς μὲν αὐτῶν Κλέαρχος ὁμολογουμένως ἐκ
πάντων τῶν ἐμπείρως αὐτοῦ ἐχόντων δόξας γενέσθαι
ἀνὴρ καὶ πολεμικὸς καὶ φιλοπόλεμος ἐσχάτως. καὶ 2
γὰρ δὴ ἕως μὲν πόλεμος ἦν τοῖς Λακεδαιμονίοις πρὸς
τοὺς Ἀθηναίους παρέμενεν, ἐπεὶ δὲ εἰρήνη ἐγένετο,

πείσας τὴν αὑτοῦ πόλιν ὡς οἱ Θρᾷκες ἀδικοῦσι τοὺς Ἕλληνας καὶ διαπραξάμενος ὡς ἐδύνατο παρὰ τῶν ἐφόρων ἐξέπλει ὡς πολεμήσων τοῖς ὑπὲρ Χερρονήσου 3 καὶ Περίνθου Θρᾳξίν. ἐπεὶ δὲ μεταγνόντες πως οἱ ἔφοροι ἤδη ἔξω ὄντος αὐτοῦ ἀποστρέφειν αὐτὸν ἐπειρῶντο ἐξ Ἰσθμοῦ, ἐνταῦθα οὐκέτι πείθεται, ἀλλ' ᾤχετο 4 πλέων εἰς Ἑλλήσποντον. ἐκ τούτου καὶ ἐθανατώθη ὑπὸ τῶν ἐν τῇ Σπάρτῃ τελῶν ὡς ἀπειθῶν. ἤδη δὲ φυγὰς ὢν ἔρχεται πρὸς Κῦρον, καὶ ὁποίοις μὲν λόγοις ἔπεισε Κῦρον ἄλλῃ γέγραπται, δίδωσι δὲ αὐτῷ Κῦρος 5 μυρίους δαρεικούς· ὁ δὲ λαβὼν οὐκ ἐπὶ ῥᾳθυμίαν ἐτράπετο, ἀλλ' ἀπὸ τούτων τῶν χρημάτων συλλέξας στράτευμα ἐπολέμει τοῖς Θρᾳξί, καὶ μάχῃ τε ἐνίκησε καὶ ἀπὸ τούτου δὴ ἔφερε καὶ ἦγε τούτους καὶ πολεμῶν διεγένετο μέχρι Κῦρος ἐδεήθη τοῦ στρατεύματος· τότε 6 δὲ ἀπῆλθεν ὡς ξὺν ἐκείνῳ αὖ πολεμήσων. ταῦτα οὖν φιλοπολέμου μοι δοκεῖ ἀνδρὸς ἔργα εἶναι, ὅστις ἐξὸν μὲν εἰρήνην ἔχειν ἄνευ αἰσχύνης καὶ βλάβης αἱρεῖται πολεμεῖν, ἐξὸν δὲ ῥᾳθυμεῖν βούλεται πονεῖν ὥστε πολεμεῖν, ἐξὸν δὲ χρήματα ἔχειν ἀκινδύνως αἱρεῖται πολεμῶν μείονα ταῦτα ποιεῖν· ἐκεῖνος δὲ ὥσπερ εἰς παιδικὰ ἢ εἰς ἄλλην τινὰ ἡδονὴν ἤθελε δαπανᾶν εἰς 7 πόλεμον. οὕτω μὲν φιλοπόλεμος ἦν· πολεμικὸς δὲ αὖ ταύτῃ ἐδόκει εἶναι, ὅτι φιλοκίνδυνός τε ἦν καὶ ἡμέρας καὶ νυκτὸς ἄγων ἐπὶ τοὺς πολεμίους καὶ ἐν τοῖς δεινοῖς φρόνιμος, ὡς οἱ παρόντες πανταχοῦ πάντες 8 ὡμολόγουν. καὶ ἀρχικὸς δ' ἐλέγετο εἶναι ὡς δυνατὸν ἐκ τοῦ τοιούτου τρόπου, οἷον κἀκεῖνος εἶχεν. ἱκανὸς μὲν γὰρ ὥς τις καὶ ἄλλος φροντίζειν ἦν, ὅπως ἔχοι ἡ στρατιὰ αὐτῷ τὰ ἐπιτήδεια, καὶ παρασκευάζειν ταῦτα, ἱκανὸς δὲ καὶ ἐμποιῆσαι τοῖς παροῦσιν, ὡς πειστέον 9 εἴη Κλεάρχῳ. τοῦτο δ' ἐποίει ἐκ τοῦ χαλεπὸς εἶναι· καὶ γὰρ ὁρᾶν στυγνὸς ἦν καὶ τῇ φωνῇ τραχύς, ἐκόλαζέ τε ἀεὶ ἰσχυρῶς, καὶ ὀργῇ ἐνίοτε, ὡς καὶ αὐτῷ μεταμέλειν ἔσθ' ὅτε. καὶ γνώμῃ δ' ἐκόλαζεν· ἀκολάστου γὰρ στρατεύματος οὐδὲν ἡγεῖτο ὄφελος εἶναι, ἀλλὰ καὶ λέγειν αὐτὸν ἔφασαν, ὡς δέοι τὸν στρατιώ- 10 την φοβεῖσθαι μᾶλλον τὸν ἄρχοντα ἢ τοὺς πολεμίους, εἰ μέλλοι ἢ φυλακὰς φυλάξειν ἢ φίλων ἀφέξεσθαι ἢ ἀπροφασίστως ἰέναι πρὸς τοὺς πολεμίους. ἐν μὲν 11 οὖν τοῖς δεινοῖς ἤθελον αὐτοῦ ἀκούειν σφόδρα καὶ οὐκ ἄλλον ᾑροῦντο οἱ στρατιῶται· καὶ γὰρ τὸ στυγνὸν τότε φαιδρὸν αὐτοῦ ἐν τοῖς προσώποις ἔφασαν φαίνεσθαι καὶ τὸ χαλεπὸν ἐρρωμένον πρὸς τοὺς πολεμίους ἐδόκει εἶναι, ὥστε σωτήριον καὶ οὐκέτι χαλεπὸν ἐφαίνετο· ὅτε δ' ἔξω τοῦ δεινοῦ γένοιντο καὶ ἐξείη πρὸς 12 ἄλλους ἀρχομένους ἀπιέναι, πολλοὶ αὐτὸν ἀπέλειπον· τὸ γὰρ ἐπίχαρι οὐκ εἶχεν, ἀλλ' ἀεὶ χαλεπὸς ἦν καὶ ὠμός· ὥστε διέκειντο πρὸς αὐτὸν οἱ στρατιῶται ὥσπερ παῖδες πρὸς διδάσκαλον. καὶ γὰρ οὖν φιλίᾳ μὲν καὶ 13 εὐνοίᾳ ἑπομένους οὐδέποτε εἶχεν· οἵτινες δὲ ἢ ὑπὸ πόλεως τεταγμένοι ἢ ὑπὸ τοῦ δεῖσθαι ἢ ἄλλῃ τινὶ ἀνάγκῃ κατεχόμενοι παρείησαν αὐτῷ, σφόδρα πειθομένοις ἐχρῆτο. ἐπεὶ δὲ ἤρξαντο νικᾶν ξὺν αὐτῷ τοὺς 14 πολεμίους, ἤδη μεγάλα ἦν τὰ χρησίμους ποιοῦντα εἶ- τοὺς ξὺν αὐτῷ στρατιώτας· τό τε γὰρ πρὸς τοὺς πολεμίους θαρραλέως ἔχειν παρῆν καὶ τὸ τὴν παρ' ἐκείνου τιμωρίαν φοβεῖσθαι αὐτοὺς εὐτάκτους ἐποίει. τοιοῦτος μὲν δὴ ἄρχων ἦν· ἄρχεσθαι δὲ ὑπὸ ἄλλων οὐ 15 μάλα ἐθέλειν ἐλέγετο. ἦν δὲ ὅτε ἐτελεύτα ἀμφὶ τὰ πεντήκοντα ἔτη.

Πρόξενος δὲ ὁ Βοιώτιος εὐθὺς μὲν μειράκιον ὢν 16 ἐπεθύμει γενέσθαι ἀνὴρ τὰ μεγάλα πράττειν ἱκανός· καὶ διὰ ταύτην τὴν ἐπιθυμίαν ἔδωκε Γοργίᾳ ἀργύριον τῷ Λεοντίνῳ. ἐπεὶ δὲ συνεγένετο ἐκείνῳ, ἱκανὸς νομί- 17 σας ἤδη εἶναι καὶ ἄρχειν καὶ φίλος ὢν τοῖς πρώτοις μὴ ἡττᾶσθαι εὐεργετῶν, ἦλθεν εἰς ταύτας τὰς σὺν Κύρῳ πράξεις· καὶ ᾤετο κτήσεσθαι ἐκ τούτων ὄνομα

μέγα καὶ δύναμιν μεγάλην καὶ χρήματα πολλά.
18 τοσούτων δ' ἐπιθυμῶν σφόδρα ἔνδηλον αὖ καὶ τοῦτο
εἶχεν, ὅτι τούτων οὐδὲν ἂν θέλοι κτᾶσθαι μετὰ ἀδικίας, ἀλλὰ σὺν τῷ δικαίῳ καὶ καλῷ ᾤετο δεῖν τούτων
19 τυγχάνειν, ἄνευ δὲ τούτων μή. ἄρχειν δὲ καλῶν μὲν
καὶ ἀγαθῶν δυνατὸς ἦν· οὐ μέντοι οὔτ' αἰδῶ τοῖς
στρατιώταις ἑαυτοῦ οὔτε φόβον ἱκανὸς ἐμποιῆσαι,
ἀλλὰ καὶ ᾐσχύνετο μᾶλλον τοὺς στρατιώτας ἢ οἱ
ἀρχόμενοι ἐκεῖνον, καὶ φοβούμενος μᾶλλον ἦν φανερὸς
τὸ ἀπεχθάνεσθαι τοῖς στρατιώταις ἢ οἱ στρατιῶται
20 τὸ ἀπιστεῖν ἐκείνῳ. ᾤετο δὲ ἀρκεῖν πρὸς τὸ ἀρχικὸν
εἶναι καὶ δοκεῖν τὸν μὲν καλῶς ποιοῦντα ἐπαινεῖν, τὸν
δὲ ἀδικοῦντα μὴ ἐπαινεῖν. τοιγαροῦν αὐτῷ οἱ μὲν
καλοί τε κἀγαθοὶ τῶν συνόντων εὖνοι ἦσαν, οἱ δὲ ἄδικοι ἐπεβούλευον ὡς εὐμεταχειρίστῳ ὄντι. ὅτε δὲ ἀπέθνησκεν ἦν ἐτῶν ὡς τριάκοντα.

21 Μένων δὲ ὁ Θετταλὸς δῆλος ἦν ἐπιθυμῶν μὲν
πλουτεῖν ἰσχυρῶς, ἐπιθυμῶν δὲ ἄρχειν, ὅπως πλείω
λαμβάνοι, ἐπιθυμῶν δὲ τιμᾶσθαι, ἵνα πλείω κερδαίνοι·
φίλος τε ἐβούλετο εἶναι τοῖς μέγιστα δυναμένοις, ἵνα
22 ἀδικῶν μὴ διδοίη δίκην. ἐπὶ δὲ τὸ κατεργάζεσθαι ὧν
ἐπιθυμοίη συντομωτάτην ᾤετο ὁδὸν εἶναι διὰ τοῦ ἐπιορκεῖν τε καὶ ψεύδεσθαι καὶ ἐξαπατᾶν, τὸ δ' ἁπλοῦν
23 καὶ τὸ ἀληθὲς ἐνόμιζε τὸ αὐτὸ τῷ ἠλιθίῳ εἶναι. στέργων δὲ φανερὸς μὲν ἦν οὐδένα, ὅτῳ δὲ φαίη φίλος
εἶναι, τούτῳ ἔνδηλος ἐγίγνετο ἐπιβουλεύων. καὶ πολεμίου μὲν οὐδενὸς κατεγέλα, τῶν δὲ συνόντων πάντων
24 ὡς καταγελῶν ἀεὶ διελέγετο. καὶ τοῖς μὲν τῶν πολεμίων κτήμασιν οὐκ ἐπεβούλευε· χαλεπὸν γὰρ ᾤετο
εἶναι τὰ τῶν φυλαττομένων λαμβάνειν· τὰ δὲ τῶν φίλων μόνος ᾤετο εἰδέναι ῥᾷστον ὂν ἀφύλακτα λαμβά-
25 νειν. καὶ ὅσους μὲν αἰσθάνοιτο ἐπιόρκους καὶ ἀδίκους
ὡς εὖ ὡπλισμένους ἐφοβεῖτο, τοῖς δ' ὁσίοις καὶ ἀληθείᾳ ἀσκοῦσιν ὡς ἀνάνδροις ἐπειρᾶτο χρῆσθαι.

ὥσπερ δέ τις ἀγάλλεται ἐπὶ θεοσεβείᾳ καὶ ἀληθείᾳ 26
καὶ δικαιότητι, οὕτω Μένων ἠγάλλετο τῷ ἐξαπατᾶν
δύνασθαι, τῷ πλάσασθαι ψευδῆ, τῷ φίλους διαγελᾶν·
τὸν δὲ μὴ πανοῦργον τῶν ἀπαιδεύτων ἀεὶ ἐνόμιζεν εἶ-
ναι. καὶ παρ' οἷς μὲν ἐπεχείρει πρωτεύειν φιλίᾳ,
διαβάλλων τοὺς πρώτους τούτους ᾤετο δεῖν κτήσα-
σθαι. τὸ δὲ πειθομένους τοὺς στρατιώτας παρέχεσθαι 27
ἐκ τοῦ συναδικεῖν αὐτοῖς ἐμηχανᾶτο. τιμᾶσθαι δὲ
καὶ θεραπεύεσθαι ἠξίου ἐπιδεικνύμενος, ὅτι πλεῖστα
δύναιτο καὶ ἐθέλοι ἂν ἀδικεῖν. εὐεργεσίαν δὲ κατέ-
λεγεν, ὁπότε τις αὐτοῦ ἀφίστατο, ὅτι χρώμενος αὐτῷ
οὐκ ἀπώλεσεν αὐτόν. καὶ τὰ μὲν δὴ ἀφανῆ ἔξεστι 28
περὶ αὐτοῦ ψεύδεσθαι, ἃ δὲ πάντες ἴσασι τάδ' ἐστί.
παρὰ Ἀριστίππῳ μὲν ἔτι ὡραῖος ὢν στρατηγεῖν διε-
πράξατο τῶν ξένων, Ἀριαίῳ δὲ βαρβάρῳ ὄντι, ὅτι
μειρακίοις καλοῖς ἥδετο, οἰκειότατος ἔτι ὡραῖος ὢν
ἐγένετο, αὐτὸς δὲ παιδικὰ εἶχε Θαρύπαν ἀγένειος ὢν
γενειῶντα. ἀποθνησκόντων δὲ τῶν συστρατηγῶν, ὅτι 29
ἐστράτευσαν ἐπὶ βασιλέα ξὺν Κύρῳ, ταὐτὰ πεποιη-
κὼς οὐκ ἀπέθανε, μετὰ δὲ τὸν τῶν ἄλλων θάνατον
στρατηγῶν τιμωρηθεὶς ὑπὸ βασιλέως ἀπέθανεν, οὐχ
ὥσπερ Κλέαρχος καὶ οἱ ἄλλοι στρατηγοὶ ἀποτμηθέν-
τες τὰς κεφαλάς, ὅσπερ τάχιστος θάνατος δοκεῖ εἶναι,
ἀλλὰ ζῶν αἰκισθεὶς ἐνιαυτὸν ὡς πονηρὸς λέγεται τῆς
τελευτῆς τυχεῖν.
Ἀγίας δὲ ὁ Ἀρκὰς καὶ Σωκράτης ὁ Ἀχαιὸς καὶ 30
τούτω ἀπεθανέτην. τούτων δὲ οὔθ' ὡς ἐν πολέμῳ
κακῶν οὐδεὶς κατεγέλα οὔτ' εἰς φιλίαν αὐτοὺς ἐμέμ-
φετο. ἤστην δὲ ἄμφω ἀμφὶ τὰ πέντε καὶ τριάκοντα
ἔτη ἀπὸ γενεᾶς.

BOOK III.

1 Ὅσα μὲν δὴ ἐν τῇ ἀναβάσει τῇ μετὰ Κύρου οἱ Ἕλληνες ἔπραξαν μέχρι τῆς μάχης, καὶ ὅσα, ἐπεὶ Κῦρος ἐτελεύτησεν, ἐγένετο ἀπιόντων τῶν Ἑλλήνων σὺν Τισσαφέρνει ἐν ταῖς σπονδαῖς, ἐν τῷ πρόσθεν 2 λόγῳ δεδήλωται. ἐπεὶ δὲ οἵ τε στρατηγοὶ συνειλημμένοι ἦσαν καὶ τῶν λοχαγῶν καὶ τῶν στρατιωτῶν οἱ συνεπόμενοι ἀπολώλεσαν, ἐν πολλῇ δὴ ἀπορίᾳ ἦσαν οἱ Ἕλληνες, ἐννοούμενοι μέν, ὅτι ἐπὶ ταῖς βασιλέως θύραις ἦσαν, κύκλῳ δὲ αὐτοῖς πάντῃ πολλὰ καὶ ἔθνη καὶ πόλεις πολέμιαι ἦσαν, ἀγορὰν δὲ οὐδεὶς ἔτι παρέξειν ἔμελλεν, ἀπεῖχον δὲ τῆς Ἑλλάδος οὐ μεῖον ἢ μύρια στάδια, ἡγεμὼν δ᾽ οὐδεὶς τῆς ὁδοῦ ἦν, ποταμοὶ δὲ διεῖργον ἀδιάβατοι ἐν μέσῳ τῆς οἴκαδε ὁδοῦ, προυδεδώκεσαν δὲ αὐτοὺς καὶ οἱ σὺν Κύρῳ ἀναβάντες βάρβαροι, μόνοι δὲ καταλελειμμένοι ἦσαν οὐδὲ ἱππέα οὐδένα σύμμαχον ἔχοντες, ὥστε εὔδηλον ἦν, ὅτι νικῶντες μὲν οὐδένα ἂν κατακάνοιεν, ἡττηθέντων δὲ αὐτῶν 3 οὐδεὶς ἂν λειφθείη. ταῦτα ἐννοούμενοι καὶ ἀθύμως ἔχοντες ὀλίγοι μὲν αὐτῶν εἰς τὴν ἑσπέραν σίτου ἐγεύσαντο, ὀλίγοι δὲ πῦρ ἀνέκαυσαν, ἐπὶ δὲ τὰ ὅπλα πολλοὶ οὐκ ἦλθον ταύτην τὴν νύκτα, ἀνεπαύοντο δὲ ὅπου ἐτύγχανεν ἕκαστος, οὐ δυνάμενοι καθεύδειν ὑπὸ λύπης καὶ πόθου πατρίδων, γονέων, γυναικῶν, παίδων, οὓς οὔποτ᾽ ἐνόμιζον ἔτι ὄψεσθαι. οὕτω μὲν δὴ διακείμενοι πάντες ἀνεπαύοντο.

4 Ἦν δέ τις ἐν τῇ στρατιᾷ Ξενοφῶν Ἀθηναῖος, ὃς οὔτε στρατηγὸς οὔτε λοχαγὸς οὔτε στρατιώτης ὢν συνηκολούθει, ἀλλὰ Πρόξενος αὐτὸν μετεπέμψατο οἴκοθεν ξένος ὢν ἀρχαῖος· ὑπισχνεῖτο δὲ αὐτῷ, εἰ ἔλθοι, φίλον αὐτὸν Κύρῳ ποιήσειν, ὃν αὐτὸς ἔφη κρείττω

ἑαυτῷ νομίζειν τῆς πατρίδος. ὁ μέντοι Ξενοφῶν ἀνα- 5
γνοὺς τὴν ἐπιστολὴν ἀνακοινοῦται Σωκράτει τῷ Ἀθη-
ναίῳ περὶ τῆς πορείας. καὶ ὁ Σωκράτης ὑποπτεύσας
μή τι πρὸς τῆς πόλεως ἐπαίτιον εἴη Κύρῳ φίλον γενέ-
σθαι, ὅτι ἐδόκει ὁ Κῦρος προθύμως τοῖς Λακεδαιμονίοις
ἐπὶ τὰς Ἀθήνας συμπολεμῆσαι, συμβουλεύει τῷ Ξενο-
φῶντι ἐλθόντα εἰς Δελφοὺς ἀνακοινῶσαι τῷ θεῷ περὶ
τῆς πορείας. ἐλθὼν δ᾽ ὁ Ξενοφῶν ἐπήρετο τὸν Ἀπόλ- 6
λω, τίνι ἂν θεῶν θύων καὶ εὐχόμενος κάλλιστ᾽ ἂν καὶ
ἄριστα ἔλθοι τὴν ὁδόν, ἣν ἐπινοεῖ, καὶ καλῶς πράξας
σωθείη. καὶ ἀνεῖλεν αὐτῷ ὁ Ἀπόλλων θεοῖς οἷς ἔδει
θύειν. ἐπεὶ δὲ πάλιν ἦλθε, λέγει τὴν μαντείαν τῷ 7
Σωκράτει. ὁ δ᾽ ἀκούσας ᾐτιᾶτο αὐτόν, ὅτι οὐ τοῦτο
πρῶτον ἠρώτα, πότερον λῷον εἴη αὐτῷ πορεύεσθαι ἢ
μένειν, ἀλλ᾽ αὐτὸς κρίνας ἰτέον εἶναι τοῦτ᾽ ἐπυνθάνετο,
ὅπως ἂν κάλλιστα πορευθείη. ἐπεὶ μέντοι οὕτως ἤρου,
ταῦτ᾽, ἔφη, χρὴ ποιεῖν, ὅσα ὁ θεὸς ἐκέλευσεν. ὁ μὲν 8
δὴ Ξενοφῶν οὕτω, θυσάμενος οἷς ἀνεῖλεν ὁ θεός, ἐξέ-
πλει καὶ καταλαμβάνει ἐν Σάρδεσι Πρόξενον καὶ Κῦ-
ρον μέλλοντας ἤδη ὁρμᾶν τὴν ἄνω ὁδόν, καὶ συνεστάθη
Κύρῳ. προθυμουμένου δὲ τοῦ Προξένου καὶ ὁ Κῦρος 9
συμπροὐθυμεῖτο μεῖναι αὐτόν· εἶπε δὲ ὅτι, ἐπειδὰν
τάχιστα ἡ στρατεία λήξῃ, εὐθὺς ἀποπέμψειν αὐτόν.
ἐλέγετο δὲ ὁ στόλος εἶναι εἰς Πισίδας. ἐστρατεύετο 10
μὲν δὴ οὕτως ἐξαπατηθείς, οὐχ ὑπὸ Προξένου· οὐ γὰρ
ᾔδει τὴν ἐπὶ βασιλέα ὁρμὴν οὐδὲ ἄλλος οὐδεὶς τῶν
Ἑλλήνων πλὴν Κλεάρχου· ἐπεὶ μέντοι εἰς Κιλικίαν
ἦλθον, σαφὲς πᾶσιν ἤδη ἐδόκει εἶναι, ὅτι ὁ στόλος εἴη
ἐπὶ βασιλέα. φοβούμενοι δὲ τὴν ὁδὸν καὶ ἄκοντες
ὅμως οἱ πολλοὶ δι᾽ αἰσχύνην καὶ ἀλλήλων καὶ Κύρου
συνηκολούθησαν· ὧν εἷς καὶ Ξενοφῶν ἦν. ἐπεὶ δὲ 11
ἀπορία ἦν, ἐλυπεῖτο μὲν σὺν τοῖς ἄλλοις καὶ οὐκ ἐδύ-
νατο καθεύδειν· μικρὸν δ᾽ ὕπνου λαχὼν εἶδεν ὄναρ.
ἔδοξεν αὐτῷ βροντῆς γενομένης σκηπτὸς πεσεῖν εἰς

τὴν πατρῴαν οἰκίαν, καὶ ἐκ τούτου λάμπεσθαι πᾶσαν.
12 περίφοβος δ' εὐθὺς ἀνηγέρθη, καὶ τὸ ὄναρ πῇ μὲν ἔκρινεν ἀγαθόν, ὅτι ἐν πόνοις ὢν καὶ κινδύνοις φῶς μέγα ἐκ Διὸς ἰδεῖν ἔδοξε· πῇ δὲ καὶ ἐφοβεῖτο, ὅτι ἀπὸ Διὸς μὲν βασιλέως τὸ ὄναρ ἐδόκει αὐτῷ εἶναι, κύκλῳ δὲ ἐδόκει λάμπεσθαι τὸ πῦρ, μὴ οὐ δύναιτο ἐκ τῆς χώρας ἐξελθεῖν τῆς βασιλέως, ἀλλ' εἴργοιτο πάντοθεν
13 ὑπό τινων ἀποριῶν. ὁποῖόν τι μέντοι ἐστὶ τὸ τοιοῦτον ὄναρ ἰδεῖν ἔξεστι σκοπεῖν ἐκ τῶν συμβάντων μετὰ τὸ ὄναρ. γίγνεται γὰρ τάδε. εὐθὺς ἐπειδὴ ἀνηγέρθη πρῶτον μὲν ἔννοια αὐτῷ ἐμπίπτει, τί κατάκειμαι; ἡ δὲ νὺξ προβαίνει· ἅμα δὲ τῇ ἡμέρᾳ εἰκὸς τοὺς πολεμίους ἥξειν. εἰ δὲ γενησόμεθα ἐπὶ βασιλεῖ, τί ἐμποδὼν μὴ οὐχὶ πάντα μὲν τὰ χαλεπώτατα ἐπιδόντας, πάντα δὲ τὰ δεινότατα παθόντας ὑβριζομένους ἀπο-
14 θανεῖν; ὅπως δ' ἀμυνούμεθα οὐδεὶς παρασκευάζεται οὐδὲ ἐπιμελεῖται, ἀλλὰ κατακείμεθα ὥσπερ ἐξὸν ἡσυχίαν ἄγειν. ἐγὼ οὖν τὸν ἐκ ποίας πόλεως στρατηγὸν προσδοκῶ ταῦτα πράξειν; ποίαν δ' ἡλικίαν ἐμαυτῷ ἐλθεῖν ἀναμένω; οὐ γὰρ ἔγωγ' ἔτι πρεσβύτερος ἔσο-
15 μαι, ἐὰν τήμερον προδῶ ἐμαυτὸν τοῖς πολεμίοις. ἐκ τούτου ἀνίσταται καὶ συγκαλεῖ τοὺς Προξένου πρῶτον λοχαγούς. ἐπεὶ δὲ συνῆλθον, ἔλεξεν, Ἐγώ, ὦ ἄνδρες λοχαγοί, οὔτε καθεύδειν δύναμαι, ὥσπερ, οἶμαι, οὐδ'
16 ὑμεῖς, οὔτε κατακεῖσθαι ἔτι, ὁρῶν, ἐν οἵοις ἐσμέν. οἱ μὲν γὰρ πολέμιοι δῆλον ὅτι οὐ πρότερον πρὸς ἡμᾶς τὸν πόλεμον ἐξέφηναν πρὶν ἐνόμισαν καλῶς τὰ ἑαυτῶν παρεσκευάσθαι, ἡμῶν δ' οὐδεὶς οὐδὲν ἀντεπιμε-
17 λεῖται, ὅπως ὡς κάλλιστα ἀγωνιούμεθα. καὶ μὴν εἰ ὑφησόμεθα καὶ ἐπὶ βασιλεῖ γενησόμεθα, τί οἰόμεθα πείσεσθαι; ὃς καὶ τοῦ ὁμομητρίου καὶ τοῦ ὁμοπατρίου ἀδελφοῦ καὶ τεθνηκότος ἤδη ἀποτεμὼν τὴν κεφαλὴν καὶ τὴν χεῖρα ἀνεσταύρωσεν· ἡμᾶς δέ, οἷς κηδεμὼν μὲν οὐδεὶς πάρεστιν, ἐστρατεύσαμεν δὲ ἐπ' αὐτὸν ὡς

δοῦλον ἀντὶ βασιλέως ποιήσοντες καὶ ἀποκτενοῦντες, εἰ δυναίμεθα, τί ἂν οἰόμεθα παθεῖν; ἆρ' οὐκ ἂν ἐπὶ 18 πᾶν ἔλθοι, ὡς ἡμᾶς τὰ ἔσχατα αἰκισάμενος πᾶσιν ἀνθρώποις φόβον παράσχοι τοῦ στρατεῦσαί ποτε ἐπ᾽ αὐτόν; ἀλλ' ὅπως τοι μὴ ἐπ' ἐκείνῳ γενησόμεθα πάντα ποιητέον. ἐγὼ μὲν οὖν, ἔστε μὲν αἱ σπονδαὶ ἦσαν, 19 οὔποτε ἐπαυόμην ἡμᾶς μὲν οἰκτείρων, βασιλέα δὲ καὶ τοὺς σὺν αὐτῷ μακαρίζων, διαθεώμενος αὐτῶν ὅσην μὲν χώραν καὶ οἵαν ἔχοιεν, ὡς δὲ ἄφθονα τὰ ἐπιτήδεια, ὅσους δὲ θεράποντας, ὅσα δὲ κτήνη, χρυσὸν δέ, ἐσθῆτα δέ· τὰ δ' αὖ τῶν στρατιωτῶν ὁπότε ἐνθυμοίμην, ὅτι 20 τῶν μὲν ἀγαθῶν πάντων οὐδενὸς ἡμῖν μετείη, εἰ μὴ πριαίμεθα, ὅτου δ' ὠνησόμεθα ᾔδειν ἔτι ὀλίγους ἔχοντας, ἄλλως δέ πως πορίζεσθαι τὰ ἐπιτήδεια ἢ ὠνουμένους ὅρκους ἤδη κατέχοντας ἡμᾶς· ταῦτ' οὖν λογιζόμενος ἐνίοτε τὰς σπονδὰς μᾶλλον ἐφοβούμην ἢ νῦν τὸν πόλεμον. ἐπεὶ μέντοι ἐκεῖνοι ἔλυσαν τὰς σπον- 21 δάς, λελύσθαι μοι δοκεῖ καὶ ἡ ἐκείνων ὕβρις καὶ ἡ ἡμετέρα ὑποψία. ἐν μέσῳ γὰρ ἤδη κεῖται ταῦτα τὰ ἀγαθὰ ἆθλα ὁπότεροι ἂν ἡμῶν ἄνδρες ἀμείνονες ὦσιν, ἀγωνοθέται δ' οἱ θεοί εἰσιν, οἳ σὺν ἡμῖν, ὡς τὸ εἰκός, ἔσονται. οὗτοι μὲν γὰρ αὐτοὺς ἐπιωρκήκασιν· ἡμεῖς 22 δὲ πολλὰ ὁρῶντες ἀγαθὰ στερρῶς αὐτῶν ἀπειχόμεθα διὰ τοὺς τῶν θεῶν ὅρκους. ὥστε ἐξεῖναί μοι δοκεῖ ἰέναι ἐπὶ τὸν ἀγῶνα πολὺ σὺν φρονήματι μείζονι ἢ τούτοις. ἔτι δ' ἔχομεν σώματα ἱκανώτερα τούτων 23 καὶ ψύχη καὶ θάλπη καὶ πόνους φέρειν· ἔχομεν δὲ καὶ ψυχὰς σὺν τοῖς θεοῖς ἀμείνονας· οἱ δὲ ἄνδρες καὶ τρωτοὶ καὶ θνητοὶ μᾶλλον ἡμῶν, ἢν οἱ θεοί, ὥσπερ τὸ πρόσθεν, νίκην ἡμῖν διδῶσιν. ἀλλ' ἴσως γὰρ καὶ 24 ἄλλοι ταῦτ' ἐνθυμοῦνται, πρὸς τῶν θεῶν μὴ ἀναμένωμεν ἄλλους ἐφ' ἡμᾶς ἐλθεῖν παρακαλοῦντας ἐπὶ τὰ κάλλιστα ἔργα, ἀλλ' ἡμεῖς ἄρξωμεν τοῦ ἐξορμῆσαι καὶ τοὺς ἄλλους ἐπὶ τὴν ἀρετήν. φάνητε τῶν λοχαγῶν ἄριστοι καὶ τῶν στρατηγῶν ἀξιοστρατηγότεροι. κἀγὼ δέ, εἰ μὲν ὑμεῖς ἐθέλετε ἐξορμᾶν ἐπὶ ταῦτα, ἕπεσθαι ὑμῖν βούλομαι, εἰ δ' ὑμεῖς τάττετέ με ἡγεῖσθαι, οὐδὲν προφασίζομαι τὴν ἡλικίαν, ἀλλὰ καὶ ἀκμάζειν ἡγοῦμαι ἐρύκειν ἀπ' ἐμαυτοῦ τὰ κακά.

Ὁ μὲν ταῦτ' ἔλεξεν, οἱ δὲ λοχαγοὶ ἀκούσαντες ταῦτα ἡγεῖσθαι ἐκέλευον πάντες, πλὴν Ἀπολλωνίδης τις ἦν βοιωτιάζων τῇ φωνῇ· οὗτος δ' εἶπεν, ὅτι φλυαροίη ὅστις λέγοι ἄλλως πως σωτηρίας ἂν τυχεῖν ἢ βασιλέα πείσας, εἰ δύναιτο, καὶ ἅμα ἤρχετο λέγειν τὰς ἀπορίας. ὁ μέντοι Ξενοφῶν μεταξὺ ὑπολαβὼν ἔλεξεν ὧδε. Ὦ θαυμασιώτατε ἄνθρωπε, σύ γε οὐδὲ ὁρῶν γιγνώσκεις οὐδὲ ἀκούων μέμνησαι. ἐν ταὐτῷ γε μέντοι ἦσθα τούτοις, ὅτε βασιλεύς, ἐπεὶ Κῦρος ἀπέθανε, μέγα φρονήσας ἐπὶ τούτῳ πέμπων ἐκέλευε παραδιδόναι τὰ ὅπλα. ἐπεὶ δὲ ἡμεῖς οὐ παραδόντες, ἀλλ' ἐξωπλισμένοι ἐλθόντες παρεσκηνήσαμεν αὐτῷ, τί οὐκ ἐποίησε πρέσβεις πέμπων καὶ σπονδὰς αἰτῶν καὶ παρέχων τὰ ἐπιτήδεια, ἔστε σπονδῶν ἔτυχεν; ἐπεὶ δ' αὖ οἱ στρατηγοὶ καὶ λοχαγοί, ὥσπερ δὴ σὺ κελεύεις, εἰς λόγους αὐτοῖς ἄνευ ὅπλων ἦλθον πιστεύσαντες ταῖς σπονδαῖς, οὐ νῦν ἐκεῖνοι παιόμενοι, κεντούμενοι, ὑβριζόμενοι οὐδὲ ἀποθανεῖν οἱ τλήμονες δύνανται, καὶ μάλ', οἶμαι, ἐρῶντες τούτου; ἃ σὺ πάντα εἰδὼς τοὺς μὲν ἀμύνεσθαι κελεύοντας φλυαρεῖν φῄς, πείθειν δὲ πάλιν κελεύεις ἰόντας; (ἐμοὶ δέ, ὦ ἄνδρες, δοκεῖ τὸν ἄνθρωπον τοῦτον μήτε προσίεσθαι εἰς ταὐτὸ ἡμῖν αὐτοῖς ἀφελομένους τε τὴν λοχαγίαν σκεύη ἀναθέντας ὡς τοιούτῳ χρῆσθαι.) οὗτος γὰρ καὶ τὴν πατρίδα καταισχύνει καὶ πᾶσαν τὴν Ἑλλάδα, ὅτι Ἕλλην ὢν τοιοῦτός ἐστιν. ἐντεῦθεν ὑπολαβὼν Ἀγασίας Στυμφάλιος εἶπεν, Ἀλλὰ τούτῳ γε οὔτε τῆς Βοιωτίας προσήκει οὐδὲν οὔτε τῆς Ἑλλάδος παντάπασιν, ἐπεὶ ἐγὼ αὐτὸν εἶδον ὥσπερ Λυδὸν ἀμφότερα τὰ ὦτα τετρυπημένον.

καὶ εἶχεν οὕτως. τοῦτον μὲν οὖν ἀπήλασαν· οἱ δὲ 32 ἄλλοι παρὰ τὰς τάξεις ἰόντες, ὅπου μὲν στρατηγὸς σῶος εἴη, τὸν στρατηγὸν παρεκάλουν, ὁπόθεν δὲ οἴχοιτο, τὸν ὑποστρατηγόν, ὅπου δ' αὖ λοχαγὸς σῶος εἴη, τὸν λοχαγόν. ἐπεὶ δὲ πάντες συνῆλθον, εἰς τὸ 33 πρόσθεν τῶν ὅπλων ἐκαθέζοντο· καὶ ἐγένοντο οἱ συνελθόντες στρατηγοὶ καὶ λοχαγοὶ ἀμφὶ τοὺς ἑκατόν. ὅτε δὲ ταῦτα ἦν, σχεδὸν μέσαι ἦσαν νύκτες. ἐνταῦθα 34 Ἱερώνυμος Ἠλεῖος πρεσβύτατος ὢν τῶν Προξένου λοχαγῶν ἤρχετο λέγειν ὧδε. Ἡμῖν, ὦ ἄνδρες στρατηγοὶ καὶ λοχαγοί, ὁρῶσι τὰ παρόντα ἔδοξε καὶ αὐτοῖς συνελθεῖν καὶ ὑμᾶς παρακαλέσαι, ὅπως βουλευσαίμεθα εἴ τι δυναίμεθα ἀγαθόν. λέξον δ', ἔφη, καὶ σύ, ὦ Ξενοφῶν, ἅπερ καὶ πρὸς ἡμᾶς. ἐκ τούτου λέγει τάδε Ξενοφῶν. Ἀλλὰ ταῦτα μὲν δὴ πάντες ἐπιστάμεθα, 35 ὅτι βασιλεὺς καὶ Τισσαφέρνης οὓς μὲν ἐδυνήθησαν συνειλήφασιν ἡμῶν, τοῖς δ' ἄλλοις δῆλον ὅτι ἐπιβουλεύουσιν, ὡς, ἢν δύνωνται, ἀπολέσωσιν. ἡμῖν δέ γε, οἶμαι, πάντα ποιητέα ὡς μήποτ' ἐπὶ τοῖς βαρβάροις γενώμεθα, ἀλλὰ μᾶλλον, ἢν δυνώμεθα, ἐκεῖνοι ἐφ' ἡμῖν. εὖ τοίνυν ἐπίστασθε, ὅτι ὑμεῖς τοσοῦτοι ὄντες, 36 ὅσοι νῦν συνεληλύθατε, μέγιστον ἔχετε καιρόν. οἱ γὰρ στρατιῶται οὗτοι πάντες πρὸς ὑμᾶς βλέπουσι, κἂν μὲν ὑμᾶς ὁρῶσιν ἀθύμους, πάντες κακοὶ ἔσονται, ἢν δὲ ὑμεῖς αὐτοί τε παρασκευαζόμενοι φανεροὶ ἦτε ἐπὶ τοὺς πολεμίους καὶ τοὺς ἄλλους παρακαλῆτε, εὖ ἴστε ὅτι ἕψονται ὑμῖν καὶ πειράσονται μιμεῖσθαι. ἴσως 37 δέ τοι καὶ δίκαιόν ἐστιν ὑμᾶς διαφέρειν τι τούτων. ὑμεῖς γάρ ἐστε στρατηγοί, ὑμεῖς ταξίαρχοι καὶ λοχαγοί, καὶ ὅτε εἰρήνη ἦν, ὑμεῖς καὶ χρήμασι καὶ τιμαῖς τούτων ἐπλεονεκτεῖτε· καὶ νῦν τοίνυν, ἐπεὶ πόλεμός ἐστιν, ἀξιοῦν δεῖ ὑμᾶς αὐτοὺς ἀμείνους τε τοῦ πλήθους εἶναι καὶ προβουλεύειν τούτων καὶ προπονεῖν, ἤν που δέῃ. καὶ νῦν πρῶτον μὲν οἴομαι ἂν ὑμᾶς 38 μέγα ὀνῆσαι τὸ στράτευμα, εἰ ἐπιμεληθείητε ὅπως ἀντὶ τῶν ἀπολωλότων ὡς τάχιστα στρατηγοὶ καὶ λοχαγοὶ ἀντικατασταθῶσιν. ἄνευ γὰρ ἀρχόντων οὐδὲν ἂν οὔτε καλὸν οὔτε ἀγαθὸν γένοιτο, ὡς μὲν συνελόντι εἰπεῖν, οὐδαμοῦ, ἐν δὲ δὴ τοῖς πολεμικοῖς παντάπασιν. ἡ μὲν γὰρ εὐταξία σώζειν δοκεῖ, ἡ δὲ ἀταξία 39 πολλοὺς ἤδη ἀπολώλεκεν. ἐπειδὰν δὲ καταστήσησθε τοὺς ἄρχοντας ὅσους δεῖ, ἢν καὶ τοὺς ἄλλους στρατιώτας συλλέγητε καὶ παραθαρρύνητε, οἶμαι ἂν ὑμᾶς 40 πάνυ ἐν καιρῷ ποιῆσαι. νῦν μὲν γὰρ ἴσως καὶ ὑμεῖς αἰσθάνεσθε, ὡς ἀθύμως μὲν ἦλθον ἐπὶ τὰ ὅπλα, ἀθύμως δὲ πρὸς τὰς φυλακάς· ὥστε οὕτω γ' ἐχόντων οὐκ οἶδα ὅ, τι ἄν τις χρήσαιτο αὐτοῖς εἴτε νυκτὸς δέοι τι 41 εἴτε καὶ ἡμέρας. ἢν δέ τις αὐτῶν τρέψῃ τὰς γνώμας, ὡς μὴ τοῦτο μόνον ἐννοῶνται, τί πείσονται, ἀλλὰ καὶ 42 τί ποιήσουσι, πολὺ εὐθυμότεροι ἔσονται. ἐπίστασθε γὰρ δή, ὅτι οὔτε πλῆθός ἐστιν οὔτε ἰσχὺς ἡ ἐν τῷ πολέμῳ τὰς νίκας ποιοῦσα, ἀλλ' ὁπότεροι ἂν σὺν τοῖς θεοῖς ταῖς ψυχαῖς ἐρρωμενέστεροι ἴωσιν ἐπὶ τοὺς πολεμίους, τούτους ὡς ἐπὶ τὸ πολὺ οἱ ἐναντίοι οὐ δέχον43 ται. ἐντεθύμημαι δ' ἔγωγε, ὦ ἄνδρες, καὶ τοῦτο, ὅτι, ὁπόσοι μὲν μαστεύουσι ζῆν ἐκ παντὸς τρόπου ἐν τοῖς πολεμικοῖς, οὗτοι μὲν κακῶς τε καὶ αἰσχρῶς ὡς ἐπὶ τὸ πολὺ ἀποθνήσκουσιν, ὁπόσοι δὲ τὸν μὲν θάνατον ἐγνώκασι πᾶσι κοινὸν εἶναι καὶ ἀναγκαῖον ἀνθρώποις, περὶ δὲ τοῦ καλῶς ἀποθνήσκειν ἀγωνίζονται, τούτους ὁρῶ μᾶλλόν πως εἰς τὸ γῆρας ἀφικνουμένους καὶ ἕως 44 ἂν ζῶσιν εὐδαιμονέστερον διάγοντας. ἃ καὶ ἡμᾶς δεῖ νῦν καταμαθόντας, ἐν τοιούτῳ γὰρ καιρῷ ἐσμεν, αὐτούς τε ἄνδρας ἀγαθοὺς εἶναι καὶ τοὺς ἄλλους παρα45 καλεῖν. ὁ μὲν ταῦτ' εἰπὼν ἐπαύσατο. μετὰ δὲ τοῦτον εἶπε Χειρίσοφος, Ἀλλὰ πρόσθεν μέν, ὦ Ξενοφῶν, τοσοῦτον μόνον σε ἐγίγνωσκον, ὅσον ἤκουον Ἀθηναῖον εἶναι, νῦν δὲ καὶ ἐπαινῶ σε ἐφ' οἷς λέγεις τε καὶ πράττεις, καὶ βουλοίμην ἂν ὅτι πλείστους εἶναι τοιούτους· κοινὸν γὰρ ἂν εἴη τὸ ἀγαθόν. καὶ νῦν, ἔφη, μὴ μέλλωμεν, ὦ ἄνδρες, ἀλλ' ἀπελθόντες ἤδη αἱρεῖσθε οἱ δεόμενοι ἄρχοντας, καὶ ἑλόμενοι ἥκετε εἰς τὸ μέσον τοῦ στρατοπέδου καὶ τοὺς αἱρεθέντας ἄγετε· ἔπειτ' ἐκεῖ συγκαλοῦμεν τοὺς ἄλλους στρατιώτας. παρέστω δ' ἡμῖν, ἔφη, καὶ Τολμίδης ὁ κῆρυξ. καὶ ἅμα ταῦτ' εἰπὼν ἀνέστη, ὡς μὴ μέλλοιτο, ἀλλὰ περαίνοιτο τὰ δέοντα. ἐκ τούτου ᾑρέθησαν ἄρχοντες ἀντὶ μὲν Κλεάρχου Τιμασίων Δαρδανεύς, ἀντὶ δὲ Σωκράτους Ξανθικλῆς Ἀχαιός, ἀντὶ δὲ Ἀγίου Κλεάνωρ Ἀρκάς, ἀντὶ δὲ Μένωνος Φιλήσιος Ἀχαιός, ἀντὶ δὲ Προξένου Ξενοφῶν Ἀθηναῖος.

Ἐπεὶ δὲ ᾕρηντο, ἡμέρα τε σχεδὸν ὑπέφαινε καὶ εἰς τὸ μέσον ἧκον οἱ ἄρχοντες. καὶ ἔδοξεν αὐτοῖς προφύλακας καταστήσαντας συγκαλεῖν τοὺς στρατιώτας. ἐπεὶ δὲ καὶ οἱ ἄλλοι στρατιῶται συνῆλθον, ἀνέστη πρῶτον μὲν Χειρίσοφος ὁ Λακεδαιμόνιος καὶ ἔλεξεν ὧδε. Ὦ ἄνδρες στρατιῶται, χαλεπὰ μὲν τὰ παρόντα, ὁπότε ἀνδρῶν στρατηγῶν τοιούτων στερόμεθα καὶ λοχαγῶν καὶ στρατιωτῶν, πρὸς δ' ἔτι καὶ οἱ ἀμφὶ Ἀριαῖον, οἱ πρόσθεν σύμμαχοι ὄντες, προδεδώκασιν ἡμᾶς· ὅμως δὲ δεῖ ἐκ τῶν παρόντων ἄνδρας ἀγαθοὺς τε ἐλθεῖν καὶ μὴ ὑφίεσθαι, ἀλλὰ πειρᾶσθαι, ὅπως, ἢν μὲν δυνώμεθα, καλῶς νικῶντες σωζώμεθα· εἰ δὲ μή, ἀλλὰ καλῶς γε ἀποθνήσκωμεν, ὑποχείριοι δὲ μηδέποτε γενώμεθα ζῶντες τοῖς πολεμίοις. οἴομαι γὰρ ἂν ἡμᾶς τοιαῦτα παθεῖν, οἷα τοὺς ἐχθροὺς οἱ θεοὶ ποιήσειαν. ἐπὶ τούτῳ Κλεάνωρ Ὀρχομένιος ἀνέστη καὶ ἔλεξεν ὧδε. Ἀλλ' ὁρᾶτε μέν, ὦ ἄνδρες τὴν βασιλέως ἐπιορκίαν καὶ ἀσέβειαν, ὁρᾶτε δὲ τὴν Τισσαφέρνους ἀπιστίαν, ὅστις λέγων ὡς γείτων τε εἴη τῆς Ἑλλάδος καὶ περὶ πλείστου ἂν ποιήσαιτο σῶσαι ἡμᾶς, καὶ ἐπὶ τούτοις αὐτὸς ὀμόσας ἡμῖν, αὐτὸς δεξιὰς δούς, αὐτὸς ἐξαπατήσας συνέλαβε τοὺς στρατηγούς, καὶ οὐδὲ Δία ξένιον ἠδέσθη, ἀλλὰ Κλεάρχῳ καὶ ὁμοτράπεζος γενόμενος αὐτοῖς τούτοις ἐξαπατήσας τοὺς ἄνδρας ἀπολώλεκεν

5 Ἀριαῖος δέ, ὃν ἡμεῖς ἠθέλομεν βασιλέα καθιστάναι, καὶ ἐδώκαμεν καὶ ἐλάβομεν πιστὰ μὴ προδώσειν ἀλλήλους, καὶ οὗτος οὔτε τοὺς θεοὺς δείσας οὔτε Κῦρον τὸν τεθνηκότα αἰδεσθείς, τιμώμενος μάλιστα ὑπὸ Κύρου ζῶντος, νῦν πρὸς τοὺς ἐκείνου ἐχθίστους ἀποστὰς

6 ἡμᾶς τοὺς Κύρου φίλους κακῶς ποιεῖν πειρᾶται. ἀλλὰ τούτους μὲν οἱ θεοὶ ἀποτίσαιντο· ἡμᾶς δὲ δεῖ ταῦτα ὁρῶντας μήποτε ἐξαπατηθῆναι ἔτι ὑπὸ τούτων, ἀλλὰ μαχομένους ὡς ἂν δυνώμεθα κράτιστα τοῦτο, ὅ, τι ἂν δοκῇ τοῖς θεοῖς, πάσχειν.

7 Ἐκ τούτου Ξενοφῶν ἀνίσταται ἐσταλμένος ἐπὶ πόλεμον ὡς ἐδύνατο κάλλιστα, νομίζων, εἴτε νίκην διδοῖεν οἱ θεοί, τὸν κάλλιστον κόσμον τῷ νικᾶν πρέπειν, εἴτε τελευτᾶν δέοι, ὀρθῶς ἔχειν τῶν καλλίστων ἑαυτὸν ἀξιώσαντα ἐν τούτοις τῆς τελευτῆς τυγχάνειν· τοῦ λόγου

8 δὲ ἤρχετο ὧδε. Τὴν μὲν τῶν βαρβάρων ἐπιορκίαν τε καὶ ἀπιστίαν λέγει μὲν Κλεάνωρ, ἐπίστασθε δὲ καὶ ὑμεῖς, οἶμαι. εἰ μὲν οὖν βουλευόμεθα πάλιν αὐτοῖς διὰ φιλίας ἰέναι, ἀνάγκη ἡμᾶς πολλὴν ἀθυμίαν ἔχειν, ὁρῶντας καὶ τοὺς στρατηγούς, οἳ διὰ πίστεως αὐτοῖς ἑαυτοὺς ἐνεχείρισαν, οἷα πεπόνθασιν· εἰ μέντοι διανοούμεθα σὺν τοῖς ὅπλοις ὧν τε πεποιήκασι δίκην ἐπιθεῖναι αὐτοῖς καὶ τὸ λοιπὸν διὰ παντὸς πολέμου αὐτοῖς ἰέναι, σὺν τοῖς θεοῖς πολλαὶ ἡμῖν καὶ καλαὶ ἐλπίδες εἰσὶ

9 σωτηρίας. τοῦτο δὲ λέγοντος αὐτοῦ πτάρνυταί τις· ἀκούσαντες δ᾽ οἱ στρατιῶται πάντες μιᾷ ὁρμῇ προσεκύνησαν τὸν θεόν, καὶ Ξενοφῶν εἶπε, Δοκεῖ μοι, ὦ ἄνδρες, ἐπεὶ περὶ σωτηρίας ἡμῶν λεγόντων, οἰωνὸς τοῦ Διὸς τοῦ σωτῆρος ἐφάνη, εὔξασθαι τῷ θεῷ τούτῳ θύσειν σωτήρια ὅπου ἂν πρῶτον εἰς φιλίαν χώραν ἀφικώμεθα, συνεπεύξασθαι δὲ καὶ τοῖς ἄλλοις θεοῖς

θύσειν κατὰ δύναμιν. καὶ ὅτῳ δοκεῖ ταῦτ', ἔφη, ἀνατεινάτω τὴν χεῖρα. καὶ ἀνέτειναν ἅπαντες. ἐκ τούτου εὔξαντο καὶ ἐπαιώνισαν. ἐπεὶ δὲ τὰ τῶν θεῶν καλῶς εἶχεν, ἤρχετο πάλιν ὧδε. Ἐτύγχανον λέγων, ὅτι πολ- 10 λαὶ καὶ καλαὶ ἐλπίδες ἡμῖν εἶεν σωτηρίας. πρῶτον μὲν γὰρ ἡμεῖς μὲν ἐμπεδοῦμεν τοὺς τῶν θεῶν ὅρκους, οἱ δὲ πολέμιοι ἐπιωρκήκασί τε καὶ τὰς σπονδὰς καὶ τοὺς ὅρκους λελύκασιν. οὕτω δ' ἐχόντων εἰκὸς τοῖς μὲν πολεμίοις ἐναντίους εἶναι τοὺς θεούς, ἡμῖν δὲ συμμάχους, οἵπερ ἱκανοί εἰσι καὶ τοὺς μεγάλους ταχὺ μικροὺς ποιεῖν καὶ τοὺς μικρούς, κἂν ἐν δεινοῖς ὦσι, σώζειν εὐπετῶς, ὅταν βούλωνται. ἔπειτα δέ, ἀναμνή- 11 σω γὰρ ὑμᾶς καὶ τοὺς τῶν προγόνων τῶν ἡμετέρων κινδύνους, ἵνα εἰδῆτε, ὡς ἀγαθοῖς τε ὑμῖν προσήκει εἶναι σώζονταί τε σὺν τοῖς θεοῖς καὶ ἐκ πάνυ δεινῶν οἱ ἀγαθοί· ἐλθόντων μὲν γὰρ Περσῶν καὶ τῶν σὺν αὐτοῖς παμπληθεῖ στόλῳ ὡς ἀφανιούντων αὖθις τὰς Ἀθήνας, ὑποστῆναι αὐτοῖς Ἀθηναῖοι τολμήσαντες ἐνίκησαν αὐτούς. καὶ εὐξάμενοι τῇ Ἀρτέμιδι ὁπό- 12 σους ἂν κατακάνοιεν τῶν πολεμίων τοσαύτας χιμαίρας καταθύσειν τῇ θεῷ, ἐπεὶ οὐκ εἶχον ἱκανὰς εὑρεῖν, ἔδοξεν αὐτοῖς κατ' ἐνιαυτὸν πεντακοσίας θύειν, καὶ ἔτι καὶ νῦν ἀποθύουσιν. ἔπειτα ὅτε Ξέρξης ὕστερον ἀγεί- 13 ρας τὴν ἀνάριθμητον στρατιὰν ἦλθεν ἐπὶ τὴν Ἑλλάδα, καὶ τότε ἐνίκων οἱ ἡμέτεροι πρόγονοι τοὺς τούτων προγόνους καὶ κατὰ γῆν καὶ κατὰ θάλατταν. ὧν ἔστι μὲν τεκμήρια ὁρᾶν τὰ τρόπαια, μέγιστον δὲ μαρτύριον ἡ ἐλευθερία τῶν πόλεων, ἐν αἷς ὑμεῖς ἐγένεσθε καὶ ἐτράφητε· οὐδένα γὰρ ἄνθρωπον δεσπότην, ἀλλὰ τοὺς θεοὺς προσκυνεῖτε. τοιούτων μέν ἐστε προγόνων. οὐ 14 μὲν δὴ τοῦτό γε ἐρῶ, ὡς ὑμεῖς καταισχύνετε αὐτούς· ἀλλ' οὔπω πολλαὶ ἡμέραι ἀφ' οὗ ἀντιταξάμενοι τούτοις τοῖς ἐκείνων ἐκγόνοις πολλαπλασίους ὑμῶν αὐτῶν ἐνικᾶτε σὺν τοῖς θεοῖς. καὶ τότε μὲν δὴ περὶ τῆς 15

Κύρου βασιλείας ἄνδρες ἦτε ἀγαθοί· νῦν δ', ὁπότε περὶ τῆς ὑμετέρας σωτηρίας ὁ ἀγών ἐστι, πολὺ δήπου ὑμᾶς προσήκει καὶ ἀμείνονας καὶ προθυμοτέρους εἶναι.
16 ἀλλὰ μὴν καὶ θαρραλεωτέρους νῦν πρέπει εἶναι πρὸς τοὺς πολεμίους. τότε μὲν γὰρ ἄπειροι ὄντες αὐτῶν τό τε πλῆθος ἄμετρον ὁρῶντες ὅμως ἐτολμήσατε σὺν τῷ πατρίῳ φρονήματι ἰέναι εἰς αὐτούς· νῦν δὲ ὁπότε καὶ πεῖραν ἤδη ἔχετε αὐτῶν, ὅτι θέλουσι καὶ πολλαπλάσιοι ὄντες μὴ δέχεσθαι ὑμᾶς, τί ἔτι ὑμῖν προσήκει
17 τούτους φοβεῖσθαι; μηδὲ μέντοι τοῦτο μεῖον δόξητε ἔχειν, εἰ οἱ Κύρειοι πρόσθεν σὺν ἡμῖν ταττόμενοι νῦν ἀφεστήκασιν. ἔτι γὰρ οὗτοι κακίονές εἰσι τῶν ὑφ' ἡμῶν ἡττημένων· ἔφευγον γοῦν πρὸς ἐκείνους καταλιπόντες ἡμᾶς. τοὺς δὲ θέλοντας φυγῆς ἄρχειν πολὺ κρεῖττον σὺν τοῖς πολεμίοις ταττομένους ἢ ἐν τῇ ἡμε-
18 τέρᾳ τάξει ὁρᾶν. εἰ δέ τις αὖ ὑμῶν ἀθυμεῖ, ὅτι ἡμῖν μὲν οὐκ εἰσὶν ἱππεῖς, τοῖς δὲ πολεμίοις πολλοὶ πάρεισιν, ἐνθυμήθητε, ὅτι οἱ μύριοι ἱππεῖς οὐδὲν ἄλλο ἢ μύριοί εἰσιν ἄνθρωποι· ὑπὸ μὲν γὰρ ἵππου ἐν μάχῃ οὐδεὶς πώποτε οὔτε δηχθεὶς οὔτε λακτισθεὶς ἀπέθανεν, οἱ δὲ ἄνδρες εἰσὶν οἱ ποιοῦντες ὅ, τι ἂν ἐν ταῖς μάχαις
19 γίγνηται. οὔκουν τῶν γε ἱππέων πολὺ ἡμεῖς ἐπ' ἀσφαλεστέρου ὀχήματός ἐσμεν· οἱ μὲν γὰρ ἐφ' ἵππων κρέμανται, φοβούμενοι οὐχ ἡμᾶς μόνον, ἀλλὰ καὶ τὸ καταπεσεῖν· ἡμεῖς δ' ἐπὶ γῆς βεβηκότες πολὺ μὲν ἰσχυρότερον παίσομεν, ἤν τις προσίῃ, πολὺ δὲ μᾶλλον ὅτου ἂν βουλώμεθα τευξόμεθα. ἑνὶ μόνῳ προέχουσιν οἱ ἱππεῖς ἡμᾶς· φεύγειν αὐτοῖς ἀσφαλέστερόν ἐστιν
20 ἢ ἡμῖν. εἰ δὲ δὴ τὰς μὲν μάχας θαρρεῖτε, ὅτι δὲ οὐκέτι ἡμῖν Τισσαφέρνης ἡγήσεται οὐδὲ βασιλεὺς ἀγορὰν παρέξει, τοῦτο ἄχθεσθε, σκέψασθε πότερον κρεῖττον Τισσαφέρνην ἡγεμόνα ἔχειν, ὃς ἐπιβουλεύων ἡμῖν φανερός ἐστιν, ἢ οὓς ἂν ἡμεῖς ἄνδρας λαβόντες ἡγεῖσθαι κελεύωμεν, οἳ εἴσονται, ὅτι, ἤν τι περὶ ἡμᾶς ἁμαρτά-

νωσι, περὶ τὰς ἑαυτῶν ψυχὰς καὶ σώματα ἁμαρτάνουσι. τὰ δὲ ἐπιτήδεια πότερον ὠνεῖσθαι κρεῖττον 21 ἐκ τῆς ἀγορᾶς ἧς οὗτοι παρεῖχον, μικρὰ μέτρα πολλοῦ ἀργυρίου, μηδὲ τοῦτο ἔτι ἔχοντας, ἢ αὐτοὺς λαμβάνειν, ἤνπερ κρατῶμεν, μέτρῳ χρωμένους, ὁπόσῳ ἂν ἕκαστος βούληται. εἰ δὲ ταῦτα μὲν γιγνώσκετε ὅτι κρείττονα, 22 τοὺς δὲ ποταμοὺς ἄπορον νομίζετε εἶναι καὶ μεγάλως ἡγεῖσθε ἐξαπατηθῆναι διαβάντες, σκέψασθε, εἰ ἄρα τοῦτο καὶ μωρότατον πεποιήκασιν οἱ βάρβαροι. πάντες μὲν γὰρ οἱ ποταμοί, ἢν καὶ πρόσω τῶν πηγῶν ἄποροι ὦσι, προϊοῦσι πρὸς τὰς πηγὰς διαβατοὶ γίγνονται οὐδὲ τὸ γόνυ βρέχοντες. εἰ δὲ μήθ᾽ οἱ ποταμοὶ διήσουσιν, 23 ἡγεμών τε μηδεὶς ἡμῖν φανεῖται, οὐδ᾽ ὣς ἡμῖν γε ἀθυμητέον. ἐπιστάμεθα γὰρ Μυσούς, οὓς οὐκ ἂν ἡμῶν φαῖμεν βελτίους εἶναι, οἳ βασιλέως ἄκοντος ἐν τῇ βασιλέως χώρᾳ πολλάς τε καὶ εὐδαίμονας καὶ μεγάλας πόλεις οἰκοῦσιν, ἐπιστάμεθα δὲ Πισίδας ὡσαύτως, Λυκάονας δὲ καὶ αὐτοὶ εἴδομεν ὅτι ἐν τοῖς πεδίοις τὰ ἐρυμνὰ καταλαβόντες τὴν τούτων χώραν καρποῦνται. καὶ ἡμᾶς 24 δ᾽ ἂν ἔφην ἔγωγε χρῆναι μήπω φανεροὺς εἶναι οἴκαδε ὡρμημένους, ἀλλὰ κατασκευάζεσθαι ὡς αὐτοῦ που οἰκήσοντας. οἶδα γὰρ ὅτι καὶ Μυσοῖς βασιλεὺς πολλοὺς μὲν ἡγεμόνας ἂν δοίη, πολλοὺς δ᾽ ἂν ὁμήρους τοῦ ἀδόλως ἐκπέμψειν, καὶ ὁδοποιήσειέ γ᾽ ἂν αὐτοῖς καὶ εἰ σὺν τεθρίπποις βούλοιντο ἀπιέναι. καὶ ἡμῖν γ᾽ ἂν οἶδ᾽ ὅτι τρὶς ἄσμενος ταῦτ᾽ ἐποίει, εἰ ἑώρα ἡμᾶς μένειν παρασκευαζομένους. ἀλλὰ γὰρ δέδοικα, μή, 25 ἂν ἅπαξ μάθωμεν ἀργοὶ ζῆν καὶ ἐν ἀφθόνοις βιοτεύειν καὶ Μήδων δὲ καὶ Περσῶν καλαῖς καὶ μεγάλαις γυναιξὶ καὶ παρθένοις ὁμιλεῖν, μή, ὥσπερ οἱ λωτοφάγοι, ἐπιλαθώμεθα τῆς οἴκαδε ὁδοῦ. δοκεῖ οὖν μοι εἰκὸς καὶ 26 δίκαιον εἶναι πρῶτον εἰς τὴν Ἑλλάδα καὶ πρὸς τοὺς οἰκείους πειρᾶσθαι ἀφικνεῖσθαι καὶ ἐπιδεῖξαι τοῖς Ἕλλησιν, ὅτι ἑκόντες πένονται, ἐξὸν αὐτοῖς τοὺς νῦν οἴκοι ἀκλήρους πολιτεύοντας ἐνθάδε κομισαμένους πλουσίους ὁρᾶν. ἀλλὰ γάρ, ὦ ἄνδρες, πάντα ταῦτα τἀγαθὰ 27 δῆλον ὅτι τῶν κρατούντων ἐστί. τοῦτο δὴ δεῖ λέγειν, πῶς ἂν πορευοίμεθά τε ὡς ἀσφαλέστατα καί, εἰ μάχεσθαι δέοι, ὡς κράτιστα μαχοίμεθα. πρῶτον μὲν τοίνυν, ἔφη, δοκεῖ μοι κατακαῦσαι τὰς ἁμάξας, ἃς ἔχομεν, ἵνα μὴ τὰ ζεύγη ἡμῶν στρατηγῇ, ἀλλὰ πορευώμεθα ὅπῃ ἂν τῇ στρατιᾷ συμφέρῃ· ἔπειτα καὶ τὰς σκηνὰς συγκατακαῦσαι. αὗται γὰρ αὖ ὄχλον μὲν παρέχουσιν ἄγειν, συνωφελοῦσι δ' οὐδὲν οὔτε εἰς τὸ μάχεσθαι οὔτ' 28 εἰς τὸ τὰ ἐπιτήδεια ἔχειν. ἔτι δὲ καὶ τῶν ἄλλων σκευῶν τὰ περιττὰ ἀπαλλάξωμεν, πλὴν ὅσα πολέμου ἕνεκεν ἢ σίτων ἢ ποτῶν ἔχομεν, ἵνα ὡς πλεῖστοι μὲν ἡμῶν ἐν τοῖς ὅπλοις ὦσιν, ὡς ἐλάχιστοι δὲ σκευοφορῶσι. κρατουμένων μὲν γὰρ ἐπίστασθε ὅτι πάντα ἀλλότρια· ἢν δὲ κρατῶμεν, καὶ τοὺς πολεμίους δεῖ 29 σκευοφόρους ἡμετέρους νομίζειν. λοιπόν μοι εἰπεῖν ὅπερ καὶ μέγιστον νομίζω εἶναι. ὁρᾶτε γὰρ καὶ τοὺς πολεμίους ὅτι οὐ πρόσθεν ἐξενεγκεῖν ἐτόλμησαν πρὸς ἡμᾶς πόλεμον πρὶν τοὺς στρατηγοὺς ἡμῶν συνέλαβον, νομίζοντες ὄντων μὲν τῶν ἀρχόντων καὶ ἡμῶν πειθομένων ἱκανοὺς εἶναι ἡμᾶς περιγενέσθαι τῷ πολέμῳ, λαβόντες δὲ τοὺς ἄρχοντας ἀναρχίᾳ ἂν καὶ ἀταξίᾳ 30 ἐνόμιζον ἡμᾶς ἀπολέσθαι. δεῖ οὖν πολὺ μὲν τοὺς ἄρχοντας ἐπιμελεστέρους γενέσθαι τοὺς νῦν τῶν πρόσθεν, πολὺ δὲ τοὺς ἀρχομένους εὐτακτοτέρους καὶ πει- 31 θομένους μᾶλλον τοῖς ἄρχουσι νῦν ἢ πρόσθεν. ἢν δέ τις ἀπειθῇ, ἢν ψηφίσησθε τὸν ἀεὶ ὑμῶν ἐντυγχάνοντα σὺν τῷ ἄρχοντι κολάζειν, οὕτως οἱ πολέμιοι πλεῖστον ἐψευσμένοι ἔσονται· τῇδε γὰρ τῇ ἡμέρᾳ μυρίους ὄψονται ἀνθ' ἑνὸς Κλεάρχους τοὺς οὐδ' ἑνὶ ἐπιτρέψοντας 32 κακῷ εἶναι. ἀλλὰ γὰρ καὶ περαίνειν ἤδη ὥρα· ἴσως γὰρ οἱ πολέμιοι αὐτίκα παρέσονται. ὅτῳ οὖν ταῦτα δοκεῖ καλῶς ἔχειν, ἐπικυρωσάτω ὡς τάχιστα, ἵνα ἔργῳ περαίνηται. εἰ δέ τι ἄλλο βέλτιον ἢ ταύτῃ, τολμάτω καὶ ὁ ἰδιώτης διδάσκειν· πάντες γὰρ κοινῆς σωτηρίας δεόμεθα.

Μετὰ ταῦτα Χειρίσοφος εἶπεν, Ἀλλ᾽ εἰ μέν τινος 33 ἄλλου δεῖ πρὸς τούτοις οἷς λέγει Ξενοφῶν, καὶ αὐτίκα ἐξέσται ποιεῖν· ἃ δὲ νῦν εἴρηκε δοκεῖ μοι ὡς τάχιστα ψηφίσασθαι ἄριστον εἶναι· καὶ ὅτῳ δοκεῖ ταῦτα, ἀνατεινάτω τὴν χεῖρα. ἀνέτειναν ἅπαντες. ἀναστὰς δὲ 34 πάλιν εἶπε Ξενοφῶν, Ὦ ἄνδρες, ἀκούσατε ὧν προσδεῖν δοκεῖ μοι. δῆλον ὅτι πορεύεσθαι ἡμᾶς δεῖ ὅπου ἕξομεν τὰ ἐπιτήδεια· ἀκούω δὲ κώμας εἶναι καλὰς οὐ πλεῖον εἴκοσι σταδίων ἀπεχούσας· οὐκ ἂν οὖν θαυ-35 μάζοιμι, εἰ οἱ πολέμιοι, ὥσπερ οἱ δειλοὶ κύνες τοὺς μὲν παριόντας διώκουσί τε καὶ δάκνουσιν, ἢν δύνωνται, τοὺς δὲ διώκοντας φεύγουσιν, εἰ καὶ αὐτοὶ ἡμῖν ἀπιοῦσιν ἐπακολουθοῖεν. ἴσως οὖν ἀσφαλέστερον ἡμῖν πο-36 ρεύεσθαι πλαίσιον ποιησαμένους τῶν ὅπλων, ἵνα τὰ σκευοφόρα καὶ ὁ πολὺς ὄχλος ἐν ἀσφαλεστέρῳ ᾖ. εἰ οὖν νῦν ἀποδειχθείη, τίνα χρὴ ἡγεῖσθαι τοῦ πλαισίου καὶ τὰ πρόσθεν κοσμεῖν καὶ τίνας ἐπὶ τῶν πλευρῶν ἑκατέρων εἶναι, τίνας δ᾽ ὀπισθοφυλακεῖν, οὐκ ἄν, ὁπότε οἱ πολέμιοι ἔλθοιεν, βουλεύεσθαι ἡμᾶς δέοι, ἀλλὰ χρῴμεθ᾽ ἂν εὐθὺς τοῖς τεταγμένοις. εἰ μὲν οὖν ἄλλος τις 37 βέλτιον ὁρᾷ, ἄλλως ἐχέτω· εἰ δὲ μή, Χειρίσοφος μὲν ἡγείσθω, ἐπειδὴ καὶ Λακεδαιμόνιός ἐστι· τῶν δὲ πλευρῶν ἑκατέρων δύο τῶν πρεσβυτάτων στρατηγὼ ἐπιμελείσθων· ὀπισθοφυλακῶμεν δ᾽ ἡμεῖς οἱ νεώτατοι, ἐγώ τε καὶ Τιμασίων, τὸ νῦν εἶναι. τὸ δὲ λοιπὸν πειρώμενοι 38 ταύτης τῆς τάξεως, βουλευσόμεθα ὅ, τι ἂν ἀεὶ κράτιστον δοκῇ εἶναι. εἰ δέ τις ἄλλο ὁρᾷ βέλτιον, λεξάτω. ἐπεὶ δὲ οὐδεὶς ἀντέλεγεν, εἶπεν, Ὅτῳ δοκεῖ ταῦτα, ἀνατεινάτω τὴν χεῖρα. ἔδοξε ταῦτα. Νῦν τοίνυν, ἔφη, 39 ἀπιόντας ποιεῖν δεῖ τὰ δεδογμένα. καὶ ὅστις τε ὑμῶν τοὺς οἰκείους ἐπιθυμεῖ ἰδεῖν, μεμνήσθω ἀνὴρ ἀγαθὸς εἶναι· οὐ γὰρ ἔστιν ἄλλως τούτου τυχεῖν· ὅστις τε ζῆν ἐπιθυμεῖ, πειράσθω νικᾶν· τῶν μὲν γὰρ νικώντων τὸ κατακαίνειν, τῶν δὲ ἡττωμένων τὸ ἀποθνήσκειν ἐστί· καὶ εἴ τις δὲ χρημάτων ἐπιθυμεῖ, κρατεῖν πειράσθω· τῶν γὰρ νικώντων ἐστὶ καὶ τὰ ἑαυτῶν σώζειν καὶ τὰ τῶν ἡττωμένων λαμβάνειν.

3 Τούτων λεχθέντων ἀνέστησαν καὶ ἀπελθόντες κατέκαιον τὰς ἁμάξας καὶ τὰς σκηνάς, τῶν δὲ περιττῶν ὅτου μὲν δέοιτό τις μετεδίδοσαν ἀλλήλοις, τὰ δὲ ἄλλα εἰς τὸ πῦρ ἐρρίπτουν. ταῦτα ποιήσαντες ἠριστοποιοῦντο. ἀριστοποιουμένων δὲ αὐτῶν ἔρχεται Μιθριδάτης σὺν ἱππεῦσιν ὡς τριάκοντα, καὶ καλεσάμενος
2 τοὺς στρατηγοὺς εἰς ἐπήκοον λέγει ὧδε. Ἐγώ, ὦ ἄνδρες Ἕλληνες, καὶ Κύρῳ πιστὸς ἦν, ὡς ὑμεῖς ἐπίστασθε, καὶ νῦν ὑμῖν εὔνους· καὶ ἐνθάδε εἰμὶ σὺν πολλῷ φόβῳ διάγων. εἰ οὖν ὁρῴην ὑμᾶς σωτήριόν τι βουλευομένους, ἔλθοιμι ἂν πρὸς ὑμᾶς καὶ τοὺς θεράποντας πάντας ἔχων. λέξατε οὖν πρός με, τί ἐν νῷ ἔχετε, ὡς φίλον τε καὶ εὔνουν καὶ βουλόμενον κοινῇ σὺν ὑμῖν
3 τὸν στόλον ποιεῖσθαι. βουλευομένοις τοῖς στρατηγοῖς ἔδοξεν ἀποκρίνασθαι τάδε· καὶ ἔλεγε Χειρίσοφος· Ἡμῖν δοκεῖ, εἰ μέν τις ἐᾷ ἡμᾶς ἀπιέναι οἴκαδε, διαπορεύεσθαι τὴν χώραν ὡς ἂν δυνώμεθα ἀσινέστατα· ἢν δέ τις ἡμᾶς τῆς ὁδοῦ ἀποκωλύῃ, διαπολεμεῖν τούτῳ
4 ὡς ἂν δυνώμεθα κράτιστα. ἐκ τούτου ἐπειρᾶτο Μιθριδάτης διδάσκειν, ὡς ἄπορον εἴη βασιλέως ἄκοντος σωθῆναι. ἔνθα δὴ ἐγιγνώσκετο, ὅτι ὑπόπεμπτος εἴη· καὶ γὰρ τῶν Τισσαφέρνους τις οἰκείων παρηκολούθει
5 πίστεως ἕνεκα. καὶ ἐκ τούτου ἐδόκει τοῖς στρατηγοῖς βέλτιον εἶναι δόγμα ποιήσασθαι τὸν πόλεμον ἀκήρυκτον εἶναι, ἔστ' ἐν τῇ πολεμίᾳ εἶεν· διέφθειρον γὰρ προσιόντες τοὺς στρατιώτας, καὶ ἕνα γε λοχαγὸν διέφθειραν Νίκαρχον Ἀρκάδα, καὶ ᾤχετο ἀπιὼν νυκτὸς σὺν ἀνθρώποις ὡς εἴκοσι.

Μετὰ ταῦτα ἀριστήσαντες καὶ διαβάντες τὸν Ζα- 6
πάταν ποταμὸν ἐπορεύοντο τεταγμένοι, τὰ ὑποζύγια
καὶ τὸν ὄχλον ἐν μέσῳ ἔχοντες. οὐ πολὺ δὲ προελη-
λυθότων αὐτῶν ἐπιφαίνεται πάλιν ὁ Μιθριδάτης ἱπ-
πέας ἔχων ὡς διακοσίους καὶ τοξότας καὶ σφενδονήτας
ὡς τετρακοσίους μάλα ἐλαφροὺς καὶ εὐζώνους. καὶ 7
προσῄει μὲν ὡς φίλος ὢν πρὸς τοὺς Ἕλληνας, ἐπεὶ
δ' ἐγγὺς ἐγένοντο, ἐξαπίνης οἱ μὲν αὐτῶν ἐτόξευον καὶ
ἱππεῖς καὶ πεζοί, οἱ δ' ἐσφενδόνων καὶ ἐτίτρωσκον. οἱ
δὲ ὀπισθοφύλακες τῶν Ἑλλήνων ἔπασχον μὲν κακῶς,
ἀντεποίουν δ' οὐδέν· οἵ τε γὰρ Κρῆτες βραχύτερα τῶν
Περσῶν ἐτόξευον καὶ ἅμα ψιλοὶ ὄντες εἴσω τῶν ὅπλων
κατεκέκλειντο, οἵ τε ἀκοντισταὶ βραχύτερα ἠκόντιζον
ἢ ὡς ἐξικνεῖσθαι τῶν σφενδονητῶν. ἐκ τούτου Ξενο- 8
φῶντι ἐδόκει διωκτέον εἶναι· καὶ ἐδίωκον τῶν τε ὁπλι-
τῶν καὶ τῶν πελταστῶν οἳ ἔτυχον σὺν αὐτῷ ὀπισθο-
φυλακοῦντες· διώκοντες δὲ οὐδένα κατελάμβανον τῶν
πολεμίων. οὔτε γὰρ ἱππεῖς ἦσαν τοῖς Ἕλλησιν οὔτε 9
οἱ πεζοὶ τοὺς πεζοὺς ἐκ πολλοῦ φεύγοντας ἐδύναντο
καταλαμβάνειν ἐν ὀλίγῳ χωρίῳ· πολὺ γὰρ οὐχ οἷόν
τε ἦν ἀπὸ τοῦ ἄλλου στρατεύματος διώκειν. οἱ δὲ 10
βάρβαροι ἱππεῖς καὶ φεύγοντες ἅμα ἐτίτρωσκον εἰς
τοὔπισθεν τοξεύοντες ἀπὸ τῶν ἵππων, ὁπόσον δὲ προ-
διώξειαν οἱ Ἕλληνες, τοσοῦτον πάλιν ἐπαναχωρεῖν
μαχομένους ἔδει. ὥστε τῆς ἡμέρας ὅλης διῆλθον οὐ 11
πλέον πέντε καὶ εἴκοσι σταδίων, ἀλλὰ δείλης ἀφίκοντο
εἰς τὰς κώμας. ἔνθα δὴ πάλιν ἀθυμία ἦν. καὶ Χειρί-
σοφος καὶ οἱ πρεσβύτατοι τῶν στρατηγῶν Ξενοφῶντα
ᾐτιῶντο, ὅτι ἐδίωκεν ἀπὸ τῆς φάλαγγος καὶ αὐτός τε
ἐκινδύνευε καὶ τοὺς πολεμίους οὐδὲν μᾶλλον ἐδύνατο
βλάπτειν. ἀκούσας δὲ Ξενοφῶν ἔλεγεν ὅτι ὀρθῶς 12
ᾐτιῶντο καὶ αὐτὸ τὸ ἔργον αὐτοῖς μαρτυροίη. ἀλλ'
ἐγώ, ἔφη, ἠναγκάσθην διώκειν, ἐπειδὴ ἑώρων ἡμᾶς ἐν
τῷ μένειν κακῶς μὲν πάσχοντας, ἀντιποιεῖν δὲ οὐ

13 δυναμένους. ἐπειδὴ δὲ ἐδιώκομεν, ἀληθῆ, ἔφη, ὑμεῖς λέγετε· κακῶς μὲν γὰρ ποιεῖν οὐδὲν μᾶλλον ἐδυνάμεθα 14 τοὺς πολεμίους, ἀνεχωροῦμεν δὲ πάνυ χαλεπῶς. τοῖς οὖν θεοῖς χάρις, ὅτι οὐ σὺν πολλῇ ῥώμῃ, ἀλλὰ σὺν ὀλίγοις ἦλθον, ὥστε βλάψαι μὲν μὴ μεγάλα, δηλῶσαι 15 δὲ ὧν δεόμεθα. νῦν γὰρ οἱ μὲν πολέμιοι τοξεύουσι καὶ σφενδονῶσιν ὅσον οὔτε οἱ Κρῆτες ἀντιτοξεύειν δύνανται οὔτε οἱ ἐκ χειρὸς βάλλοντες ἐξικνεῖσθαι. ὅταν δὲ αὐτοὺς διώκωμεν, πολὺ μὲν οὐχ οἷόν τε χωρίον ἀπὸ τοῦ στρατεύματος διώκειν, ἐν ὀλίγῳ δὲ οὐδ᾽ εἰ ταχὺς εἴη πεζὸς πεζὸν ἂν διώκων καταλάβοι ἐκ τόξου 16 ῥύματος. ἡμεῖς οὖν εἰ μέλλομεν τούτους εἴργειν ὥστε μὴ δύνασθαι βλάπτειν ἡμᾶς πορευομένους, σφενδονητῶν τε τὴν ταχίστην δεῖ καὶ ἱππέων. ἀκούω δ᾽ εἶναι ἐν τῷ στρατεύματι ἡμῶν Ῥοδίους, ὧν τοὺς πολλοὺς φασιν ἐπίστασθαι σφενδονᾶν, καὶ τὸ βέλος αὐτῶν καὶ 17 διπλάσιον φέρεσθαι τῶν Περσικῶν σφενδονῶν. ἐκεῖναι γὰρ διὰ τὸ χειροπληθέσι τοῖς λίθοις σφενδονᾶν ἐπὶ βραχὺ ἐξικνοῦνται, οἱ δὲ Ῥόδιοι καὶ ταῖς μολυ18 βδίσιν ἐπίστανται χρῆσθαι. ἢν οὖν αὐτῶν ἐπισκεψώμεθα τίνες πέπανται σφενδόνας, καὶ τούτῳ μὲν δῶμεν αὐτῶν ἀργύριον, τῷ δὲ ἄλλας πλέκειν ἐθέλοντι ἄλλο ἀργύριον τελῶμεν, καὶ τῷ σφενδονᾶν ἐντεταγμένῳ ἐθέλοντι ἄλλην τινὰ ἀτέλειαν εὑρίσκωμεν, ἴσως 19 τινὲς φανοῦνται ἱκανοὶ ἡμᾶς ὠφελεῖν. ὁρῶ δὲ καὶ ἵππους ὄντας ἐν τῷ στρατεύματι, τοὺς μέν τινας παρ᾽ ἐμοί, τοὺς δὲ τῷ Κλεάρχῳ καταλελειμμένους, πολλοὺς δὲ καὶ ἄλλους αἰχμαλώτους σκευοφοροῦντας. ἂν οὖν τούτους πάντας ἐκλέξαντες σκευοφόρα μὲν ἀντιδῶμεν, τοὺς δὲ ἵππους εἰς ἱππέας κατασκευάσωμεν, ἴσως καὶ 20 οὗτοί τι τοὺς φεύγοντας ἀνιάσουσιν. ἔδοξε ταῦτα. καὶ ταύτης τῆς νυκτὸς σφενδονῆται μὲν εἰς διακοσίους ἐγένοντο, ἵπποι δὲ καὶ ἱππεῖς ἐδοκιμάσθησαν τῇ ὑστεραίᾳ εἰς πεντήκοντα, καὶ σπολάδες καὶ θώρακες αὐτοῖς

ἐπορίσθησαν, καὶ ἵππαρχος δὲ ἐπεστάθη Λύκιος ὁ Πολυστράτου Ἀθηναῖος.

Μείναντες δὲ ταύτην τὴν ἡμέραν τῇ ἄλλῃ ἐπορεύοντο πρωιαίτερον ἀναστάντες· χαράδραν γὰρ αὐτοὺς ἔδει διαβῆναι, ἐφ' ᾗ ἐφοβοῦντο μὴ ἐπιθοῖντο αὐτοῖς διαβαίνουσιν οἱ πολέμιοι. διαβεβηκόσι δὲ αὐτοῖς πάλιν φαίνεται ὁ Μιθριδάτης, ἔχων ἱππέας χιλίους, τοξότας δὲ καὶ σφενδονήτας εἰς τετρακισχιλίους· τοσούτους γὰρ ᾔτησε Τισσαφέρνην καὶ ἔλαβεν, ὑποσχόμενος, ἂν τούτους λάβῃ, παραδώσειν αὐτῷ τοὺς Ἕλληνας, καταφρονήσας, ὅτι ἐν τῇ πρόσθεν προσβολῇ ὀλίγους ἔχων ἔπαθε μὲν οὐδέν, πολλὰ δὲ κακὰ ἐνόμιζε ποιῆσαι. ἐπεὶ δὲ οἱ Ἕλληνες διαβεβηκότες ἀπεῖχον τῆς χαράδρας ὅσον ὀκτὼ σταδίους, διέβαινε καὶ ὁ Μιθριδάτης ἔχων τὴν δύναμιν. παρήγγελτο δὲ τῶν τε πελταστῶν οὓς ἔδει διώκειν καὶ τῶν ὁπλιτῶν, καὶ τοῖς ἱππεῦσιν εἴρητο θαρροῦσι διώκειν ὡς ἐφεψομένης ἱκανῆς δυνάμεως. ἐπεὶ δὲ ὁ Μιθριδάτης κατειλήφει καὶ ἤδη σφενδόναι καὶ τοξεύματα ἐξικνοῦντο, ἐσήμηνε τοῖς Ἕλλησι τῇ σάλπιγγι, καὶ εὐθὺς ἔθεον ὁμόσε οἷς εἴρητο καὶ οἱ ἱππεῖς ἤλαυνον· οἱ δὲ οὐκ ἐδέξαντο, ἀλλ' ἔφευγον ἐπὶ τὴν χαράδραν. ἐν ταύτῃ τῇ διώξει τοῖς βαρβάροις τῶν τε πεζῶν ἀπέθανον πολλοὶ καὶ τῶν ἱππέων ἐν τῇ χαράδρᾳ ζωοὶ ἐλήφθησαν εἰς ὀκτωκαίδεκα. τοὺς δὲ ἀποθανόντας αὐτοκέλευστοι οἱ Ἕλληνες ᾐκίσαντο, ὡς ὅτι φοβερώτατον τοῖς πολεμίοις εἴη ὁρᾶν. καὶ οἱ μὲν πολέμιοι οὕτω πράξαντες ἀπῆλθον, οἱ δὲ Ἕλληνες ἀσφαλῶς πορευόμενοι τὸ λοιπὸν τῆς ἡμέρας ἀφίκοντο ἐπὶ τὸν Τίγρητα ποταμόν. ἐνταῦθα πόλις ἦν ἐρήμη μεγάλη, ὄνομα δ' αὐτῇ ἦν Λάρισσα· ᾤκουν δ' αὐτὴν τὸ παλαιὸν Μῆδοι. τοῦ δὲ τείχους ἦν αὐτῆς τὸ εὖρος πέντε καὶ εἴκοσι πόδες, ὕψος δ' ἑκατόν· τοῦ δὲ κύκλου ἡ περίοδος δύο παρασάγγαι· ᾠκοδόμητο δὲ πλίνθοις κεραμίναις· κρηπὶς δ' ὑπῆν λιθίνη τὸ ὕψος

8 εἴκοσι ποδῶν. ταύτην βασιλεὺς ὁ Περσῶν, ὅτε παρὰ Μήδων τὴν ἀρχὴν ἐλάμβανον Πέρσαι, πολιορκῶν οὐδενὶ τρόπῳ ἐδύνατο ἑλεῖν· ἥλιον δὲ νεφέλη προκαλύψασα ἠφάνισε μέχρι ἐξέλιπον οἱ ἄνθρωποι, καὶ οὕτως
9 ἑάλω. παρὰ ταύτην τὴν πόλιν ἦν πυραμὶς λιθίνη, τὸ μὲν εὖρος ἑνὸς πλέθρου, τὸ δὲ ὕψος δύο πλέθρων. ἐπὶ ταύτης πολλοὶ τῶν βαρβάρων ἦσαν ἐκ τῶν πλη-
10 σίον κωμῶν ἀποπεφευγότες. ἐντεῦθεν ἐπορεύθησαν σταθμὸν ἕνα, παρασάγγας ἕξ, πρὸς τεῖχος ἔρημον μέγα πρὸς [τῇ] πόλει κείμενον· ὄνομα δὲ ἦν τῇ πόλει Μέσπιλα· Μῆδοι δ' αὐτήν ποτε ᾤκουν. ἦν δὲ ἡ μὲν κρηπὶς λίθου ξεστοῦ κογχυλιάτου, τὸ εὖρος πεντή-
11 κοντα ποδῶν καὶ τὸ ὕψος πεντήκοντα. ἐπὶ δὲ ταύτῃ ἐπῳκοδόμητο πλίνθινον τεῖχος, τὸ μὲν εὖρος πεντήκοντα ποδῶν, τὸ δὲ ὕψος ἑκατόν· τοῦ δὲ κύκλου ἡ περίοδος ἓξ παρασάγγαι. ἐνταῦθα ἐλέγετο Μήδεια γυνὴ βασιλέως καταφυγεῖν, ὅτε ἀπώλεσαν τὴν ἀρχὴν
12 ὑπὸ Περσῶν Μῆδοι. ταύτην δὲ τὴν πόλιν πολιορκῶν ὁ Περσῶν βασιλεὺς οὐκ ἐδύνατο οὔτε χρόνῳ ἑλεῖν οὔτε βίᾳ· Ζεὺς δ' ἐμβροντήτους ποιεῖ τοὺς ἐνοικοῦντας, καὶ οὕτως ἑάλω.
13 Ἐντεῦθεν δ' ἐπορεύθησαν σταθμὸν ἕνα, παρασάγγας τέτταρας. εἰς τοῦτον δὲ τὸν σταθμὸν Τισσαφέρνης ἐπεφάνη, οὕς τε αὐτὸς ἱππέας ἦλθεν ἔχων καὶ τὴν Ὀρόντου δύναμιν τοῦ τὴν βασιλέως θυγατέρα ἔχοντος καὶ οὓς Κῦρος ἔχων ἀνέβη βαρβάρους καὶ οὓς ὁ βασιλέως ἀδελφὸς ἔχων βασιλεῖ ἐβοήθει, καὶ πρὸς τούτοις ὅσους βασιλεὺς ἔδωκεν αὐτῷ, ὥστε τὸ στράτευμα πάμ-
14 πολυ ἐφάνη. ἐπεὶ δ' ἐγγὺς ἐγένετο, τὰς μὲν τῶν τάξεων εἶχεν ὄπισθεν καταστήσας, τὰς δὲ εἰς τὰ πλάγια παραγαγὼν ἐμβάλλειν μὲν οὐκ ἐτόλμησεν οὐδ' ἐβούλετο διακινδυνεύειν, σφενδονᾶν δὲ παρήγγειλε καὶ τοξεύειν.
15 ἐπεὶ δὲ διαταχθέντες οἱ Ῥόδιοι ἐσφενδόνησαν καὶ οἱ [Σκύθαι] τοξόται ἐτόξευσαν καὶ οὐδεὶς ἡμάρτανεν ἀν-

δρός, οὐδὲ γὰρ εἰ πάνυ προὐθυμεῖτο ῥᾴδιον ἦν, καὶ ὁ Τισσαφέρνης μάλα ταχέως ἔξω βελῶν ἀπεχώρει καὶ αἱ ἄλλαι τάξεις ἀπεχώρησαν. καὶ τὸ λοιπὸν τῆς ἡμέρας οἱ 16 μὲν ἐπορεύοντο, οἱ δ' εἵποντο· καὶ οὐκέτι ἐσίνοντο οἱ βάρβαροι [τῇ τότε ἀκροβολίσει]· μακρότερον γὰρ οἱ Ῥόδιοι τῶν τε Περσῶν ἐσφενδόνων καὶ τῶν πλείστων τοξοτῶν. μεγάλα δὲ καὶ τὰ τόξα τὰ Περσικά ἐστιν· 17 ὥστε χρήσιμα ἦν ὁπόσα ἁλίσκοιτο τῶν τοξευμάτων τοῖς Κρησί, καὶ διετέλουν χρώμενοι τοῖς τῶν πολεμίων τοξεύμασι, καὶ ἐμελέτων τοξεύειν ἄνω ἱέντες μακράν. εὑρίσκετο δὲ καὶ νεῦρα πολλὰ ἐν ταῖς κώμαις καὶ μόλυβδος, ὥστε χρῆσθαι εἰς τὰς σφενδόνας. καὶ ταύτῃ 18 μὲν τῇ ἡμέρᾳ, ἐπεὶ κατεστρατοπεδεύοντο οἱ Ἕλληνες κώμαις ἐπιτυχόντες, ἀπῆλθον οἱ βάρβαροι μεῖον ἔχοντες ἐν τῇ τότε ἀκροβολίσει· τὴν δ' ἐπιοῦσαν ἡμέραν ἔμειναν οἱ Ἕλληνες καὶ ἐπεσιτίσαντο· ἦν γὰρ πολὺς σῖτος ἐν ταῖς κώμαις. τῇ δ' ὑστεραίᾳ ἐπορεύοντο διὰ τοῦ πεδίου, καὶ Τισσαφέρνης εἵπετο ἀκροβολιζόμενος. ἔνθα δὴ οἱ Ἕλληνες ἔγνωσαν, ὅτι πλαίσιον ἰσόπλευρον 19 πονηρὰ τάξις εἴη πολεμίων ἑπομένων. ἀνάγκη γάρ ἐστιν, ἢν μὲν συγκύπτῃ τὰ κέρατα τοῦ πλαισίου ἢ ὁδοῦ στενοτέρας οὔσης ἢ ὀρέων ἀναγκαζόντων ἢ γεφύρας, ἐκθλίβεσθαι τοὺς ὁπλίτας καὶ πορεύεσθαι πονήρως ἅμα μὲν πιεζομένους ἅμα δὲ καὶ ταραττομένους· ὥστε δυσχρήστους εἶναι ἀνάγκη ἀτάκτους ὄντας. ὅταν 20 δ' αὖ διασχῇ τὰ κέρατα, ἀνάγκη διασπᾶσθαι τοὺς τότε ἐκθλιβομένους καὶ κενὸν γίγνεσθαι τὸ μέσον τῶν κεράτων, καὶ ἀθυμεῖν τοὺς ταῦτα πάσχοντας τῶν πολεμίων ἑπομένων. καὶ ὁπότε δέοι γέφυραν διαβαίνειν ἢ ἄλλην τινὰ διάβασιν, ἔσπευδεν ἕκαστος βουλόμενος φθάσαι πρῶτος· καὶ εὐεπίθετον ἦν ἐνταῦθα τοῖς πολεμίοις. ἐπεὶ δὲ ταῦτα ἔγνωσαν οἱ στρατηγοί, ἐποιήσαντο ἓξ 21 λόχους ἀνὰ ἑκατὸν ἄνδρας, καὶ λοχαγοὺς ἐπέστησαν καὶ ἄλλους πεντηκοντῆρας καὶ ἄλλους ἐνωμοτάρχας.

4*

οὕτω δὲ πορειόμενοι οἱ λοχαγοί, ὁπότε μὲν συγκύπτοι τὰ κέρατα, ὑπέμενον ὕστεροι, ὥστε μὴ ἐνοχλεῖν τοῖς 22 κέρασι, τότε δὲ παρῆγον ἔξωθεν τῶν κεράτων. ὁπότε δὲ διάσχοιεν αἱ πλευραὶ τοῦ πλαισίου, τὸ μέσον ἂν ἐξεπίμπλασαν, εἰ μὲν στενότερον εἴη τὸ διέχον, κατὰ λόχους, εἰ δὲ πλατύτερον, κατὰ πεντηκοστῦς, εἰ δὲ πάνυ πλατύ, κατ᾽ ἐνωμοτίας· ὥστε ἀεὶ ἔκπλεων εἶναι 23 τὸ μέσον. εἰ δὲ καὶ διαβαίνειν τινὰ δέοι διάβασιν ἢ γέφυραν, οὐκ ἐταράττοντο, ἀλλ᾽ ἐν τῷ μέρει οἱ λοχαγοὶ διέβαινον· καὶ εἴ που δέοι τι τῆς φάλαγγος, ἐπιπαρῆσαν οὗτοι. τούτῳ τῷ τρόπῳ ἐπορεύθησαν σταθμοὺς 24 τέτταρας. ἡνίκα δὲ τὸν πέμπτον ἐπορεύοντο εἶδον βασίλειόν τι καὶ περὶ αὐτὸ κώμας πολλάς, τὴν δὲ ὁδὸν πρὸς τὸ χωρίον τοῦτο διὰ γηλόφων ὑψηλῶν γιγνομένην, οἳ καθῆκον ἀπὸ τοῦ ὄρους, ὑφ᾽ ᾧ ἦν κώμη. καὶ εἶδον μὲν τοὺς γηλόφους ἄσμενοι οἱ Ἕλληνες, ὡς εἰκός, 25 τῶν πολεμίων ὄντων ἱππέων· ἐπεὶ δὲ πορευόμενοι ἐκ τοῦ πεδίου ἀνέβησαν ἐπὶ τὸν πρῶτον γήλοφον καὶ κατέβαινον ὡς ἐπὶ τὸν ἕτερον ἀναβαίνειν, ἐνταῦθα ἐπιγίγνονται οἱ βάρβαροι καὶ ἀπὸ τοῦ ὑψηλοῦ εἰς τὸ πρα-26 νὲς ἔβαλλον, ἐσφενδόνων, ἐτόξευον ὑπὸ μαστίγων, καὶ πολλοὺς κατετίτρωσκον καὶ ἐκράτησαν τῶν Ἑλλήνων γυμνήτων καὶ κατέκλεισαν αὐτοὺς εἴσω τῶν ὅπλων· ὥστε παντάπασι ταύτην τὴν ἡμέραν ἄχρηστοι ἦσαν ἐν τῷ ὄχλῳ ὄντες καὶ οἱ σφενδονῆται καὶ οἱ τοξόται. 27 ἐπεὶ δὲ πιεζόμενοι οἱ Ἕλληνες ἐπεχείρησαν διώκειν, σχολῇ μὲν ἐπὶ τὸ ἄκρον ἀφικνοῦνται ὁπλῖται ὄντες, 28 οἱ δὲ πολέμιοι ταχὺ ἀπεπήδων. πάλιν δὲ ὁπότε ἀπίοιεν πρὸς τὸ ἄλλο στράτευμα, ταὐτὰ ἔπασχον, καὶ ἐπὶ τοῦ δευτέρου γηλόφου ταὐτὰ ἐγίγνετο, ὥστε ἀπὸ τοῦ τρίτου γηλόφου ἔδοξεν αὐτοῖς μὴ κινεῖν τοὺς στρατιώτας, πρὶν ἀπὸ τῆς δεξιᾶς πλευρᾶς τοῦ πλαισίου 29 ἀνήγαγον πελταστὰς πρὸς τὸ ὄρος. ἐπεὶ δ᾽ οὗτοι ἐγένοντο ὑπὲρ τῶν ἑπομένων πολεμίων, οὐκέτι ἐπετίθεντο οἱ πολέμιοι τοῖς καταβαίνουσι, δεδοικότες, μὴ ἀποτμηθείησαν καὶ ἀμφοτέρωθεν αὐτῶν γένοιντο οἱ πολέμιοι. οὕτω τὸ λοιπὸν τῆς ἡμέρας πορευόμενοι, οἱ 30 μὲν ἐν τῇ ὁδῷ κατὰ τοὺς γηλόφους, οἱ δὲ κατὰ τὸ ὄρος ἐπιπαριόντες, ἀφίκοντο εἰς τὰς κώμας καὶ ἰατροὺς κατέστησαν ὀκτώ· πολλοὶ γὰρ ἦσαν οἱ τετρωμένοι. ἐνταῦ- 31 θα ἔμειναν ἡμέρας τρεῖς καὶ τῶν τετρωμένων ἕνεκα καὶ ἅμα ἐπιτήδεια πολλὰ εἶχον, ἄλευρα, οἶνον, κριθὰς ἵπποις συμβεβλημένας πολλάς. ταῦτα δὲ συνενηνεγμένα ἦν τῷ σατραπεύοντι τῆς χώρας. τετάρτῃ δ' ἡμέρᾳ καταβαίνουσιν εἰς τὸ πεδίον. ἐπεὶ δὲ κατέλαβεν αὐ- 32 τοὺς Τισσαφέρνης σὺν τῇ δυνάμει, ἐδίδαξεν αὐτοὺς ἡ ἀνάγκη κατασκηνῆσαι οὗ πρῶτον εἶδον κώμην καὶ μὴ πορεύεσθαι ἔτι μαχομένους· πολλοὶ γὰρ ἦσαν ἀπόμαχοι, οἱ τετρωμένοι καὶ οἱ ἐκείνους φέροντες καὶ οἱ τῶν φερόντων τὰ ὅπλα δεξάμενοι. ἐπεὶ δὲ κατεσκή- 33 νησαν καὶ ἐπεχείρησαν αὐτοῖς ἀκροβολίζεσθαι οἱ βάρβαροι πρὸς τὴν κώμην προσιόντες, πολὺ περιῆσαν οἱ Ἕλληνες· πολὺ γὰρ διέφερεν ἐκ χώρας ὁρμωμένους ἀλέξασθαι ἢ πορευομένους ἐπιοῦσι τοῖς πολεμίοις μάχεσθαι. ἡνίκα δ' ἦν ἤδη δείλη, ὥρα ἦν ἀπιέναι τοῖς 34 πολεμίοις· οὔποτε γὰρ μεῖον ἀπεστρατοπεδεύοντο οἱ βάρβαροι τοῦ Ἑλληνικοῦ ἑξήκοντα σταδίων, φοβούμενοι, μὴ τῆς νυκτὸς οἱ Ἕλληνες ἐπιθῶνται αὐτοῖς. πονηρὸν γὰρ νυκτός ἐστι στράτευμα Περσικόν. οἵ τε 35 γὰρ ἵπποι αὐτοῖς δέδενται καὶ ὡς ἐπὶ τὸ πολὺ πεποδισμένοι εἰσὶ τοῦ μὴ φεύγειν ἕνεκα, εἰ λυθείησαν, ἐάν τέ τις θόρυβος γίγνηται, δεῖ ἐπισάξαι τὸν ἵππον Πέρσῃ ἀνδρὶ καὶ χαλινῶσαι δεῖ καὶ θωρακισθέντα ἀναβῆναι ἐπὶ τὸν ἵππον. ταῦτα δὲ πάντα χαλεπὰ νύκτωρ καὶ θορύβου ὄντος. τούτου ἕνεκα πόρρω ἀπεσκήνουν τῶν Ἑλλήνων. ἐπεὶ δὲ ἐγίγνωσκον αὐτοὺς οἱ Ἕλλη- 36 νες βουλομένους ἀπιέναι καὶ διαγγελλομένους, ἐκήρυξε τοῖς Ἕλλησι συσκευάζεσθαι ἀκουόντων τῶν πολεμίων.

καὶ χρόνον μέν τινα ἐπέσχον τῆς πορείας οἱ βάρβαροι, ἐπειδὴ δὲ ὀψὲ ἐγίγνετο, ἀπῄεσαν· οὐ γὰρ ἐδόκει λυσιτελεῖν αὐτοῖς νυκτὸς πορεύεσθαι καὶ κατάγεσθαι ἐπὶ 37 τὸ στρατόπεδον. ἐπειδὴ δὲ σαφῶς ἀπιόντας ἤδη ἑώρων οἱ Ἕλληνες, ἐπορεύοντο καὶ αὐτοὶ ἀναζεύξαντες καὶ διῆλθον ὅσον ἑξήκοντα σταδίους. καὶ γίγνεται τοσοῦτον μεταξὺ τῶν στρατευμάτων, ὥστε τῇ ὑστεραίᾳ οὐκ ἐφάνησαν οἱ πολέμιοι οὐδὲ τῇ τρίτῃ, τῇ δὲ τετάρτῃ νυκτὸς προελθόντες καταλαμβάνουσι χωρίον ὑπερδέξιον οἱ βάρβαροι, ᾗ ἔμελλον οἱ Ἕλληνες παριέναι, ἀκρωνυχίαν ὄρους, ὑφ' ἣν ἡ κατάβασις ἦν εἰς τὸ πε- 38 δίον. ἐπειδὴ δὲ ἑώρα Χειρίσοφος προκατειλημμένην τὴν ἀκρωνυχίαν, καλεῖ Ξενοφῶντα ἀπὸ τῆς οὐρᾶς καὶ κελεύει λαβόντα τοὺς πελταστὰς παραγενέσθαι εἰς τὸ 39 πρόσθεν. ὁ δὲ Ξενοφῶν τοὺς μὲν πελταστὰς οὐκ ἦγεν· ἐπιφαινόμενον γὰρ ἑώρα Τισσαφέρνην καὶ τὸ στράτευμα πᾶν· αὐτὸς δὲ προσελάσας ἠρώτα, Τί καλεῖς; ὁ δὲ λέγει αὐτῷ, Ἔξεστιν ὁρᾶν· προκατείληπται γὰρ ἡμῖν ὁ ὑπὲρ τῆς καταβάσεως λόφος, καὶ οὐκ ἔστι 40 παρελθεῖν, εἰ μὴ τούτους ἀποκόψομεν. ἀλλὰ τί οὐκ ἦγες τοὺς πελταστάς; ὁ δὲ λέγει, ὅτι οὐκ ἐδόκει αὐτῷ ἔρημα καταλιπεῖν τὰ ὄπισθεν πολεμίων ἐπιφαινομένων. Ἀλλὰ μὴν ὥρα γ', ἔφη, βουλεύεσθαι, πῶς τις 41 τοὺς ἄνδρας ἀπελᾷ ἀπὸ τοῦ λόφου. ἐνταῦθα Ξενοφῶν ὁρᾷ τοῦ ὄρους τὴν κορυφὴν ὑπὲρ αὐτοῦ τοῦ ἑαυτῶν στρατεύματος οὖσαν, καὶ ἀπὸ ταύτης ἔφοδον ἐπὶ τὸν λόφον, ἔνθα ἦσαν οἱ πολέμιοι, καὶ λέγει, Κράτιστον, ὦ Χειρίσοφε ἡμῖν ἵεσθαι ὡς τάχιστα ἐπὶ τὸ ἄκρον· ἢν γὰρ τοῦτο λάβωμεν, οὐ δυνήσονται μένειν οἱ ὑπὲρ τῆς ὁδοῦ. ἀλλά, εἰ βούλει, μένε ἐπὶ τῷ στρατεύματι, ἐγὼ δ' ἐθέλω πορεύεσθαι· εἰ δὲ χρῄζεις, πορεύου ἐπὶ 42 τὸ ὄρος, ἐγὼ δὲ μενῶ αὐτοῦ. Ἀλλὰ δίδωμί σοι, ἔφη ὁ Χειρίσοφος, ὁπότερον βούλει ἑλέσθαι. εἰπὼν ὁ Ξενοφῶν, ὅτι νεώτερός ἐστιν, αἱρεῖται πορεύεσθαι.

κελεύει δέ οἱ συμπέμψαι ἀπὸ τοῦ στόματος ἄνδρας· μακρὸν γὰρ ἦν ἀπὸ τῆς οὐρᾶς λαβεῖν. καὶ ὁ Χειρί- 43 σοφος συμπέμπει τοὺς ἀπὸ τοῦ στόματος πελταστάς· ἔλαβε δὲ τοὺς κατὰ μέσον τοῦ πλαισίου. συνέπεσθαι δ' ἐκέλευσεν αὐτῷ καὶ τοὺς τριακοσίους οὓς αὐτὸς εἶχε τῶν ἐπιλέκτων ἐπὶ τῷ στόματι τοῦ πλαισίου. ἐντεῦ- 44 θεν ἐπορεύοντο ὡς ἐδύναντο τάχιστα. οἱ δ' ἐπὶ τοῦ λόφου πολέμιοι ὡς ἐνόησαν αὐτῶν τὴν πορείαν ἐπὶ τὸ ἄκρον, εὐθὺς καὶ αὐτοὶ ὥρμησαν ἁμιλλᾶσθαι ἐπὶ τὸ ἄκρον. καὶ ἐνταῦθα πολλὴ μὲν κραυγὴ ἦν τοῦ Ἑλλη- 45 νικοῦ στρατεύματος διακελευομένων τοῖς ἑαυτῶν, πολλὴ δὲ κραυγὴ τῶν ἀμφὶ Τισσαφέρνην τοῖς ἑαυτῶν διακελευομένων. Ξενοφῶν δὲ παρελαύνων ἐπὶ τοῦ ἵππου 46 παρεκελεύετο, Ἄνδρες, νῦν ἐπὶ τὴν Ἑλλάδα νομίζετε ἁμιλλᾶσθαι, νῦν πρὸς τοὺς παῖδας καὶ τὰς γυναῖκας, νῦν ὀλίγον πονήσαντες ἀμαχεὶ τὴν λοιπὴν πορευσόμεθα. Σωτηρίδης δὲ ὁ Σικυώνιος εἶπεν, Οὐκ ἐξ ἴσου, 47 ὦ Ξενοφῶν, ἐσμέν· σὺ μὲν γὰρ ἐφ' ἵππου ὀχῇ, ἐγὼ δὲ χαλεπῶς κάμνω τὴν ἀσπίδα φέρων. καὶ ὃς ἀκού- 48 σας ταῦτα καταπηδήσας ἀπὸ τοῦ ἵππου ὠθεῖται αὐτὸν ἐκ τῆς τάξεως, καὶ τὴν ἀσπίδα ἀφελόμενος ὡς ἐδύνατο τάχιστα ἔχων ἐπορεύετο· ἐτύγχανε δὲ καὶ θώρακα ἔχων τὸν ἱππικόν· ὥστε ἐπιέζετο. καὶ τοῖς μὲν ἔμπροσθεν ὑπάγειν παρεκελεύετο, τοῖς δὲ ὄπισθεν παριέναι μόλις ἑπομένοις. οἱ δ' ἄλλοι στρατιῶται 49 παίουσι καὶ βάλλουσι καὶ λοιδοροῦσι τὸν Σωτηρίδην, ἔστε ἠνάγκασαν λαβόντα τὴν ἀσπίδα πορεύεσθαι. ὁ δὲ ἀναβάς, ἕως μὲν βάσιμα ἦν ἐπὶ τοῦ ἵππου ἦγεν, ἐπεὶ δὲ ἄβατα ἦν, καταλιπὼν τὸν ἵππον ἔσπευδε πεζῇ. καὶ φθάνουσιν ἐπὶ τῷ ἄκρῳ γενόμενοι τοὺς πολεμίους.

Ἔνθα δὴ οἱ μὲν βάρβαροι στραφέντες ἔφευγον ᾗ 5 ἕκαστος ἐδύνατο, οἱ δ' Ἕλληνες εἶχον τὸ ἄκρον. οἱ δὲ ἀμφὶ Τισσαφέρνην καὶ Ἀριαῖον ἀποτραπόμενοι ἄλλην ὁδὸν ᾤχοντο. οἱ δὲ ἀμφὶ Χειρίσοφον καταβάντες εἰς τὸ πεδίον ἐστρατοπεδεύσαντο ἐν κώμῃ μεστῇ πολλῶν ἀγαθῶν. ἦσαν δὲ καὶ ἄλλαι κῶμαι πολλαὶ πλήρεις πολλῶν ἀγαθῶν ἐν τούτῳ τῷ πεδίῳ παρὰ τὸν Τίγρητα

2 ποταμόν. ἡνίκα δ᾽ ἦν δείλη, ἐξαπίνης οἱ πολέμιοι ἐπιφαίνονται ἐν τῷ πεδίῳ, καὶ τῶν Ἑλλήνων κατέκοψάν τινας τῶν ἐσκεδασμένων ἐν τῷ πεδίῳ καθ᾽ ἁρπαγήν· καὶ γὰρ νομαὶ πολλαὶ βοσκημάτων διαβιβαζόμεναι εἰς τὸ πέραν τοῦ ποταμοῦ κατελήφθησαν.

3 ἐνταῦθα Τισσαφέρνης καὶ οἱ σὺν αὐτῷ καίειν ἐπεχείρησαν τὰς κώμας. καὶ τῶν Ἑλλήνων μάλα ἠθύμησάν τινες, ἐννοούμενοι, μὴ τὰ ἐπιτήδεια, εἰ καίοιεν, οὐκ

4 ἔχοιεν ὁπόθεν λαμβάνοιεν. καὶ οἱ μὲν ἀμφὶ Χειρίσοφον ἀπῇεσαν ἐκ τῆς βοηθείας· ὁ δὲ Ξενοφῶν ἐπεὶ κατέβη, παρελαύνων τὰς τάξεις, ἡνίκα ἀπὸ τῆς βοη-

5 θείας ἀπήντησαν οἱ Ἕλληνες, ἔλεγεν, Ὁρᾶτε, ὦ ἄνδρες Ἕλληνες, ὑφιέντας τὴν χώραν ἤδη ἡμετέραν εἶναι; ἃ γάρ, ὅτε ἐσπένδοντο, διεπράττοντο, μὴ καίειν τὴν βασιλέως χώραν, νῦν αὐτοὶ καίουσιν ὡς ἀλλοτρίαν. ἀλλ᾽ ἐάν που καταλίπωσί γε αὐτοῖς τὰ ἐπιτήδεια,

6 ὄψονται καὶ ἡμᾶς ἐνταῦθα πορευομένους. ἀλλ᾽, ὦ Χειρίσοφε, ἔφη, δοκεῖ μοι βοηθεῖν ἐπὶ τοὺς καίοντας ὡς ὑπὲρ τῆς ἡμετέρας. ὁ δὲ Χειρίσοφος εἶπεν, Οὔκουν ἔμοιγε δοκεῖ· ἀλλὰ καὶ ἡμεῖς, ἔφη, καίωμεν, καὶ οὕτω θᾶττον παύσονται.

7 Ἐπεὶ δὲ ἐπὶ τὰς σκηνὰς ἀπῆλθον, οἱ μὲν ἄλλοι περὶ τὰ ἐπιτήδεια ἦσαν, στρατηγοὶ δὲ καὶ λοχαγοὶ συνῆλθον. καὶ ἐνταῦθα πολλὴ ἀπορία ἦν. ἔνθεν μὲν γὰρ ὄρη ἦν ὑπερύψηλα, ἔνθεν δὲ ὁ ποταμὸς τοσοῦτος τὸ βάθος ὡς μηδὲ τὰ δόρατα ὑπερέχειν πειρωμένοις

8 τοῦ βάθους. ἀπορουμένοις δ᾽ αὐτοῖς προσελθών τις ἀνὴρ Ῥόδιος εἶπεν, Ἐγὼ θέλω, ὦ ἄνδρες, διαβιβάσαι ὑμᾶς κατὰ τετρακισχιλίους ὁπλίτας, ἂν ἐμοὶ ὧν δέομαι ὑπηρετήσητε καὶ τάλαντον μισθὸν πορίσητε.

ἐρωτώμενος δὲ ὅτου δέοιτο, Ἀσκῶν, ἔφη, δισχιλίων 9
δεήσομαι· πολλὰ δ' ὁρῶ ταῦτα πρόβατα καὶ αἶγας
καὶ βοῦς καὶ ὄνους, ἃ ἀποδαρέντα καὶ φυσηθέντα ῥᾳ-
δίως ἂν παρέχοι τὴν διάβασιν. δεήσομαι δὲ καὶ τῶν 10
δεσμῶν οἷς χρῆσθε περὶ τὰ ὑποζύγια· τούτοις ζεύξας
τοὺς ἀσκοὺς πρὸς ἀλλήλους, ὁρμίσας ἕκαστον ἀσκὸν
λίθους ἀρτήσας καὶ ἀφεὶς ὥσπερ ἀγκύρας εἰς τὸ ὕδωρ,
διαγαγὼν καὶ ἀμφοτέρωθεν δήσας, ἐπιβαλῶ ὕλην καὶ
γῆν ἐπιφορήσω· ὅτι μὲν οὖν οὐ καταδύσεσθε αὐτίκα 11
μάλα εἴσεσθε· πᾶς γὰρ ἀσκὸς δύο ἄνδρας ἕξει τοῦ μὴ
καταδῦναι· ὥστε δὲ μὴ ὀλισθάνειν ἡ ὕλη καὶ ἡ γῆ
σχήσει. ἀκούσασι ταῦτα τοῖς στρατηγοῖς τὸ μὲν ἐν- 12
θύμημα χαρίεν ἐδόκει εἶναι, τὸ δ' ἔργον ἀδύνατον·
ἦσαν γὰρ οἱ κωλύσοντες πέραν πολλοὶ ἱππεῖς, οἳ εὐθὺς
τοῖς πρώτοις οὐδὲν ἂν ἐπέτρεπον τούτων ποιεῖν. ἐν- 13
ταῦθα τὴν μὲν ὑστεραίαν ἐπανεχώρουν εἰς τοὔμπαλιν
[ἢ] πρὸς Βαβυλῶνα εἰς τὰς ἀκαύστους κώμας, κατα-
καύσαντες ἔνθεν ἐξῇεσαν· ὥστε οἱ πολέμιοι οὐ προσή-
λαυνον, ἀλλὰ ἐθεῶντο καὶ ὅμοιοι ἦσαν θαυμάζειν, ὅποι
ποτὲ τρέψονται οἱ Ἕλληνες καὶ τί ἐν νῷ ἔχοιεν.
ἐνταῦθα οἱ μὲν ἄλλοι στρατιῶται ἀμφὶ τὰ ἐπιτήδεια 14
ἦσαν· οἱ δὲ στρατηγοὶ καὶ οἱ λοχαγοὶ πάλιν συνῆλθον,
καὶ συναγαγόντες τοὺς ἑαλωκότας ἤλεγχον τὴν κύκλῳ
πᾶσαν χώραν τίς ἑκάστη εἴη. οἱ δ' ἔλεγον, ὅτι τὰ 15
μὲν πρὸς μεσημβρίαν τῆς ἐπὶ Βαβυλῶνα εἴη καὶ Μη-
δίαν, δι' ἧσπερ ἥκοιεν, ἡ δὲ πρὸς ἕω ἐπὶ Σοῦσά τε καὶ
Ἐκβάτανα φέροι, ἔνθα θερίζειν καὶ ἐαρίζειν λέγεται
βασιλεύς, ἡ δὲ διαβάντι τὸν ποταμὸν πρὸς ἑσπέραν
ἐπὶ Λυδίαν καὶ Ἰωνίαν φέροι, ἡ δὲ διὰ τῶν ὀρέων καὶ
πρὸς ἄρκτον τετραμμένη ὅτι εἰς Καρδούχους ἄγοι.
τούτους δὲ ἔφασαν οἰκεῖν ἀνὰ τὰ ὄρη καὶ πολεμικοὺς 16
εἶναι, καὶ βασιλέως οὐκ ἀκούειν, ἀλλὰ καὶ ἐμβαλεῖν
ποτε εἰς αὐτοὺς βασιλικὴν στρατιὰν δώδεκα μυριάδας·
τούτων δὲ οὐδένα ἀπονοστῆσαι διὰ τὴν δυσχωρίαν.

ὁπότε μέντοι πρὸς τὸν σατράπην τὸν ἐν τῷ πεδίῳ σπείσαιντο, καὶ ἐπιμιγνύναι σφῶν τε πρὸς ἐκείνους 17 καὶ ἐκείνων πρὸς ἑαυτούς. ἀκούσαντες ταῦτα οἱ στρατηγοὶ ἐκάθισαν χωρὶς τοὺς ἑκασταχόσε φάσκοντας εἰδέναι, οὐδὲν δῆλον ποιήσαντες, ὅποι πορεύεσθαι ἔμελλον. ἐδόκει δὲ τοῖς στρατηγοῖς ἀναγκαῖον εἶναι διὰ τῶν ὀρέων εἰς Καρδούχους ἐμβαλεῖν· τούτους γὰρ διελθόντας ἔφασαν εἰς Ἀρμενίαν ἥξειν, ἧς Ὀρόντας ἦρχε πολλῆς καὶ εὐδαίμονος. ἐντεῦθεν δ' εὔπορον 18 ἔφασαν εἶναι, ὅποι τις ἐθέλοι πορεύεσθαι. ἐπὶ τούτοις ἐθύσαντο, ὅπως, ὁπηνίκα καὶ δοκοίη τῆς ὥρας, τὴν πορείαν ποιοῖντο· τὴν γὰρ ὑπερβολὴν τῶν ὀρέων ἐδεδοίκεσαν μὴ προκαταληφθείη· καὶ παρήγγειλαν, ἐπειδὴ δειπνήσαιεν, συνεσκευασμένους πάντας ἀναπαύεσθαι, καὶ ἕπεσθαι, ἡνίκ' ἄν τις παραγγέλλῃ.

NOTES.

EXPLANATION OF THE PRINCIPAL ABBREVIATIONS USED IN THE NOTES AND IN THE VOCABULARY.

abs. = absolute.
appos. = apposition.
art. = article.
Att. = Attic.
cf. = Latin confer, compare, see.
cogn. = cognate.
comm. = common, or commonly.
compos. = composition.
const. = construction.
correl. = correlative.
dif. = difference.
Dind. = Dindorf.
dist. = distinguish.
Eng. = English.
esp. = especially.
f. or fut. = future.
ff. = and the following.
fr. = from.
freq. = frequent, or frequently.
g. or gen. = genitive.
G. = Goodwin (Moods & Tenses).
genr. = general, or generally.
H. = Hadley (Gr. Gram.).
Hert. = Hertlein.
imp. = imperfect.

K. or Küh. = Kühner (Gr. Gram.).
Krüg. = Krüger.
κτέ. = καὶ τὰ ἕτερα = etc.
Lat. = Latin.
Lex. = Lexicon (= the vocabulary).
L. G. = Larger Grammar.
lit. = literal, or literally.
Matt. = Matthiæ.
meton. = metonymy.
obj. = object.
opp. = opposed, or opposite.
perh. = perhaps.
posit. = position.
priv. = privative.
r. = root.
reg. = regular.
rel. or relat. = relative.
sc. = scilicet = namely, understand.
subj. = subject.
syncop. = syncopated.
v. = verb.
Voll. = Vollbrecht (see Preface).
w. = with.
wh. = which.

The remaining abbreviations are thought to be so common and obvious as not to require an explanation.

NOTES.

BOOK FIRST.

"Οσα ἐν τῇ ἀναβάσει τῇ μετὰ Κύρου οἱ Ἕλληνες ἔπραξαν μέχρι τῆς μάχης, —the Anabasis proper: that is, the march upward to the vicinity of Babylon, including an account of the battle of Cunaxa.

CHAP. I.

The occasion and manner of raising the army.

§ 1. Δαρείου ... γίγνονται, lit. *there are born of Darius*, etc. Const. of Δαρείου? H. 572. d. K. § 158. 1.——γίγνονται: historical pres. H. 699. K. § 152. 4. Stem of γίγνονται and changes? H. 332. K. § 123.——παῖδες: irregularity in accent? Others like it? H. 160. c. K. § 83. Exceptions.——νεώτερος: why -ώτερος? H. 221. a. K. § 50. 1. (a.)——ἠσθένει: deriv.? Why imperf.? H. 701. K. § 152 ff. G. § 11.——ὑπώπτευε: deriv.?——ἐβούλετο: what three verbs often take η as syllabic augment? H. 308. Rem. a. K. § 85. Rem. 1. Have they ever this augment in the Anab.? No. ——τώ: was the dual always used in speaking of two? H. 517. K. § 147. Rem. 3.

§ 2. Use of μέν? see Lex.——παρὼν ἐτύγχανε: see Lex. τυγχάνω. For the construction and meaning of the supplementary particip. see H. 796. ff. K. § 175. 3. Stem of τυγχάνω and changes? H. 437. 8 and 329. ff. K. § 121. (b.)——μεταπέμπεται, *sends for*, the mid. suggesting the idea *to come to himself* (H. 687. ff. K. § 150. 3); hence the const. ἀπὸ τῆς ἀρχῆς.——ἐποίησε and ἀπέδειξε: translate by plupf. H. 706. K. § 152. Rem. 6.——καὶ στρατηγὸν δέ: a transition from a relative to an independent clause, *and he had appointed him general also:* δέ connects the clauses, καί (*also*) contrasts στρατηγόν with σατράπην. In genr. καί stands before the word on which its force falls. —— πάντων: peculiarity in accent? H. 160. ff. K. § 33. III. Exceptions. —— ἀθροίζονται, *are wont to assemble* to be reviewed annually by the governor (σατράπης) of the province. Tissaphernes had been succeeded in 407 B. C. by Cyrus; hence the ground of his enmity to Cyrus. —— ἀναβαίνει ... ἀνέβη: such changes from the historical pres. to the past are frequent. This first expedition of Cyrus to Babylon is alluded to again in 1, 3, 18 and 1, 4, 12. —— λαβών: stem and changes? H. 437. 4 and 329. K. § 121. (b.) Peculiarity in accent? H. 367. K. § 84. 3. —— καὶ ... δέ: cf. καὶ ... δέ above.

§ 3. κατέστη: compos.? and meaning of the parts? Stem and changes? H. 332 and 336. K. § 128. I. and § 130. 1. (c.) Tenses of this verb intrans. in the act.? H. 416. 1. K. § 131. Rem. 2. —— εἰς τὴν βασ., *became established in the kingdom*, a construction denoting motion after a verb of rest:—an elliptical form of expression = *having entered into the kingdom he became established in it*. H. 618. a. —— ὡς: see Lex. —— ἐπιβουλεύοι: *oratio obliqua*. H. 734. 736. K. § 188. —— ὁ δέ, *and he*, i. e. Artaxerxes. Is ὁ an article here? H. 525. a. (γ.) —— ἡ δὲ μήτηρ: state the peculiarity in the use of the article here. H. 527. d. K. § 148. 3. —— αὐτόν: obj. of ἀποπέμπει as well as of ἐξαιτησαμένη.

§ 4. ὁ δέ: cf. ὁ δέ, § 3 and note. —— ὡς: of time, *when, as*. —— ἀπῆλθε: rule for the accent of verbs? Restrictions in compound verbs? H. 365 and 368. K. § 84. 1 and 2. Under what exception to the rule does ἀτιμασθείς come? H. 367. d. K. § 84. 3. (c.) —— ἐπί: see Lex. —— ἔσται and βασιλεύσει, *may*, etc. For the const. see H. 756. K. § 181. 2. —— ὑπῆρχε: see Lex. ὑπάρχω. —— μᾶλλον: compare. See Lex. —— τὸν βασιλεύοντα, *the one being king*, i. e. *the reigning king*: τὸν βασιλέα would mean *the king*, without regard to time, whether then reigning or not.

§ 5. ὅστις is collective; hence may relate to πάντας. —— Observe the notion of repeated action in ἀφικνεῖτο, διατιθείς, ἀπεπέμπετο. H. 696. K. § 152. G. §§ 10 and 11. —— τῶν παρὰ βασιλέως: a condensed expression, frequent in Greek as well as in Eng. = τῶν παρὰ βασιλεῖ παρὰ βασιλέως, *whoever of those with the king came from the king to him*, or condensed, *whoever of those from the king came*, etc. —— βασιλεύς, spoken of the Persian king, often stands without the article, like a proper name. H. 530. a. K. § 148. 5. —— ἀφικνεῖτο: stem and changes? H. 438. 2. K. § 120. 2. —— διατιθείς: stem and changes? II. 403. 2. K. § 127. 2 and § 133. Why accented on the ultimate? Cf. note on ἀτιμασθείς, § 4. —— οὕτω ... ὥστε ... εἶναι, *so as to be*, etc. For the const. of εἶναι, see II. 770. K. § 186. 1. (a.) —— τῶν βαρβάρων ἐπεμελεῖτο ὡς = ἐπεμελεῖτο ὡς οἱ βάρβαροι, *he paid attention to the barbarians that they*, etc., instead of, *he paid attention that the barbarians*, etc.; an instance of prolepsis. By this const. greater prominence is given to τῶν βαρβάρων. See II. 726. —— εἴησαν: not uncommon instead of εἶεν: but in the optat. 3d pers. plur. of other verbs -ησαν for -εν is extremely rare. Cf. παραδοίησαν, 2, 1, 10, and note.

§ 6. τήν implies that the Grecian force here mentioned was already well known. H. 527. a. K. § 148. 1. If Ἑλληνικήν were before the article or after the noun, how would the idea be changed? H. 531. ff. and 535. b. K. § 148. (a) and (b.) —— ἤθροιζεν and ἐποιεῖτο: the impf. here denotes *an action in its progress;* not as in § 5. *repeated action.* See H. 701. K. § 152. 9. G. § 11. —— ὡς: properly a connective between ἐπικρυπτόμενος and ἐδύνατο, *concealing it* (i. e. the Grecian force), or perhaps, *concealing himself* (i. e. his designs), *as he was able most*, i. e. *as much as he was able.* —— ὅτι, before the superlatives, intensive. H. 664. K. § 239. Rem. 2. L. G. —— ὁπόσας εἶχε φυλακάς: antecedent incorporated into the relative clause. H. 809 and 811. K. § 182. 6. (end of the paragraph.) Otherwise expressed, τῶν φυλακῶν, ὁπόσας εἶχε, κτέ. *he sent orders to the several commanders of the garrisons, which he had,* etc. —— λαμβάνειν: why the pres. here rather than the aor. λαβεῖν? H. 714 and 716. a. K. § 152. 12. G. § 11. B. Remark. —— Πελοποννησίους: the Peloponnesians, especially the Arcadians, were employed oftener than the other Greeks as mercenaries. —— For the force of ὡς before a particip. see Lex. under ὡς. —— καὶ γάρ, *etenim, since also, and* (this was probable) *for*, etc. This expression is elliptical; καί connecting the foregoing with a clause understood (*this was so*, or some similar expression suggested by the context). In translating, this implied clause is not generally expressed, and consequently καί is not comm. rendered. —— αἱ Ἰωνικαὶ πόλεις: how would the idea be changed if Ἰωνικαί were before the article or after the noun? H. 531. ff. and 535. b. K. § 148. (a) and (b.) —— ἐκ βασιλέως: ἐκ w. the pass. denoting the agent is rare in Att. prose. It denotes properly the idea of *source*. —— ἀφεστήκεσαν: irregularity of meaning? H. 416. 1. K. § 131. Rem. 2. ἀφειστήκεσαν is the reading of Dind.

§ 7. προαισθόμενος, *having become aware beforehand*, i. e. before they revolted openly and went over to Cyrus. Stem of αἰσθάνομαι and changes? H. 436. 1. K. § 121. (a.) —— αὐτά: different meanings of αὐτός? See Lex.; also H. 538. b. and 669. ff. K. § 60. Remark. —— βουλευομένους, *that (some persons) in Miletus were plotting*, etc. For the const. of the supplementary particip. see H. 796. ff. K. § 175. —— ἀποστῆναι, *to revolt*, explanatory of τὰ αὐτὰ ταῦτα. In ἀποστῆναι the single act is considered; but in τὰ αὐτὰ ταῦτα, the various transactions which it involved. —— τοὺς μὲν ... τοὺς δέ, *some ... others*. What is τούς here? H. 525. K. § 247. L. G. —— ὁ δὲ Κῦρος: use of the article with proper names? H. 530. a. K. § 148. 5. —— τοὺς φεύγοντας, *the fugitives, the exiles*, and τοὺς ἐκπεπτωκότας, *the persons banished, the exiles;* different words, with the same general meaning, used for variety of expression. —— ἐκβάλλω, *to banish;* ἐκπίπτω, *to fall out, to be banished;* φεύγω, *to flee, to be in a state of banishment;* κατάγω, *to restore* (from banishment.) —— Principal parts of συλλέγω; also, of λέγω, *to speak?* See Lex. —— καὶ ... αὖ: the emphatic idea is placed between these connectives, as between οὐδὲ ... αὖ and καὶ ... δέ. —— αὕτη is the subject and πρόφασις the predicate of ἦν, *and this again was*, etc. —— τοῦ ἀθροίζειν: the infin. as subst. limiting πρόφασις, H. 778. ff. K. § 173.

§ 8. ὤν: what are the principal ideas denoted by the particip.? H. 788. ff. K. § 176. Here the notion of cause is prominent, *he demanded because he was a brother of his*, etc. As ἀδελφός has no article, it is indefinite. ὁ ἀδελφὸς αὐτοῦ would mean *his brother*. —— οἷ: often enclit.; why accented here? H. 232. K. § 16. 3. (c.) *to himself*, an indirect reflexive. H. 671. a. K. § 169. Rem. 3. —— ὥστε: meaning w. indic. and w. infin.? H. 770 and 771. K. § 186. 1. (a.) Cf. ὥστε, § 5. —— πρὸς ἑαυτόν: why between the article and noun? H. 534. K. § 148. 9. (a.) —— πολεμοῦντα: time, *while carrying on war;* also the means, *by carrying on war*. H. 788. ff. K. § 176. Cf. ὤν above. —— αὐτόν, i. e. Κῦρον. —— οὐδέν, *in nothing, in no respect:* more emphatic than οὐκ. For the const. of οὐδέν and of ταῦτα above, see H. 549. K. § 159. 3. (7.) —— ἤχθετο: stem αχθ· —— ὧν: object of ἔχων, attracted from the acc. to the case of the antecedent πόλεων. H. 808. K. § 182. 6.

§ 9. ἄλλο: peculiarity in the declens.? H. 236. K. § 60. Others like it? αὐτός and its compounds, ἐκεῖνος, ὅς and the article. —— αὐτῷ, *for him*. What is the Greek for *by him* (as agent)? H. 656. b.

K. § 167. 7.——συνελέγετο: notice the force of the impf. here. Principal parts of this verb?——τῇ shows that the expression following it is an attributive of Χερρονήσῳ. H. 533 and 534. K. § 148. 9. Instead of *Cherronesus opposite to Abydus*, the name Thracian Cherronesus was afterwards adopted.——τόνδε τὸν τρόπον, *in the following manner*. Const.? H. 552. K. § 159. 3. (7.) ὅδε, τοιόσδε, τοσόσδε, and the adv. ὧδε comm. point to something following: οὗτος, τοιοῦτος, τοσοῦτος, and the adv. οὕτως, to something going before.——ἠγάσθη τε καὶ δίδωσιν: notice the change from aor. to historical pres. See H. 699. K. § 152. 4. Similar changes are not uncommon. Cf. § 2. ἀναβαίνει ... ἀνέβη.——ἠγάσθη: inceptive aor. H. 708. K. § 256. 4. (g.) L. G. *he came to esteem*.——ἀπό, *with*, denoting the means: not very comm.——ἐκ ... ὁρμώμενοι: see Lex. ὁρμάω.——Θρᾳξί depends on ἐπολέμει. H. 595. b. K. § 161. 2. πολεμεῖν admits other constructions also; as πρός τινα, εἴς τινα. Why τοῖς after Θρᾳξί? H. 533 and 534. K. § 148. 9.——Why is ὑπὲρ Ἑλλήσποντον placed between τοῖς ... οἰκοῦσι? It is an attributive of οἰκοῦσι, used as a subst. *those dwelling, the dwellers*. H. 786. K. § 148. 6.——τοῦτο belongs to τὸ στράτευμα.——τρεφόμενον ἐλάνθανεν: see Lex. λανθάνω; also, H. 796. ff. 801. K. § 175. 3.——αὐτῷ: cf. αὐτῷ above.

§ 10. ὤν: cf. note on παρών, § 2.——καί, before πιεζόμενος, connects ἐτύγχανεν and ἔρχεται, another instance of change in tense: cf. note on ἠγάσθη ... δίδωσιν, § 9.——τῶν οἴκοι ἀντ. *those at home of an opposite faction*. For the const. of οἴκοι, see H. 492. f. K. § 148. 8.——αἰτεῖ: w. two accusatives. H. 553. K. § 160. 4.——εἰς δισ. ξένους, *to the number of two*, etc. or *about two thousand mercenaries*; the whole phrase as remote object of αἰτεῖ. Hert. however joins it with μισθόν, *pay for two thousand*, etc. *and for three months*. The former const. is more commonly approved.——ὡς w. particip., see Lex.——ἄν belongs to περιγενόμενος, *as if he would thus be superior*, etc. When does the particip. take ἄν? H. 803. K. § 153. 2. d. G. § 41.——εἰς τετρακισχιλίους, sc. ξένους; const. like εἰς δισ. ξένους above.——αὐτοῦ: const.? H. 575. K. § 158. 5. (a.)——πρόσθεν ... πρίν: a pleonasm, employed for emphasis. See Lex. πρόσθεν.——ἄν: w. aor. subjunct. denotes what? Π. 760. a. K. § 152. Rem. 3, *until he shall have conferred with him* (i. e. Cyrus).

§ 11. What peculiarity in the accent of λαβόντα and of παραγενέσθαι? H. 367. a. K. § 84. 3. (a.) and 4. (a.)——ὅτι qualifies the superlative. Cf. § 6.——ὡς w. particip., see Lex. ὡς: *giving out that he wished*, etc. *on the pretence that the Pisidians gave trouble to*, etc.——καὶ τούτους, *these also;* i. e. these as well as Proxenus and Aristippus.——Τισσαφέρνει depends on πολεμήσων, *on the pretence that he was about to wage war against Tissaphernes*. Cf. note on Θρᾳξί, § 9.——σύν, *together with, in company with*.——Situation of the places alluded to in this section, Bœotia, Pisidia, etc.? (The learner is of course provided with an ancient atlas, and a classical dictionary.)

CHAP. II.

The march from Sardis to Tarsus. On pretence of making an expedition against the Pisidians, Cyrus first marches to Celænæ, their ancient capital: thence he returns to Ceramon-agora, and commences his march eastward. Before arriving at the Cilician pass, he is met by Epyaxa, wife of Syennēsis, the king of Cilicia. He meets with no resistance at the pass; and soon after his arrival at Tarsus, Syennēsis surrenders to him.

§ 1. ἤδη, *already, at length*, i. e. after all the requisite preparations.——τὴν μὲν πρόφασιν: the antithetical clause implied by μέν is not expressed, but only implied by the context: *he made the pretence*, etc.; *but in reality he was marching against the king*. ——ὡς w. particip., see Lex.——ἐκ τῆς χώρας: what does the gen. case denote? H. 557. K. § 156. Meaning of ἐκ? H. 624. K. § 163. 4. ——ὡς before a prep., see Lex.——τὸ Ἑλλ. ἐνταῦθα στράτ., *the Grecian army which was there*, i. e. in the satrapy of Cyrus. Dind. omits στράτευμα and joins ἐνταῦθα with the next sentence; a reading which has much in its favor.——λαβόντι ὅσον ἦν αὐτῷ στράτευμα: antecedent in relat. clause. The antecedent thus incorporated is usually separated from the relative by one or more intervening words, and stands without the article, even when in its ordinary position it would require one. H. 809. K. § 182. 6. (end of the paragraph.) Taking the antecedent from the relat. clause, we should have λαβόντι τὸ στράτευμα ὅσον ἦν αὐτῷ, *having taken the army which he had*, or, as ὅσον implies, *all the army that he had*. Cf. ὁπόσας ... φυλακάς, 1, 1, 6. λαβόντι here and often may be rendered more simply, *with:* also ἔχων, χρώμενος, φέρων, and some other participles.——συναλλαγέντι: see Lex. συναλλάττω. Cf. καταλῦσαι πρός, 1, 1, 10.——τοὺς οἴκοι: see Lex. οἴκοι. ——ὃ εἶχε στράτευμα = τὸ στράτευμα ὃ εἶχεν: cf. note on ὅσον ... στράτευμα above.——προεϊστήκει is the reading of Dind.

BOOK I. CHAP. II. 97

here, for the more comm. προεστήκει. For the irregularity in meaning, see H. 416. 1. K. § 131. Rem. 2. —— τοῦ ἐν ταῖς πόλεσι ξενικοῦ: from 1, 1, 6, it appears that the Ionian cities are meant: ἐν ταῖς πόλ., an attributive of ξενικοῦ. H. 534. K. § 148. 9. (a.) lit. *the in the cities mercenary force*, i. e. in the Eng. idiom, *the mercenary force in the cities*. Const. of ξενικοῦ? H. 581. K. § 158. 7. (a). —— λαβόντα: in the preceding sentence we find λαβόντι where it stands in immediate connection with Κλεάρχῳ. Here λαβόντα, being removed from Ξενίᾳ to which it refers, is connected more intimately with ἥκειν, and is accus. because the subject of the infin. is regularly in that case. Several similar instances occur in the Anab. H. 776. K. § 172. Rem. 2. *He sends orders to Xenias ... to come having taken*, etc., or *to come with*, etc. —— πλὴν ὁπόσοι, *except as many as*. The indefinite relative ὁπόσοι is equivalent to a demonst. pron. (which would be in the gen. governed by πλήν) and a relative, the subject of ἦσαν.

§ 2. ἐκάλεσε: principal parts? See Lex. Wherein irreg.? H. 335 and 420. 5. K. § 93 and § 96. 3. —— ὑποσχόμενος, *having promised*, from ὑπισχνέομαι. Stem and changes? H. 488. 5 and 6. and 329. K. § 120. —— εἰ ... ἐφ' ἅ, *if he should succeed well* (*in those things*) *for which*, etc. So. ταῦτα, as antecedent of ἅ, accus. of specification. —— μὴ παύσασθαι, *not to cease*, depends on ὑποσχόμενος, which oftener takes the *fut.* infin. —— πρόσθεν ... πρίν, cf. note Chap. 1. § 10. —— καταγάγοι: stem? H. 384. K. § 89. Rem. —— παρῆσαν εἰς: a verb of rest followed by a construction denoting motion : παρῆσαν, *they were present*, directs the mind more to the completion of the march ; and hence, we may translate, *they arrived in Sardis*. Exact force of εἰς Σάρ.? H. 620. K. § 165. 2. Define the acc. case. H. 544. K. § 159.

§ 3. δή, *accordingly*, i. e. in accordance with the instructions of Cyrus, § 1. —— ὁπλίτας: in apposition with τοὺς ἐκ τῶν πόλεων. —— γυμνῆτας: some editors read γυμνήτας. Difference in declens.? When may the circumflex accent stand on the penult? H. 94. c. and e. K. § 10. 3. Quantity of the termination -*as* in the acc. plur. 1st declens.? 3d declens.? H. 131 and 154. K. §§ 25 and 31. Why then is γυμνῆτας 3d declens. and the other form 1st declens. ? —— ὡς with numerals, see Lex. —— ἦν: should it not be plur., as there are two subjects connected by καί? H. 511. h. K. § 147. Rem. 1. —— τῶν ... στρατευομένων: predicate gen. ; partitive. H. 572. a. K. § 158. 3. (a.), *were of those who were engaged in mili-*

5

tary operations, etc.—— Repeat the definition of the gen. and of the accus.

§ 4. αὐτῷ : define the dat. case. H. 594. K. § 161. —— μείζονα agrees with παρασκευήν : lit. *having thought the preparation to be greater than as if against the Pisidians;* i. e. *having thought the preparation to be too great to be destined merely against*, etc. Cf. H. 660. c. K. § 323. 8. L. G.—— ὡς βασιλέα : how does ὡς as prep. differ from πρός ? See Lex. ὡς as prep.

§ 5. παρά w. g. *from beside, from* (often denoting as here the agent) ; ἀπό, *from* (a place) ; ἐκ, *out of, from*. Meanings of παρά, with the gen. dat. and accus. See Lex.—— ἀπό : list of prep. s w. the gen. alone ? H. 619. K. § 162. 8. —— διά : prep. s w. gen. and acc. ? Meaning of διά w. gen. ? w. acc. ? See Lex.—— ἐπί : preps. w. gen. dat. and acc. ? Principal meanings of ἐπί with the different cases ? See Lex.—— List. of prep. s w. dat. only ? w. acc. only ? —— σταθμούς and παρασάγγας : const. ? H. 550. b. K. § 169. 3. (6.)

§ 6. ἐξελαύνει : stem and changes ? H. 435. 2. K. § 119. —— —— ἔμεινεν : stem and changes ? H. 422. 13. K. § 111. 5. —— ἡμέρας : const. ? H. 550. a. K. § 159. 3. (6.) —— ἔχων : cf. note on λαβόντι, § 1.

§ 7. σταθμούς τρεῖς : direction of these stages ? See map.—— Κύρῳ : const. ? H. 598. K. § 161. 2. (d.) —— βασίλεια, *a palace:* on what principle plur. in Greek ? See Lex. —— ἦν : why sing. ? H. 515. K. § 147. (d.) Exception to this rule ? —— θηρίων : const. ? H. 584. b. K. § 158. 5. (a.) —— ἀπὸ ἵππου, *on horse-back:* lit. *from a horse*, because the hunter's attention is directed away from the horse towards the game. Cf. below αἱ πηγαὶ ... ἐκ, lit. *the sources are out of:* Eng. idiom, *the sources are in.* —— μέσου : force here ? and when it follows the article ? See Lex.—— αὐτοῦ : position of the genitive of personal pronouns limiting a subst. w. the article ? of the reflexive genitives ? H. 538. K. § 148. Rem. 8. —— Κελαινῶν : in apposition with πόλεως. H. 500. a. K. § 154. 2. Cf. ὁ Μαίανδρος ποταμός.

§ 8. ἔστι ... βασίλεια, *and there is also a palace of the great king*, i. e. in addition to the palace of Cyrus. ἔστι, ἐστί, and ἐστι, when used ? H. 108. 111. c. 406. 1. Rem. b. K. § 14. (a.) § 15. 3. § 16. 1 and 4. —— ὑπό : meaning w. gen. dat. and acc. ? in compos. ? See Lex. —— ῥεῖ δὲ καὶ οὗτος, *and this also flows*, i. e. this as well as the Mæander. —— ποδῶν : const. ? H. 572. h. K. § 158. 3. *the width is (a width) of twenty-five feet.* —— ἐκδεῖραι, *to have flayed*.

Π. 717. b. K. § 152. 12. (c.) G. § 23. 2. —— νικήσας, sc. αὐτόν, i. e. Marsyas. —— οἱ : dat. sing. enclit. : οἵ, the article, is proclitic : οἵ, the relat. pron. is oxytone. Cf. 1, 1, 8, note. —— περὶ σοφίας, *respecting skill*, i. e. in music. Meaning of περί, w. gen. dat. and acc. ? See Lex. —— κρεμάσαι : connected to ἐκδεῖραι by καί : from κρεμάννυμι. —— αἱ πηγαί, sc. αἱ τοῦ Μαρσύου ποταμοῦ εἰσιν.

§ 9. τῇ μάχῃ, *in the battle*, i. e. *in the well known battle* at Salamis, 480 B. C. Why the article here ? H. 527. a. K. § 148. 1. Const. of μάχῃ ? H. 608. K. § 161. 3. —— οἰκοδομῆσαι : cf. note on ἐκδεῖραι, § 8. How distinguished by the accent from the 3d pers. sing. 1st aor. optat. act., and from the 2d pers. sing. 1st aor. imperat. mid. ? H. 367. Rem. e. K. § 84. Rem. 4. —— Θρᾷκας and Κρῆτας, in apposition with the words preceding them, may be rendered adjectively. H. 500. a. K. § 154. 2. The Cretan archers were celebrated; and hence were often employed as mercenaries. Why are these words properispomena ? Cf. note on γυμνῆτας, § 3. —— σύμπαντες : ordinary position ? H. 537. K. § 148. 10. (c.) ff. —— ἀμφί : state the principal uses. See Lex. —— τούς : force of the article with numerals ? H. 528. K. § 148. 10. (f.) *about the full number two thousand.*

§ 10. ἐντεῦθεν ... εἰς Πέλτας : direction of the march ? See map. Cyrus wished to conceal his actual intentions as long as possible; and hence did not march directly towards Babylon. —— ἔθηκα : mention the aorists in -κα. Π. 381. K. § 131. 2 and § 126. 6. —— ἦσαν : subject ? H. 535. K. § 148. Rem. 2. If τὰ ἆθλα (neut. plur.) is the subject, why is the verb not singular ? The verb may agree with the predicate-noun, when it is viewed as more important. Π. 513. K. § 241. 6. L. G. —— πρός : repeat the list of prepositions used with three cases. Principal meanings of πρός with these different cases ? See Lex.

§ 11. Direction of the march ? See map. —— πόλιν : in apposition with Καΰστρου πεδίον, which like Κεραμῶν ἀγορά has the force of one compound word. —— πλέον : the adj. πλέων, agreeing with μισθός, would seem to be necessary here, but the advs. πλέον, μεῖον and ἔλαττον are often joined thus by an apparently irregular construction to a subst. : render, *more than three months' pay :* μηνῶν limits μισθός understood. —— ἐπὶ τὰς θύρας, *to his doors*, i. e. to the doors of Cyrus. —— ἀπῄτουν : difference in meaning between αἰτέω and ἀπαιτέω. See Lex. Cf. ἀποδίδωμι and ἀποθύω. Meanings of ἀπό alone, and in compos. See Lex. —— δῆλος ...

ἀνιώμενος, lit. *he was plain being troubled,* i. e. in an Eng. idiom, *he was plainly troubled,* or, *it was plain that he was troubled.* The personal for the impers. const. is comm. with δῆλος, φανερός, δίκαιος and some other words. H. 488. Rem. c. K. § 175. Rem. 5.
—— πρός: see Lex. —— ἔχοντα, instead of agreeing directly with Κύρου, as we might expect, agrees with the implied subj. of ἀποδιδόναι. Cf. note on λαβόντα, § 1 above.

§ 12. δ' οὖν: οὖν cum particulis, ut δέ, ἀλλά, aliis, juncta habet vim confirmativam. Küh. Render, *certain it is however* (δέ) *that he then gave,* etc. —— φύλακας: differs how in meaning from φυλακάς, 1, 1, 6. See Lex. Quantity of -ας in each word. Cf. note on γυμνῆτας, § 3 above. —— συγγενέσθαι: spoken here of improper intercourse.

§ 13. Direction of the march? See map. —— κρήνη ... καλουμένη, *the so-called fountain of Midas.* Why ἡ before Μίδου? H. 533. K. § 148. 9. (a.) In later writers, οὕτω was expressed with καλούμενος for this idea. —— τὸν Σάτυρον, *the Satyr,* i. e. Silenus; the article denoting a person well known. —— θηρεῦσαι: see note on ἐκδεῖραι, § 8 above. —— οἴνῳ ... αὐτήν, lit. *by mingling it* (the fountain) *with wine,* or Eng. idiom, *by mingling wine with it.*

§ 14. δεηθῆναι: from δέομαι. —— τῶν Ἑλλήνων and τῶν βαρβάρων limit ἐξέτασιν: placed at the end of the sentence for greater emphasis.

§ 15. νόμος: see Lex. —— ταχθῆναι and στῆναι have for subj. τοὺς Ἕλληνας, and depend on ἐκέλευσε. —— ἕκαστον: sc. στρατηγόν, subj. of συντάξαι, depends on ἐκέλευσε. —— ἐπί: meaning w. gen. dat. and acc.? See Lex. —— εἶχε: cf. note on ἦν, § 3 above. —— οἱ ἐκείνου: see Lex. ό. In distinction from οὗτος, ἐκεῖνος denotes an object more remote; but not unfrequently, when not contrasted with οὗτος, it refers as here to an object just mentioned. H. 679. b. K. § 303. Rem. 1. L. G.

§ 16. ἐλαύνω: principal parts? See Lex. Stem and changes? See Π. 435. 2. K. § 119. —— τοὺς Ἕλληνας: sc. ἐθεώρει. —— ἐκκεκαλυμένας: *uncovered.* The shield had commonly a covering (σάγμα).

§ 17. παρήλασε: translate as plupf. H. 706. K. § 152. Rem. 6. —— στήσας: differs how in meaning from στάς? Intrans. tenses in the act.? H. 416. 1. K. § 131. Rem. 2. —— φάλαγγα: object of ἐκέλευσε, and subj. of προβαλέσθαι and ἐπιχωρῆσαι. —— ἐσάλπιγζε: stem and changes? Others like it? Π. 328. b. Note. K. § 105. 4.

—— ἐκ τούτου, *upon this, hereupon.*—— προϊόντων : gen. abs. sc. τῶν Ἑλλήνων, *while the Greeks were advancing.*

§ 18. τῶν βαρβάρων limits ἄλλοις; also ἡ Κίλισσα and οἱ ἐκ τῆς ἀγορᾶς.—— φόβος, sc. ἦν. The omission of the imperf. is rare.—— καὶ ... καὶ ... τε ... καί, *both to others of the barbarians and (particularly) both the Cilician woman fled ... and those of the marketplace*, etc.—— ἔφ. ἐκ τῆς ἁρμ., *fled from her chariot*, because (says Hert.) she forgot in her haste and confusion that she could flee faster in her chariot than on foot. Krüg. understands it thus: *fled on her chariot;* comparing ἐκ here with ἀπό, § 7, above. Dind. has ἐπὶ τῆς ἁρμ., *on her chariot*, which is prob. the true reading. —— οἱ ἐκ τῆς ἀγορᾶς : another instance of brachylogy for οἱ ἐν τῇ ἀγορᾷ ἐκ τῆς ἀγορᾶς. Cf. τῶν παρὰ βασιλέως, 1, 1, 5.—— ᾔσθη : fr. ἥδομαι.—— τὸν ... φόβον : the intervening clause is an attributive. H. 534. K. § 148. 9. (a.); lit. *the out of the Greeks into the barbarians fear*, i. e. *the fear with which the Greeks inspired the barbarians.*

§ 19. ἔμεινε : stem and changes? H. 422. 13. K. § 111. 5. Formation of the 1st aor. of liquid verbs? H. 382. K. § 111. 3 and 4. —— χώραν : object of διαρπάσαι : οὖσαν refers to χώραν.

§ 20. ὁδόν : const.? H. 552. K. § 159. 3. (6.) —— αὐτόν : *Menon himself.*—— μετὰ w. gen. implies *participation with;* σὺν w. dat., *in company with.*—— ἐν ᾧ, *in which time;* ᾧ refers collectively to ἡμέρας τρεῖς.—— αἰτιασάμενος : sc. αὐτούς, *having accused* (*them*) *of plotting against*, etc.

§ 21. ἡ εἰσβολή : the so-called Κιλίκιαι πύλαι ; a narrow way artificially cut out of the rock, in a ravine through which runs the river Sarus.—— ἀμήχανος ... στρατεύματι, *impracticable for an army to enter*: ἀμήχανος, predicate adj. belonging to εἰσβολή. Why but two endings? H. 209. K. § 78. 1. (c.) L. G. —— Const. of εἰσελθεῖν? H. 767. K. § 171. 2. (d.) —— δι' ὃ ἔμεινεν, *wherefore he* (i. e. Cyrus) *remained*, etc. —— λελοιπὼς εἴη : nearly equivalent to λελοίποι, *had left.* Why optat. rather than indic.? H. 734 and 736. K. § 188. 3. —— ἐπεὶ ᾔσθετο, ὅτι, *when he was informed, that*, etc. —— καὶ ὅτι, *and because:* connect w. the clause λελοιπὼς ... ἄκρα. —— τριήρεις ... Ταμὼν ἔχοντα, *he heard that Tamos had galleys*, etc. Const. of ἔχοντα? H. 796. 799. K. § 175. —— τὰς κτέ.: an attributive of τριήρεις, *the galleys belonging to*, etc. Π. 533. K. § 148. 9. (a.)

§ 22. οὐδενὸς κωλύοντος : gen. abs.: peculiarity in the accent of οὐδενός? H. 120. 160. 255. K. § 33. 111. § 68. Rem. 1.—— οὗ :

adv. See Lex.——ἐφύλαττον: Krüg. and Hert. consider this as plupf. in meaning. So also ἦσαν, 1, 1, 6; ἐτύγχανεν, 1, 1, 8. Küh. and Voll. consider them all as strictly imperf.——σύμπλεων agrees w. πεδίον; Att. 2d declens. Peculiarity in accent? H. 149. K. § 30. Rem. 2.——πολύ: predicated not only of σήσαμον but also of the nouns following. H. 511. h. K. § 147. Rem. 1.——φέρει: subj.? sc. τὸ πεδίον.——αὐτό: i. e. τὸ πεδίον.

§ 23. ἦσαν w. neut. pl. subj., denoting things, occurs several times in the Anab., contrary to the general rule. See H. 515 and Exc. K. § 147. (d.) Rem. 2.——μέσης: meaning in the predicate position? meaning when preceded by the article? H. 536. K. § 148. Rem. 9.——ὄνομα, *by name:* const.? H. 549. b. K. § 159. 3. (7): εὖρος, *in width:* same const.——πλέθρων limits ποταμός.

§ 24. μετά is used with what cases? meaning w. the different cases? and in compos.? See Lex.——ἐξέλιπον ... εἰς: an abbreviated expression, *abandoned* (and fled) *into:* ἐπὶ τὰ ὄρη also implies a verb of motion. H. 618. a. K. § 165. 1 and 2.——οἱ ... ἔχοντες, sc. τὴν πόλιν οὐκ ἐξέλιπον.

§ 25. τῶν εἰς τὸ πεδίον: an attributive of ὀρῶν; the const. implies extension; *the mountains (extending) into the plain.*——οἱ μέν ... οἱ δέ: see Lex. ὁ.——ἁρπάζοντας agrees w. the subj. of κατακοπῆναι, αὐτούς understood.——οἱ δέ, sc. ἔφασαν αὐτούς, *others (affirmed that they) having been left behind*, etc.——δ' οὖν introduces a fact opposed to a mere report or supposition: *and it is certain that these were*, etc. Cf. note § 12, above.

§ 26. πρὸς ἑαυτόν, (*to come*) *to himself*, i. e. Cyrus.——οὔτε ... ἐλθεῖν, *that he had neither at any time before entered into the power* (lit. *into the hands*) *of any one superior to himself*, etc.——Κύρῳ, sc. εἰς χεῖρας.——ἔλαβε, sc. Συέννεσις.

§ 27. Κῦρος δέ, sc. ἔδωκε.——τὴν χώραν ... ἁρπάζεσθαι depends on ἔδωκε; so also ἀπολαμβάνειν with its object τὰ ... ἀνδράποδα: lit. *and that his country should no longer be plundered: and (he gave him permission) to take back*, etc.——ἤν που ἐντυγχάνωσιν, *if they* (i. e. Syennĕsis and the Cilicians) *should anywhere meet with (them,* i. e. the slaves).

CHAP. III.

The Greeks refuse to proceed farther, suspecting the real object of the expedition; but on being assured that Cyrus was leading them against Abrocomas, who was somewhere on the Euphrates, and with the promise of higher pay, they consent to resume the march. Clearchus is the principal agent in bringing about this result.

§ 1. οὐκ ἔφασαν ἰέναι, *denied that they would go;* or, more simply, *refused to go.* ἰέναι is often fut. Π. 405. 1. Rem. a. K. § 137. Rem. 3. —— τοῦ πρόσω: partitive gen. (*a step*) *of the way forward.* H. 574. e. K. § 158. Rem. 2. —— οὔ φημι : see Lex. φημί. —— ἐπὶ τούτῳ, *for this purpose,* i. e. to go against the king. —— ἐβιάζετο. H. 702. K. § 152. Rem. 4.

§ 2. μικρόν : see Lex. μικρός. —— ἐξέφυγε : ἐκφεύγω, stem and changes? H. 326. 425. 16. K. § 100. 1. (b.) —— τὸ μὴ καταπετρωθῆναι : obj. of ἐξέφυγε, *he narrowly escaped that he should not be stoned to death;* or, more simply, *he narrowly escaped being stoned to death.* For this use of μή w. the infin. in connection with verbs of negative meaning, such as hindering, etc., see H. 838. K. § 177. 7. The negative in this case is not comm. rendered. —— ὅτι οὐ δυνήσεται, *that he would* (lit. *will*) *not be able.* H. 735. a. K. § 188. 4. —— ἐδάκρυε ... ἑστώς: lit., *standing he wept;* in an Eng. idiom, *he stood and wept.* For irregularity in form and meaning, see H. 305. 416. 1. K. § 131. Rem. 2. § 134. 3. —— τοιάδε, *somewhat as follows:* τάδε, *as follows,* would denote more accuracy in the report of what was said. The same distinction prevails between τοιαῦτα and ταῦτα, referring to what precedes.

§ 3. ἄνδρες: see Lex. ἀνήρ. —— μή shows that θαυμάζετε is imperat., *be not,* etc. —— πράγμασιν : const.? H. 611. a. K. § 161. 2. (c.) —— φεύγοντα, *while a fugitive:* cf. note 1, 1, 7. —— οὐκ ... ἐμοί, *I did not lay* (them) *up for my own private advantage:* κατεθέμην; state the principal uses of the mid. voice. H. 687. ff. K. § 150. 3. —— ἀλλά before οὐδέ is rare in the Greek of this period ; but occurs oftener in later writers. Matthiæ renders *nein auch nicht, no, nor did I,* etc. —— καθηδυπάθησα ... ἐδαπάνων: the aor. and impf. differ how? H. 701. 705. K. § 152. 8, 9, 10.

§ 4. ἐτιμωρούμην, sc. αὐτούς. Force of the mid. voice here? Π. 691. K. § 150. 3. (b.) See Lex. τιμωρέω. Observe that the reflexive relation expressed by the Greek mid. is often not represented in Eng. —— μεθ' ὑμῶν: cf. note 1, 2, 20. —— ἐξελαύνων βουλομένους, *by driving them ... when they wished.* H. 788. ff. K. § 176. 1. —— Ἕλληνας and γῆν: objects of ἀφαιρεῖσθαι. H. 553. K. § 160. 4. —— εἴ τι δέοιτο, *if he should need anything:* δέομαι comm. takes the gen. H. 575. K. § 158. 5. (a.) It takes for the most part only neut. pronouns, seldom neut. adjectives, in the accus. —— ἀνθ᾽ ὧν = ἀντὶ τούτων ἅ, *in return for those things which I had experienced as favors* (εὖ ἔπαθον), or, more freely, *in return for the favors which I had received.*

§ 5. ἀνάγκη, sc. ἐστί. —— προδόντα agrees with the implied subj. of χρῆσθαι. The dat. προδόντι, agreeing with μοι, would also be grammatical. Cf. note on λαβόντα, 1, 2, 1. —— δ᾽ οὖν, *but certainly:* cf. note 1, 2, 12 and 25. —— ὅ, τι ... πείσομαι, *I will suffer whatever may be necessary:* πείσομαι fr. πάσχω takes the accus., fr. πείθομαι the dat. —— οὔποτε ... οὐδείς: a negative followed by a compound neg. of the same kind to strengthen the negation; *no one ever.* H. 843. K. § 177. 6. —— Ἕλληνας: indefinite, implying *any Greeks;* τοὺς Ἕλληνας, definite, denoting *the Greeks* just referred to, i. e. those whom he may have led among the barbarians. —— εἱλόμην: force of the mid. voice?

§ 6. πείθεσθαι: force of the mid. here? —— ἕπεσθαί τινι, *to follow any one:* ἕπ. σύν τινι, *to follow in company with any one:* ἕπ. ἅμα τινί, *to follow at the same time with any one:* ἕπ. μετά τινος, *to follow participating with any one.* —— ἂν ... εἶναι τίμιος, *that I should be honorable.* Const. of τίμιος? H. 774. 775. K. § 172. 3. —— ὑμῶν: const.? H. 584. f. K. § 157. —— ἱκανός: const.? cf. τίμιος. —— ὡς ἐμοῦ, κτέ.: gen. abs., *as if I were about to go,* or, more freely, *be assured that I will go,* etc.: ἰόντος; cf. note on ἰέναι, § 1, above. —— ὑμεῖς, sc. ἴητε.

§ 7. οἵ τε αὐτοῦ ἐκείνου, *both those of him himself:* αὐτοῦ intens. here, Lat. *ipse;* ἐκείνου: cf. note 1, 2, 15. —— οἱ ἄλλοι, *the others,* i. e. those of the other generals. —— ὅτι, with its clause, is explanatory of ταῦτα, *these things, that he refused,* etc. —— φαίη: orat. obliq. H. 734. ff. K. § 188. —— πορεύομαι: what is a deponent pass.? a dep. mid.? H. 413. K. § 118. Rem. Do depon. verbs show the reflexive meaning of the mid. voice? H. 692. K. § 150. Rem. 5. —— ἐπῄνεσαν, sc. αὐτόν: peculiarities in conjugation of ἐπαινέω. See Lex.; also H. 420. 4. K. § 98. (b.) —— παρά is used in this section w. gen. dat. and acc. Difference in meaning?

§ 8. τούτοις: const.? H. 611. K. § 161. 3. —— μετεπέμπετο: mark the force of the imperf., *continued sending for,* or *repeatedly*

BOOK I. CHAP. III.

sent for. —— πέμπων, κτέ., *sending a messenger told him*, etc. —— μεταπέμπεσθαι, *to continue*, etc. Cf. μετεπέμπετο, above.

§ 9. δ': how does τέ become δ'? —— τοὺς προσελθόντας αὐτῷ, *those who had come to him*, i. e. from Xenias and Pasion. αὐτῷ: const.? H. 605. K. § 284. Rem. 2. L. G. —— τὸν βουλόμενον, *the one who desired*, i. e. *any one who desired* (to be present in the assembly), limited by τῶν ἄλλων as gen. of the whole. —— τὰ μὲν δὴ Κύρου, κτέ., *the relations of Cyrus are manifestly just the same* (lit. *so) towards us, as ours towards him.* δῆλον ὅτι (also written δηλονότι) is often placed thus in the midst of a sentence and used as adv. —— ἐκείνου στρατ., *soldiers of his.* Cf. note on ἀδελφὸς αὐτοῦ, 1, 1, 8.

§ 10. καὶ ... αὐτοῦ, *even though he continues to send for* (me). —— τὸ μὲν μέγιστον, *chiefly.* The correlative clause is ἔπειτα instead of ἔπειτα δέ. Cf. πρῶτον μὲν ... εἶτα, § 2. —— ἐψευσμένος: force of the mid. here? II. 690. K. § 150. Rem. 3. —— δεδιὼς κτέ., like αἰσχυνόμενος, is closely connected with οὐκ ἐθέλω, κτέ., the participles here denoting cause: *I am not willing to go* (to him) ... *because I fear that having taken me he may inflict punishment* (on *me) for those things in which he supposes*, etc. ὧν = τούτων ἅ. The relative is attracted (from the acc.) to the case of the omitted antecedent. H. 808. K. § 182. 6. ὧν is gen. of cause. II. 577. K. § 158. 6. II.

§ 11. ἡμῶν αὐτῶν. H. 235. K. § 57: const.? II. 576. K. § 158. 6. 1. (b.) —— βουλεύεσθαι: force of the mid. here? H. 690. a. K. § 150. 3. (b.) —— ὅ, τι (or ὅ τι), fr. ὅστις, is interrog. for an indirect, as τίς, τί is interrog. for a direct question. —— ἐκ τούτων: see Lex. ἐκ. —— αὐτοῦ, adv.: see Lex. —— σκεπτέον εἶναι, sc. ἡμῖν, *that we must consider*, etc. H. 804. ff. K. § 168. 1 and 2. —— ὅπως ... ἄπιμεν, *how we shall go away*, etc., connect in idea w. σκεπτέον ... εἶναι. Tense of ἄπιμεν? see note on ἰέναι, § 1. —— στρατηγοῦ and ἰδιώτου limit ὄφελος, *there is no profit either in general*, etc.

§ 12. ἀνήρ, i. e. Cyrus; sc. ἐστίν. —— πολλοῦ: const.? H. 584. e. K. § 158. 7. (γ.) —— ᾧ ἂν ... ᾖ, *to whomsoever he may be*, etc. See Lex. ἄν. —— αὐτοῦ: connect w. πόρρω. H. 589. K. § 158. Rem. 1. (d.)

§ 13. ἐκ: see Lex. —— ἐγίγνωσκον: see Lex. —— ἐκείνου, i. e. Clearchus. —— μένειν and ἀπιέναι depend on ἀπορία. H. 767. K. § 306. 1. (d.) L. G.

§ 14. εἷς δὲ δή: correlative with οἱ μέν and οἱ δέ above, *some ... others ... but one particularly.* —— ἑλέσθαι, fr. αἱρέω, depends on εἶπε, *proposed*. —— βούλεται : for liveliness of narration instead of βούλοιτο. H. 734. b. K. § 188. 4. —— ἡ δ' ἀγορὰ ... στρατεύματι. This clause is not a part of the speech, but is thrown in as explanatory, to show how absurd the preceding proposal was. —— συσκευάζεσθαι, like ἑλέσθαι and ἀγοράζεσθαι, depends on εἶπε ; so also the following infinitives in this section. Point out the force of the mid. in all these verbs. —— ἐλθόντας, sc. αὐτούς subj. of αἰτεῖν. —— Κῦρον, πλοῖα : const. ? H. 553. K. § 160. 4. —— ἐὰν ... διδῷ, instead of εἰ ... διδοίη ; ἀπάξει instead of ἀπάγοι or ἀπαγάγοι. Cf. note on βούλεται, above. —— ταχίστην : see Lex. ταχύς. —— προκαταληψομένους, *persons to pre-occupy*, etc.: obj. of πέμψαι. —— φθάσωσι ... καταλαβόντες, *may have anticipated (us) in having occupied (them)*. For φθάνω w. particip. see H. 801. K. § 175. 3. —— ὧν limits πολλούς as partitive gen., and χρήματα as gen. of possession. It relates to οἱ Κίλικες. —— ἔχομεν δινηρπακότες denotes the continued possession : *from whom having taken many captives,* etc., *we still possess them*. —— τοσοῦτον, *thus much*, i. e. *only thus much*, directing attention to the brevity of his speech.

§ 15. ὡς ... ἐμέ : acc. abs. H. 793. K. § 176. Rem. 2. —— στρατηγίαν : see Lex.; cognate-acc. w. στρατηγήσοντα. H. 547. K. § 159. 2. —— μηδεὶς ... λεγέτω, *let no one of you speak as if I were about*, etc. —— δι' ἅ, *on account of which*, or simply, *why*. —— ποιητέον : see Lex. —— ὡς δέ, sc. ἕκαστος λεγέτω (suggested by μηδεὶς λεγέτω), *but let each of you say that*, or *entertain the opinion that*, etc. —— τῷ ἀνδρὶ ... πείσομαι, *I shall yield to*, etc. Cf. note on πείσομαι, § 5. —— ὃν ἂν ἕλησθε, *whom you shall have chosen ;* ἄν w. aor. subjunc. H. 747. a. K. § 152. Rem. 3. —— ᾗ δυνατὸν μάλιστα : see Lex. ᾗ. —— ὅτι ... ἐπίσταμαι. It was admitted by all that he knew how to govern (ἄρχειν); hence the force of καί, *that I know how to be governed also*. —— μάλιστα ἀνθρώπων : added for emphasis; lit. *as any other one also especially of men*, i. e. *as well as any other one among men*.

§ 16. τοῦ κελεύοντος, *of the person urging*, etc., limits εὐήθειαν. —— ὥσπερ ... ποιουμένου : pres. in vivid narration for fut. H. 699. a. K. § 255. Rem. 3. L. G., *just as if Cyrus would make the march back again*, i. e. *just as if Cyrus would return*, not prosecuting the expedition any farther, and so have no need of his ships. Kühner and some others read μή before ποιουμένου, and translate *quasi retro Cyrus navigaturus non esset*. —— ἡγεμόνα αἰτεῖν παρὰ τούτου : what other const. occurs w. αἰτεῖν ? Cf. § 14. —— ᾧ before λυμαινόμεθα :

const.? H. 597. K. § 161. 2. (c.) (δ.) end. —— λυμαινόμεθα: see H. 734. b. K. § 188. 4. —— ᾧ before ἂν Κῦρος διδῷ: object of διδῷ, attracted fr. acc. to the case of its antecedent ἡγεμόνι. H. 808. K. § 182. 6. —— τί ... προκαταλαμβάνειν is comm. understood thus: *what hinders Cyrus from giving orders to pre-occupy the heights also against us?* ἡμῖν: const.? H. 597. K. § 161. 2. (c.) (δ) end. καί before τὰ ἄκρα implies: as he could harm us in other respects, so *also*, by pre-occupying the heights.

§ 17. ἐγώ is not expressed unless there is some emphasis on it. —— γάρ refers to what is implied above:—I have no confidence in the plans proposed; *for I for my part should be reluctant,* etc. —— μή, *lest*, after ὀκνοίην as after a verb of fearing. —— τριήρεσι: const.? H. 604. end. K. § 161. 1. (β.) —— ᾧ: object of δοίη; cf. note on ᾧ before ἄν, § 16. —— ὅθεν = ἐκεῖσε ὅθεν, *to a place from which*, the antecedent of a relative adv. like that of a relat. pron. being often omitted. —— οἷόν τε: see Lex. οἷος. —— ἄκοντος Κύρου: gen. abs.; ἑκών and ἄκων, which resemble participles, do not comm. take ὄντος or ὄντων in the gen. abs. —— λαθεῖν: see Lex. λανθάνω. See also H. 801. K. § 175. 3.

§ 18. οἵτινες: sc. εἰσίν. —— τί ... χρῆσθαι: see Lex. χράομαι. Const. of τί? H. 552. K. § 159. 3. (7.); τί is less comm. than ὅ, τι in an indirect question. H. 682. K. § 187. 3. (9.) —— ᾖ: fr. εἰμί. —— οἷᾳπερ = τοιαύτῃ οἵᾳπερ. The antecedent is omitted and the relat. attracted to its case. οἵᾳπερ would have the same const. as τί above. Render, *similar to that in which he formerly also employed the mercenaries.* For the allusion, cf. 1, 1, 2. —— ἡμᾶς: subj. of ἕπεσθαι. The clause depends on δοκεῖ above. —— τούτῳ, i. e. Κύρῳ: depends on σύν in compos.

§ 19. τῆς πρόσθεν: sc. πράξεως. —— ἀξιοῦν, and below ἀπαγγεῖλαι and βουλεύεσθαι w. its subj. acc. depend on δοκεῖ, § 18. —— ἤ ... ἤ, *that he having either persuaded should lead us, or,* etc., depends on ἀξιοῦν. —— πρὸς φιλίαν, and below πρὸς ταῦτα: see Lex. πρός. —— φίλοι: adj. agreeing w. the subj. of ἐποίμεθα, *in following, we should follow (being) friendly to him,* etc. Force of the mid. in φαίνηται and βουλεύεσθαι? H. 688. ff. K. § 150. 3.

§ 20. ἔδοξε ταῦτα: notice the asyndeton (omission of the connective). H. 854. K. § 325. L. G. Similar instances, when the verb stands first and the demonstrative follows, are numerous. —— τὰ δόξαντα τῇ στρατιᾷ, *the things which seemed good for the army,* i. e. *what had been resolved on for the army.* —— τὴν δίκην: obj. of ἐπιθεῖναι. For the force of the article, see H. 527. c. K. § 148. 1. See also Lex. δίκη.

§ 21. ἄγει: in lively narration for ἄγοι. H. 734. b. K. § 188. 4.
—— οὗ: relat. attracted to the case of the omitted antecedent. Cf. note on ᾧ before ἄν, § 16; also οἷᾳπερ, § 18. —— τοῦ ... τῷ: H. 527. e. K. § 148. Rem. 6.—Define the act. mid. and pass. voices. II. 684. ff. K. § 149.

CHAP. IV.

The march from Tarsus to the Euphrates. Manner of passing the Pylæ Syriæ;—desertion of Xenias and Pasion;—conduct of Cyrus towards them;—arrival at Thapsacus on the Euphrates;—Cyrus discloses his real object;—dissatisfaction of the army;—at length, influenced by fresh promises and by the example of Menon, the whole army crosses the Euphrates.

§ 1. Ἰσσούς: afterwards celebrated for the great battle between Alexander and Darius III. in the year 333 B. C. —— οἰκουμένην: see Lex. οἰκέω. Define the pass. voice. State some points in which it differs from the Latin pass. H. 693. ff. K. § 150. 4. ff.

§ 2. αἱ ... νῆες: mentioned above, 1, 2, 21. —— ἐπ' αὐταῖς, *over them*, denoting command. In § 3, ἐπὶ τῶν νεῶν, *on the ships*, denotes situation only. —— ἡγεῖτο αὐτῶν, *led them*, i. e. the entire fleet; while Pythagoras was admiral of the Peloponnesian ships only. —— ἐξ Ἐφέσου: connect w. ἡγεῖτο. —— πρὸς αὐτόν, *against him*, i. e. Tissaphernes. —— Define the imperf. tense, and point out its force in each of the verbs in this section. H. 701. K. § 152. 9. ἐπολιόρκει and ἐπολέμει are considered by Krüger and Hertlein as used here for the pluperf.; but Küh., Voll. and others, deny that the imperf. can ever be thus used.

§ 3. μετάπεμπτος: force of the verbal adj. in -τος, as distinguished fr. the verbal in -τέος? H. 398. K. § 234. 1. (i.) L. G. Cf. αἱρετοί, 1, 3, 21. —— ἀποστάντες: intrans. in what tenses of the act.? H. 416. 1. K. § 181. Rem. 2.

§ 4. ἐντεῦθεν, *thence*, i. e. from Issi, or, as comm. written, Issus. Direction of the march? See map. —— ἐπὶ πύλας, *to the pass:* the article is omitted, as often w. names of places. H. 530. a. K. § 148. Rem. (c.) —— ἦσαν ... τείχη, *and these were two walls*. Thus Xen. describes somewhat indefinitely the pass itself; because fortified by a wall at each extremity. Notice ἦσαν w. neut. plur. Cf. note 1, 2, 23. Notice ταῦτα, neut., referring to πύλας. H. 503 and 513. b.

K. § 147. Rem. 1.—— τὸ ἔσωθεν and τὸ ἔξω: sc. τεῖχος. For the use of ἔσωθεν and ἔξω, see H. 534. K. § 148. 8. What does τύ, after ἔσωθεν and ἔξω, belong to? H. 533. K. § 148. 9. (a.)—— μέσου: subst., see Lex.—— τούτων: i. e. τῶν τειχῶν limits μέσου.—— εὖρος: acc. of specification. H. 549. b. K. § 159. 3. (7.)—— πλέθρον limits ποταμός.—— ἦσαν agrees w. the predicate στάδιοι. H. 513. K. § 241. 6. L. G.—— στάδιοι: gend. in sing. and plur., see Lex.—— οὐκ ἦν: impers. *it was not possible*.—— ἐφειστήκεσαν: the reading of Dind., Krüg., Hert., Matt. and Voll. Küh. reads ἐφεστήκεσαν, fr. ἐφίστημι.—— This section may be better understood by the following diagram.

```
              πέτραι ἠλίβατοι
  τὸ ἔσωθεν τεῖχος   ┌──────────────────────────┐   τὸ ἔξω τεῖχος
  Πύλαι τῆς Κιλικίας │  πύλαι  :Κύρος: :Ποταμός:│   Πύλαι τῆς Συρίας
                     └──────────────────────────┘
                           θάλαττα
```

§ 5. ἀποβιβάζω and ἀποβαίνω: diff. in meaning? See Lex.—— εἴσω, *within*, i. e. *between* the two walls: ἔξω, *without*, i. e. on the Syrian side; see plan, above: πυλῶν: connect with εἴσω as well as ἔξω: const.? H. 589. K. § 157.—— καὶ βιασάμενοι, *and that they* (Cyrus and his army) *having overpowered the enemy*. For a similar change of subj. in two succeeding clauses, from the commander alone to the commander and men, see § 19.—— φυλάττοιεν: sc. οἱ πολέμιοι.—— ὅπερ, *which very thing*, i. e. the keeping guard at the Syrian pass.—— ἔχοντα, *because he had*. H. 789. c. K. § 176. 1. (b.)—— Κῦρον ... ὄντα, *that Cyrus was*, etc. Supplementary particip., H. 796. ff. K. § 175. Point out the distinction between the impf. and aor. as used in this section.

§ 6. ἦν: subj.? H. 535. K. § 148. Rem. 2. Notice the use of ἦν here, instead of ἐστί, assimilated to the form of the accompanying narration: so often. Cf. ἦν, § 1; ἦσαν and ἦν, § 4; ἐνόμιζον, § 9; ἐχώρει, 1, 5, 6.—— ὥρμουν: fr. ὁρμέω. What is the impf. of ὁρμάω?

§ 7. φιλοτιμηθέντες: the allusion is explained 1, 3, 7. Is the aor. particip. always to be rendered as denoting past time? H. 717. a. K. § 257. 1. (d.). L. G.—— τοὺς στρατιώτας: obj. of ἔχειν, *because Cyrus allowed Clearchus to retain*, etc.—— αὐτῶν: notice its position. If the connection had required αὑτῶν, where would it stand?

II. 538. K. § 148. Rem. 8. Observe the important force of τούς after αὐτῶν: *their soldiers, those who had gone away*, etc. Without τούς it would mean, *their soldiers* (implying all of them) *after having gone away*, etc.; τούς makes the clause following it an attributive of στρατιώτας. H. 492. d. K. § 148. 9. (a.) —— Force of ὡς before a particip.? See Lex. ὡς. —— εἴα: impf. 3d sing. fr. ἐάω. For the augment, see H. 312. K. § 87. 3. —— ὅτι introduces here the *oratio recta*. H. 734. K. § 188. —— ὡς ... ὄντας, *on the ground that they were*, etc. See Lex. ὡς.

§ 8. ἀπολελοίπασιν: wherein does the Greek differ fr. the Latin perf.? The Greek pf. is always definite. H. 696. K. § 152. 5. —— ἐπιστάσθωσαν: imperat. fr. ἐπίσταμαι. —— οἴχονται: mention some verbs which in the pres. tense have a pf. meaning. H. 698. K. § 152. Rem. 1. —— οὐδ' ... οὐδείς, *nor shall any one say*. When do two negatives strengthen the negation? H. 843. K. § 177. 6. —— χρῶμαι, *make use of* (him, the person denoted by τὶς). —— αὐτούς, though plur., refers to τὶς as collective in its force. —— ἰόντων, *let them* (i. e. Xenias and Pasion) *go*. —— κακίους: nom. pl. H. 174. K. § 35. Rem. 4. —— καίτοι ... γε ... ἀλλ', *although I have indeed ... yet*, etc.: γέ adds emphasis to the preceding word. H. 850. 1. K. § 317. 2. L. G. —— φρουρούμενα refers to both nouns, τέκνα and γυναῖκας, considered as things. H. 511. Rem. 1. K. § 242. 1. (γ.) L. G.

§ 9. ἥδιον and προθυμότερον: how are the compar. and superl. of adverbs comm. formed? H. 228. K. § 54. —— πλέθρου limits ποταμόν. Cf. πλέθρων, 1, 2, 23; *being (of) a plethron in width*. πλήρη agrees with ποταμόν. —— Declens. of πραέων? H. 219. Rem. a. K. § 48. —— ἐνόμιζον and εἴων: cf. note on ἦν, § 6; also εἴα, § 7. —— οὐδὲ τὰς περιστεράς: sc. ἀδικεῖν εἴων. —— εἰς ζώνην δεδομέναι, *having been given for girdle-money*, or *given to supply her with girdles*. The tribute from different provinces of the Persian empire was often thus devoted to supply the various wants of the Persian queens. In what tenses are the pass. and mid. voices alike in form; and in what different?

§ 10. ἐντεῦθεν: direction of the march? See map. —— οὗ ... πλέθρου: Krüg. explains the const. thus: οὗ τὸ εὖρός ἐστι εὖρος πλέθρου, *whose width is (that of) a plethron*. —— τοῦ ... ἄρξαντος, *the governor of Syria*: lit. *the one having governed Syria* (i. e. up to the time when Cyrus arrived). —— αὐτόν, i. e. παράδεισον.

§ 11. τεττάρων σταδίων is thought by Kiepert to be a mistake either of the memory or of the pen for τεττάρων πλέθρων. ——

ὀνόματι, *by name:* const.? H. 609. K. § 161. 4. The acc. would be far more comm., and Dind. reads here ὄνομα.

§ 12. αὐτοὺς ... κρύπτειν, *that they* (the generals) *knowing these things long before, concealed them.* φημί takes comm. the acc. and infin.; while λέγω comm. has ὅτι or ὡς and a finite mood. —— ἐὰν ... διδῷ, H. 747 and 750. K. § 185. 2. (3.), *unless some one* (referring of course to Cyrus) *should give,* etc. —— ὥσπερ, κτέ., *just as also* (money was given) *to the former* (*soldiers*) *who went up,* etc. For the allusion, see 1, 1, 2. —— Κύρου and τοῦ Κύρου: rule for the article w. proper names? H. 530. a. K. § 148. 5. —— καὶ ταῦτα ... ἰόντων, *and that too, though they were not going,* etc.: καὶ ταῦτα is often thus rendered; the const. may be explained by understanding ἐδόθη, *and these things were given, though,* etc.: ἰόντων : gen. abs., sc. αὐτῶν. Does the Greek gen. abs. differ from the Latin ablative abs.? H. 791. K. § 312. Rem. 1, L. G. The dat. ἰοῦσιν, agreeing w. τοῖς προτ., would have been grammatical.

§ 13. δώσειν : the fut. infin. is the usual const. w. ὑπισχνέομαι ; yet see παύσασθαι, 1, 2, 2. —— μνᾶς : value of the silver mina? see Lex. —— ἥκωσι and καταστήσῃ : cf. note on ἐὰν ... διδῷ, 1, 3, 14 ; see also H. 728. K. § 183. 3. (b.) —— καταστήσῃ : what tenses are intrans. in the act.? see Lex. ἵστημι. —— τὸ πολύ, *the greater part,* lit. *the much.* —— πρὶν ... εἶναι, *before it was plain:* H. 768, 769. K. § 183. Rem. —— τί ποιήσουσιν : the form of a direct question, for liveliness of narration ; and, since it depends on this clause, ἕψονται has also the form of *orat. recta.* We render the whole more naturally as indirect: *what the rest of the soldiers would do, whether they would follow,* etc.

§ 14. πλέον strengthens the idea of προ-. —— ὑμᾶς ... διαβῆναι, *that it is expedient for you to cross:* ὑμᾶς, subj. of διαβῆναι ; χρῆναι, impers., depends on φημί. —— πρὶν ... εἶναι, *before it is plain:* cf. note § 13. —— ὅ, τι, fr. ὅστις : differs how in use fr. τί ? H. 682. K. § 62. Rem. 1 ; differs how fr. ὅ ? The last is never interrog. —— ἀποκρινοῦνται : formation of the fut. of liquid verbs? H. 373. K. § 111.

§ 15. αἴτιοι : adj. qualifying ὑμεῖς, *the cause of this,* i. e. of their voting to follow. —— ἄρξαντες : force of the particip. here. H. 789. c. K. § 176. b. Does the aor. differ in meaning from the perf. particip.? H. 715 and 717. K. § 257. 2. L. Gram. ; G. § 18. 4. § 24. —— χάριν εἴσεται (fr. οἶδα) ; see Lex. χάρις : ἀποδώσει, sc. χάριν. Cf. Lat. *gratiam habere* and *referre.* —— τί τις καὶ ἄλλος : cf. 1, 3, 15. ——

ὑμῖν ... εἰς, *but you, (being) most faithful, as if alone obeying, he will employ both for,* etc. —— καὶ ἄλλου ... Κύρου, *and anything else, whatever you shall want, I know that you will obtain from Cyrus as a friend.* ἄλλου may depend as gen. on τεύξεσθε, since τυγχάνειν can take two genitives; or it may be instead of ἄλλο by inverted attraction. H. 817. K. § 182. Rem. 4. The latter explanation is preferred.

§ 16. διαβεβηκότας, sc. αὐτούς, *that they had crossed over:* const. ? H. 796. ff. K. § 175. —— ἥσθη: fr. ἥδομαι. —— τῷ στρατεύματι ... εἶπεν, *said to the army* (i. e. said it through the messenger whom he sent: cf. ἔλεγε, 1, 3, 8). —— νομίζετε is in form either indic. or imperat. Which is it in meaning? H. 882. ff. K. § 177. 3, 4, 5. Force of μή w. pres. imper. ? H. 723. a. K. § 153. Rem. 2.

§ 17. οἱ στρατιῶται, *the soldiers,* i. e. those of Menon. —— Μένωνι: const.? H. 597. K. § 161. 2. (c.) (δ.) end. —— καὶ δῶρα, *gifts also,* not merely thanks, as to the soldiers. —— τῶν διαβαινόντων limits οὐδείς. How does the pres. represent an action ? H. 695. ff. K. § 152. 12. end.

§ 18. γένοιτο: why optat.? H. 731. —— εἰ μή: see Lex. εἰ. —— ἀλλὰ πλοίοις, *but* (that it was passable only) *with boats.* —— διαβῇ: see H. 739. K. § 188. 4. —— τὸν ποταμόν: subj. of ὑποχωρῆσαι; both together depend on ἐδόκει, *it seemed that the river manifestly receded before Cyrus as,* etc.; "a mere piece of flattery to Cyrus," says Grote. See Hist. Greece, ch. 69, note on this passage.

§ 19. ἐντεῦθεν: direction of the march ? see map. —— Were the boundaries of Syria the same in the time of Xen. as in the Roman period ? see Lex. —— ἀφικνοῦνται: cf. note on βιασάμενοι, § 5.

CHAP. V.

The march on the left bank of the Euphrates to a point opposite Charmande. Sufferings of the army in the desert;—dangerous quarrel of Clearchus and Menon, in which the Greeks generally became involved, settled by the expostulation of Cyrus.

§ 1. εἴ τι, *whatever,* is collective; hence ἅπαντα, plur. —— ἦσαν: another instance of plur. verb w. neut. plur. subj. —— ἐνῆν: sc. τούτῳ τῷ τόπῳ. —— εὐώδη: see Addenda.

§ 2. θηρία: sc. ἐνῆν or ἐνῆσαν. —— διώκοι, πλησιάζοιεν, θηρῷεν: force of the optat.? H. 729. b. K. § 182. 8. (c.) —— προδραμόντες, fr. προτρέχω. —— ἕστασαν: see H. 305. K. § 134. 3. Difference in meaning between ἵστασαν, ἕστασαν and ἔστησαν (1st and 2d aor.)? —— πολύ qualifies θᾶττον, *much swifter*. —— ταὐτόν = τὸ αὐτό. Π. 234. K. § 60. Rem. —— λαβεῖν, sc. αὐτούς.

§ 3. ἀπεσπᾶτο has for its subj. στρουθός, which is either masc. or fem. —— τοῖς μὲν ... χρωμένη: see Lex. χράομαι. —— αἴρουσα, sc. τὰς πτέρυγας, *raising (them) up.* —— ἂν ... ἀνιστῇ: force of this const.? H. 747. K. § 185. 2. (3.) —— ἔστι, *it is possible.* When written ἔστι, when ἐστί, and when ἐστι? H. 406. Rem. b. and 111. c. K. § 16. 1 and 4.

§ 4. ἦν and περιερρεῖτο: cf. note on ἦν, 1, 4, 6. —— ὄνομα ... Κορσωτή, *and its name was Corsote* ; lit. *Corsote was a name to it.* —— Μάσκα: declens.? H. 136. Rem. d. K. § 27. Rem. 1.

§ 5. Direction of the march? see map. —— οὐδὲ ... δένδρον, *nor anything else, not even a tree.* —— οἱ ἐνοικοῦντες, sc. ταύτῃ τῇ χώρᾳ. —— ἦγον, took (them, i. e. the mill-stones). —— καὶ ... ἔζων (fr. ζάω), *and lived by purchasing corn in return* (for the mill-stones).

§ 6. ἐν τῇ Λυδίᾳ ἀγορᾷ. We learn from Herod. 1. 155 and 157, that the elder Cyrus, after the conquest of Lydia, forbade the use of arms to the inhabitants, and that henceforth they devoted their attention to trade. —— τὴν καπίθην: in apposition w. the obj. of πρίασθαι (σῖτον understood). For the force of the article, see Π. 527. c. K. § 148. 1: *the (usual) measure of*, etc. —— σίγλων: const. ? H. 578. K. § 158. 7. (γ.) —— δύναται: see Lex. ——'Ἀττικούς agrees w. the principal word ὀβολούς ; but qualifies both. H. 511. h. K. § 242. 1. (b.) L. G. Value of the ὀβολός? see Lex. The price of corn in the army at this time was about sixty times as much as the usual price at Athens. —— ἐχώρει: cf. note on ἦν, 1, 4, 6.

§ 7. ἦν ... οὕς = ἐνίους, *some.* H. 812. K. § 182. Rem. 2. Lit. *some of these stages he marched very long*, i. e. *some of these stages which he accomplished were very long.* ἦν οὕς depends on ἤλαυνεν as cogn. acc. H. 547. K. § 159. 2. —— βούλοιτο: cf. note on διώκοι, § 2. —— καὶ δή often introduces something specially emphatic: *And what was worthy of special notice, on a certain occasion when,* etc. —— φανέντος, gen. abs., predicated of στενοχωρίας as well as πηλοῦ. H. 511. h. K. § 242. 1. (b.) L. G. —— τοῦ ... στρατοῦ depends on λαβόντας. H. 574. K. § 158. Rem. 2: *having taken a part of the,* etc.

§ 8. ποιεῖν: notice the force of the pres. here. H. 696. K. § 152.

12. —— ἦν : impers., *it was possible.* —— κάνδυς : see Dict. Antiqq., art. Candys. —— ἔτυχεν ἑστηκώς : cf. note on παρὼν ἐτύγχανε, 1, 1, 2 : ἑστηκώς : what tense in form? in meaning? H. 416. 1. K. § 131. Rem. 2. —— ἵεντο : force of the mid.? see Lex. —— δράμοι : define the optat. mood. H. 721. ff. K. § 153. 1. b. (β); force here? H. 748. 754. a. 758. K. § 185. 2. (4.) and Rem. 4. —— περὶ νίκης, *for victory*, in allusion to the Grecian games. —— καὶ μάλα πρανοῦς, *even very steep.* —— τούτους, *those (well-known),* etc. —— ἀναξυρίδας : see Dict. Antiqq., art. Braccæ. —— ἔνιοι δὲ καί, sc. ἔχοντες. —— σὺν τούτοις, i. e. the expensive articles of dress just mentioned. —— θᾶττον ἢ ὡς : lit. *sooner than as,* or, *in a way sooner than ;* ὡς is here a relat. adv. denoting manner. We should render the phrase simply, *sooner than:* τίς ἂν ᾤετο (fr. οἴομαι), *one would suppose.* Force of ἄν w. impf. indic.? H. 746. K. § 153. 2. a. (a). Perhaps the protasis might be thus : εἰ μὴ εἶδεν, *sooner than one would suppose, if he had not seen it ;* but the contrary was true : *one did see it, and consequently it became credible.*

§ 9. ὡς : force before a particip.? see Lex. ; ὡς after δῆλος ἦν or ἐστί is rare. —— ὅπου μή, *except where*, lit. *where not.* —— ὅσῳ τοσούτῳ : see Lex. τοσοῦτος. —— ἔλθοι : force of the optat. here? H. 760. d. K. § 182. 8. (d.) —— μαχεῖσθαι, f. infin., depends on νομίζων. —— σχολαιότερον, sc. ἔλθοι. —— συναγείρεσθαι : also depends on νομίζων : force of the pres. infin.? H. 714. K. § 152. 12. —— συνιδεῖν ... ἰσχυρὰ οὖσα, lit. *to the one giving his attention, the king's government was being strong to view in general* (συνιδεῖν): τῷ προσέχοντι : const.? H. 601. a. K. § 284. 3. (10.) L. G. —— συνιδεῖν : const.? depends on ἰσχυρά. H. 767. K. § 171. Freely rendered, *it was plain to one turning his attention towards it, that the king's government was strong in,* etc. —— τῷ ... δυνάμεις, *from the fact that the forces were widely scattered* (dat. of respect w. ἀσθενής, which is in the same const. w. ἰσχυρά). —— εἰ ... ἐποιεῖτο : force of this const.? H. 745. K. § 185. 2. (1.)

§ 10. κατά : see Lex. —— διαβαίνοντες, sc. τὸν ποταμόν. —— συνέσπων : συσπάω. —— τὸ ὕδωρ : subj. of ἅπτεσθαι. —— Why τῆς before ἀπὸ τοῦ φοίνικος? H. 533. 534. K. § 148. 9. (a.) —— τοῦτο, i. e. μελίνη. See H. 503. 522. K. § 147. (b.) Rem. 1.

§ 11. τῶν τε ... καὶ τῶν τοῦ Κλεάρ., *both the soldiers of Menon and those,* etc., gen. abs. w. ἀμφιλεξάντων. What does the gen. abs. denote? How best translated? H. 790. K. § 176. 1 and Rem. 1. —— ἀδικεῖν : see Lex. —— τὸν τοῦ Μέν., sc. στρατιώτην. —— ἐνέβαλεν, sc. αὐτῷ. —— ὁ δέ, i. e. the soldier of Menon. —— ἔλεγεν, related (the affair).

§ 12. σὺν ὀλίγοις, κτέ., lit. *with a few those about him*, i. e. *with a few attendants*. —— οὔπω ἧκεν, *had not yet come:* verbs which in the pres. are perf. in meaning (esp. ἥκω and οἴχομαι) often have the imperf. in the sense of aor. or plupf. Cf. 1, 2. 6. —— ἵησι τῇ ἀξίνῃ, lit. *casts (at him) with his axe;* Eng. idiom, *casts his axe (at him)*. ἵημι in this and similar expressions is apparently intrans. —— οὗτος: the same one as τίς above. —— αὐτοῦ, i. e. Clearchus: const.? H. 580. K. § 157. —— ἄλλος, sc. ἵησι.

§ 13. ἑαυτοῦ: position of the reflex.? of the pers. pron.? H. 538. K. § 148. Rem. 8. —— αὐτοῦ, adv. —— τὰς ἀσπίδας ... θέντας, *having rested their shields on their knees;* indicating thus their readiness for an attack. —— τούτων, i. e. the horsemen: οἱ πλεῖστοι, sc. ἦσαν. —— ἐκπεπλῆχθαι: notice the force of the perf. infin. here; marking the result of the action as decisive and permanent: *so that they were (once for all) thoroughly frightened and ran*, etc. G. § 18. 3. Note. —— οἱ δέ: used here as though οἱ μέν had gone before: *others also* (soldiers of other generals). —— ἔστασαν: cf. note, § 2.

§ 14. Πρόξενος: subj. of ἔθετο. —— οὖν indicates that the sentence, interrupted by the parenthetical clause ἔτυχε γὰρ κτέ., is here resumed. Cf. Lat. *igitur*. —— ἔθετο τὰ ὅπλα: see Lex. τίθημι, (c.) —— ποιεῖν: force of the pres. infin.? H. 714. K. § 152. 12. —— ὅτι αὐτοῦ, κτέ., *because when he wanted little of being stoned to death*, etc.; αὐτοῦ, gen. abs. w. δεήσαντος; ὀλίγον, const.? H. 575. K. § 158. 5. (a.) —— λέγοι, sc. Πρόξ.: why optat.? H. 734. K. § 188. 3. —— αὐτοῦ refers back to the leading subj. of the sentence, ὁ δέ, i. e. Clearchus.

§ 15. ἐν τούτῳ: sc. τῷ χρόνῳ. —— καὶ Κῦρος, *Cyrus also*. —— τὰ παλτά: τά indicates that the παλτά belonged to his ordinary armor. H. 527. a. K. § 148. —— σὺν ... πιστῶν, *with those who were present of his most faithful attendants*, implying that part of them were still on the march and had not yet come up.

§ 16. οἱ ... Ἕλληνες: notice here, the nom. w. the article, connected by καί to the voc.: οἱ ... Ἑλ. in apposition w. ὑμεῖς understood, subj. of ἴστε. —— εἰ ... συνάψετε, νομίζετε: force of this form of hypothetical period? H. 745. K. § 185. 2. (1.) —— κατακεκόψεσθαι: fut. pf. H. 713. K. § 72. 111. (7.) —— κακῶς ... ἐχόντων, gen. abs., *for if our affairs*, etc. H. 790. d. K. § 176. 1. (c.) —— οὗτοι ... βάρβαροι: substantives w. οὗτος, etc., comm. take the article. H. 538. a. K. § 148. 10. (g.) Here οὓς ὁρᾶτε expresses emphatically the idea of an article, and hence stands instead of it. —— πολεμιώτεροι, *more hostile,* perhaps (as Hert. suggests) from envy, because Cyrus had shown a preference for the Greeks.

§ 17. ἐν ἑαυτῷ ἐγένετο: see Lex. γίγνομαι. Force of ἐν and dat. w. verbs expressing motion? H. 618. a. K. § 300. 3. (a.) L. G. —— κατὰ χώραν: see Lex. χώραν. —— ἔθεντο τὰ ὅπλα: see Lex. τίθημι, (a.)

CHAP. VI.

Trial and condemnation of Orontes for conspiracy against Cyrus.

§ 1. ἐντεῦθεν: where was the army at this time? Cf. 1, 5, 5 and 10. —— προϊόντων: sc. αὐτῶν, gen. abs. —— οὗτοι: i. e. οἱ ἱππεῖς implied in the foregoing. —— εἴ τι, *whatever:* cf. 1, 5, 1. —— γένει, *by birth.* Const.? H. 608. K. § 161. 3. —— τὰ πολέμια: const.? H. 549. K. § 159. 3. (7.) —— λεγόμενος: see Lex. λέγω. —— πολεμήσας: sc. Κύρῳ.

§ 2. εἰ δοίη ... κατακάνοι ἄν: explain this form of hypothetical period. H. 748. K. § 185. 2. (4.) —— τούς ... ἱππέας: obj. of κατακάνοι. With the following optatives, understand ἄν. —— κωλύσειε: sc. αὐτούς. —— τοῦ καίειν: use of the infin. here? H. 778. ff. K. § 178. Const.? H. 580. K. § 157. The obj. of καίειν is to be inferred fr. the above. —— ποιήσειεν ὥστε: ποιεῖν is comm. followed by the infin. alone. The intended result is expressed here more emphatically by using ὥστε. —— αὐτούς: subj. of δύνασθαι. —— διαγγεῖλαι, *to announce* (*the fact,* i. e. of having seen the army of Cyrus). Force of the aor. infin. as distinguished fr. the pres.? H. 716. a. K. § 152. 12; τοῦ καίειν, *from continuing to burn* (*everything useful*); λαμβάνειν, *to proceed and take.*

§ 3. ὅτι, *to the effect that.* ἥξοι: why optat.? H. 736. K. § 188. 3. Force of the fut. optat.? H. 718. K. § 152. 6. —— ὡς ... πλείστους, *as many as possible.* For ἂν δύνηται instead of δύναιτο, see H. 734. b. K. § 188. 4. —— ἑαυτοῦ: reflex. referring to the obj. of ἐκέλευεν, sc. τὸν βασιλέα. H. 670. b. K. § 169. 5. (b.) —— ὡς φίλιον: cf. ὡς φίλον, 1, 1, 2. —— αὐτόν, i. e. Orontes. ὑποδέχεσθαι depends on φράσαι, and φράσαι on ἐκέλευεν. —— ἐνῆν: subj.? ὑπομνήματα. Notice the prep. in compos. (ἐνῆν), and also before the noun. Such repetition is very comm.

§ 4. ἀναγνούς: see Lex. ἀναγιγνώσκω. —— ἑπτά, *seven in number*, belongs to τοὺς ἀρίστους. —— ἀγαγεῖν, and θέσθαι: force of the aor. infin. as distinguished fr. the pres.? Cf. note § 2: τούτους, subj. of θέσθαι. See Lex. τίθημι, (c.)

§ 5. ὅς γε, *since he indeed*. H. 822. K. § 334. 2. L. G. —— τοῖς ἄλλοις, *to the others*, i. e. all in distinction from (αὐτῷ) Clearchus. —— μάλιστα strengthens the idea of προτιμηθῆναι, *to be especially preferred in honor*. τῶν Ἑλλήνων limits ὅς. —— τὴν κρίσιν ὡς ἐγένετο, lit. *the trial how it was conducted*, i. e. *how the trial was*, etc. Prolepsis; cf. note on τῶν βαρβάρων, κτέ., 1, 1, 5. —— ἀπόρρητον, sc. ἡ κρίσις: a neut. predicate adj., though the subj. is fem. H. 522. K. § 147. (b.)

§ 6. ἄνδρες: see Lex. ἀνήρ. —— πρός: see Lex. —— τουτουΐ: see II. 242. K. § 64. 5. Notice the demonst. pron. w. a subst. and without the article. See H. 538 and 530. a. K. § 148. Rem. 11. (b.) —— ὁ ἐμὸς πατήρ, and τοῦ ἐμοῦ ἀδελφοῦ: what need of the article? II. 538. c. K. § 148. 10. (a.) —— αὐτός: meaning here? H. 669. b. K. § 169. Rem. 1. —— ἐποίησα, κτέ., *I effected that it seemed good to him*, etc. Dif. between ὥστε w. the infin. and w. the indic.? II. 770. 771. K. § 186. Dif. between the aor. and pres. infin.? Cf. note on διαγγεῖλαι, § 2.

§ 7. μετὰ ταῦτα: Cyrus now turns directly to Orontes. ——. ἔστιν ὅ, τι: *is there anything in which*, etc. —— ἀπεκρίνατο ὅτι οὔ, *he replied, no*. ὅτι introduces here a direct quotation, and is not rendered into Eng. When is οὐ accented? H. 104. K. § 13. (d.) —— οὐδέν, *in nothing* (adv. acc.), a more emphatic neg. than οὐ. —— ὅ, τι ἐδύνω: sc. κακῶς ποιεῖν, *in whatever you were able* (*to inflict damage*). —— ἔφη = ὡμολόγει, *Orontes acknowledged* (*it*.) τὴν ... δύναμιν, *your own power*, i. e. as the connection implies, how insufficient it was.

§ 8. Τί οὖν, *in what respect then:* const.?·II. 552. a. K. § 159. 3. (7.) —— φανερός, *manifest:* more conveniently translated as an adv., *openly plotting*, etc. See H. 488. Rem. c. K. § 175. Rem. 5. Cf. note on δῆλος ἦν, 1, 2, 11. —— ὅτι before οὐδέν and οὐδ' precedes a direct quotation, and is not to be translated. Cf. ὅτι, § 7. —— οὐδὲν ἀδικηθείς: sc. ἐπιβουλεύων σοι φανερὸς γέγονα. —— ἄδικος: const.? H. 775. K. § 172. 3. —— Ἦ γάρ, *yes for:* Ἦ implies ὁμολογῶ, hence the force of γάρ. —— γενοίμην: sc. φίλος σοι καὶ πιστός. Force of this form of hypothetical period? H. 748. K. § 185. 2. (4.)

§ 9. ἀπόφηναι: see Lex. ἀποφαίνω. —— συμβουλεύω ἐγὼ κτέ.

—quite in accordance with the character of Clearchus.—— ποιεῖσθαι, φυλάττεσθαι: force of the mid. here? H. 689. K. § 150. 3. (b.)
—— ἀλλά: sc. ὡς, *but that there may be leisure*, etc.—— τὸ ... εἶναι, *so far as this man is concerned:* for the use of εἶναι here, see H. 780. a. and 772. K. § 808. Rem. 3. L. G.

§ 10. ἔφη: sc. Κλέαρχος.—— τῆς ζώνης, *by the girdle:* const. ? H. 574. K. § 158. Rem. 2.—— καί, *even.*—— ἐξῆγον has for subj. the antecedent of οἷς: *they to whom it was appointed led*, etc.—— προσετάχθη: different kinds of impers. verbs? H. 494. a. K. § 238. 5. (b.) and Rem. 2. L. G.—— οἵπερ, *the very persons who:* the antecedent of οἵπερ is subj. of εἶδον.—— ἐπὶ θάνατον, after a verb of motion, denoting direction towards: ἐπὶ θανάτῳ denotes the object or end without the idea of motion.—— ἄγοιτο: why optat.? H. 734. K. § 180. 5.

§ 11. οὔτε ... οὐδείς ..., *no one ever beheld Orontes either*, etc., the neg. repeated; see H. 843. K. § 177. 6.—— εἰδώς, *knowing*, in opposition to the idea of εἰκάζων, *conjecturing.*—— ἄλλοι: see Lex.

CHAP. VII.

March to the vicinity of Cunaxa. Review of the forces at midnight;—Cyrus excites the enthusiasm of the Greeks by magnificent promises;—after passing a trench dug by the king, not expecting an immediate engagement, the army marches somewhat negligently.

§ 1. Ἐντεῦθεν: from what place? see 1, 5, 5 and map.—— μέσας νύκτας, *midnight:* the plur. is used, says Krüger, because reference is had to the several watches (φυλακαί) into which the night was divided.—— ἐδόκει: subj.? H. 763. K. § 238. Rem. 2. L. G.—— εἰς ... ἕω denotes properly the notion of *arriving at and extending into:* comm. rendered *on the following morning.* H. 620. b. K. § 165. 2.—— μαχούμενον: define the particip.; differs how from the infin.? H. 762. K. § 174. 2. Force of the fut. particip.? H. 718. 789. d. K. § 176. 1. (e.)—— κέρως: const.? H. 581. a. K. § 158. 7. (a.)

§ 2. ἅμα ... ἡμέρᾳ: see Lex. ἅμα.—— περί: repeat the list of prepositions used w. three cases.—— πῶς ἂν ... ποιοῖτο: force of the optat. here? H. 755 and 722. K. § 186. 2 and 182. 8. (e.)—— Does αὐτός ever mean simply, *he?* No! H. 669. b. 668. K. § 169. Rem. 1.

§ 3. ἀπορῶν: force of the particip.? H. 789. c. K. § 176. 1. (b.)—— ἀμείνονας καὶ κρείττους, *better and braver;* a pleonasm for the sake of emphasis. —— προσέλαβον, sc. ὑμᾶς. —— ὅπως, κτέ., *wherefore see that ye be men*, etc.: before ὅπως understand ὁρᾶτε or σκοπεῖτε. H. 756. a. K. § 330. Rem. 4. L. G. —— ἧς: relat. attracted fr. accus. H. 808. K. § 182. 6. —— ἀντὶ ... πάντων, *in preference to all that I have*: πάντων is incorporated in the relat. clause. H. 809. 2. K. § 182. 6.

§ 4. εἰδῆτε: fr. οἶδα. —— γάρ: epexegetic, see Lex. —— τὸ πλῆθος: sc. ἐστί. —— ἂν ... ἀνάσχησθε (fr. ἀνέχομαι): force of this const.? H. 760. K. § 152. Rem. 3. —— οἴους ... ἀνθρώπους: another instance of incorporation (cf. note on πάντων, § 8): = τοιούτους ἀνθρώπους οἴους, κτέ., *I seem to myself to be even ashamed of such men, as you shall know those in our country to be*. —— ἡμῖν: ethical dat., i. e. dat. of the person who experiences emotion in view of the fact stated. H. 599. K. § 284. 3. (10.) (d.) L. G. The ethical dat. is often not translated. —— ὑμῶν ... γενομένων: gen. abs.; force here? H. 790. d. K. § 176. 1. (c.): γενομένων, representing the action as *prior to that of the principal verb* (H. 717.), has here the force of a fut. perf.: *if you are true men and shall have been brave, I will*, etc. —— τοῖς οἴκοι, *in the view of those at home*, limits ζηλωτόν. H. 601. K. § 161. 2. (d.) Formation and meaning of the verbal in -τός? H. 398. K. § 284. 1. (i.) L. G. —— ἀπελθεῖν w. its subj. acc. (τὸν ... βουλόμενον ...) depends on ποιήσω. —— ποιήσειν: when is the subj. of the infin. omitted? H. 774. ff. K. § 173. 2. —— τῶν οἴκοι: neut.

§ 5. Καὶ μήν: see Lex. μήν. —— διὰ τὸ κτέ., *on account of being at such (a point) of danger*, etc. Const. of εἶναι? H. 779. 780. K. § 173. 1. —— ἂν δὲ κτέ.: meaning of this form of hypothetical period? H. 747. K. § 185. 2. (3.) —— μεμνῆσθαι: perf. in form but pres. in meaning. Here the pres. is used for the fut. to denote the certainty of the future event. H. 699. a. *They say you will not*, etc. —— ἔνιοι: sc. φασίν. —— οὐδ', κτέ., *not even if you should remember*, etc., *would you be able*, etc. Force of this const.? H. 748. K. § 185. 2. (4.) The apodosis in this sentence is in the infin. (δύνασθαι ἄν) instead of the optat. (δύναιο ἄν), because it depends on φασίν. So also, in the preceding, the infin. depending on φασίν, instead of the indic. H. 751. 789. K. § 188. 2. For the form μεμνῷο, see H. 319. b. and 393. a. K. § 122. 11.

§ 6. ἀλλά: often at the beginning of a speech made in reply to something going before. —— ἔστι ... πρὸς ...: a const. denoting motion towards (H. 617. K. § 159. 1. (a.)) w. a verb of rest: ex-

tends towards the south, etc. —— διὰ χειμῶνα : sc. οὐ δύνανται οἰκεῖν ἄνθρωποι. —— τούτων, *these limits :* gen. limiting μέσῳ.

§ 7. ἤν ... νικήσωμεν, ἡμᾶς δεῖ, κτέ. : force of this const. ? H. 747. K. § 185. 2. (4.) —— τούτων, *these domains* (above mentioned). —— When is ὥστε followed by a finite mode ? H. 771. K. § 186. —— μὴ οὐκ : after a verb of fearing. H. 846. K. § 177. Rem. —— ἱκανούς : sc. φίλους.

§ 8. οἱ δὲ ... αὐτοί τε, *and those who had heard these things both themselves*, etc. —— τινές : why accented ? H. 108. K. § 15. 3. How distinguished from the interrog.? H. 105. b. K. § 14. (c.) —— σφίσιν : differs how in use fr. ἑαυτοῖς ? Always in Attic *an indirect reflexive :* ἑαυτοῦ, etc. is either *direct* or *indirect.* H. 670. a. 671. a. K. § 169. Rem 3. —— ἔσται, *would be ;* κρατήσωσιν, *should conquer.* For the const. see II. 735. 736. 737. K. § 188. 3 and 4.

§ 9. μὴ μάχεσθαι : i. e. not to engage personally in the battle. —— τάττεσθαι : force of the mid. ? See Lex. ; also H. 688. K. § 150. 3. (a.) —— Οἴει : what verbs in Attic always have -ει 2d pers. sing. indic. instead of -ῃ ? H. 363. Rem. a. K. § 82. 2. —— Force of γάρ in a question? H. 870. b. K. § 324. 2. L. G. (Possibly I am mistaken) *for do you* (actually) *think*, etc. —— παῖς, *a child ;* ἐμὸς ἀδελφός, *a brother of mine.* H. 538. c. K. § 148. 10. (a.) —— ταῦτα, *these things,* i. e. this power, this kingdom.

§ 10. ἀριθμός : II. 530. K. § 148. Rem. 5. —— ἀσπίς : by meton. for those who carried the ἀσπίς, i. e. *hoplites.* —— τὰ εἴκοσι : II. 528. K. § 148. 10. (f.)

§ 11. ἑκατὸν καὶ εἴκοσι μυριάδες : probably a great exaggeration. Cf. Plut. Artax. 13. Grote, chap. LXIX. —— βασιλέως : for the frequent omission of the article with this word, see H. 530. a. K. § 148. Rem. 4. (c.)

§ 12. ἄρχοντες is generic : καὶ στρατηγοὶ καὶ ἡγεμόνες seem to be used here in partitive apposition w. ἄρχ. to denote the different ranks of *the commanders.* Modern military titles would seem inappropriate here. We may render, *both generals and leaders.* Connect τέτταρες w. ἄρχοντες. —— ἕκαστος : sc. ἄρχων. —— ἡμέρας : const. ? H. 550. K. § 159. 3. (6.)

§ 13. τῶν πολεμίων limits the subj. of ἤγγελλον, the antecedent of οἵ. —— Difference in meaning between ταυτά and ταῦτα ?

§ 14. στρατεύματι : const. ? H. 604. K. § 161. 1. (c.) —— Force of μέσος in the predicate position ? See Lex. The ditch indicated to Cyrus that the king was near, prepared for battle. Hence the force of γάρ after κατά. —— ὀργυιαί : in apposition w. τάφρος. The comm. const. would be gen. (ὀργυιῶν) limiting τάφρος. Cf. σταδίων, 1, 4, 11 ; πλέθρου, 1, 4, 4 and 9 ; ποδῶν, § 16 below. —— What is meant by co-ordination? by subordination? H. 724. K. § 178. 1. What are the sentences in this section? H. 853. a. K. § 178. 9.

§ 15. ἐπὶ ... παρασάγγας : might ἐπί be omitted? H. 550. K. § 159. 3. (6.) —— μέχρι ... τείχους : "the wall of Media, in the line here assigned to it, has no evidence to rest upon." Grote, chap. LXX, note. —— ἑκάστῃ, *each one (from another)*; in apposition w. the subj. of διαλείπουσι.

§ 16. πάροδος. The fact that the ditch was not completed to the river, indicates that Cyrus had surprised the king by the rapidity of his approach. —— ποδῶν limits πάροδος. —— ποιεῖ, πυνθάνεται : historic pres. ; translate ποιεῖ as plupf. In this compound sentence, point out the *principal* and the *subordinate* sentence. H. 724. K. § 179. —— προσελαύνοντα : supplementary particip. H. 796. ff. K. § 175.

§ 17. παρῆλθε καὶ ἐγένοντο : often w. a collective noun as subj. the verbs change thus from sing. to plur. Küh. —— μέν : correl. of δέ, § 20. —— ὑποχωρούντων : connect w. ἵππων and ἀνθρώπων. —— ἦσαν : cf. note 1, 2, 23.

§ 18. ὅτι, κτέ., *because while sacrificing previously, on the eleventh day*, etc. εἶπεν, sc. Σιλανός. —— ὅτι before βασιλεύς introduces the *oratio recta*, and is not to be rendered, unless the clause following is translated by the *oratio obliqua*. —— ἡμερῶν : const. ? Difference in meaning between the gen. and the dat. and the accus. of time? H. 550. 591. 613. K. § 158. 4. § 159. 3. (6.) § 161. 1. (b.) —— Οὐκ ἄρα ἔτι μαχ., *then he will not fight at all :* ἔτι, *after that, at all*. —— εἰ ... οὐ μαχεῖται : conditional sentences regularly take the neg. μή. H. 835. K. § 177. 5. οὐ μαχεῖται is here a repetition of the words of the soothsayer ; and οὐ is understood, not as qualifying the whole sentence, but μαχεῖται alone. H. 842. K. § 318. Rem. 1. L. G. —— Force of the conditions, εἰ ... μαχεῖται, and ἐὰν ἀληθεύσῃς, with their respective conclusions? H. 745. 747. K. § 185. 2. (1.) and (3.) What is meant by *protasis* and *apodosis* ? H. 744. K. § 185. 1. —— αἱ δ. ἡμ., *the ten days*, i. e. those above mentioned.

§ 19. ἀπεγνωκέναι : ἀπογιγνώσκω. —— τοῦ μάχεσθαι : const. ? H. 779. 580. K. §§ 173. 157.

§ 20. τῇ τρίτῃ : sc. ἡμέρᾳ. —— αὐτῷ and τοῖς στρατιώταις : H. 597. K. § 161. 2. (c.) end. —— ἤγοντο : pl. w. neut. pl. subj.

CHAP. VIII.

Battle of Cunaxa, and death of Cyrus.

§ 1. Καὶ ... τε ... καί, *And already it was not only ... but*, etc.
—— ἦν: subj.? H. 494. K. § 145. Rem. 2. (b.) —— πλησίον: H. 522.
K. § 147. (b.) —— ἵππῳ: const.? H. 604. K. § 161. 1. (c.) —— ὅτι:
before the *orat. rect.* Cf. note 1, 7, 18.

§ 2. αὐτίκα modifies ἐπιπεσεῖσθαι: is placed first for emphasis.
—— καὶ ... δέ: cf. note on καὶ στρατ. δέ, 1, 1, 2. —— ἐπιπεσεῖσθαι:
sc. βασιλέα, *that the king would fall upon*, etc.

§ 3. Καὶ Κῦρός τε ... τοῖς τε, *and not only Cyrus ... but he sent
orders to all the others*, etc. —— καθίστασθαι denotes motion; hence
followed by εἰς w. acc.: see Lex. καθίστημι. —— ἕκαστον: subj. of
καθίστασθαι.

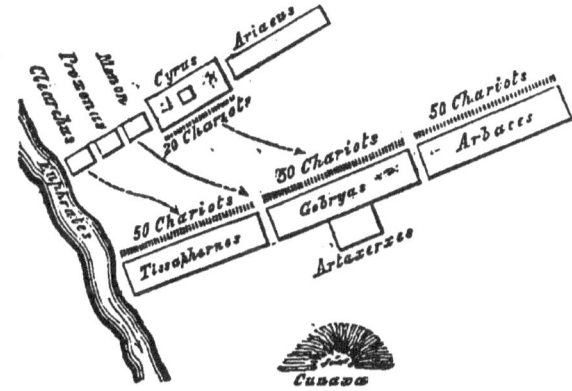

PLAN OF THE BATTLE OF CUNAXA.

§ 4. Κλέαρχος ... Πρόξενος ... οἱ ἄλλοι: in apposition w. the
subj. of καθίσταντο. —— ἐχόμενος: see Lex. ἔχω. —— Μένων, κτέ.,
and Menon and his army occupied, etc.

§ 5. παρὰ Κλ. ἔστησαν: for other instances of παρά w. acc. and
verb of rest, see 1, 2, 13 and 24; 1, 5, 5; 1, 7, 16; 1, 9, 13 and 31.

§ 6. Κῦρος ... ἱππεῖς: sc. ἔστησαν expressed in § 5. —— αὐτοί,
themselves, in distinction from their horses.

§ 7. μαχαίρας: differed how fr. ξίφος? see Lex. μάχαιρα. ——
Ἑλληνικάς: position emphatic.

§ 8. καὶ ... τε ... καί : cf. note § 1. —— δείλη : article omitted. H. 530. b. K. § 148. Rem. 4. —— χρόνῳ : const. ? H. 613. K. § 161. 1. (b.) —— Supply ἐφάνη before ὥσπερ, it (i. e. κονιορτός) *appeared just like*, etc.; or, *there was an appearance just like*. —— ἐγίγνοντο : sc. οἱ πολέμιοι. —— ἐγγύτερον is often used, like other adverbs of place, with εἶναι or γίγνεσθαι as an indeclinable adj. Krüg. Cf. πλησίον, § 1. —— χαλκός : see Lex.

§ 9. Τισσαφέρνης, κτέ.: an explanatory parenthetical clause; hence the asyndeton. H. 854. K. § 325. L. G. —— ἐχόμενοι : cf. ἐχόμενος, § 4. —— τούτων : const. ? H. 574. b. K. § 158. 3. (b.) —— ἄλλοι : see Lex. —— ἕκαστον τὸ ἔθνος : in apposition w. πάντες οὗτοι ; ἐπορεύετο, being in close proximity w. the appositive word, agrees with it. *They all proceeded severally nation by nation in*, etc.

§ 10. ἅρματα : sc. ἐπορεύετο. —— καλούμενα : cf. 1, 2, 13. —— ἀποτεταμένα : see Lex. ἀποτείνω. —— ὡς instead of ὥστε w. the infin. denoting a result or a purpose is frequent in Xen. What idea is expressed by the infin. in Greek which is not expressed by the Latin infin.? H. 765. K. § 171. 2. (a.) (d.) —— ὡς ... ἐλῶντα (fr. ἐλαύνω), sc. τὰ ἅρματα : const. ? H. 793. K. § 176. Rem. 2.

§ 11. ὅ relates to τοῦτο below. —— εἶπεν, 1, 7, 4. —— τοῦτο : const. ? H. 549. c. K. § 159. 3. (7.)

§ 12. τῷ ... ἄγειν, *he called to Clearchus to lead*, etc. On what verbs may the infin. depend as an obj.? H. 764. K. § 171. 2. —— κατά : see Lex. μέσον τὸ κτέ. H. 533. K. § 148. 9. (a.) —— κἂν (= καὶ ἄν) ... νικῶμεν : force of this const. ? H. 747. K. § 185. 2. (3.) —— ἔφη : "often thus inserted in the midst of words quoted, like *ait* and *inquit* in Latin." WHITON. —— ἡμῖν : const. ? H. 600. K. § 161. 2. (d.) end. —— πεποίηται : the perf. expresses the certainty of the fut. action, by representing it as already completed.

§ 13. τὸ μέσον : as subst., *the centre*. —— Κύρου : const. ? H. 576. K. § 158. 5. (b.) —— ὄντα ... βασιλέα, *that the king was*, etc. H. 796. ff. K. § 175. 1. —— μέσον ... ἔχων, *though he occupied the centre*, etc. The circumstantial particip. denotes what? H. 788. ff. K. § 176. 1. For μέσον without the article, see H. 580. b. K. § 148. Rem. 4. —— τῶν ἑαυτοῦ : cf. τοὺς ἑαυτοῦ, 1, 2, 15. —— ἀλλ' and the repetition of ὁ Κλέαρχος are occasioned by the intervention of the explanatory sentence τοσοῦτον γὰρ κτέ.; the sentence begun above (ὁρῶν δὲ κτέ.) being here resumed. —— ὅμως, (although Cyrus commanded it) *nevertheless*, etc. —— οὐ, μή : general distinction between these negatives? H. 832. K. § 177. 3. Why is μή used after verbs of fearing? H. 743. K. § 177. Rem.

§ 14. τὸ βαρ. στράτευμα: sc. τοῦ Κύρου. VOLL., MATT.—— ἐν τῷ αὐτῷ, *in the same* (*place*). Force of the impf. (συνετάττετο)?—— πρός: force w. gen., dat., acc.? see Lex.—— ἑκατέρωσε modifies κατεθεᾶτο.

§ 15. Ξενοφῶν Ἀθ.: mentioned here for the first time in the Anab.; and, as always hereafter, in the 3d pers.—— ὡς: cf. note § 10. H. 875. f. 770. K. § 186.—— ἐπιστήσας (ἐφίστημι), sc. τὸν ἵππον, *having halted*. Tenses of this verb intrans. in act. voice? see Lex.—— καλά: repeated for emphasis. Understand εἴη.

§ 16. ὅτι: cf. note 1, 7, 18.—— καὶ ὅς. H. 525. b. K. § 247. 3. (a.) L. G.—— τίς: what other word would be more comm.? H. 682. K. § 62. Rem. 1.—— ὅ, τι: what other word might be used? Cf. ἤρετο, τίς, above.—— ὁ δ': i. e. Clearchus.

§ 17. Ἀλλά denotes the sudden turn in his thoughts. *Well, I both accept* (*it*), etc. Cf. ἀλλά, 1, 7, 6.—— τώ: fem. H. 521. K. § 241. Rem. 10. L. G.—— προήρχοντο, *began first*, i. e. before the rest of the army.

§ 18. ὡς δὲ πορευομένων, sc. αὐτῶν, *And when, as they were advancing*, etc.—— ἤρξατο: dif. in meaning between the act. and mid. of ἄρχω? see Lex.—— τοῖς ἵπποις: those attached to the war-chariots of the enemy.

§ 19. ἐξικνεῖσθαι (sc. αὐτῶν, i. e. the Greeks): const.? H. 768. 769. K. § 183. Rem.—— κράτος: see Lex.—— μή: why this neg.? H. 837. K. § 177. 5.

§ 20. ἐφέροντο w. neut. plur. subj.: cf. εἶχον, § 10. See note on ἦσαν, 1, 2, 23.—— τὰ μὲν ... τὰ δέ, *some ... others*: in partitive apposition w. ἅρματα.—— ἡνιόχων: const.? H. 584. f. K. § 157.—— προΐδοιεν: sc. τὰ ἅρματα.—— ἔστι δ' ὅστις, *now and then one however*: cf. ἦν ... οὕς, 1, 5, 7. H. 812. K. § 182. Rem. 2. When ἔστι, ἐστί, and ἐστι respectively? H. 406. 1. Rem. b. K. § 16. 1 and 4.—— ἐκπλαγείς: ἐκπλήττω.—— τοῦτον: indef., referring to ἔστιν ὅστις, *not even such an one*.—— οὐδ' ἄλλος δέ ... οὐδείς, *and not even any other*, etc. Notice the emphasis from the juxtaposition of οὐδεὶς οὐδέν. H. 885. K. § 348. 10. L. G.; also the accumulation of negatives. H. 843. K. § 177. 6. οὐδὲ ... δέ in a neg. clause correspond to καὶ ... δέ in an affirmative. Cf. 1, 1, 2, καὶ στρατ. δέ, note.

§ 21. καθ' αὑτούς: see Lex. κατά.—— οὐδ' ὥς, *not even thus*. Difference in meaning between ὥς and ὡς? see Lex.—— συνἐσπειραμένην, fr. συσπειράω: agrees w. τὴν ... τάξιν: τῶν ἱπ. is an attributive of τάξιν; σὺν ἑαυτῷ an attrib. of ἱππέων. H. 534. K. § 148. 9. (a.) —— ποιήσει: in lively narration for the optat. H. 731. a. K. § 188. 3 and 4. —— αὐτόν: cf. note on τῶν βαρβάρων, 1, 1, 5; τὴν κρίσιν, 1, 6, 5, *he knew him that he*, etc. instead of *he knew that he occupied*, etc. —— μέσον: cf. note, § 13.

§ 22. τό shows what connection between μέσον and αὐτῶν? H. 533. K. § 148. 9. (a.) —— ἦν ᾗ, κτέ.: force of this const.? H. 747. K. § 185. 2. (3.) The conclusion, depending on νομίζοντες, is in the infin. H. 734. c. K. § 188. 2. —— αὐτῶν depends on ἑκατέρωθεν. Π. 589. K. § 158. Rem. 1. (d.) —— εἰ ... χρῄζοιεν: force? H. 748. K. § 185. 2. (4.) —— αἰσθάνεσθαι depends on νομίζοντες: why does it take ἄν? H. 783. K. § 153. 2. d. —— τὸ στράτ.: subj. of αἰσθάνεσθαι.

§ 23. ἔχων: force of the particip. here? Π. 789. f. K. § 176. 1. (c.) —— ἐγένετο: see Lex. γίγνομαι. —— αὐτῷ and αὐτοῦ mean the king. —— αὐτοῦ: H. 589. K. § 158. Rem. 1. (d.) —— τεταγμένος: fr. τάττω.

§ 24. κατακόψῃ: subj. βασιλεύς. Dif. between the pres. and aor. subjunctive? H. 716. a. K. § 152. 12. —— ἀποκτεῖναι, *to have slain*. Π. 717. b. K. § 152. 12. (c.)

§ 25. τὸ διώκειν: H. 778. 780. K. § 173. —— καλούμενοι: cf. note on καλουμένῃ, 1, 2, 13.

§ 26. ἠνέσχετο (fr. ἀνέχω): peculiarity in the augment? H. 314. K. § 91. 1. —— αὐτός agrees w. the subj. of φησί; the Eng. idiom makes it subj. of the dependent verb: *he affirms that he himself dressed*, etc. Ἰᾶσθαι: notice its use here. The pres. infin. has *three* distinct uses. 1. It denotes continued or repeated action *without regard to time;* 2. continued or repeated action *contemporary with that of the leading verb;* 3. continued or repeated action which is *past with reference to the leading verb.* GOODWIN, § 15.

§ 27. ὁπόσοι, κτέ.: a change of const. occurs at this point. Π. 886. K. § 347. 5. L. G. From the const. following, we should expect the gen. abs. in the preceding clause (μαχομένων, κτέ. instead of μαχόμενοι, κτέ.). —— ἐκείνῳ, *him*, i. e. the king. Cf. ἐκεῖνον, § 26; also note on ἐκείνου, 1, 2, 15.

§ 28. πεπτωκότα: H. 796. 799. K. § 175. —— περιπεσεῖν, *to have*, etc. The aor. infin. has *two* distinct uses. 1. It denotes a momentary or single action *without regard to time;* 2. a momentary or single action which is *past* relatively to the leading verb. GOODWIN. Cf. note on the pres. infin. § 26.

§ 29. κελεῦσαι: distinguish by the accent the three forms which have the same letters. H. 367. Rem. e. K. § 84. Rem. 4. —— Κύρῳ depends on ἐπί in compos. —— οἱ δέ: sc. φασί. —— ἑαυτόν: obj. of ἐπισφάξασθαι, expressed for emphasis. H. 688. a. —— Περσῶν: II. 530. a. K. § 148. 5.

CHAP. IX.

Character of Cyrus.

§ 1. μὲν οὖν denotes the transition in the narrative: μέν = μήν. II. 852. 13. K. § 316. Rem. L. G. —— τῶν ... γενομένων, *who have lived since the elder Cyrus*—the founder of the Persian empire; the subject of Xenophon's Cyropædia. —— Κύρου limits πείρᾳ. —— γενέσθαι, *to have been*. State the two uses of the aor. infin. See note 1, 8, 28.

§ 2. πρῶτον μέν: correl. w. ἐπεὶ δέ, § 6. —— πάντων πάντα, *of all in all respects*. Notice the *paronomasia*. —— Distinction between coördinate and subordinate sentences? H. 724. K. §§ 178. 179. What have we in this section?

§ 3. γάρ: the reason introduced by γάρ extends to § 6. —— ἔνθα: meanings? see Lex. —— καταμάθοι ἄν: force of this const.? H. 722. K. § 185. Rem. 4. —— οὐδὲν οὔτ': when are two negatives in the same sentence equivalent to an affirmative? When is the negation strengthened? H. 844. 843. —— ἔστι: when thus accented? H. 406. Rem. b. K. § 16. 1.

§ 4. ἀκούουσι: connected by καί to θεῶνται; καί before τούς, correl. w. καί before ἄλλους. —— ὥστε: dif. between ὥστε w. the indic. and ὥστε w. the infin.? H. 770. 771. K. § 186. 1. (a.) To which class of sentences, mentioned in § 2, does this belong? II. 853. b. K. § 179. 3.

§ 5. τέ connects εἶναι and πείθεσθαι: καί, intens., *and to obey ... even more than*, etc. Why pres. infin. here? H. 714. K. § 152. 12. —— φιλιππότατος, sc. ἐδόκει εἶναι: χρῆσθαι, sc. ἐδόκει. —— ἔκρινον: subj.? H. 504. c. K. § 145. Rem. 2. (c.) αὐτὸν ... εἶναι, *they judged him to be*, etc. τῶν ἔργων connect w. φιλομαθέστατον; also w. μελετηρότατον. H. 584. c. 587. a. K. § 158. 5. (c.)

§ 6. ἐπεί and ἔπειτα: dif. in meaning and const.? Corresponding Latin words? —— τὰ μέν, *some things*. Instead of a following τὰ δέ, we have by an anacoluthon τέλος δὲ κτέ., *but finally*, etc.

—— πολλοῖς: const.? H. 601. K. § 161. 2. (d.), *in the view of many.*

§ 7. ἐπεὶ δὲ κατεπέμφθη: in the year 407 B. C. —— καθήκει: subj.? εἰς ... ἀθροίζεσθαι. H. 494. a. K. § 238. Rem. 2. L. G. —— μέν after πρῶτον: correl. w. δέ after φανερός, § 11. —— περὶ πλείστου: .see Lex. περί. —— ποιοῖτο and the following optatives are in *orat. obliq.* In the *orat. recta*, they would all be indic. of a past tense, in the form. H. 745. K. § 185. 2. (1.) The dat. of τὶς and of the article differ how in form? The former is enclitic; the latter orthotone. —— σπείσαιτο (fr. σπένδομαι) implies a previous hostility; συντίθεμαι suggests no such idea. —— ψεύδεσθαι depends on ποιοῖτο.

§ 8. καὶ γὰρ οὖν, *and* (there was proof of this) *for accordingly.* —— ἐπίστευον: placed before its subj. and repeated for emphasis. ἄνδρες: sc. ἐπιτρεπόμενοι. —— σπεισαμένου K., *after*, etc. H. 790. a. K. § 176. 1. (a.) —— μηδέν: obj. of παθεῖν. Why not οὐδέν? H. 837. K. § 177. 5. When does the infin. take ἄν? H. 783. K. § 153. 2. (d.)

§ 9. τοιγαροῦν = καὶ γὰρ οὖν, save that τοί is intens. and καί connective. —— πᾶσαι αἱ πόλεις, i. e. in Ionia. Cf. 1, 1, 6. —— τοὺς φεύγοντας: cf. 1, 1, 7; 1, 2, 2. The exiles whom Cyrus refused to abandon were political enemies of the dominant party in Miletus; hence the ground of their fear.

§ 10. καί before γάρ, correl. w. καί before ἔλεγεν, *not only ... but also.* —— Supply τινάς w. προοῖτο. —— Dif. in meaning between ἅπαξ and ποτέ? see Lex. —— εἰ w. the optat. in the protasis, and ἄν w. the optat. in the apodosis, denote what? H. 748. K. § 185. 2. (4.) —— ἔτι: repeated for emphasis. —— Dif. between πράττω and ποιέω w. κακῶς, κακόν, or κακά; also w. εὖ, καλῶς, ἀγαθόν, or ἀγαθά? see Lex.

§ 11. φανερὸς ἦν: cf. note on δῆλος ἦν, 1, 2, 11. —— For two accusatives w. ποιήσειεν, see H. 555. K. § 160. 2. —— εὐχὴν αὐτοῦ, indef., *a prayer of his.* Cf. note on ἐμὸς ἀδελφός, 1, 7, 9. —— εὔχοιτο: *orat. obliq.* —— Mark the sentiment at the close of this section. How much better the christian rule.

§ 12. δή: often placed thus after a superlative to strengthen it. Cf. §§ 18 and 20. H. 851. K. § 315. 2. L. G. —— αὐτῷ ... ἀνδρί, lit. *to him one man at least.* The Eng. idiom requires some change of const., *A far greater number desired ... to him than to any other one man:* γέ (like δή) adds emphasis to the preceding word. H. 850. 1. K. § 817. 2. L. G. —— τῶν ἐφ' ἡμῶν limits ἀνδρί. For the force of ἐπὶ w. gen. see Lex. —— προίσθαι, *to surrender*, with a different shade of meaning, § 9. Force of the mid. ?

§ 13. οὐ μὲν δὴ οὐδέ, *not indeed not even*, or *nor indeed:* μέν here = μήν. So often before δή. H. 852. 13. K. § 316. Rem. L. G. When do two negatives in the same clause strengthen the negation? Π. 843. —— ἂν ... εἴποι: potential optat. —— εἴα (ἐάω), peculiarity in the augment? H. 312. K. § 87. 3. —— πάντων limits the subj. of ἐτιμωρεῖτο. —— πολλάκις, κτέ.: this picture is not quite in accordance with our notions of the best government. —— μηδὲν ἀδικοῦντι: when does the particip. take μή instead of οὐ ? H. 839. K. § 177. 5. end.

§ 14. γέ: rule for the position of γέ, and exceptions? H. 850. 1. —— καί: before αὐτός, intens. —— οὕς relates to τούτους. —— ἑώρα: peculiarity in the augment? H. 312. K. § 87. 6. —— καί: before ἄρχοντας, correl. w. καί before ἄλλῃ. —— ἧς ... χώρας, *of the country which:* incorporation. Cf. note on λαβόντι ... στράτευμα, 1, 2, 1.

§ 15. ὥστε φαίνεσθαι, κτέ., *so that he appeared to think it proper,* etc. —— οἴοιτο: why optat.? H. 757. 758. K. § 183. 1. § 182. 8. (c.) —— Κῦρον: more emphatic than αὐτόν.

§ 16. εἰς ... δικαιοσύνην: this clause, standing before εἰ, is made prominent in the thought. Π. 885. K. § 348. 9. L. G. —— γέ, thus united with μήν, presents, with more point and emphasis than δέ, a transition to another and important thought. —— ἐπιδείκνυσθαι depends on βουλόμενος. —— περί: see Lex. —— τούτους refers to τίς. Cf. αὐτούς, 1, 4, 8. —— See Lex. ἐκ.

§ 17. ἄλλα τε πολλὰ ... καί, *not only many other things ... but especially.* When τέ ... καί are correl. the second member is more emphatic than the first. —— αὐτῷ: *dat. commodi, for him.* —— Dif. in meaning between ἀληθινός and ἀληθής? —— Κύρῳ limits πειθαρχεῖν. —— κατὰ μῆνα: cf. 1, 3, 21.

§ 18. ἀλλὰ μήν, *but further,* denotes a transition to a new topic. —— εἴ τίς γέ τι: point out the enclitics. H. 105. 109. K. § 14. § 15. Rem. —— Notice here a condition of the *fourth* form (H. 748. K. § 185. 2. (4.)) and conclusion of the *first* (H. 745. K. § 185. 2. (1.)) —— οὐδενί: remote obj. of εἴασε (fr. ἐάω), *he never allowed to any one his zeal (to be),* etc. Eng. idiom, *he never allowed the zeal of any one (to be),* etc. —— δή: cf. note § 12. —— Κύρῳ: *dat. commodi,* limits γενέσθαι, *to arise to Cyrus.*

§ 19. εἰ ... ὁρῴη ... ἂν ἀφείλετο: a condition of the *fourth* form, and conclusion of the *second.* H. 745. ff. K. § 182. 2. A condition of the same form with the conclusion would have been improper in idea here. What would it have suggested?——See Lex. *ἐκ*. —— *ἧς ... χώρας*: cf. note on *λαβόντι ... στράτευμα*, 1, 2, 1, *regulating the country which*, etc.——*ἀφείλετο* takes two accusatives. Supply *τὶ*, or *αὐτήν* referring to *χώρας*.—— *αὖ*: continuative. —— *φθονῶν ... ἐφ.*: dif. between *φαίνομαι* w. particip. and w. infin.? H. 802. K. § 175. Rem. 4. (f.)

§ 20. *φίλους*, which in the comm. grammatical order would stand after *ποιήσαιτο* (incorporated in the relat. clause), is placed first for emphasis: *most excellent to provide for those whom he made friends*, etc. —— *γὲ μήν*: cf. note § 16. —— Why are these verbs in the optat.? H. 757. K. § 182. 8. (c.) —— *τυγχάνοι βουλόμενος*: see Lex. *τυγχάνω*. —— *γενέσθαι*: state the two uses of the aor. infin. See note 1, 8, 28.

§ 21. *καὶ γὰρ ... ἔχοι*: *For (it was) this very thing, on account of which he himself thought he needed friends, that he might have*, etc.: *αὐτὸ τοῦτο* points to the epexegetical clause *ὡς ... ἔχοι*. —— *τούτου*: gen. objective; limits *συνεργός*. —— *ὅτου* (fr. *ὅστις*) depends on *ἐπιθυμοῦντα*. —— *αἰσθάνοιτο*: why optat.? H. 757. K. § 182. 8. (c.)

§ 22. *εἷς γε ὢν ἀνήρ*: join w. *πλεῖστα*, *the greatest number ... being one man at least;* Eng. idiom, *a greater number of gifts than any other one man*. Cf. § 12. —— *πάντων* limits the subj. of *διεδίδου*, *he of all men*. Force of *δή*? Same as after a superlat. Cf. note, § 12. —— *καὶ* (sc. *σκοπῶν*) *ὅτου*, *κτέ.*, *and having regard to that which he saw*, etc.

§ 23. *τῷ σώματι ... κόσμον*: definitive apposition w. *ὅσα*. —— *ὡς εἰς*: cf. 1, 8, 23. —— *καί*: before *περί*, intens. —— *λέγειν ... ἔφασαν*, *they* (the persons from whom Xenophon obtained his information) *affirmed that he used to say*, etc. —— *δύναιτο* and *νομίζοι*: why optat.? H. 733. 736. K. § 188. 3.

§ 24. *τό* belongs to the whole clause ending with *ποιοῦντα*, *the fact that he*, etc.: sc. *ἐστί*. —— *γέ*: force? H. 850. 1. K. § 317. 2. L. G. —— *τῷ προθυμεῖσθαι*: H. 779. 782. K. § 173. —— *ταῦτα*: plur. because two ideas precede, *his care* and *his desire to gratify* (his friends).

§ 25. *γάρ* introduces here an illustration of the preceding statement, that he surpassed his friends in attention, etc.—— *λάβοι*: why optat.? H. 757. K. § 183. 3. (c.) *ἐπιτύχοι*: H. 733. 736. K. § 188. 3. —— *ἔπεμψε* and *ἔπεμπε*: dif. in force? H. 701. 705. K. § 152. 8 and

9. ——— σοί: *dat. commodi;* why accented? H. 111. b. K. § 16. 3. b.
——— σὺν οἶς, *with those whom.* H. 810. a. K. § 332. 6. L. G.

§ 26. σέ: why accented? cf. σοί, § 25. ——— τούτων: const.?
H. 576. K. § 158. 5. (a.)

§ 27. πάνυ stands comm. before the word which it qualifies.
Cf. § 25. Why after, here? An unusual position often imparts
emphasis to a word. H. 885. K. § 348. 9. L. G. Of. ἰσχυρῶς, 1, 2,
21; 1, 7, 15. ——— αὐτὸς ... ἐπιμέλειαν is parenthetical and not
affected by ὅπου; hence, ἐδύνατο is not in the same const. w. εἴη.
——— διαπέμπων: why διά? ——— ἑαυτῶν refers to φίλους; ἑαυτοῦ, to
the subj. of ἐκέλευε. ——— Why μή? H. 832. K. § 177. 5.

§ 28. εἰ ... πορεύοιτο ... μέλλοιεν: a condition of the *fourth*
form, with a conclusion (ἐσπουδαιολογεῖτο) of the *first*. H. 745. 748.
750. K. § 185. 2. (1.) (4.) Rem. 2. ——— οὓς τιμᾷ: H. 761. K. § 188. 4.
——— πεφιλῆσθαι: is the perf. in Greek both def. and indef. as in
Latin? ——— Ἑλλήνων, βαρβάρων limit οὐδένα.

§ 29. οὗτος (i. e. Orontas), subj. of εὗρε: ὅν relates to αὐτόν:
οἷ (reflex. for a dependent clause) refers to οὗτος: *this one quickly
found him* (i. e. the servant who was to convey the letter, cf. 1,
6, 3) *whom he thought,* etc. ——— καὶ οὗτοι μέντοι, *and these indeed,
and that too:* οἱ ἀγαπώμενοι in appos. w. οὗτοι; and both in the
same const. w. πολλοί. ——— ἂν ... τυγχάνειν depends on νομίζοντες.
When does the infin. take ἄν? H. 783. K. § 153. 2. d.

§ 30. τὸ ... γενόμενον: subj. of ἦν understood; τεκμήριον, predicate. H. 535. K. § 148. Rem. 2. ——— αὐτῷ: i. e. Κύρῳ. ——— ὅτι, κτέ.:
connect w. τεκμήριον, *proof that,* etc.

§ 31. ἀποθνήσκοντος: force of the pres.? H. 714. K. § 152. 12;
while he was dying. ——— Κῦρον πεπτωκότα, *that Cyrus had fallen.*
H. 796. 799. K. § 175. 1. (a.) ——— καί, *also: he fled* not simply
alone.

CHAP. X.

Movements of both armies immediately after the death of Cyrus. The Persians, after plundering the camp of Cyrus, having advanced against the
Greeks, again retreat precipitately.

§ 1. διώκων εἰσπίπτει agrees w. the principal subj. H. 511. h.
K. § 147. Rem. 1. ——— ἐλέγοντο, *there were said to be,* etc. H. 494.
K. § 145. Rem. 2. (b.) ——— ὁδοῦ limits παρασάγγαι. H. 567. K. § 158.
Rem. 1. Eng. idiom, *the distance was said to be,* etc.

§ 2. τὴν ... εἶναι, *the one said to be*, etc. σοφὴν καὶ καλήν: predicate. —— λαμβάνει: cf. note on εἰσπίπτει, § 1.

§ 3. γυμνή: see Lex. —— πρός: see Lex., a rare const. Krüger makes τῶν Ἑλ. depend on the omitted antecedent of οἱ, i. e. τούτους understood. This const. would also be extremely rare. —— ἔτυχον ... ἔχοντες: see Lex. τυγχάνω. —— οἱ δὲ καὶ αὐτῶν, *and some of them also*, i. e. τῶν Ἑλ. οἱ ... ἔχοντες. —— ταύτην: i. e. τὴν Μιλησίαν. —— ἐντὸς ... ἐγένοντο, *came within their reach*. χρήματα and ἄνθρωποι, in appos. w. ἄλλα ὁπόσα. —— πάντα repeats with emphasis the idea of ἄλλα ὁπόσα ... ἐγένοντο.

§ 4. οἱ Ἑλλ. here denotes the main army of the Greeks; not the same that were mentioned in the last section. οἱ μέν refers to οἱ Ἑλλ. In like manner ὁ μέν may refer to the nearer and ὁ δέ to the more remote object. —— καθ' αὑτούς: cf. 1, 8, 21. —— οἱ δέ instead of ὁ δέ, because Xenophon has in mind not merely βασιλεύς, but also those with the king. —— πάντες: i. e. all the Persians, even those who had been opposed to the Greeks in the battle and had been routed.

§ 5. εἴη and νικῷεν: why optat. ? H. 734. 736. K. § 188. —— οἴχονται: lit. *have gone;* pres. in form, perf. in meaning. One might expect οἴχοιντο to correspond w. νικῷεν. But we often find the forms of the *oratio recta*, instead of those proper to the *orat. obliq.* H. 734. b. K. § 188. 4. —— ἐπὶ τὸ ... ἀρήξοντες, *to the camp to render assistance*.

§ 6. ἐν τούτῳ: notice the asyndeton, denoting haste. H. 854. K. § 325. L. G. —— καὶ βασιλεύς. The Greeks were meditating an attack, so, *the king also was manifestly*, etc. —— δῆλος: cf. note 1, 2, 11. —— ὡς ... προσιόντος: so. βασιλέως. —— καὶ δεξόμενοι: a particip. in the nom. connected to a particip. in the gen. Not a rare const. —— ᾗ δὲ κτἑ., *but where he had passed along*. Cf. 1, 8, 13 and 23. παρῆλθεν: cf. note on ἐποίησε, 1, 1, 2. —— καὶ τοὺς ... αὐτομολήσαντας, *and those who (being) over against the Greeks had deserted in the battle*.

§ 7. διήλασε (διελαύνω): Tissaphernes being on the left wing of the Persians (1, 8, 9) would be opposed to the right wing of the army of Cyrus. Here Clearchus was posted (1, 8, 4); and on his right the Grecian targeteer force (1, 8, 5), which skilfully gave way so as to allow Tissaphernes to pass along between themselves and the river. —— κατά: see Lex. —— Ἕλληνας: here used as adj. Cf. Θρᾷκας and Κρῆτας, 1, 2, 9. Names of nations with nouns denoting persons are often used thus.——αὐτούς: Tissaphernes and those with him. Cf. note on οἱ δέ, § 4.

§ 8. ὡς: connect w. ἀπηλλάγη (fr. ἀπαλλάττω), after.——μεῖον ἔχων: see Lex. μείων.——τό: why before τῶν Ἑλ.? H. 533. K. § 148. 9. (a.)

§ 9. ἀναπτύσσειν ... ποταμόν, *to fold back the wing and to rest upon the river* (lit. *to make the river in the rear*). By referring to the plan, 1, 8, 3, it will appear that the Grecian line was at right angles with the river. It was now proposed to effect a change of front, so that the line should be parallel with the river, the front facing the enemy, and the rear resting on the river. Such is now the usual explanation of this passage, which has given rise to much discussion.

§ 10. ἐν ᾧ, κτέ., *But while they* (the Greeks), etc. The movement spoken of in § 9 was only contemplated (ἐδόκει).——καὶ δὴ κτέ., *even now*, etc.——ἀντίαν, *opposite* (to the Grecian army).——εἰς ... σχῆμα, ὥσπερ, *in just the same form, as*, etc.——μαχούμενος: force? H. 789. d. K. § 176. 1. (e.)——συνῄει: see Lex. σύνειμι (σύν, εἶμι).——ὄντας: sc. αὐτούς, i. e. the king and his army.

§ 11. ἐκ πλέονος: see Lex. πολύς.——τὸ πρόσθεν: 1, 8, 19.

§ 12. ἀνεστράφεσαν: see Lex. ἀναστρέφω.——ἐνεπλήσθη: ἐμπίπλημι.——τὸ ποιούμενον, *that which was being done*, or *what was going on:* τὸ γιγνόμενον is much more comm. in this sense.——μή: why not οὐ? H. 837. K. § 177. 5.——ἀετόν: in appos. w. σημεῖον.——ἀνατεταμένον: ἀνατείνω.

§ 13. οἱ ἱππεῖς: emphatic position.——ἄλλοθεν: see Lex. It means strictly *from another place*, the writer assuming in mind for his point of view the place towards which the enemy were fleeing.——ἐψιλοῦτο (fr. ψιλόω): notice the force of the imperf. *was (by degrees) becoming bare*.

§ 14. ἀνεβίβαζεν: sc. τὸ στράτευμα, *did not conduct the army*, etc.——ἀλλ' ὑπὸ κτέ.: a condensed expression; *but having brought the army to the foot of the hill and commanding it to halt*, etc. H. 657. a. 618. a. K. § 167. 7. c.——κελεύει: sc. αὐτούς.——τὰ ... τί ἐστιν, *the things beyond the hill what (there) is:* τί in the sing. denotes the complete view of the several objects implied in τά.

§ 15. ὅτι: before the *orat. recta*. Cf. note 1, 7, 18.——καὶ ἥλιος, *the sun also:* notice the omission of the article. H. 530. b. K. § 148. Rem. 4.

§ 16. Θέμενοι τὰ ὅπλα : see Lex. τίθημι (a). —— ἅμα μέν : instead of a corresponding ἅμα δέ, the construction is changed, owing to the introduction of explanatory clauses, and we have in the correl. sentence, § 17, καὶ αὐτοὶ κτέ. —— φαίνοιτο, παρείη : why optat. ? H. 734. 736. K. § 188. 8. —— αὐτὸν τεθνηκότα : H. 796. 799. K. § 175. 1. (a.) —— διώκοντα οἴχεσθαι : sc. αὐτόν, *that he*, etc. i. e. Cyrus. —— προεληλακέναι : προελαύνω.

§ 17. αὐτοί, *they themselves*, in distinction from Cyrus. —— αὐτοῦ : adv. —— ἐνταῦθα, *to that place :* cf. § 13. —— οὖν, *accordingly*, i. e. as the result of their deliberation. State the dif. between οὖν and γάρ. H. 865. ff. 869. ff. K. § 178. 9.

§ 18. ταύτης ... ἐγένετο, *such was the end of this day.* An eventful day! and destined to exert an important influence on the future history of the world. For on that day the Greeks learned their superiority to the Persians, even in the heart of the empire. The conquests of Alexander, with all their weighty results, may be traced directly to the lesson which was learned in the battle of Cunaxa. The death of Cyrus, which the reader of this narrative naturally deplores, was probably no disaster to the world; for, had he lived, he would have been the most dangerous enemy to Grecian liberty. —— τέ ... καί, *not only ... but especially :* cf. note 1, 9, 17. —— σφοδρά : adj.; how distinguished fr. the adv. ? See Lex. —— διαδοίη, *might distribute* (*these*, i. e. the wagons filled with provisions). Force of the const. after ἵνα ? H. 749. 729. K. §§ 181. 185. —— ὡς ἐλέγοντο : personal instead of impers. const. Cf. ἐδόκουν, 1, 4, 7. —— καὶ ταύτας, *even these*, repeats w. emphasis the idea of τὰς ἁμάξας.

§ 19. ἄδειπνοι, ἀνάριστοι : emphatic position.

BOOK SECOND.

"Ὅσα ἐπεὶ Κῦρος ἐτελεύτησεν ἐγένετο ἀπιόντων τῶν Ἑλλήνων σὺν Τισσαφέρνει ἐν ταῖς σπονδαῖς.—Movements of the Greeks after the battle of Cunaxa, until the treaty which they ratified with the Persians was broken.

CHAP. I.

Negotiations of the Greeks with Ariæus, Persian commander under Cyrus, to whom they offer the throne of Persia; and of Artaxerxes with the Greeks whom he attempts in vain either to overreach or to intimidate.

§ 1. A recapitulation of the principal events in the last book. —— ὡς ... οὖν, *how therefore.* μέν, correl. of δέ, § 2. —— Κύρῳ: H. 597. K. § 161. 2. (c.) end. —— ἐστρατεύετο : H. 702. K. § 152. Rem. 4; *intended to make*, etc. —— τὰ πάντα νικᾶν, *that they were in everything victorious*. Why is the subj. of νικᾶν not expressed? H. 775. K. § 172. 2. —— ἔμπροσθεν : H. 534. K. § 143. 8. —— δεδήλωται has for subj. the clauses ὡς, κτέ.; ὅσα, κτέ.

§ 2. σημανοῦντα: fut. particip., force? H. 789. d. K. § 176. 1. (e.) ——πέμπει, φαίνοιτο: notice the change of mood. H. 738. K. § 188. 4. Force of the indic.? of the optat.? H. 719. 721. K. § 153.

§ 3. ὄντων: gen. abs., sc. αὐτῶν. Cf. προϊόντων, 1, 2, 17. —— γεγονώς : see Lex. γίγνομαι. —— Ταμώ: gen. Att. 2d declens. —— τέθνηκεν, *orat. recta*: εἴη, *orat. obliq.* H. 734. b. K. § 188. 4. Cf. πέμπει, φαίνοιτο, § 2. —— Connect ἐν τῷ σταθμῷ w. εἴη, as πεφυγώς would require εἰς τὸν σταθμόν. —— τῶν ... βαρβάρων: those who had been with Cyrus. —— ὅθεν, *from which*, refers to σταθμῷ. —— λέγοι, φαίη: sc. Ἀριαῖος. —— ἄλλῃ : see Lex. ἄλλος.

§ 4. Ἀλλ': cf. note 1, 7, 6. —— ὤφελε ... ζῆν: force of this form of a wish? H. 721. b. K. § 153. Rem. 1. —— εἰ ... ἤλθετε, ἐπορευόμεθα ἄν: force of this const.? H. 746. K. § 185. 2. (2.) The implication is, but you did come, therefore we shall not go, etc. ——ἐὰν ... ἔλθῃ ... καθιεῖν: cond. sent. 3d form. H. 747. K. § 185. 2. (3). The conclusion (καθιεῖν fr. καθίζω) in the infin. depending on ἐπαγγελλόμεθα.

§ 5. τοὺς ἀγγέλλους: those mentioned § 3. —— ἐβούλετο: sc. ἀποστέλλεσθαι.

§ 6. οἱ μέν: notice the asyndeton. H. 854. K. § 325. L. G. —— κόπτοντες refers to τὸ στράτευμα as collective.—— ξύλοις, *as fuel*, in appos. w. οἰστοῖς.—— οὗ: see Lex.—— ἦσαν φέρεσθαι: a rare const., comm. explained thus, *there were to be brought*, i. e. *there were many* etc. *which might be brought* (for fuel). ἔρημοι: sc. οὖσαι. —— κρέα: obj. both of ἕψοντες and of ἦσθιον.

§ 7. καὶ ἤδη τε ... καί, *and already it was both ... and there come*, etc. Cf. 1, 8, 1.—— οἱ μὲν ἄλλοι ... δέ: *the others ... but*, etc. —— ἐτύγχανε ... ὤν: cf. παρὼν ἐτύγχανε, 1, 1, 2.—— ἐπιστήμων ... τῶν, κτέ. H. 584. c. K. § 158. 5. (c.)

§ 8. νικῶν τυγχάνει: cf. παρὼν ἐτύγ. 1, 1, 2.—— ἄν (= ἐάν) τι δύνωνται: force of this condition? H. 747. K. § 185. 2. (3.) With what moods is εἰ used? with what, ἐάν (ἤν, ἄν)? See Lex.

§ 9. ὅμως δὲ Κλέ., *but still Clearchus*, though equally indignant with the others. Distinguish ὅμως, ὁμοίως, ὁμοῦ.—— τοσοῦτον: cf. note 1, 8, 14.—— οὐ τῶν νικ., *not to the victorious*, suggesting the antithesis ἀλλὰ τῶν ἡττωμένων, *but to the vanquished*. Const.? H. 572. e. K. § 158. 2.—— ἔφη, *continued he*. Cf. note 1, 8, 12. —— ἔχετε: sc. ἀποκρίνασθαι.—— ἥξω: see Lex.—— ἱερά: see Lex. ἱερόν.—— ἔτυχε: see Lex. τυγχάνω.—— θυόμενος: why mid.? See Lex. θύω. Cf. 1, 7, 18.

§ 10. πρόσθεν ... ἤ: see Lex.—— παραδοίησαν: an extremely rare form; cf. note on εἴησαν, 1, 1, 5.——'Αλλ': cf. note 1, 7, 6. —— ὡς ... δῶρα, *as gifts*, in apposit. w. ὅπλα.—— εἰ μέν: supply what?—— λαβεῖν ἐλθόντα: lit. *having come take (them)*; Eng. idiom, *come and take (them)*.—— εἰ, κτέ., λεγέτω: force?—— τί ἔσται, κτέ., ἐὰν ... χαρίσωνται: force? Π. 745. 747. K. § 185. 2. (1.) (3.)

§ 11. πρὸς ταῦτα: asyndeton. Cf. § 6.—— αὐτῷ depends on ἀντιποιεῖται, as *dat. incommodi;* made emphatic by its position: *for who is there that ... against him* (the king)?—— ἔχων (sc. ὑμᾶς) and δυνάμενος: cause? H. 789. c. K. § 176. 1. (b.)—— πλῆθος: obj. of ἀγαγεῖν.—— ὅσον: obj. of ἀποκτεῖναι: *such a multitude as*, (τοσοῦτο(ν) the antecedent of ὅσον not being expressed.)—— εἰ ... ὑμῖν, *if he should deliver (them) up to you*, sc. to be slain. A condition and conclusion of what form?

§ 12. μετὰ τοῦτον: asyndeton, for liveliness of narration.—— εἰ μή: see Lex. εἰ. H. 872.—— ἄν (in both clauses) belongs to the following infin. It never modifies the pres. or perf. indic.—— στερηθῆναι depends on οἰόμεθα understood.—— μὴ οἴου (fr. οἴομαι): two ways of expressing prohibition? and dif. in meaning? H. 723. a. K. § 153. Rem. 3. § 152. 12.—— παραδώσειν: sc. ἡμᾶς, *that we shall deliver up to you,* etc. —— ἀλλὰ ... μαχούμεθα: a transition to *orat. recta* for vivacity and emphasis.

§ 13. φιλοσόφῳ and ἀχάριστα: used ironically. —— ἴσθι ὤν, *be assured that you are,* etc. H. 796. a. K. § 174. 175. 1. (a.) —— υἱεῖ: H. 368. Rem. a. K. § 82. 2.

§ 14. ἔφασαν: cf. note 1, 9, 23. —— ἄλλο τι: H. 552. K. § 159. (7.); *to employ (them) for anything else,* etc.

§ 15. ἐν τούτῳ: asyndeton; cf. §. 12. —— εἶεν: why optat.? H. 733. 734. K. § 188. —— ἄλλος ἄλλα: paronomasia; see Lex. ἄλλος: λέγει agrees w. ἄλλος, which is in partitive apposit. w. οὗτοι. Cf. note on ἕκαστον τὸ ἔθνος, 1, 8, 9. —— λέγεις: see Lex.

§ 16. ἄσμενος, *gladly*: H. 488. Rem. c. K. § 264. 3. L. G. —— οἶμαι: often thus thrown into a sentence without affecting the const., as a parenthetical clause. —— καὶ ... πάντες, *all the others also;* sc. σὲ ἄσμενοι ἑωράκασιν. —— ἡμεῖς ... ὁρᾷς: an emphatic amplification for *we all;* sc. Ἕλληνές ἐσμεν. —— περὶ ὧν: H. 810. K. § 182. 6. 7. Cf. ὤν, 1, 1, 8.

§ 17. πρός: see Lex. —— ἀναλεγόμενον agrees w. ὅ. Force of the circumstantial particip.? H. 788. ff. K. § 176. 1. —— ξύν: older Attic for σύν. —— ξυμβουλευομένοις agrees w. αὐτοῖς. Dif. between the act. and mid. of this verb? See Lex.

§ 18. καὶ ... πρεσβεύοντα, *the one coming as envoy from the king even himself.* Different meanings of αὐτός? —— παρὰ τὴν δόξαν: see Lex. παρά. —— αὐτοῦ (Κλεάρχου): rule for its position? (H. 538. K. § 148.) Difference in meaning and position between αὐτοῦ and αὑτοῦ? H. 538. K. § 148. Rem. 8.

§ 19. Ἐγώ: placed first, as though he would answer directly; but next, with much art, comes the condition which nullifies the force of the advice. —— μία τις: more emphatic than μία or τὶς alone; *any one.* —— σωθῆναι depends on ἐλπίς so: *hope of being rescued.* H. 767. K. § 306. 1. (d.) L. G. —— πολεμοῦντας agrees w. the implied subj. of σωθῆναι. Cf. note on λαβόντα, 1, 2, 1. —— τοί, *surely,* is forcible here: μηδεμία, made emphatic by its separation fr. ἐλπίς. —— ἄκοντος: cf. note 1, 8, 17. —— ὅπῃ δυνατόν, *in what way it is possible,* i. e. *in the best way you can.* Altogether, the answer is as shrewd as the question.

§ 20. Ἀλλά, *well:* cf. note 1, 7, 6. —— ταῦτα, τάδε: notice the difference. —— φίλους εἶναι: sc. ἡμᾶς. —— πλείονος ... φίλοι: connect w. οἰόμεθα: *that we should be more valuable friends.* For ἄξιοι and φίλοι w. the infin. see H. 774. 775. K. § 172. 2 and 3.—— πολεμεῖν also depends on οἰόμεθα.

§ 21. βασιλεύς: position emphatic.—— μένουσι, προϊοῦσι, ἀπιοῦσι: sc. ὑμῖν. The particip. denotes what here? H. 788. 789. e. K. § 176. 1. (a.) and (c.)—— μενεῖτε, εἰσίν: notice the change in tense.—— ὡς ... ὄντος: see Lex. ὡς.

§ 22. καὶ ἡμῖν ... καὶ βασιλεῖ: καί, *also;* the Eng. idiom admits *also* only in the demonstrative clause.—— ἅπερ, sc. δοκεῖ: force of -περ? See Lex. Dif. in meaning between ταὐτά and ταῦτα? —— τί ... ταῦτα: cf. note 1, 10, 14.—— ἀπεκρίνατο: asyndeton, cf. § 12.——Ἦν ... μίνωμεν: force? H. 747. K. § 185. 2. (3.)—— ἀπιοῦσι, προϊοῦσι: cf. note § 21.

§ 23. μένουσιν, κτέ., used as above. The Laconic brevity of these replies adds much to their force. They must have proved highly satisfactory to Artaxerxes!

CHAP. II.

The Greeks, joining Ariæus, resolve to return with him to Ionia. After a day's march, they arrive at some Babylonian villages. In the night, they are seized with a groundless panic, which is allayed through an ingenious pleasantry of Clearchus.

§ 1. ἧκον, *came back.* Cf. ἥξω, 2, 1, 9.—— Προκλῆς, Χειρίσοφος: descriptive apposit. w. οἱ δέ.—— αὐτοῦ: see Lex.—— φαίη: why optat.? H. 734. 736. K. § 188. 3. πολλούς, made emphatic by separation fr. its subst. Πέρσας.—— βελτίους: used here with respect to rank.—— οὖς: sc. φαίη, *and these (he affirmed) would not,* etc. —— οὐκ ... ἀνασχέσθαι (ἀνέχω): when may οὐ be used w. the infin.? H. 837. b. K. § 318. 4. L. G. When does the infin. take ἄν? H. 783. K. § 153. 2. d.—— αὐτοῦ: comm. explained as obj. of ἀνασχέσθαι. May it not be gen. abs. w. βασ-, denoting a condition to which the preceding clause corresponds as conclusion? ... *would not endure (it), if he were king.*—— κελεύει: sc. ὑμᾶς.—— αὐτός: why nom. w. infin.? Cf. ἄξιοι, 2, 1, 20.

§ 2. Ἀλλ': cf. 2, 1, 20.—— οὕτω = ὧδε.—— Before ὥσπερ, supply χρὴ ποιεῖν.—— ὁποῖον ... τι, *whatever:* τὶ imparts the notion of indefiniteness to ὁποῖον. H. 683. K. § 303. 4. L. G.—— ἄν: connect w. οἴησθε. Force? H. 757. K. § 153. 2. b.—— ὑμῖν depends on συμφέρειν: is made emphatic by separation fr. its clause. —— οὐδέ: stronger than οὐ, *not even.*

§ 3. ἰέναι depends on οὐκ ἐγίγνετο: see Lex. γίγνομαι. —— ἄρα: what sort of conjunc. ? Differs how fr. οὖν ? Differs how in meaning and in position fr. ἆρα ? H. 865. ff. 828. ff. K. § 324. 3. (a.) (b.) § 344. 5. (b.) L. G. —— οὐ μὲν δή: cf. note 1, 9, 13. —— οἷόν τε: sc. ἐστί. Dif. in meaning between οἷος and οἷός τε ? See Lex. For this use of τί, see H. 856. K. § 321. Rem. 4. L. G. —— τὰ ἐπιτήδ., the (requisite), etc. H. 527. c. K. § 244. 3. L. G. Cf. τὴν δίκην, 1, 8, 20, note. —— ἔστιν: H. 406. Rem. b. 1. K. § 16. 1. —— ἰέναι depends on καλά.

§ 4. δειπνεῖν: sc. χρή; ἀπιόντας agrees w. the implied subj. of δειπνεῖν. —— σημήνῃ: see Lex. σημαίνω. Cf. ἐσάλπιγξε, 1, 2, 17. —— ὡς: same force as w. a particip., *as if*. —— συσκευάζεσθε, ἀνατίθεσθε: imperat.

§ 5. ταῦτα: asyndeton. —— λοιπόν: see Lex. —— δεῖ τὸν ἄρχοντα: sc. φρονεῖν.

§ 6. This section seems to be out of place here. —— ἥν: H. 550. b. K. § 159. 3. (6.) —— τῆς Ἰωνίας: H. 559. b. K. § 158. 3. —— μάχης: see Lex. —— σταθμοὶ τρεῖς καὶ ἐνενήκοντα: only eighty-four stages from Sardis to the battle-field are mentioned in the first book; but it will be perceived that the distance from Ephesus purports to be given here.

§ 7. ηὐ-: not to be pronounced in two syllables: augmented fr. αὐ-. H. 310. K. § 86.

§ 8. κατὰ τὰ παρηγγελμένα: see Lex. παραγγέλλω: cf. § 4. —— ἐκείνου: cf. 1, 2, 15; 1, 3, 1; 1, 8, 26. —— μέσας νύκτας: cf. 1, 7, 1. —— 3έμενοι: sc. οἱ Ἕλληνες; cf. μαχόμενοι, 1, 8, 27. —— μήτε ... τέ: see Lex. μήτε. —— πρός: in compos.; force ?

§ 9. Demosthenes mentions κάπρος, κριός, and ταῦρος as being used for a sacrifice. Compare the *suovetaurilia* of the Romans. The wolf seems to have been added as a sacrifice to Ahriman, the Persian god of darkness. —— εἰς ἀσπίδα (join w. σφάξαντες), (*so that the blood ran) into a shield*. HERTLEIN.

§ 10. ἄπιμεν: sc. τὴν ὁδόν; ἥνπερ ἤλθομεν. H. 547. b. K. § 159. 2.

§ 11. ἀπιόντες (sc. τὴν ὁδόν) denotes a condition. H. 751. K. § 185. Rem. 4. Force of the whole sentence ? H. 748. K. § 185. 2. (4.) —— σταθμῶν: time; H. 591. K. § 158. 4; *within the seventeen nearest stages*. —— οὐδέ: differs how fr. οὔ ? Cf. note § 2. —— μακροτέραν: sc. ὁδόν. —— ἐπινοέω, *to fix the mind upon, to intend, purpose*: ἐννοέω (ἐννενοηκέναι, § 10), *to have in mind*.

§ 12. πορευτέον: force of the verbal in -τέος ? const. of ἡμῖν ?

of σταθμούς? H. 804. ff. 547. K. § 168. § 159. 2. *We must*, etc.—— ὡς w. superlat., see Lex.——ἅπαξ: differs how fr. ποτέ? See Lex. Cf. 1, 9, 10.—— ἦν ... ἀπόσχωμεν (ἀπέχω): force of aor. subjunc. w. ἄν? H. 747. a. K. § 152. Rem. 3.——οὐκέτι μή: explanation of this expression? used w. what parts of the verb? force? H. 845. K. § 177. 9.——σπανιεῖ: Att. fut. how formed? H. 376. K. § 83. ——ταύτην ... ἔγωγε: emphat. posit.

§ 13. ἦν ... δυναμένη: a circumlocution giving greater prominence to the idea of δύναμαι, wh. see, in Lex.——κάλλιον, *better;* because the Persians regarded it, not as a flight, but as an advance for attack.—— ἐν δεξιᾷ ... ἥλιον: i. e. northwards.——τοῦτο: cf. 1, 8, 11.

§ 14. ἔτι ... ὁρᾶν, *they imagined that they still saw*, etc.—— τῶν Ἑλ- limits the antecedent of οἵ, which is subj. of ἔθεον.—— Why μή? H. 835. K. § 177. 5.——ἔτυχον ὄντες: see Lex. τυγχάνω. ——ἐτύγχανε ... ἐτέτρωτο: parenthetical.

§ 15. εἰσίν ... νέμοιντο: cf. note 2, 1, 2, on πέμπει.——ἐστρατοπεδεύετο: H. 735. a. K. § 345. Rem. 5. L. G.

§ 16. ἦγεν: intrans.——ἀπειρηκότας, ὄντας: supplementary particip. H. 796. 799. K. § 175.—— οὐ ... οὐδέ: when do two negatives in one sentence strengthen the negation? H. 843.—— μή: force here? H. 743. K. § 177. Rem.—— ἄγων: cf. ἦγεν.—— τοὺς πρώτους, *the foremost, the van.*——ὧν relates to κώμας.—— καὶ αὐτὰ τὰ κτέ., *even the very*, etc., subj. of διήρπαστο: τὰ ἀπὸ κτέ.: cf. note on τῶν παρὰ κτέ., 1, 1, 5.

§ 17. ὅμως: notwithstanding what was just mentioned.—— σκοταῖοι: const.? H. 488. c. K. § 264. 3. L. G.——ὡς ... ἕκαστοι: lit. *as they severally happened;* Eng. idiom, *as it happened*, denoting the manner in which they passed the night (αὐλίζομαι).—— ὥστε, w. two dif. consts.: the first denoting a conceived result, and introducing a subordinate clause; the second expressing the actual fact, and introducing a coördinate sentence. H. 770. 771. K. § 186.—— οἱ μὲν ἐγγύτατα: sc. ὄντες, *those of the enemy (who were) nearest*, etc. H. 492. f. K. § 148. 8.

§ 18. οὔτε ... οὐδέν: οὔτε ... οὐδαμοῦ. H. 843. K. § 177. 6.—— ἐξεπλάγη, fr. ἐκπλήττω.—— οἷς ... ἔπραττε, *by what he did*, etc. οἷς: attraction. H. 808. 810. a. K. § 182. 6. For the allusion, see 2, 3, 1.

§ 19. προϊούσης ... ταύτης: how is the gen. abs. here to be translated? H. 790. a. K. § 176. 1. (a.)——καὶ τοῖς Ἑλ., *to the*

Greeks also, not simply to the Persians. —— οἷον: subj. of γίγνεσθαι, depends on εἰκός, sc. ἐστί, *qualem par est fieri.* Krüg., *such as would naturally arise when,* etc.

§ 20. κήρυκα ἄριστον: apposit. w. ὅν, *a herald (being among the) best.* What would κήρυκα τὸν ἄριστον, κτέ. mean? τῶν τότε, sc. κηρύκων: H. 492. f. K. § 148. 8. —— τοῦτον: epanalepsis; cf. ταύτας, 1, 10, 18. —— ὅς relates to the subj. of λήψεται. Force of ὅς ἂν κτέ.? H. 757. K. § 153. 2. b. The relative clause stands first for emphasis. —— τὸν ἀφέντα: obj. of μηνύσῃ. τόν before ὄνον implies that *the ass* had been the cause of the uproar,—a joke invented by Clearchus to quell the panic. —— τὰ ὅπλα: see Lex.

§ 21. εἴη: why optat.? H. 736. K. § 188. 3. —— ᾗπερ εἶχον, *as they were, as they stood.*

CHAP. III.

Various negotiations between the Persians and the Greeks, resulting finally in a treaty.

§ 1. ὃ ... ἔγραψα: 2, 2, 18. —— γάρ: epexegetic. See Lex. —— ἡλίῳ: cf. note 1, 10, 15.

§ 2. ἄχρι ἂν σχολάσῃ: subjunc. where we might expect the optat.; thus denoting present expectation. H. 729. 728. K. § 188. 3. 4. This reply was haughty, but well-timed.

§ 3. ὁρᾶσθαι depends on καλῶς, by the same principle as it might depend on an adj. H. 767. K. § 171. 2. (d.); lit. *well to be seen,* i. e. *so that it might present a fine appearance, (being) on all sides a dense phalanx.* —— τῶν ... εἶναι: supply ὥστε before this clause. Why μηδένα rather than οὐδένα? —— ταὐτά, *the same things,* to do as he did (προῆλθε ... ἔχων, κτέ.).

§ 4. ἀνηρώτα (ἀνερωτάω), τί βούλοιντο: somewhat blunt. In keeping w. § 2. —— ἔσονται: H. 735. 736. K. § 188. 4.

§ 5. πρῶτον: emphatic position. —— ἔστιν: H. 406. Rem. b. K. § 16. 1. —— οὐδ' ὁ τολμήσων, *nor am I the man that will dare.* —— μὴ πορ-: when does the particip. take μή instead of οὐ? H. 839. K. § 177. 5.

§ 6. ἐπετέτακτο: subj.? ταῦτα πράττειν. —— ὅτι ... βασιλεῖ, *that they seemed to the king to speak what was reasonable.* Some understand οἱ Ἕλληνες as subj. of δοκοῖεν; others, the same as the subj. of ἔλεγον, οἱ ἄγγελοι. —— ἄξουσιν, ἕξουσιν: notice the alliteration. —— ἔνθεν: cf. ὅθεν, 1, 3, 17: οὗ, 2, 1, 6.

§ 7. ὁ δέ: Clearchus.——αὐτοῖς τοῖς ἀνδράσι: dat. commodi; *for the men alone:* to define this clause, τοῖς ... ἀπιοῦσιν is added, *those coming and going away,* i. e. the Persian commissioners.——εἰ ... σπένδοιτο: indirect question (direct ἆρα σπείσομαι), *whether he should,* etc. H. 733. 735. ff. K. § 188. 3. Force of the optat. here? H. 730. K. § 185. 2. (4.)——ἤ: supply εἰ fr. the foregoing, *or whether,* etc.——Why ἄν after μέχρι? H. 757. ff. K. § 183. 2. 3. ——τὰ παρ' ὑμῶν: lit. *the things from you,* i. e. *your answer.*

§ 8. Force of μετα-?——ἐδόκει, *it seemed expedient* (to the army).——ἐπί, *for, after:* in § 9, πρός means simply *to.*

§ 9. ἔστ' ἄν: why ἄν? Cf. μέχρι ἄν, § 7.——ποιήσασθαι: why mid.?

§ 10. οἱ μὲν ἡγοῦντο, *the others* (i. e. the other Grecian commanders) *took the lead.* In § 9, ἡγεῖσθαι is spoken of the Persian envoys: *he ordered* (them = τοὺς ἀγγέλους) *to conduct* (*the army*) *to,* etc.——μέντοι, instead of δέ, correl. w. μέν in the preceding clause. For other instances of the correlation of μέν ... μέντοι, cf. § 9; also 2, 1, 13; 2, 6, 19.——τὰς μὲν ... ἐν τάξει: these two explanatory clauses are parenthetical.——τάφροις καὶ αὐλῶσιν: prob. made for irrigation. Cf. § 13.——ὡς w. the infin. instead of ὥστε is frequent in Xen.——ἦσαν ἐκπεπτωκότες: cf. note on ἦν δυναμένη, 2, 2, 13.——τοὺς δέ, *but some,* etc., corrects the too general statement which precedes.

§ 11. ἦν: impers.——Κλέαρχον: prolepsis; cf. note on τῶν βαρβάρων, 1, 1, 5; lit. *it was possible to learn Clearchus how he commanded;* instead of, *it was possible to learn how Clearchus,* etc. ——βακτηρίαν: flogging was not uncommon in the Spartan armies, and hence their generals were in the habit of carrying a stick. Cf. πληγὰς ἐνέβαλεν, 1, 5, 11.——εἰ ... δοκοίη: H. 749. a. K. § 185. Rem. 2.——πρὸς τοῦτο, *for this,* i. e. διαβάσεις ποιεῖσθαι.——ἔπαισεν ἄν: force of this const.? H. 704. K. § 153. 2. a. (β.)——When does the infin. take μὴ οὐ? H. 847. 838. K. § 177. 8.

§ 13. μή: force? H. 743. K. § 177. Rem.——ἄρδειν: const.? H. 814. K. § 182. Rem. 4. It was now autumn. The fields were irrigated in summer to prepare them for the sowing in the early autumn.——βασιλέα: subj. of ἀφεικέναι (ἀφίημι), made emphat. by posit.

§ 15. τὰς δέ τινας, *and some others:* τὶς is often added to ὁ μέν, or ὁ δέ, making it more indef. H. 525. a.' K. § 303. 4. L. G.——καὶ ἦν, *and it was:* subj. indef, although the reference is to τραγήματα.

§ 16. τῆς ἡδονῆς : cf. ἡδύ, § 15. ἥσθη, 1, 9, 26. —— σφόδρα: made emphat. by separation fr. κεφαλαλγές. —— ἐξαιρεθείη : force of the optat. ? H. 757. 758. K. § 153. 1. b. (β.)

§ 18. πολλὰ καὶ ἀμήχανα : two attributives in Greek are connected by a conj. In Eng. the conj. may be omitted. —— ἐποιησάμην, εἰ δυναίμην : condit. of the *fourth* form, conclusion of the *first*. H. 748. 745. K. § 185. 2. (1), (4.) —— ἂν ... ἔχειν, *that it* (the act just mentioned) *would not be unattended with gratitude to me:* οὐκ ἀχαρ-, litotes : ἔχειν w. an adv., see Lex.

§ 19. ἤγγειλα : 1, 2, 4. —— διήλασα : 1, 10, 7. —— αὐτῷ, i. e. τῷ βασιλεῖ.

§ 20. ἐὰν δύνωμαι : condit. of the third form. The conclusion, εὐπρακτότερον ᾖ, instead of the indic., is subjunc. after a final conjunc. H. 739. K. § 181. 2.

§ 21. μεταστάντες : force ? Differs how fr. the mid. μεταστησάμενος, § 8. Force of μετά in compos. ? —— ὡς w. particip. : force ? See Lex. ὡς. —— οὔτ' ἐπορευόμεθα ἐπὶ βασ. is to be understood of the intention of the Greeks.

§ 22. αἰσχύνομαι w. acc. H. 544. a. K. § 159. 3. (5.) —— εὖ ποιεῖν : force of the infin. here ? H. 765. K. § 171. 2. (d.) Can the infin. in Latin be used thus ? Lit. *yielding ourselves* (to Cyrus) *to do well* (by us), i. e. *suffering ourselves to receive favors* (*from him*).

§ 23. τέθνηκεν : is the Gr. perf. always definite ? —— βασιλεῖ ... ἀρχῆς : const. ? H. 577. c. K. § 158. 3. (b.) § 161. 2. —— οὔτ' ... ἕνεκα : lit. *nor is there anything for which*, i. e. *nor is there any reason why*, etc. —— βουλοίμεθ' ἄν ... ἂν ... ἐθελοίμην : potential optat., *should wish*, etc. H. 722. K. § 153. 2. c. —— πορευοίμεθα ... λυποίη : H. 748. K. § 185. 2. (4.) —— ἀδικοῦντα, *any one who injures* (*us*) : obj. of ἀμύνασθαι. —— ποιῶν : supplementary particip. H. 798. K. § 175. 1. (e.), *is first to do well*, etc. —— τούτου depends on ἡττησόμεθα. —— εἰς : see Lex.

§ 24. ἥκω : cf. note on ἧκον, 2, 2, 1. —— μενόντων : imper.

§ 25. εἰς : cf. note 1, 7, 1. —— ἥκων ἔλεγεν : cf. note on ἐδάκρυε ... ἑστώς, 1, 3, 2. —— παρὰ βασιλέως : connect w. διαπεπραγμένος, *having obtained from the king that it be granted him* (Tissaph.), etc.

§ 26. φιλίαν :, predicate adj. ; made emphat. by separation fr. its subst. χώραν. —— παρέξειν, ἀπάξειν :· subj. sc. ἡμᾶς, suggested by ἡμῶν. —— ὅπου ... ᾖ, *and wherever it may not be possible*, etc. H. 757. K. § 153. 2. b.

§ 27. ὑμᾶς δ' αὖ ἡμῖν: contrasted words are often made more striking by juxtaposition. H. 885. K. § 348. 10. L. G.; *that you give oath to us*, etc. —— φιλίας: sc. τῆς χώρας. —— ὠνουμένους, sc. ὑμᾶς, *that you will receive . . . by purchasing*. H. 789. K. § 176. 1. (d.)

§ 28. ταῦτα ἔδοξε: asyndeton.

§ 29. ὡς: cf. note 1, 2, 4. —— ἃ δέομαι: cf. note 1, 3, 4.

CHAP. IV.

The Greeks, suspecting the sincerity both of Ariæus and of Tissaphernes, march and encamp by themselves. Both armies cross over to the left bank of the Tigris, and proceed as far as the river Zapatas.

§ 1. βασιλέα: subj. of μνησικακήσειν, *that the king would not*, etc.; the whole clause is exegetical of δεξιάς. —— ἐπιστρατείας, ἄλλου: const. ? H. 566. K. § 158. 6. Π.

§ 2. οἱ περὶ Ἀριαῖον, *Ariæus and his men*. —— ἔνδηλοι . . . προσέχοντες: cf. note on δῆλος . . . ἀνιώμενος, 1, 2, 11. —— καὶ διὰ τοῦτο, *on this account also;* a special reason, the principal one being the delay of Tissaphernes. —— τοῖς μὲν πολλοῖς: correl. of Κλέαρχος δέ, § 5. —— ἤρεσκον: subj. οἱ περὶ Ἀριαῖον. —— προσιόντες . . . ἔλεγον: sc. οἱ πολλοὶ τῶν Ἑλλήνων.

§ 3. ἤ, as interrog., differs how in use fr. ἦ interrog. ? See Lex. —— ἂν . . . ποιήσαιτο: how is the condition here expressed ? H. 751. K. § 185. Rem. 4; *would make*, etc. *if he might destroy*. —— περὶ παντός: see Lex. περί. —— ἵνα . . . ᾖ: H. 739. K. § 181. 2; Eng. idiom, *that there might be*, etc. —— στρατεύειν depends on φόβος. H. 767. K. § 306. 1. (d.) —— διεσπάρθαι, διασπείρω. —— οὐκ ἔστιν ὅπως οὐκ, κτέ., *it is not possible that he will fail to attack*, etc. When are two negatives equivalent to an affirmative ? H. 844.

§ 4. τοσοίδε: see Lex. —— ἐπὶ ταῖς θύραις αὐτοῦ: a hyperbole. The distance from Babylon seemed slight compared with the long way they had passed over.

§ 5. οὐδεὶς . . . οὐδὲ ὅθεν, *no one will furnish us even* (*villages*) *from which:* when do two negatives in the same clause strengthen the negation, and when are they equivalent to an affirmative ? H. 843. 844. —— ἐπισιτιούμεθα: ἐπισιτίζω: formation of the Att. fut. ? H. 376. K. § 83. —— ὁ ἡγησόμενος οὐδεὶς ἔσται, *there will be no one who will act as guide*. Cf. ὁ τολμήσων, 2, 3, 5. —— ἅμα w. the particip. denotes with emphasis the contemporaneousness of the two actions,—the one mentioned in the dependent clause, and the one, in the principal clause: *and at the same time that we are doing*, etc. —— ἀφεστήξει: fut. pf. fr. ἀφίστημι. —— οἱ πρόσθεν ὄντες: sc. φίλοι suggested by φίλος in the preceding clause: πολέμιοι is predicate.

§ 6. ποταμός: emphatic position; in the comm. grammatical order, it would stand after ἄλλος. —— ἆρα: differs how fr. ἆρα? fr. οὖν? See Lex. —— ἡμῖν: const.? διαβατέος: force? Difference in meaning between the personal and impers. const. of the verbal? Does the const. here give greater prominence to ποταμός? H. 804. ff. K. § 168. —— δ᾽ οὖν: force? cf. note 1, 2, 12; *but we certainly know*, etc. —— οἴδαμεν: rare in Attic, = ἴσμεν. H. 409. 6. Rem. a. K. § 143. —— ἀδύνατον: impers., sc. ἐστί. —— οὐ μὲν δή: cf. note 1, 9, 13. —— νικῶντες, ἡττωμένων: H. 789. e. K. § 176. 1. (c.) —— οὐδένα οἱόν τε: sc. ἐστί, *it is not possible that any one*, etc.

§ 7. βασιλέα: subj. of ὁμόσαι, emphatic in position: αὐτόν (i. e. τὸν βασ.) is expressed for perspicuity; *I do not know why it is necessary that the king*, etc. —— εἴπερ προθυμεῖται..., οὐκ οἶδα, κτέ.: force? H. 745. K. § 185. 2. (1.) —— ὅ, τι: const.? H. 552. a. K. § 159. 3. (7.) —— πιστὰ ἄπιστα: paronomasia of antithetical words.

§ 8. εἰς οἶκον: his satrapy was Caria. —— Ὀρόντας: sc. ἔχων; satrap of Armenia.

§ 9. ἐπορεύοντο· ἐπορεύετο: the same word at the end of one sentence and the beginning of another is emphatic. After so long a delay, it was worthy of emphasis that they were now *proceeding*. —— στράτευμα: apposit. w. τὸ ... βαρβαρικόν.

§ 10. ἐφ᾽ ἑαυτῶν: see Lex. ἐπί. —— παρασάγγην καὶ μεῖον, lit. *a parasang and less*. In a comm. Eng. idiom, *a parasang or so*.

§ 11. ἐκ τοῦ αὐτοῦ, *from the same* (*place*). H. 509. K. § 154. Rem. 2.

§ 12. καλούμενον: cf. note on καλουμένη, 1, 2, 13. —— εἴσω αὐτοῦ, *within it*. "What these words properly signify in respect to the wall is difficult to determine from the discrepant opinions of travellers." VOLL. —— ποδῶν limits τεῖχος, the subj. (understood) of ἦν.

§ 13. ἐζευγμένην: see Lex. ζεύγνυμι. —— αὗται: sc. αἱ διώρυχες. —— κατετέτμηντο: κατατέμνω. —— ὥσπερ: sc. κατατέτμηνται. —— μελίνας: see Lex. —— ᾗ ὄνομα, *the name of which* (*was*). Cf. ὄνομα αὐτῇ, 1, 5, 4.

§ 14. δένδρων: const.? H. 584. b. K. § 158. 5. (a.) —— οἱ βάρβαροι: sc. ἐσκήνησαν.

§ 15. ἔτυχον ... ὄντες: see Lex. τυγχάνω. —— ποῦ ἂν ἴδοι: express the condition suggested by ἄν. H. 748. 752. K. § 185. 2. (4.) and Rem. 4. —— καὶ ταῦτα : cf. note 1, 4, 12. —— ὧν : H. 789. f. K. § 176. 1. (c.); *though he was:* agrees w. the subj. of ἐζήτει.

§ 16. ὅτι : cf. note 1, 6, 8. —— ἔπεμψε : cf. note on ἦν, 1, 2, 3. —— μή : H. 743. K. § 177. 7.

§ 17. ὡς : before διανοεῖται, causal; before μή, final. See Lex.

§ 18. ἐταράχθη, ἐφοβεῖτο : change of tense, why?

§ 19. τό τε ἐπιθήσεσθαι καὶ λύσειν, κτέ. : subj. of εἴη ; the predicate adj. ἀκόλουθα is neut. plur. H. 511. Rem. i. K. § 147. 1. —— δῆλον : sc. ἐστί ; a transition to the *orat. recta*. —— ἐπιτιθημένους, *the persons making an attack*, agrees w. the subj. of νικᾶν and ἡττᾶσθαι. —— οὐδέ : connect w. ἔχοιμεν. Notice the form of condit. and conclusion. H. 747. 748. 750. K. § 185. 2. (3.) (4.) —— ὅποι ... σωθῶμεν : ἄν omitted. H. 759. K. § 183. 2. (b.)

§ 20. ὅποι, κτέ. : cf. note § 19. —— λελυμένης τῆς γεφύρας : repeated for emphasis. Cf. ἄριστον, 2, 3, 5.

§ 21. τίς imparts an indefinite force to πόση ; *about how large*. —— ἡ points out the whole clause following as attributive of χώρα. —— πολλή : sc. ἡ χώρα ... ἐστί.

§ 22. ὑποπέμψαιεν : why optat.? H. 731. K. § 180. 5. Force of ὑπό in compos.? See Lex. Two forms of the aor. act. optat. 3d pers. plur.? Which is more comm.? H. 349. Rem. b. K. § 116. 9. —— διελόντες : διαιρέω. —— ἐρύματα : appos. w. τὸν Τίγ. and τὴν διώρ. —— ἔνθεν : see Lex. —— καὶ τῶν ... ἐμόντων : H. 790. c. K. § 176. 1. (b.) and 2 ; *since also there were in* (it) *those who would till* (*the land*). —— γένοιτο : H. 731. K. § 180. 5 ; *it might become*, etc.

§ 23. μέντοι ... ὅμως, *but nevertheless,* i. e. though they thought there was no ground for alarm.

§ 24. ἕως : subst. —— ὡς οἷόν τε : see Lex. ὡς, and οἷος. —— τῶν παρά : cf. note 1, 1, 5. —— διαβαινόντων : *while they* (the Greeks) *were crossing*. Cf. note on ἰόντων, 1, 4, 12. —— ᾤχετο ἀπ. : more picturesque than ἀπήλασε ; see Lex. οἴχομαι.

§ 25. ᾠκεῖτο : see Lex. οἰκέω ; cf. note on ἦν, 1, 4, 6. —— ᾗ ὄνομα : cf. note § 13.

§ 26. εἰς δύο, *two abreast*. —— ἐπιστήσειε : force of the optat.? H. 757. K. § 183. 3. (c.)

§ 27. πλὴν ἀνδραπόδων, lit. *except slaves*, i. e. *but not to take any of the inhabitants with them as slaves*.

§ 28. ἄρτους, τυρούς, οἶνον : notice the asyndeton ; often found thus in the enumeration of different particulars.

CHAP. V.

During a halt of three days at the river Zapatas, Clearchus seeks and obtains an interview with Tissaphernes. He is so far deceived by the wily Persian that he takes with him four other generals and twenty captains for a second interview. The Greek generals are made prisoners and the captains put to the sword. Ariæus repairs at once to the Grecian camp, and demands an immediate surrender. Cleanor, in behalf of the Greeks, returns a reproachful answer.

§ 1. φανερά, ἐπιβουλή: emphatic position.

§ 2. ἔδοξεν, κτέ., εἴ πως δύναιτο: condit. *fourth* form, conclus. *first*. II. 745. ff. K. § 185. 2. —— παῦσαι: connected by καί to συγγενέσθαι, and understood w. δύναιτο. —— πρὶν ... γενέσθαι: H. 769. K. § 183. Rem. —— ἐροῦντα (fr. φημί): force? H. 789. d. K. § 176. 1. (e.)

§ 3. Τισσαφέρνη: declens.? H. 198. K. § 71. A. L. G. —— ἡμῖν: const.? H. 600. K. § 161. 2. (d.) Comm. const. for the agent? —— σέ: why not enclit. here? H. 111. b. K. § 16. 3. (b.) —— ἡμᾶς: obj. of φυλαττόμενον.

§ 4. οὐ ... οὔτε ... τέ, *I am not only unable to*, etc., *but also I*, etc. Cf. note on μήτε ... τέ, 2, 2, 8. —— αἰσθέσθαι: how would this be accented if it were 2d aor.? —— εἰς λόγους σοι ἐλθεῖν, *to enter into a conference with you*. σοί: const.? H. 601. K. § 161. 2. —— ἐξέλοιμεν, ἐξαιρέω.

§ 5. τοὺς μέν, τοὺς δέ: partitive apposit. w. ἀνθρώπους. —— φθάσαι ... πρὶν παθεῖν, *to get the start* (sc. in inflicting injury) *before suffering* (any harm). —— ἐποίησαν, κτέ.: see Lex. ποιέω. —— κακά, τοὺς μέλλοντας: const. ? H. 555. K. § 160. 2. —— τοιοῦτον οὐδέν, *any such thing*, i. e. as the infliction of injury.

§ 6. νομίζων: causal. —— When does the infin. take ἄν? H. 783. K. § 153. 2. (d.) Express this clause (τὰς ... παύεσθαι) with a finite mood, omitting νομίζων.

§ 7. πρῶτον μέν: instead of ἔπειτα δέ, the correl. sentence begins § 8, τῶν δέ, κτέ. —— ἡμᾶς ὅρκοι: a hyperbaton for ὅρκοι ἡμᾶς, making each word emphatic. II. 885. K. § 348. 9. L. G. —— τούτων, i. e. τῶν θεῶν depends on παρημεληκώς. —— τὸν θεῶν πόλεμον: obj. of ἀποφεύγοι; why first in the sentence? —— ἀπό: force here? See Lex. —— ἄν w. the optat. here potential, *could*, etc. —— πάντῃ πάντα ... πανταχῇ πάντων: notice the paronomasia. Cf. 1, 9, 2; 2, 4, 7. With the striking language of this section, cf. Ps. 139: 7-10.

§ 8. τῶν θεῶν τε καὶ τῶν ὅρκων: hendiadys, i. e. two coördinate

BOOK II. CHAP. V. 147

clauses where we might expect a principal and subordinate clause; lit. *concerning the gods and the oaths*, instead of *concerning the oaths (in the name) of the gods.*—— οἷς relates to θεῶν.—— σέ: why accented? cf. note § 3.

§ 9. σοί, σοῦ: why accented? cf. note § 3.—— Difference between πᾶσα ὁδός and πᾶσα ἡ ὁδός? H. 537. K. § 148. 10. (c.)—— φοβερός, φοβερώτατον: paronomasia.—— φοβερώτατον: predicate neut. for fem. H. 522. K. § 147. (b.)

§ 10. μανέντες: μαίνομαι.—— ἄλλο τι (sc. ἐστίν) ἤ, lit. (is) anything else (true) than (that), etc., i. e. *should we not*, etc.; Lat. *nonne*. ἄν: join w. ἀγωνιζοίμεθα. H. 508. b. 829. a. K. § 346. 2. (d.)

§ 11. γάρ: epexegetic; see Lex.—— τῶν τότε: H. 492. f. K. § 148. 8.—— εἶναι: sc. αὐτόν, as subj.—— βούλοιτο: force of the optat.? H. 729. b. K. § 182. 8. (c.)—— σέ and σοί: emphat. position.—— σοὶ ... οὖσαν: sc. ὁρῶ. ταύτην: cf. ταύτας, 1, 10, 18. τοῦτον, 2, 2, 20.

§ 12. ὅστις, κτέ.: a relative clause often denotes, as in Latin, a result; *so mad that he*, etc.—— ἀλλὰ μὴν ἐρῶ γάρ, *but this is not all; for I will state*, etc.

§ 13. ἄν ... παρασχεῖν: ἄν παῦσαι: subj. why omitted? H. 775. K. § 172. 2.—— ἐνοχλοῦντα agrees w. ἅ.—— Αἰγυπτίους: emphat. position; obj. of κολάσαισθε.—— τῆς ... οὔσης: sc. δυνάμεως; const.? H. 585. K. § 158. 7. (β.); *than (by using) the force now with me.* Instead of μᾶλλον τῆς, κτέ., μᾶλλον ἢ τῇ ... οὔσῃ would be grammatical.

§ 14. σύ: subj. of βούλοιο: why placed before εἰ?—— Dif. between τῳ and τῷ? Condition εἰ w. the optat., conclusion ἄν w. the optat., denotes what?—— ὡς w. the superlat., see Lex.; before δεσπότης, as.—— ἀναστρέφοιο: sc. ἄν; H. 722. c. K. § 260. Rem. 7. L. G. Cf. 1, 6, 2, where ἄν is expressed w. the first optat. (in apodosis) and understood w. the rest.—— χάριτος: sc. ἕνεκα.—— ἧς: obj. of ἔχοιμεν, attracted to the case of the antecedent.—— σοῦ σοί: emphatic paronomasia. δικαίως: emphatic position.

§ 15. οὕτω: connect w. θαυμαστόν.—— τὸ ... ἀπιστεῖν, *the fact that you*, etc.; subj. of δοκεῖ.—— τίς, κτέ.: a more pointed expression for the more comm. form τούτου ὅστις, *the name of him who*, etc.—— ἀπημείφθη: poetic; perh. used as a high-flown word in irony.

§ 16. 'Ἀλλ': cf. note 1, 7, 6.—— ἅμα ἄν ... εἶναι, lit. *you seem to me that you would*, etc.; personal for impers. const. H. 777. K. § 175. Rem. 5; Eng. idiom, *it seems to me that you would be*,

etc. ἄν: connect w. εἶναι. κακόνους: why nom.? H. 775. K. § 172. 3.
—— ὡς: final. Force of ἄν? H. 741. K. § 181. 3.

§ 17. εἰ ... ἐβουλόμεθα: what is implied in this condition? H. 746. K. § 185. 2. (2.) —— Is πότερα to be rendered? See Lex. —— δέ may often, as here, be expressed by the Eng. *while*. ἀντιπάσχειν depends on κίνδυνος.

§ 18. ἀλλά: in questions, nearly = Eng. *or*. —— ἀπορεῖν ἄν: differs how fr. ἀπορεῖν, § 17. —— οὐ: supply w. the following coördinate members of this question, τοσαῦτα δέ κτέ., τοσοῦτοι δέ κτέ. Force of οὐ in a question? of μή? H. 829. K. § 187. (4.) (6.) —— ὄντα: H. 796. 799. K. § 175. —— ὑμῖν ... πορευτέα: H. 804. 805. K. § 168. —— ὁπόσοις: depends on μάχεσθαι; implied antecedent, τοσούτους, obj. of ταμιεύεσθαι. —— εἰσὶ ... οὕς, *and some of them* (the rivers), obj. of διαβαίητε; for the const. see H. 812. K. § 331. Rem. 4. L. G. Cf. ἥν ... οὕς, 1, 5, 7. —— ἡμεῖς ὑμᾶς: paronomasia to give the expression more point.

§ 19. ἡττῴμεθα: optat. Form of the indic. and subjunct.? —— ἀλλὰ ... γέ τοι, *yet, at least, certainly*. —— ὅν: a relat. pron. may often be best rendered by a conjunction and demonst. pron.; *and having burned this, we should be able*, etc.

§ 20. ἄν belongs to ἐξελοίμεθα, and is repeated because of the intervening words. —— μηδένα: sc. πόρον, obj. of ἔχοντες; why not οὐδένα? H. 839. K. § 177. 5. end.

§ 21. ἀπόρων ἐστί, *it belongs to (persons) without resources*, etc. —— καὶ τούτων, *and that too*. H. 680. 508. b. K. § 312. Rem. 8. L. G. Cf. καὶ ταῦτα, 1, 4, 8. —— οἵτινες ἐθέλουσι: anacoluthon; from the preceding const. we should expect here the infin.; and so it is better to render, *to wish*, etc.

§ 22. ἐξόν: acc. abs. H. 792. K. § 176. 3; *when it was permitted*, etc. —— τούτου, *of this*, i. e. the fact that we did not undertake to destroy you: τούτου depends on αἴτιος, sc. ἐστίν. —— τοῦ ... γενέσθαι, καὶ ... καταβῆναι: depends on ἔρως; *my earnest desire of becoming trusted*, etc. (lit. *that I become*, etc. *and that I go down*, etc.). —— ξενικῷ: incorporated in the relat. clause. Cf. note on ὅσον ... στράτ., 1, 2, 1. τούτῳ repeats the idea of the antecedent; cf. ταύτην, § 11, and note. Render, *and of going down, strong through benefits (conferred), with that mercenary force with which Cyrus came up, trusting to it on account of*, etc. ᾧ depends on πιστεύων. —— μισθοδοσίας, εὐεργεσίας: plur. denoting the acts performed at different times.

§ 23. μοὶ ὑμεῖς: cf. note on ἡμεῖς ὑμᾶς, § 18.——ὀρθήν: predicate adj.; connect w. τιάραν.——τὴν ... καρδίᾳ: sc. τιάραν.——ἕτερος: Tissaphernes means of course himself; and would give Clearchus to understand that he aspired to the Persian throne.

§ 24. εἶπεν: sc. ὁ Κλέαρχος.——ἔφη: sometimes inserted in the midst of words quoted, even when εἶπεν has preceded them.——τοιούτων ... ὑπαρχόντων: gen. abs.; *when such inducements exist*, etc.

§ 25. μοί: ethical dat. H. 599. K. § 161. 2. (d.)——οἵ τε ... λοχαγοί: appos. w. the subj. of βούλεσθε.——ἐν τῷ ἐμφανεῖ: cf. ἐν τῷ φανερῷ, 1, 3, 21.

§ 26. καὶ ... αὖ: cf. note 1, 1, 7.——σοῦ: why accented? H. 232. K. § 16. 3. (a.)

§ 27. δῆλος ἦν ... οἰόμενος, *manifestly thought*, etc. Cf. 1, 2, 11, note.——διακεῖσθαι: see Lex. διάκειμαι.——ἐκεῖνος: subj. of ἔλεγεν. ——χρῆναι ... ἐκέλευσε, *that it was necessary for those whom he* (Clearchus) *bade to go*, etc.——τῶν Ἑλλήνων limits the omitted antecedent of οἵ, which is the subj. of τιμωρηθῆναι; *and that those of the Greeks, who*, etc.——αὐτούς: intens.; *themselves* (in distinction fr. those whom they may have calumniated).

§ 28. αὐτῷ: i. e. Clearchus.

§ 29. μὴ κτέ., *that not all*, etc.: μηδὲ πιστεύειν, *and not to trust*, etc.

§ 30. ὡς εἰς ἀγοράν: hence, unarmed.

§ 31. ἐπὶ θύραις: without the article, as comm. when without an attributive.

§ 32. συνελαμβάνοντο, κατεκόπησαν: force of the imperf.? of the aor.?——ᾧτινι ... πάντας: cf. note on ὅστις, 1, 1, 5.

§ 33. ἠμφεγνόουν: fr. ἀμφιγνοέω; augmented at the beginning of the prep. and of the simple verb. K. § 91. 1 and 3.

§ 36. προσελθεῖν ... εἴ τις, κτέ., *if there was any one of the Greeks, either general*, etc., *that he come forward.* εἴη: why optat.? H. 734. 736. K. § 188.

§ 37. Ὀρχομένιος: called 2, 1, 10, Ἀρκάς; hence, fr. Orchomenus in Arcadia, not fr. the city of this name in Boeotia.——Ξενοφῶν: mentioned once before, 1, 8, 15.——ἐτύγχανεν ἀπών: see Lex. τυγχάνω.

§ 38. ἔστησαν εἰς ἐπήκοον: a verb of rest w. a const. denoting motion. H. 618. a. K. § 300. 3. (b.) L. G.——τὴν δίκην: force of τήν? Cf. 1, 3, 20, note.——αὐτοῦ: i. e. Clearchus.——ἀπαιτεῖ: differs how fr. αἰτεῖ? See Lex. Cf. 1, 2, 11.——ἐκείνου: i. e. the king; gen. limiting δούλου. As a demonst. w. δούλου, what would be its position? H. 538. K. § 148. 10. (g.) —— With εἶναι and ἦσαν, supply τὰ ὅπλα.

§ 39. ἡμῖν depends on τοὺς αὐτούς. H. 603. K. § 161. 2. (b.) —— ἄνδρας: obj. of ἀπολωλέκατε.—— ὡς: declarative; omit in rendering either οἵτινες or ὡς. The change in const. at this point (as though οἵτινες above were forgotten) indicates the excitement of Cleanor; so also, the repetition of the idea, τοὺς ... προδεδωκότες. —— τὲ ... καί, *have both destroyed* ... *and are coming*, etc.

§ 40. γάρ refers to some thought not expressed; perhaps in this form, *We have not betrayed them, for*, etc.

§ 41. δίκαιον: sc. ἐστί; impers.—— Πρόξενος καὶ Μένων: made prominent in the sentence by their position before ἐπείπερ. The const. may be imitated in Eng.

CHAP. VI.

Character of the five generals; particularly of Clearchus, Proxenus, and Menon.

§ 1. ἀποτμηθέντες (ἀποτέμνω) τὰς κεφαλάς, *having been beheaded:* const.? H. 549. a. 694. a. K. § 159. 3. (7.) § 160. Rem. 5. Const. in the act.? See Lex.—— εἷς: apposit. w. στρατηγοί: μέν; correl. δέ, § 16. —— ἐμπείρως ἐχόντων: see Lex. ἔχω. —— αὐτοῦ: const.? H. 584. c. K. § 158. 5. (c.) —— ἐκ πάντων ... δόξας: a union of two constructions, since δόξας would take πᾶσι. The const. of ἐκ πάντων seems to be determined by the adv. ὁμολογουμένως. Cf. 1, 9, 1. —— ἐσχάτως: emphatic position.

§ 2. πόλεμος: the allusion is to the Peloponnesian war, which lasted from 431 to 404 B. C. —— παρέμενεν, *he remained*, i. e. at home. —— τοὺς Ἕλληνας: i. e. those who occupied the Thracian Chersonesus. Cf. 1, 3, 4. —— ὡς w. particip.; see Lex.

§ 3. πῶς indicates that Xenophon was ignorant of the reasons. —— ἐνταῦθα introduces the principal clause with emphasis.

§ 4. τῶν ... τελῶν: τέλος. —— ἄλλῃ γέγραπται has for logical subj. the preceding clause; *has been described elsewhere* (not in 1, 1, 9, nor 1, 3, 3, nor anywhere else in the Anab.).

§ 5. ἀπὸ ... χρημάτων: cf. 1, 1, 9. —— ἐπολέμει, ἐνίκησε, ἔφερε καὶ ἦγε: why the change fr. imperf. to aor. and again to imperf.? —— ἀπὸ τούτοι, *from this* (*time*). —— ἔφερε: see Lex. φέρω.

§ 6. φιλοπολέμου: made emphatic by separation from the subst. ἀνδρός.——ὅστις ... αἱρεῖται: cf. note on οἵτινες, 2, 5, 21.—— ἐξόν: cf. note 2, 5, 22.——ὥστε: see Lex.——πολεμῶν: force of the particip. here ? H. 789. b. K. § 176. 1. (d.)

§ 7. οὕτω: see Lex.——ὅτι: exegetical of ταύτῃ ; *in this, that he was*, etc.——ἄγων, φρόνιμος: sc. ἦν.——πανταχοῦ πάντες: paronomasia.

§ 8. ὡς δυνατόν, *as far as possible.*——ἐκ, *with* (lit. *out of*).—— κἀκεῖνος = καὶ ἐκεῖνος: καί appears here to be intens.; though not sufficiently so, to admit of being rendered, *even.*——ὥς τις καὶ ἄλλος: cf. 1, 3, 15; καί is here also intens., *as any other one even ; more fully, as capable as any other person whatever.* Hert., Matt., Vollbrecht, and others, would omit the rendering of καί in this place; as before ἐκεῖνος.——αὐτῷ: ethical dat. H. 599. K. § 284. 10. (d.) L. G.——πειστέον ... Κλεάρχῳ: H. 804. ff. K. § 168. Why εἴη and not ἐστί? H. 731. K. § 188.

§ 9. ἐκ τοῦ ... εἶναι, *from the fact that he was*, or *by being*, etc. H. 778. ff. K. § 173. χαλεπός: const. ? H. 775. K. § 173. 2.—— ὁρᾶν depends on στυγνός: H. 767. K. § 171. 2. (d.) Rem.——ἔσθ' ὅτε: H. 812. K. § 331. Rem. 5. Cf. ἦν ... οὕς, 1, 5, 7. ἔσθ' ὅτε is more emphatic than ἐνίοτε, as οὐδὲ εἷς is more emphatic than οὐδείς. ——ἀκολάστου στρατεύματος: prominent position.

§ 10. ἔφασαν: cf. note 1, 9, 23.——ἀφέξεσθαι: ἀπέχω.

§ 11. οἱ στρατιῶται: emphatic position.

§ 12. ὅτε ... γένοιντο ... ἐξείη: force of the optat. ? H. 729. b. K. § 183. 3. (c.)——ὥσπερ ... διδάσκαλον. It is to be hoped this comparison has now lost its force!

§ 13. καὶ γὰρ οὖν: cf. note 1, 9, 8.——ὑπὸ τοῦ δεῖσθαι: sc. κατεχόμενοι; *constrained by want*, lit. *by the fact that they were in want.*——παρείησαν: force of the optat. ?——πειθομένοις agrees as pred. w. the obj. of ἐχρῆτο: these persons (those described in the former part of the sentence) *he employed, obeying* (him) *implicitly.* Cf. πολεμίᾳ, 2, 5, 11.

§ 14. τὰ ... ποιοῦντα: subj. of ἦν ; lit. *those things making the soldiers with him to be useful*, etc.; more freely, *those things rendering his soldiers*, etc.——τὸ ... ἔχειν, *boldness towards*, etc.: καὶ τὸ ... φοβεῖσθαι, *and the fact that (they) feared*, etc.

§ 16. εὐθύς: see Lex.——ἔδωκε ... ἀργύριον: lit. *gave money to*, i. e. *obtained instruction from*, etc.

§ 17. ἱκανός: pred. w. εἶναι, *having supposed that he was*

already able. H. 775. K. § 172. 3. —— ἄρχειν, ἡττᾶσθαι, depend on ἱκανός.

§ 18. ἂν ϑέλωι : force? H. 722. K. § 180. 6. —— μή (sc. τούτων τυγχάνειν) : emphatic position.

§ 19. μέντοι : cf. note 2, 3, 10. —— φανερός : cf. note on δῆλος, 1, 2, 11.

§ 20. ᾤετο ἀρκεῖν ... ἐπαινεῖν, *he thought it sufficient for being and seeming ... to praise the one doing well,* etc. —— ἐτῶν : gen. limiting subj. of ἦν. —— συνόντων : σύνειμι.

§ 22. ὧν, *those things which;* antecedent of ὧν obj. of κατεργάζεσθαι. —— τῷ ἠλιθίῳ depends on τὸ αὐτό : H. 603. K. § 161. 2. (b.) —— εἶναι depends on ἐνόμιζε, *he thought ... to be,* etc.

§ 23. τούτῳ depends on ἐπιβουλεύων.

§ 24. λαμβάνειν depends on χαλεπόν. —— μόνος ... ὄν, *he thought he alone knew it was easiest,* etc. μόνος : connect w. the subj. of εἰδέναι. H. 775. K. § 172. 3. ὄν : H. 796. 799. K. § 175. 1. (a.)

§ 25. The antecedent of ὅσους (sc. πάντας) is the obj. of ἐφοβεῖτο : with this obj. ὡπλισμένους agrees.

§ 26. τῶν ἀπαιδεύτων : partitive gen. w. εἶναι. —— τοὺς πρώτους = τοὺς πρωτεύοντας, sc. φιλίᾳ, *those occupying the foremost place (in friendship).* —— τούτους : anteced. of οἷς ; obj. of κτήσασθαι, *he thought it necessary to acquire these by calumniating,* etc. διαβάλλων : adjunct of the subj. of κτήσασθαι, attracted to the nom. by the subj. of the leading verb. Cf. note on μόνος, § 24.

§ 27. τὸ ... παρέχεσθαι : obj. of ἐμηχανᾶτο. —— δύναιτο ... ἄν : H. 722. K. § 180. 6. —— πλεῖστα : connect w. ἀδικεῖν.

§ 28. τὰ ἀφανῆ : connect w. ψεύδεσθαι, as acc. of specification. —— Ἀριστίππῳ : cf. 1, 1, 10 ; 1, 2, 6. —— Ἀριαίῳ depends on οἰκειότατος. —— αὐτός : i. e. Menon. —— ἀγένειος ὢν γενειῶντα : juxtaposition of contrasted words ; spoken with bitter contempt.

§ 29. ἀπέθανε : subj. Menon. —— ἀποτμηθέντες, κτέ. : cf. § 1. —— τυχεῖν, *to have,* etc. Uses of the aor. infin.? Cf. note 1, 8, 28.

§ 30. καὶ τούτω, *likewise ;* lit. *these also.* Cf. καὶ τούτους, 1, 1, 11. —— τούτων : prominent position ; depends on κατεγέλα. —— εἰς φιλίαν, *in respect to friendship,* i. e. *for a want of fidelity in friendship.* —— ἀπεθανέτην, ἤστην. Is the dual always used in speaking of two objects? H. 517. K. § 147. Rem. 3.

BOOK THIRD.

Ὅσα παραβάντες τὰς σπονδὰς βασιλέως καὶ Τισσαφέρνους ἐπολεμήθη πρὸς τοὺς Ἕλληνας ἐπακολουθοῦντος τοῦ Περσικοῦ στρατεύματος.—Hostilities between the Persians and Greeks after the treaty was broken, with an account of the march from the river Zapatas to the Carduchian mountains.

CHAP. I.

The Greeks are in the greatest dejection. Xenophon, waking from a remarkable dream, rouses first the captains of Proxenus and urges them to immediate action. The other captains and the surviving generals are then called, and after deliberation in which Xenophon takes a conspicuous part, they conclude to elect new generals in place of those who were taken by the Persians.

§ 1. Ὅσα ... μάχης: subject of the first book; ὅσα ... σπονδαῖς, subject of the second book.—— ἀπιόντων, κτέ.: how is the gen. abs. to be rendered here? H. 790. a. K. § 176. 1. (a.) Rem. 1.

§ 2. οἱ στρατηγοί: those mentioned in 2, 5, 81.—— συνειλημ- fr. συλλαμβάνω.—— ἐπὶ ταῖς ... θύραις: cf. note 2, 4, 4.—— πολλά and πολεμίαι belong both to ἔθνη and πόλεις: H. 511. h. K. § 147. Rem. 1; *many both nations and cities (that were) hostile.*—— μύρια στάδια: i. e. by the most direct route. It was much farther by the way in which they had come. Cf. 2, 2, 6.—— προὐδεδώκεσαν (for προεδ-) ... οἱ ... βάρβαροι: the inversion of the grammat. order gives emphasis both to the subj. and to the verb.—— νικῶντες, ἡττηθέντων: force of the particip.? H. 789. e. 790. d. 751. K. § 176. 1. (c.) § 185. Rem. 4.

§ 3. ὀλίγοι, *few* (not *a few*): partitive apposit. w. the general subj. to which ἔχοντες and ἐννοούμενοι refer.—— εἰς: cf. note 1, 7, 1.—— ἐτύγχανεν: sc. ὤν; see Lex. τυγχάνω.—— πατρίδων ... παίδων: cf. note 2, 4, 28.

§ 4. ὤν: after στρατιώτης, concessive; after ξένος, causal.—— ὅν: obj. of νομίζειν. αὐτός: connect w. the subj. of νομίζειν. H. 775. K. § 172. 3.

§ 5. ὑποπτεύσας implies the notion of fear, hence followed by μή, *lest.*—— πρός: see Lex.—— εἴη: subj.? The clause Κύρῳ ... γενέσθαι.—— ὅτι: causal.—— ἐλθόντα agrees w. the implied subj. of ἀνακοινῶσαι. Cf. λαβόντα, 1, 2, 1. One might expect here ἐλθόντι; but the change of termination -ῶντι, -όντα was more pleasing to the ear.

§ 6. ἐπήρετο: ἐπέρομαι. —— θύων, εὐχόμενος : force ? H. 789. b. K. § 176. 1. (d.) —— ἄν before θεῶν, also before καί, belongs to ἔλθοι. H. 873. a. K. § 261. 3. —— ὁδόν: cogn. acc. w. ἔλθοι. —— πράξας: cf. note 1, 9, 10. —— θεοῖς: for θεούς by inverse attraction; obj. of ἀνεῖλεν. H. 817. K. § 182. Rem. 4.

§ 7. οὐ stands regularly before the verb; here placed before τοῦτο, making it emphatic. —— τοῦτο is followed by an explanatory clause; hence, denotes what follows. H. 679. —— ἰτέον εἶναι, *that (he) must go.* H. 804. K. § 168.

§ 8. οἷς, *(to those) whom.* H. 810. K. § 182. 6. —— ὁρμᾶν τὴν ὁδόν: cogn. acc. Cf. § 6.

§ 9. ἐπειδάν : see Lex. —— ἀποπέμψειν depends on εἶπε, as though ὅτι were not expressed. After ὅτι, we should expect a finite mood. The change to the infin. is an anacoluthon. —— εἰς Πισίδας. Cf. 1, 1, 11.

§ 10. ᾔδει: sc. ὁ Πρόξενος. —— τὴν ... ὁρμήν: sc. οὖσαν; *that the expedition was,* etc. —— εἴη: why optat. ? H. 731. K. § 180. 5.

§ 11. καθεύδειν: force of the pres. infin. ? λαχών : λαγχάνω. —— ἔδοξεν, κτἑ. explains ὄναρ; hence the asyndeton. σκηπτός: subj. of ἔδοξεν. —— πᾶσαν: sc. ἔδοξεν; impers., *it seemed that all (the house),* etc.

§ 12. μὴ οὐ, *that not;* connect w. ἐφοβεῖτο. How is *that not* expressed in Latin after a verb of fearing ?

§ 13. ὁποῖόν τι ... ἰδεῖν, *but of what import it is to have* (lit. *to see*), etc. —— πρῶτον μέν: correl. w. ἐκ τούτου, § 15. —— ἐπί w. dat., cf. 1, 1, 4. —— εἰ γενησόμεθα ..., τί ἐμποδών: sc. ἐστί. Force ? H. 745. K. § 185. 2. (1.) —— τί ἐμποδὼν μὴ οὐχὶ ... ἀποθανεῖν, *what prevents our dying after having,* etc. For μὴ οὐ w. the infin., see H. 847. b. K. § 177. 8. Cf. 2, 3, 11.

§ 14. ὥσπερ ἐξόν, *just as though it were permitted.* Cf. note 2, 5, 22.

§ 15. ἐκ τούτου: cf. 1, 2, 17. —— οὔτε: correl. w. οὔτε; οὐδέ, *not even.* ὑμεῖς: sc. δύνασθε καθεύδειν. —— ἐν οἷοις: neut., *in what (circumstances).*

§ 16. δῆλον ὅτι: see Lex. δῆλος. —— πρότερον ... πρίν: cf. note on πρόσθεν πρίν, 1, 1, 10. —— οὐ: connect w. ἐξέφηναν (ἐκφαίνω); placed before πρότερον to emphasize that word.

§ 17. πείσεσθαι may come in form from what two dif. words ? takes dif. cases from these dif. words; what are they ? Cf. note 1, 3, 5. —— καὶ τοῦ ... καὶ τοῦ: emphatic expression. —— καὶ τεθνηκότος ἤδη, *even when already dead*,—an act particularly shocking to the Greek moral sentiment.—— τὴν χεῖρα : τὴν δεξιάν : cf. 1, 10, 1. —— ἡμᾶς : subj. of παθεῖν ; made emphatic by position. The subj. of παθεῖν being the same as the subj. of the principal verb, why is it here expressed ? H. 775. b. K. § 172. Rem. 1.—— ἐστρατεύσαμεν, κτέ. : an independent sentence connected to a relat. clause. Render, *and who made an expedition against*, etc.

§ 18. ἐπὶ πᾶν : see Lex. πᾶς.—— τοῦ στρατεῦσαι limits φόβον. —— ἐπὶ ἐκείνῳ : cf. ἐπὶ βασιλεῖ, §§ 13, 17.—— πάντα : obj. of ποιητέον (sc. ἐστὶν ἡμῖν). H. 804. b. K. § 168. 2.

§ 19. διαθεώμενος, κτέ., *considering in respect to them how extensive*, etc. αὐτῶν depends on the relat. clause ὅσην ... ἔχοιεν taken together as a subst. idea. Krüg., Hert., Voll. But Kühner governs it by διαθεώμενος. Matthiæ makes it limit χώραν : thus, διαθ. αὐτῶν τὴν χώραν, ὅσην καὶ κτέ.

§ 20. τὰ ... στρατιωτῶν : emphat. position ; obj. of ἐνθυμοίμην ; force of the optat. here ? H. 729. b. K. § 183. 3. (c.)—— μετείη : see Lex. μέτειμι ; why optat. ? H. 731. K. § 180. 5.—— ὅτου ... ἔχοντας, *I knew that few still had the means with which*, etc. ὅτου : H. 578. K. § 158. 7. (γ.) ἔχοντας : H. 796. ff. K. § 175.—— ἄλλως, κτέ. : supply ᾔδειν ; *I knew that our oaths restrained us from procuring*, etc. *in any other way than by*, etc. ἡμᾶς : subj. of πορίζεσθαι, which w. its subj. depends on κατέχοντας.—— ταῦτ᾽ οὖν λογιζόμενος resumes the idea of ἐνθυμοίμην.

§ 21. ἆθλα : apposit. w. ἀγαθά ; *as prizes*.—— ὁπότεροι : supply antecedent τούτων, (*of those*) *whichever party*, etc. The figure in this sentence was happily chosen to inspire the Greeks, who were so fond of prize contests.

§ 22. ἐπιορκεῖν θεούς is analogous to ὀμνύναι θεούς. H. 544. a. K. § 159. 3. (4.)—— ἐξεῖναι : sc. ἡμῖν.—— πολύ : connect w. μείζονι. —— τούτοις, (*is permitted*) *to them*, i. e. the Persians.

§ 23. ἔχομεν ... ἔχομεν δὲ καί : anaphora w. the omission of μέν in the first member.—— σὺν τοῖς θεοῖς : see Lex. θεός. Xenophon's constant recognition of dependence on the gods is a marked feature in his narrative.—— οἱ δὲ ἄνδρες (sc. εἰσίν) ... ἦν οἱ θεοί ... : force of the const. ? H. 747. K. § 185. 2. (3).

§ 24. ἀλλ᾽ ... ἄλλοι, *but since others also perhaps*.—— Why the neg. μή ? H. 833. K. § 177. 5.—— παρακαλοῦντας : fut.—— τοῦ ἐξορμῆσαι : Π. 779. 544. b. K. § 173. § 158. 7. (a.)—— φάνητε, κτέ. : the asyndeton heightens the rhetorical effect.

§ 25. ἡγεῖσθαι ... ἡγοῦμαι : notice the two meanings of this word. —— ἐρύκειν depends on ἀκμάζειν.

§ 26. πάντες : emphatic position ; making the exc. πλὴν κτέ. more striking. —— πλὴν ... ἦν, *save that there was*, etc. —— βοιωτιάζων τῇ φωνῇ : because he wished to pass for a Greek. —— φλυαροίη ... λέγοι : why optat. ? H. 734. ff. K. § 188 ; *any one talked nonsense who*, etc. —— ἄλλως πως ... ᾗ : cf. § 20. ——Why ἄν w. τυχεῖν ? H. 783. K. § 153. 2. (d.) Express ὅτι after λέγοι and give the form of the finite verb instead of τυχεῖν. —— πείσας : the means, *by*, etc.

§ 27. τούτοις depends on ταὐτῷ : *in the same (place) with these.* —— ὅτε, κτέ. Cf. 2, 1, 8.

§ 28. τί οὐκ ἐποίησε, *what did he not do*, is more emphatic than the direct assertion πάντ' ἐποίησε.

§ 29. αὐτοῖς : the Persians. Cf. note on οἱ δέ, 1, 10, 4. —— οὐ νῦν, κτέ., *are they not now, the wretched men, though beaten ... unable even to die*, etc. Force of οὐ in a question ? H. 829. K. § 187. 3. (6.) —— τούτου : i. e. τοῦ ἀποθανεῖν.

§ 30. ἄνθρωπον : used in contempt instead of ἄνδρα. —— ταὐτὸ ἡμῖν αὐτοῖς : cf. ταὐτῷ ... τούτοις, § 27. —— μήτε ... τέ : see Lex. μήτε. —— ἀφελομένους, ἀναθέντας agree w. ἡμᾶς understood, the subj. of χρῆσθαι. —— ὡς τοιούτῳ, *as such a person*, i. e. one on whom they had placed baggage (σκεύη ἀναθέντας).

§ 31. ἐντεῦθεν : asyndeton denoting haste. —— οὐδέν : subj. of προσήκει. —— ὦτα : const. ? Cf. κεφαλάς, 2, 6, 1.

§ 32. εἴη, οἴχοιτο : why optat. ? H. 757. K. § 183. 3. (c.)

§ 33. μέσαι νύκτες : cf. 1, 7, 1, note.

§ 34. καὶ αὐτοῖς συνελθεῖν, *both to come together ourselves*, etc. αὐτοῖς in app. w. ἡμῖν. —— ἅπερ, *the very things which ;* sc. ἔλεξας.

§ 35. Ἀλλά : cf. note 1, 7, 6 ; perhaps this thought is implied, (*I need not describe our situation*) *but*, etc. Cf. ἀλλά, § 31. —— δῆλον ὅτι : cf. § 16. —— ἡμῖν : agent w. ποιητέα. H. 805. K. § 168. 2. —— ἐπί : cf. 1, 1, 4.

§ 36. Notice the position of μέγιστον and καιρόν, each emphatic.

§ 37. ὑμεῖς ... ὑμεῖς ... ὑμεῖς : emphatic anaphora, without μέν and δέ. —— πλεονεκτέω contains the idea of the comparative ; hence, takes the gen. τούτων. —— ὑμᾶς αὐτούς : obj. of ἀξιοῦν ; *it is proper (that you) consider yourselves worthy both to be*, etc.

§ 38. πρῶτον μέν : correl. w. ἐπειδὰν δέ, § 39. —— ἀντικατασταθῶσιν : ἀντικαθίστημι. —— ἄν ... γένοιτο : potential optat. H. 722. —— συνελόντι : see Lex. ; also H. 601. a. K. § 284. 3. (10.) (a.) L. G. ——

ὡς ... εἰπεῖν: H. 772. K. § 186. Rem. 4. —— οὐδαμοῦ: παντάπασιν: emphatic position.

§ 39. δεῖ: sc. καταστήσασθαι, suggested by καταστήσησθε.

§ 40. ἀθύμως ... ἀθύμως: emphat. anaphora. —— ἐχόντων: gen. abs.; sc. τῶν στρατιωτῶν. Cf. ἰόντων, 1, 4, 12. —— ὅ, τι: cf. τί, 1, 3, 18. —— δέοι: sc. χρήσασθαι αὐτοῖς. τὶ is connected w. χρήσασθαι, as ὅ, τι w. χρήσαιτο.

§ 41. τί πείσονται: cf. note 1, 3, 5.

§ 42. ἡ ... ποιοῦσα: subj. of ἐστίν; placed last for emphasis; fem. agreeing w. the nearest predicate word, ἰσχύς. Cf. οἱ ἄνδρες εἰσὶν οἱ ποιοῦντες, κτέ., 3, 2, 18. Render, *it is neither a multitude nor strength that achieves*, etc. —— ὡς ... πολύ: see Lex. πολύς.

§ 43. ἀνθρώποις: emphatic position. See Lex. ἀνήρ. Dif. in meaning? —— τούτους: antecedent of ὁπόσοι δέ; as οὗτοι μέν is the antecedent of ὁπόσοι μέν.

§ 44. ἡμᾶς: subj. of εἶναι and παρακαλεῖν (sc. ἄνδρας ἀγαθοὺς εἶναι).

§ 45. Ἀλλά: cf. §§ 31, 35; also note 1, 7, 6. —— τοσοῦτον ... ὅσον ... εἶναι, *in so far as I heard that you were*, etc. —— βουλοίμην ἄν: potential optat. —— ὅτι qualifies πλείστους: cf. note 1, 1, 6.

§ 46. αἱρεῖσθε: imperat., *do you who need choose*, etc. —— συγκαλοῦμεν: cf. note on παρακαλοῦντας, § 24.

§ 47. τὰ δέοντα: subj. of μέλλοιτο and of περαίνοιτο.

CHAP. II.

The whole army being called together, Chirisophus and Cleanor first address the soldiers briefly; after them, Xenophon harangues the assembly at considerable length and with great skill: he concludes by proposing the order of march which is approved by all.

§ 1. καταστήσαντας: instead of dat.; cf. note on λαβόντα, 1, 2, 1. —— πρῶτον μέν: correl. w. ἐπὶ τούτῳ, § 4. Cf. note 3, 1, 13.

§ 2. πρός as adv.: see Lex. —— οἱ ... Ἀριαῖον: cf. note 2, 4, 2.

§ 3. ἐλθεῖν: supply ἡμᾶς as subj.; ἄνδρας appos. w. ἡμᾶς. —— εἰ δὲ μή: see Lex. εἰ. —— ἀλλά ... γε, *yet at least*. —— ποιήσειαν: force of the optat.? H. 721. K. § 259. 3. (b.) L. G.; *may the gods inflict on our enemies*.

§ 4. ἐπὶ τούτῳ, *after him*. —— ὁρᾶτε μέν, ὁρᾶτε δέ: emphatic anaphora. —— εἴη: why optat.? H. 734. ff. K. § 188. —— περὶ πλείστου: see Lex. περί. —— αὐτός ... αὐτός ... αὐτός: emphat. anaphora. —— αὐτοῖς τούτοις, *by these very means*. Cf. 2, 3, 18; 2, 5, 27.

§ 5. βασιλέα καθιστάναι: cf. 2, 1, 4.——καὶ ἐδώκαμεν, κτέ.: cf. note on ἐστρατεύσαμεν, 3, 1, 17. Render, *and (to whom) we gave and (from whom) we received,* etc.——καὶ οὗτος, *even this man.* Cf. note on καὶ ταύτας, 1, 10, 18.——Notice the emphat. repetition Κῦρον ... Κύρου ... Κύρου.

§ 6. ἀποτίσαιντο: cf. note on ποιήσειαν, § 3. Force of ἀπο-? Cf. ἀπαιτέω, ἀποθύω.——τοῦτο: obj. of πάσχειν.

§ 7. ὀρθῶς ἔχειν depends on νομίζων.——ἀξιώσαντα agrees w. the subj. of τυγχάνειν: sc. αὐτόν; *that he, having deemed himself worthy of,* etc. ἐν τούτοις: i. e. ἐν τοῖς καλλίστοις.

§ 8. διὰ φιλίας: διὰ πολέμου: see Lex. διά.——τοὺς στρατηγούς, ... οἷα πεπόνθασιν: prolepsis. Cf. τῶν βαρβάρων, 1, 1, 5. Lit. *seeing the generals what they suffered;* i. e. *seeing what the generals suffered.*——ὧν: cf. note 1, 3, 10.

§ 9. εὔξασθαι, συνεπεύξασθαι depend on δοκεῖ.——ἀνέτειναν: supply the obj. from the foregoing clause.

§ 10. εἶεν: why optat.? H. 734. ff. K. § 188.——οὕτω δ' ἐχόντων: gen. abs.; subj. indefinite. H. 504. d. K. § 145. Rem. 2; *things being thus;* Lat. *quæ quum ita sint.*——τοὺς θεούς: subj. of εἶναι; anteced. of οἷπερ.——ὦσι: sc. οἱ μικροί.——βούλωνται: sc. οἱ θεοί.

§ 11. ἔπειτα δέ: that which would naturally follow these words is joined by an anacoluthon to the sentence introduced by γάρ.——τέ ... τέ, *both ... and:* καί before ἐκ intens., *even.*——οἱ ἀγαθοί: emphatic position; subj. of σώζονται.——μέν after ἐλθόντων: correl. w. ἔπειτα, § 13. The allusion is to the first Persian invasion, 490 B. C.——παμπλήθει στόλῳ: const.? H. 604. K. § 161. 1. (c.) ——ἀφανιούντων: ἀφανίζω.——ἐνίκησαν: in the battle of Marathon.

§ 12. εὐξάμενοι ... ἔδοξεν αὐτοῖς: instead of ἔδοξεν, κτέ. we should expect ἐψηφίσαντο or some similar word; but the intervening clauses render the anacoluthon less noticeable.——καταθύσειν depends on εὐξάμενοι.——Force of ἀπο-? Cf. note § 6.

§ 13. ἔπειτα: cf. note on μέν, § 11.——τήν, *the* (well-known), etc. H. 527. a. K. § 148. 1.——καί before τότε, *also.*——κατὰ γῆν: in the battles of Platæa and Mycale. κατὰ θάλατταν: in the battles of Artemisium and Salamis.——ἔστι: H. 406. Rem. b. 1. K. § 16. 1; *it is permitted to behold ... as proofs,* etc.——ἀλλά, *but only.* Cf. 1, 4, 18.

§ 14. οὐ μὲν δή: cf. note 1, 9, 13.——ἡμέραι: sc. εἰσίν; which is not comm. expressed in this adverbial formula.——ἀφ' οὗ:

see Lex. ὅς. —— σὺν τοῖς θεοῖς: the frequent recurrence of this acknowledgment is worthy of note.

§ 15. πολύ qualifies the following comparatives.

§ 16. ὄντες, ὁρῶντες: concessive; and hence ὅμως. —— εἰς αὐτούς, as distinguished from πρός or ἐπ' αὐτ., denotes a violent attack and pressing in among the enemy. —— ὅτι... ὑμᾶς: epexeget. of πεῖραν.

§ 17. μηδὲ... δόξητε, *nor imagine*, etc. Two ways of expressing prohibition ? H. 723. a. K. § 177. 5. —— μεῖον ἔχειν: see Lex. μείων. —— ἔτι qualifies κακίονες. —— πολὺ κρεῖττον (sc. ἐστίν) ὁρᾶν τοὺς θέλοντας, κτέ.

§ 19. τῶν ἱππέων depends on the following comparative; πολύ qualifies the compar. —— ἑνὶ μόνῳ, *in one respect alone*.

§ 20. τοῦτο, *at this*, viz. ὅτι, κτέ., *because Tissaphernes*, etc. —— κρεῖττον: sc. ἐστίν. —— ἢ κτέ., or (*to have as guides*) *those men whom*, etc. ἄνδρας: anteced. in relat. clause. See note on λαβόντι, κτέ., 1, 2, 1.

§ 21. ἧς: obj. of εἶχον; attracted to the case of the anteced. —— μέτρα: apposit. w. ἐπιτήδεια. ἀργυρίου: gen. of price. —— ἔχοντας agrees w. the implied subj. of ὠνεῖσθαι: sc. ἡμᾶς. —— αὐτούς: intens.; agrees w. the implied subj. of λαμβάνειν, *or that we ourselves should take* (*provisions*), etc.

§ 22. ταῦτα: prolepsis; lit. *if you know these things that they are*, etc. Cf. note on τῶν βαρβάρων, 1, 1, 5. —— ἄπορον: cf. note on φοβερώτατον, 2, 5, 9. —— διαβάντες: nom. agreeing w. the implied subj. of ἐξαπατηθῆναι. H. 775. K. § 172. 3. —— ἆρα: force ? See Lex. —— προϊοῦσι, *to* (*those*) *advancing*. Cf. note on συνελόντι, 3, 1, 38.

§ 23. εἰ... διήσουσιν (διίημι), ... φανεῖται, οὐδ'... ἀθυμητέον: force ? H. 745. K. § 185. 2. (L) —— μήτε... τέ: cf. note 2, 2, 8. —— οὐδ' ὥς: cf. note 1, 8, 21. —— ἡμῖν ἀθυμητέον (sc. ἐστίν): H. 804. ff. K. § 168. —— ἄκοντος: cf. note 1, 8, 17. —— βασιλέως: repeated for emphasis, instead of a pronoun. —— αὐτοὶ εἴδομεν: 1, 2, 19. —— τούτων: τῶν Περσῶν implied in βασιλεύς: Cf. οἱ δέ, 1, 10, 4; αὐτοῖς, 3, 1, 29.

§ 24. ἡμᾶς: subj. of εἶναι and κατασκευάζεσθαι. —— ἂν ἔφην ἔγωγε, *I for my part should say*. The regular form of condit. (εἰ μὴ ἐδεδοίκειν) is not expressed; instead of it, ἀλλὰ δέδοικα, § 25. —— τοῦ... ἐκπέμψειν limits ὁμήρους, *hostages as a pledge that he would send*, etc. —— ἂν... ἐποίει, εἰ ἑώρα, κτέ.: force ? H. 746. K. § 185. 2. (2.)

§ 25. ἀλλὰ γάρ, *but* (I do not recommend this) *for*.—— ἅπαξ differs how fr. ποτέ ? See Lex.—— ἀργοί : why nom. w. the infin.? H. 775. K. § 172. 3.—— μή : repeated for perspicuity.—— οἱ λωτοφάγοι : an allusion to Homer, Odys. 9. 94. ff.

§ 26. ἐξόν : cf. note 2, 5, 22.—— τοὺς ... πολιτεύοντας, *those now living at home without a fortune*, obj. of ὁρᾶν. πλουσίους : predicate adj.; connect w. τοὺς ... πολιτεύοντας. ὁρᾶν depends on ἐξόν.—— ἀλλὰ γάρ, *but* (no more on this point) *for*.—— δῆλον ὅτι : see Lex. δῆλος.

§ 27. πῶς : connect w. μαχοίμεθα as well as πορευοίμεθα.—— συγκατακαῦσαι : sc. δοκεῖ μοι.—— ἄγειν depends on ὄχλον. H. 767. K. § 306. 1. (d.) L. G.—— εἰς τὸ κτέ., *for*, etc.

§ 28. ἀπαλλάξωμεν, *let us*, etc. H. 720. a. K. § 153. 1. b. (a.) (1.) —— Krüg. makes κρατουμένων depend on ἀλλότρια. Matt. supplies ἡμῶν and makes it gen. abs. ; *if we are conquered, you know*, etc.

§ 29. ὁρᾶτε γάρ, *since you see*, etc., the reason for the next sentence, δεῖ οὖν, κτέ.—— καὶ τοὺς πολεμίους ὅτι : prolepsis for ὅτι καὶ οἱ πολέμιοι.—— πρόσθεν ... πρίν : cf. note 1, 1, 10.—— πόλεμον : obj. of ἐξενεγκεῖν (ἐκφέρω).—— ἄν : join w. ἀπολέσθαι.

§ 30. πολύ : connect w. the following comparative.

§ 31. ἢν ... ἀπειθῇ is subordinate to the following condition : *if you will vote, in case any one shall be disobedient, that the one,* etc.—— ἀεί : see Lex.—— ἐντυγχάνοντα : sc. τῷ ἀπειθοῦντι.—— οὐδ' ἐνί : more emphatic than οὐδενί ; *not even a man*.

§ 32. ἀλλὰ γάρ : cf. § 26.—— βέλτιον : sc. δοκεῖ.

§ 33. οἷς, instead of ἅ, attracted to the case of the antecedent. —— δοκεῖ μοι ἄριστον εἶναι ὡς τάχ. ψηφίσ. ἃ νῦν εἴρ.—— ἀνέτειναν : asyndeton denoting haste.

§ 34. ὧν depends on the impers. προσδεῖν, *what it seems to me there is need of in addition*.—— ὅπου, (*to a place*) *where*. Cf. οὗ, 2, 1, 6.

§ 35. εἰ καὶ αὐτοί : the idea εἰ οἱ πολέμιοι repeated for perspicuity. Cf. μή, § 25.

§ 36. ποιησαμένους : cf. note on λαβόντα, 1, 2, 1.—— τίνα : subj. of ἡγεῖσθαι ; both together depend on χρή impers., *who ought to lead*, etc. τίνας : sc. χρή.—— οὐκ ἄν : connect w. δέοι.—— τοῖς τεταγμένοις : masc. ; spoken of the soldiers.

§ 37. ἐπειδὴ κτέ. : the Lacedæmonians had the hegemony (or chief command) among the Grecian states at this time. Hence the precedence given to Chirisophus. —— τὸ νῦν εἶναι, *for the present.* Cf. note on τὸ ... εἶναι, 1, 6, 9.

§ 38. ἀεί: cf. § 31.

§ 39. ἀπιόντας: sc. ἡμᾶς. —— μεμνήσθω ... εἶναι, *let him remember to be,* or *let him strive to be,* etc. H. 802. K. § 175. Rem. 4. (e.) The deliberation is closed with most important reflections.

CHAP. III.

Mithridates comes to the Greeks under the guise of friendship, proffering his advice, while his real object is manifestly to ascertain their plans. The Greeks resolve to listen to no more overtures from the Persians. After crossing the river Zapatas, being annoyed by the enemy's cavalry and light troops, they concert measures to supply this deficiency in their forces.

§ 1. ὅτου: the implied anteced. τοῦτο is obj. of μετεδίδοσαν, and is limited by τῶν περιττῶν; *of the rest whatever any one needed they distributed,* etc.

§ 2. Κύρῳ πιστός: cf. 2, 5, 35. —— εὔνους: sc. εἰμί, suggested by ἦν. —— ὁρῴην: optat. fr. ὁράω. —— ὡς φίλον: in apposit. w. πρός με, without the repetition of the prep. —— φίλος: opp. to πολέμιος; εὔνους, to ἐχθρός.

§ 4. τίς renders the words which are separated by it emphatic. —— πίστεως ἕνεκα: i. e. so that he should say nothing except what had been agreed on with Tissaphernes.

§ 5. διέφθειρον, διέφθειραν: why the change of tense? —— ᾤχετο ἀπιών: cf. 2, 4, 24. —— ἐτίτρωσκον agrees with both subjects, οἱ μέν and οἱ δέ.

§ 7. βραχύτερα ... ἢ ὡς ἐξικ.: lit. *a shorter distance than so as to reach,* i. e. *too short a distance to reach.*

§ 8. ἐδίωκον has for subj. the anteced. of οἵ.

§ 9. οἱ πεζοὶ τοὺς πεζούς: paronomasia.

§ 11. τὰς κώμας: mentioned 3, 2, 34; hence the article.

§ 12. ᾐτιῶντο, μαρτυροίη: change of mood in *orat. obliq.* H. 738. K. § 188. 3. 4.

§ 13. ἀληθῆ λέγετε: a brief and lively expression for τῇ ἀληθείᾳ ἐγένετο ἃ λέγετε, *in truth what you say took place.*

§ 14. χάρις: sc. ἔστω. So in Eng. the copula is often omitted; *thanks to the gods,* etc.

§ 15. οἱ ... βάλλοντες: see Lex. βάλλω. —— πολύ: made emphatic by separation fr. χωρίον. —— διώκειν depends on οἷόν τε : so. ἐστίν. —— πεζὸς πεζόν : paronomasia ; cf. § 9.

§ 16. ἡμεῖς : made emphatic by standing before εἰ. —— σφενδονητῶν and ἱππέων depend on δεῖ.

§ 17. διὰ τὸ ... σφενδονᾶν, *from the fact that* (*the Persians*) *sling with*, etc.

§ 18. αὐτῶν limits τίνες. —— τούτῳ, *this one* (any one having a sling). —— αὐτῶν (after δῶμεν), *for them*, i. e. for the slings. H. 578. Rem. c. K. § 158. 7. (γ.) —— τῷ ... ἐθέλοντι, to the one enrolled *voluntarily to act as slinger* (lit. *to the one enrolled being willing*).

§ 19. τοὺς μέν τινας : cf. note on τὰς δέ τινας, 2, 3, 15. —— Κλεάρχῳ : agent. H. 600. K. § 161. 2. (d.) —— κατασκευάσωμεν, *prepare*, by equipping with suitable armor.

CHAP. IV.

Narrative of several days' march from the level country in the neighborhood of Nineveh into the hilly region bordering on the Carduchian mountains. The Greeks are at first attacked by Mithridates, whom they easily repulse; afterwards by Tissaphernes with a large army, from which they experience considerable annoyance.

§ 1. τῇ ἄλλῃ : see Lex. ἄλλος. Cf. 2, 1, 3. —— ἐφ' ᾗ : connect in idea w. ἐπιθοῖντο.

§ 2. ἂν ... λάβῃ : subjunct. in *orat. obliq.* after a historical tense, instead of optat. H. 736. 737. K. § 188. 3. 4.

§ 3. παρήγγελτο, εἴρητο : impers. ; *orders had been given to those of the targeteers*, etc., *who should pursue*: τῶν πελταστῶν, τῶν ὁπλιτῶν limit οὕς. KRÜG., HERT., VOLL. Better to say the anteced. of οὕς. MATT. Cf. τῶν πολεμίων, 1, 7, 8 ; τῶν Ἑλλήνων, 2, 2, 14 ; ἡμῶν, 3, 1, 35 ; τῶν ὁπλιτῶν, κτέ., 3, 3, 8. οὕς : subj. of διώκειν. —— θαρροῦσι : particip. agreeing w. ἱππεῦσιν ; render as adv. *to pursue boldly*. —— ὡς w. particip. ; see Lex.

§ 4. ἐσήμηνε : see Lex. σημαίνω. —— ἔθεον : subj. ? the anteced. of οἷς, *those to whom orders had been given ran*, etc. —— οἱ δέ : i. e. οἱ πολέμιοι.

§ 5. τοῖς βαρβάροις, *on the side of the barbarians;* dat. incom. depends on ἀπίθανον and ἐλήφθησαν : H. 601. K. § 161. 2. (c.) end. —— τῶν ἱππέων limits the subj. of ἐλήφθησαν. —— ὅτι qualifies φοβερώτατον : ὁρᾶν depends on φοβ. H. 767. K. § 171. 2. (d.) Rem.

§ 6. πράξαντες : see Lex.

§ 7. τὸ εὖρος, without μέν, not anticipating ὕψος δέ.

§ 8. βασιλεύς: i. e. Cyrus the Elder.—— ἥλιον, κτέ.: Xenophon here reports no doubt the popular tradition. —— ἐξέλιπον: sc. τὴν πύλιν.

§ 9. πυραμίς: described by Layard as a conical hill with the ruins of a tower on the summit; at present about 140 feet in height; considered by many as the grave of Ninus.

§ 10. τεῖχος: see Lex. —— Μέσπιλα: probably ruins of Nineveh; on the eastern bank of the Tigris, nearly opposite the modern Mosul.

§ 11. ἐλέγετο: the story of the guides. —— ἀπώλεσαν, κτέ.: pass. in idea; *were deprived of the government*, hence takes the same const. w. the pass. ὑπὸ Περσῶν.

§ 13. εἰς: cf. note 1, 7, 1. Eng. idiom, *during*. —— ἱππέας: anteced. in relat. clause. Cf. note on στράτευμα, 1, 2, 1. —— ἦλθεν: the fact that he went up to Babylon with horsemen was mentioned in 1, 2, 4; cf. also 2, 4, 8. ἔχων is to be repeated in mind as though he had written ἔχων τοὺς ἱππέας οὓς αὐτὸς ἦλθεν ἔχων, *having both the horsemen that he himself came* (up to Babylon) *with* (ἔχων), *and the force*, etc. So in the same manner with the next two clauses, οὓς ... βαρβάρους, and οὓς ... ἐβοήθει, repeat the idea of ἔχων, *having the barbarians whom Cyrus*, etc. —— ἔχοντος, *having in marriage*. —— ἀδελφός: cf. 2, 4, 25.

§ 14. εἶχεν καταστήσας: circumlocution for κατέστησεν.

§ 15. προυθυμεῖτο: sc. ἁμαρτάνειν. —— οὐδὲ γὰρ ... ῥᾴδιον ἦν: because the enemy were so near and in so close ranks. —— καὶ ὁ Τισσαφ. begins the principal sentence; the preceding is subordinate.

§ 17. καὶ ... Περσικά, *the Persian bows also* (as well as the Cretan). —— τοῖς Κρησί depends on χρήσιμα. —— ἄνω ἱέντες: so as not to lose their arrows while practising. —— πολλά: connect in idea both w. νεῦρα and w. μόλυβδος. Cf. note 3, 1, 2.

§ 19. ὁδοῦ στενοτέρας ... ὀρέων ... γεφύρας (sc. ἀναγκαζούσης, suggested by ἀναγκαζόντων). These contingencies would now occur; for immediately north of Mosul the country becomes more hilly and is intersected by numerous streams of water. —— τοὺς ὁπλίτας: subj. of ἐκθλίβεσθαι; depends on ἀνάγκη ἐστίν. —— ἅμα: see Lex. —— ἀνάγκη: sc. ἐστίν. —— εἶναι: subj.? sc. τοὺς ὁπλίτας.

§ 20. διασχῇ (διέχω): opp. to συγκύπτῃ. —— τῶν πολ. ἐπ.: Π. 790. a. K. § 176. 1. (a.) —— ὁπότε δέοι: Π. 729. b. K. § 183. 3. (c.)

§ 21. ἀνά: see Lex. —— πεντηκοντῆρας: apposit. w. ἄλλους; *others as commanders of fifties*. Cf. ἄλλο, 1, 5, 5. —— οἱ λοχα-

γοί : attended of course with their companies (λόχοι). So also § 23.
—— παρῆγον : sc. τοὺς λόχους. —— In Dind.'s ed. οἱ λοχαγοί stands after ὕστεροι.

§ 22. τὸ μέσον = τὸ μέσον τῶν κεράτων, § 20. —— ἂν ἐξεπίμπλασαν: H. 704. K. § 153. 2. a. (β); subj.; sc. οἱ ἓξ λόχοι, mentioned § 21. —— κατὰ λόχους, *in companies of a hundred men*. Each company was in single file ; the six companies therefore would make six men abreast. κατὰ πεντηκοστῦς, *in companies of fifty*, each company in single file. The 600 men in this order would form twelve companies, and there would consequently be twelve men abreast (filling a space πλατύτερον). κατ' ἐνωμ., *in companies of twenty-five*, each company in single file. The 600 men in this order would form twenty-four companies, and there would consequently be twenty-four men abreast, thus filling a vacant space (τὸ διέχον) *very wide*, πάνυ πλατύ.

§ 23. οὐκ ἐταράττοντο, *they* (i. e. the main body of the army) *were not*, etc. —— τῆς φάλαγγος depends on πού, adv. of place ; *if at any point in the phalanx, occasion required it in any respect* (δέοι τι, sc. τούτους ἐπιπαρεῖναι), *these were at hand* (ready for assistance). —— σταθμοὺς τέτταρας : as the same order of march continued afterwards (cf. § 28), we may suppose this thought in the mind of the writer : *in this manner they proceeded four stages* (without meeting anything worthy of note).

§ 24. τὴν ὁδὸν ... γιγνομένην depends on εἶδον. —— τοῦ ὄρους, *the mountain*, i. e. the one in plain sight; hence the force of the article. —— ἄσμενοι : cf. note 2, 1, 16. —— τῶν ... ἱππέων: gen. abs. causal.

§ 25. ἀνέβησαν : H. 706. K. § 152. Rem. 6. κατέβαινον : why imperf. ? —— ὡς ... ἀναβ., *as if to*, etc. —— ἔβαλλον ... ἐτόξευον : asyndeton in lively narration. —— ὑπὸ μαστίγων : not uncommon among the Persians ; a striking sight to the free Greeks.

§ 26. Ἑλλήνων : adj. —— οἱ σφενδονῆται, οἱ τοξόται : emphat. position.

§ 28. ὁπότε ἀπίοιεν : H. 729. b. K. § 183. 3. (c.)

§ 29. αὐτῶν : i. e. τῶν Περσῶν. —— οἱ πολέμιοι (at the end of the §) means the Greeks. Xenophon uses the term from the Persian point of view.

§ 30. οἱ μέν : the main army, in a hollow square. οἱ δέ : the peltasts. —— κατά : see Lex. —— τὰς κώμας : mentioned § 24; hence the article.

§ 31. ἵπποις: dat. commodi. —— τῷ σατραπεύοντι: agent. H. 600. K. § 161. 2. (d.) Each satrap was required to provide for the troops in his own satrapy.

§ 32. φερόντων: sc. αὐτούς; referring to οἱ ἐκείνους φέροντες.

§ 33. κατεσκήνησαν, ἐπεχείρησαν: change of subj. —— πολὺ διέφερεν: see Lex. διαφέρω. —— χώρας: see Lex.

§ 34. τοῦ Ἑλληνικοῦ depends on ἀπ-; σταδίων, on μεῖον. —— πονηρόν, Περσικόν: emphat. posit.

§ 35. ὡς ... πολύ: cf. 3, 1, 42. —— τοῦ μὴ φεύγειν ἕνεκα, εἰ, *that they may not flee, if,* etc. An elliptical expression; supply mentally, *which would happen if,* etc. (ὅπερ ἂν γένοιτο, εἰ, κτέ.). τοῦ ... φεύγειν: H. 778. ff. K. § 173. —— δεῖ: repeated to present the difficulties more distinctly. —— θωρακισθέντα agrees w. the subj. of ἀναβῆναι. Cf. note on λαβόντα, 1, 2, 1.

§ 36. ἐκήρυξε: cf. ἐσάλπιγξε, 1, 2, 17.

§ 37. ἀκρωνυχίαν: appos. w. χωρίον. —— ὑφ᾽ ἥν, *under which;* implying also the idea of direction or extension: in German, *unter dem hin.*

§ 39. ἡμῖν: dat. incomm. —— ὁ ὑπέρ ... λόφος, i. e. ἡ ἀκρωνυχία ὄρους, § 37. —— τούτους: those by whom the eminence had been preoccupied.

§ 40. τὰ ὄπισθεν = τὴν οὐράν. —— τὶς: indef. for *we.*

§ 41. αὐτοῦ: intens., *above their own army itself, just above their own army.* —— ἐγὼ δέ: without the antithetical σὺ μέν before μένε and πορεύου. Xen. thus makes ἐγώ more emphat. and indicates almost a preference to go himself.

§ 42. εἰπών: asyndeton denoting haste. —— ὅτι νεώτερός ἐστιν: might εἴη be used? Dif.? H. 781. a. K. § 188. 3. 4. —— οἱ: enclit., dat. of οὗ, depends on σύν in compos. —— μακρόν, *a long distance;* i. e. long for the time allowed.

§ 43. ἔλαβε δὲ τοὺς κτέ., *and he* (Chirisophus) *took,* etc., to fill the place of those dispatched with Xen. —— τοὺς τριακοσίους: i. e. half of the 600 mentioned § 21. The other half were in the rear.

§ 45. διακελευομένων: plur. because στρατεύματος is collective. Cf. κόπτοντες, 2, 1, 6.

§ 46. νῦν ... νῦν: cf. note on ὑμεῖς, 3, 1, 37. —— τὴν λοιπήν: sc. ὁδόν.

§ 47. ἐξ ἴσου: see Lex. ἴσος. —— χαλεπῶς qualifies φέρων.

§ 48. καὶ ὅς: cf. note 1, 8, 16. —— ἔχων, *with (it,* i. e. the shield of Soteridas).—— τοῖς ... ἑπομένοις, *and those behind though following* (those in front) *with difficulty, to pass along by* (him).

§ 49. ὁ δέ, *but he*, i. e. Xenophon.—— ἀναβάς: sc. ἐπὶ τὸν ἵππον. —— βάσιμα, ἄβατα: sc. τῷ ἵππῳ. ἦν: subj.? H. 504. d. K. § 145. Rem. 2.—— φθάνουσιν ... πολεμίους, *they anticipate the enemy in arriving*, etc.

CHAP. V.

The Greeks, still harassed by the Persians, arrive at a point where the Carduchian mountains reach the Tigris, and hang precipitous over the river. After considerable deliberation and diligent enquiry from the captives, they resolve to attempt the passage of the mountains.

§ 1. οἱ ἀμφὶ Τισ-: cf. 2, 4, 2, οἱ περὶ Ἀριαῖον, note.

§ 2. καὶ γάρ explains the reason why the Greeks were *scattered in the plain for plunder*.—— διαβιβαζόμεναι: temporal.

§ 3. μή, *that*, after a word implying fear.—— ἐπιτήδεια: obj. of λαμβάνοιεν (sc. οἱ Ἕλληνες), and understood w. καίοιεν (sc. οἱ πολέμιοι.

§ 4. ἀπῇεσαν ἐκ, κτέ., *returned from rendering assistance*, i. e. to the Greeks scattered through the plain. Cf. § 2.—— οἱ Ἕλληνες, i. e. Chirisophus and his men.

§ 5. ὑφιέντας: sc. τοὺς πολεμίους.—— ἡμετέραν: predicate.—— μὴ καίειν: epexegetical of ἅ; *what they stipulated, when*, etc., namely, *that we should not set fire to*, etc.—— καίουσι = ποιοῦσι καίοντες: sc. τὴν χώραν.

§ 6. ἡμετέρας: sc. χώρας.

§ 7. σκηνάς: by meton. for *camp*. The tents had been burned, 3, 3, 1.—— τοσοῦτος: see Lex.—— πειρωμένοις, κτέ., *of* (those) *trying the depth*. H. 601. a. K. § 161. 2. (d.)

§ 8. κατά: distributive; *in companies of*, etc.—— δέοιτο: why optat.? H. 731. K. § 188. 3.

§ 9. Ἀσκῶν: tanned skins inflated and sewed together are still used very commonly by the Kourds and Arabs in crossing the Tigris and Euphrates. Cf. διφθέρας, 1, 5, 10.—— πρόβατα: apposit. w. ταῦτα, *I see here* (lit. *these*) *many sheep*, etc.; *these sheep* would be ταῦτα τὰ πρόβ. H. 538. K. § 148. 10. (g.)—— ἃ ἀποδαρέντα καὶ φυσηθέντα: a brief expression for ὧν ἀποδαρέντων τὰ δέρματα φυσηθέντα. HERT.

§ 10. ἀρτήσας, ἀφείς: the means, *by*, etc.—— διαγ., *having conveyed them* (the inflated skins) *over* (the river).

§ 11. ἕξει: see Lex. ἔχω.——τοῦ μὴ κατ., *so as not to sink, from sinking;* for μή here, see H. 838. K. § 177. 7.——σχήσει is much more common than ἕξει in this sense.

§ 12. οὐδέν: obj. of ποιεῖν.

§ 13. τοὔμ. = τὸ ἔμ.——[ἥ] omit. Prob. does not belong here.——πρὸς Βαβ. denotes simply the direction, *towards*, etc.——ἔνθεν: see Lex.——ὅμοιοι: see Lex.——τρέψονται, ἔχοιεν: notice the change of mood.

§ 15. τά: sc. χωρία. τῆς: sc. ὁδοῦ; *that the regions southward belonged to the way towards*, etc.——ἥ: sc. ὁδός.——φέροι: see Lex.——διαβάντι, *to one having crossed.* H. 601. a. K. § 284. 3. (10.) L. G.——τετραμένη: see Lex. τρέπω.——ὅτι: repeated to remind the reader of οἱ δ᾽ ἔλεγον.

§ 16. ἔφασαν: sc. οἱ ἑαλωκότες.——στρατιάν: subj. of ἐμβαλεῖν. μυριάδ.: apposit. w. στρατ.——σπείσαιντο (σπένδομαι): force of the optat.? H. 729. b. K. § 183. 3. (c.)——καί, *also*, i. e. they not only observed the terms of the treaty, but *also*.——ἐπιμιγνύναι depends on ἔφασαν.——The reflexives σφῶν and ἑαυτούς refer distinctly to the persons speaking, and thus remove the ambiguity arising from the use of so many pronouns in Eng. σφῶν and ἐκείνων: partitive gen., depend on ἐπιμιγνύναι; *that there was intercourse also, both on their part with the Carduchians* (ἐκείνους), *and on the part of the Carduchians* (ἐκείνων) *with themselves* (πρὸς ἑαυτούς).

§ 17. ἔφασαν: sc. οἱ ἑαλωκότες; (*the captives*) *affirmed that* (*the Greeks*) *having passed through these* (τούτους), etc.

§ 18. ἐπὶ τούτοις, *in respect to these things.* VOLL.——τῆς ὥρας depends on ὁπηνίκα, *at that point of time when, at the very hour when it should also seem expedient.*——καί: they had decided to go; that was one point: they now waited for the moment when it should *also* seem expedient to set out.——τὴν ὑπερβολὴν (see Lex.)... μή: prolepsis. Cf. note on τῶν βαρβάρων, 1, 1, 5. ——ἐπειδή, *when* = *after.* ἡνίκα, *when* = *at the exact time when.*

GREEK-ENGLISH VOCABULARY.

GREEK-ENGLISH VOCABULARY.

A

ἄβατος

ἄβατος, ον, (a priv. βαίνω) *impassable*, 3, 4, 49.

Ἀβροκόμας, α, ὁ, *Abrocŏmas*, a general under Artaxerxes, and satrap of Phœnicia.

Ἄβυδος, ου, ἡ, *Abȳdus*, a city of Asia Minor, on the Hellespont.

ἀγαθός, ή, όν, comp. H. 223. 1. K. § 52. *good*, in the widest sense: of soldiers, *brave;* of land, *fertile.* —— τὰ ἀγαθά, subst. *good things, provisions*, 3, 5, 1: ἀγαθόν, *an advantage*, 2, 3, 20.

ἀγάλλομαι, (used only in pres. and impf.) *to glory in*, w. dat. or ἐπὶ and dat. 2, 6, 26.

ἄγαμαι, f. ἀγάσομαι, aor. ἠγάσθην, rare ἠγασάμην, *to admire, to esteem,* 1, 1, 9.

ἀγαστός, ή, όν, (ἄγαμαι) *worthy of admiration.*

ἀγγελία, ας, ἡ, (ἄγγελος) *announcement.*

ἀγγέλλω, reg. liquid verb, *to announce.*

ἄγγελος, ου, ὁ, (ἀγγέλλω) *a messenger, an envoy.*

ἄγε δή, *come now!* 2, 2, 10.

ἀγείρω, f. ἀγερῶ, aor. ἤγειρα, pass. pf. ἀγήγερμαι, aor. ἠγέρθην, *to bring together, to gather.*

ἀγρός

ἀγένειος, ον, (a priv. γένειον, *chin, beard*) *beardless;* hence, *young,* 2, 6, 28.

Ἀγίας, ου, ὁ, *Agĭas*, an Arcadian, one of the Grecian generals taken by the Persians after the battle near Cunaxa.

ἄγκυρα, ας, ἡ, *an anchor.*

ἀγνοέω, ῶ, f. -ήσω or -ήσομαι, (a priv. νοέω) *to be ignorant, not to know.*

ἀγνωμοσύνη, ης, ἡ, (a priv. γνώμη) *want of sense;* also, plur. *misunderstandings.*

ἀγορά, ᾶς, ἡ, (ἀγείρω) *an assembly;* also, more freq. *a place of assembly, a market-place;* hence, *anything sold in the market-place,* esp. *provisions:* ἀγορὰν παρέχειν, *to furnish a market, to offer provisions for sale:* οἱ ἐκ τῆς ἀγορᾶς, *the market-men:* ἀγορὰ πλήθουσα, *the time of full market,* i. e. from 9 o'clock till noon.

ἀγοράζω, f. -άσω, (ἀγορά) *to do business in the market-place, to buy in the market;* mid. *to buy for one's self.*

ἀγορεύω, f. -εύσω, (ἀγορά) *to speak, to harangue.*

ἄγριος, ία, ιον, (ἀγρός) *wild;* of men, *savage.*

ἀγρός, οῦ, ὁ, *a field, the country,*

opp. to the town; also, *a residence in the country.*

ἄγω, f. ἄξω, pf. ἦχα, and later ἀγήοχα, aor. 2d ἤγαγον, rare ἦξα, pass. pf. ἦγμαι, aor. ἤχθην, *to lead, to bring, to carry, to take with one:* φέρειν καὶ ἄγειν, *to plunder,* w. acc.: ἄγεσθαι, *to bring to one's self,* 1, 10, 17.—— ἡσυχίαν ἄγειν, *to remain quiet:* ἄγε, or ἄγετε, *up! come!* Intrans. sc. τὸ στράτευμα, *to march,* 2, 2, 16; 2, 6, 7; sc. ἵππον or ἅρμα, *to go, to ride,* 3, 4, 49.

ἀγών, ῶνος, ὁ, (ἄγω), *a contest, a game.*

ἀγωνίζομαι, (ἀγών) f. -ίσομαι, Att. -ιοῦμαι, *to contend, to strive:* περί τινος ἀγ., *to strive for something.*

ἀγωνοθέτης, ου, ὁ, (ἀγών, τίθημι) *one who presides at a contest, a judge, an umpire.*

ἄδειπνος, ον, (a priv. δεῖπνον) *without supper.*

ἀδελφός, οῦ, ὁ, *a brother.*

ἀδεῶς, adv. (a priv. θεός, *fear*) *without fear.*

ἄδηλος, ον, (a priv. δῆλος) *not plain, uncertain.*

ἀδιάβατος, ον, (a priv. διά, βαίνω) *impassable.*

ἀδικέω, ῶ, f. -ήσω, (ἄδικος) *to act unjustly, to be unjust;* w. acc. *to injure, to harm:* πλεῖστα ἀδικεῖν, *to do the most harm,* 2, 6, 27. Pres. often as perf. *to have done wrong, to be guilty,* 1, 5, 11; 2, 6, 20.

ἀδικία, ας, ἡ, (ἄδικος) *injustice.*

ἄδικος, ον, (a priv. δίκη, *justice*) *unjust,* περί τινα, *towards any one.*

ἀδίκως, adv. (ἄδικος) *unjustly.*

ἀδόλως, adv. (a priv. δόλος, *deceit*) *without deceit, faithfully.*

ἀδύνατος, ον, (a priv. δύναμαι) *without power, unable;* also *impossible, impracticable.*

ᾄδω (Att. contr. fr. ἀείδω), f. ᾄσομαι, rare ᾄσω, aor. ᾖσα, pass. pf. ᾖσμαι, aor. ᾔσθην, *to sing.*

ἀεί and αἰεί, *always, continually;* also, *at any time,* or *on each occasion,* 3, 2, 31 and 38.

ἀετός and αἰετός, οῦ, ὁ, *an eagle.*

ἄθεος, ον, (a priv. θεός) comp. -ώτερος, sup. -ώτατος, *godless, impious.*

Ἀθῆναι, ῶν, αἱ, *Athens.*

Ἀθηναῖος, αία, αῖον, *Athenian:* οἱ Ἀθηναῖοι, *the Athenians.*

ἆθλον, ου, τό, *a prize,* 3, 1, 21.

ἀθροίζω, f. -οίσω, (ἀθρόος) *to bring together, to assemble.*

ἀθρόος, α, ον, *assembled, in a body, close together.*

ἀθυμέω, ῶ, f. -ήσω, (a priv. θυμός) *to be without courage, to be dejected.*

ἀθυμητέος, ον, (ἀθυμέω) verb. adj., ἀθυμητέον, *one must be dejected.*

ἀθυμία, ας, ἡ, (a priv. θυμός) *want of heart, dejection, despondency.*

ἄθυμος, ον, (a priv. θυμός) comp. -ότερος, sup. -ότατος, *without heart, dejected, despondent,* opp. to πρόθυμος: ἀθυμότερος πρός τι, *less courageous in respect to anything,* 1, 4, 9.

ἀθύμως, adv. (ἄθυμος) *without heart, despondingly:* ἀθύμως ἔχειν, *to be without heart,* 3, 1, 3.

Αἰγύπτιος, ία, ιον, *Egyptian;* as subst. *an Egyptian.*

Αἴγυπτος, ου, ἡ, *Egypt.*

αἰδέομαι, -οῦμαι, (αἰδώς) f. αἰδέσομαι, pf. ᾔδεσμαι, aor. ᾐδέσθην, rare ᾐδεσάμην, *to feel shame* or *awe, to reverence, to respect,* w. acc. 3, 2, 5.

αἰδήμων, ον, g. -ονος, (αἰδώς) comp. -έστερος, sup. -έστατος, *modest, respectful*, 1, 9, 5.

αἰδοῖον, ου, τό, comm. plur. αἰδοῖα, *genitals, pudenda*.

αἰδώς, όος or οῦς, ἡ, *shame, modesty, reverence, respect*.

αἰετός, see ἀετός.

αἰκίζομαι, f. -ίσομαι, Att. -ιοῦμαι, pf. ᾔκισμαι, aor. ᾐκισάμην, aor. pass., in pass. sense ᾐκίσθην, (αἰκία, *insult*) *to abuse, insult, torment*: τὰ ἔσχατα αἰκίζεσθαι, *to abuse to the last degree*, 3, 1, 18.

αἷμα, ατος, τό, *blood*.

Αἰνιᾶνες, ων, οἱ, *Ænianes*.

αἴξ, αἰγός, ὁ or ἡ, (ἀΐσσω, *to spring*) *a goat*.

αἱρετός, ή, όν, (αἱρέω) *taken, seized, chosen*: οἱ αἱρετοί, *the persons chosen, the deputation*, 1, 3, 21.

αἱρέω, ῶ, f. -ήσω, pf. ᾕρηκα, aor. εἷλον, pass. pf. ᾕρημαι, aor. ᾑρέθην, *to take, seize, catch*; mid. *to take for one's self*, hence *to choose*: αἱρήσομαι ὑμᾶς, *I shall choose you*, 1, 3, 5.

αἴρω, f. ἀρῶ, pf. ἦρκα, aor. ἦρα, pass. pf. ἦρμαι, aor. ἤρθην, *to lift or raise up*, 1, 5, 3.

αἰσθάνομαι, f. αἰσθήσομαι, pf. ᾔσθημαι, aor. ᾐσθόμην, *to perceive, to become aware of, to be informed*, w. g. or acc. 1, 1, 8; 1, 2, 21. (αἰσθάνομαι, *to become aware of in any way*, πυνθάνομαι, *to learn by inquiry*.) Cf. Eng. *esthetics*.

αἴσθομαι, old and rare form for αἰσθάνομαι, in some editt. 2, 5, 4.

αἰσχρός, ά, όν, (αἶσχος, *disgrace*) *disgraceful, base*, comp. and sup. comm. αἰσχίων, αἴσχιστος. Adv. -ῶς.

αἰσχύνη, ης, ἡ, (αἶσχος, *disgrace*) *disgrace, shame*: δι' αἰσχύνην ἀλλήλων, *from a sense of shame before one another*, etc. 3, 1, 10: ἄνευ αἰσχύνης, *without disgrace*, 2, 6, 6.

αἰσχύνω, (αἶσχος, *disgrace*) f. -υνῶ, etc., *to disgrace, put to shame*; mid. *to feel ashamed*, 1, 7, 4: w. acc. of a person, ᾐσχύνετο τοὺς στρατιώτας, *he was bashful before the soldiers*, 2, 6, 19: ᾐσχύνθημεν καὶ θεοὺς καὶ ἀνθρώπους προδοῦναι αὐτόν, *we were prevented by reverence both for gods and for men from betraying him*, 2, 3, 22; *to be ashamed before*, 2, 5, 39.

αἰτέω, ῶ, f. -ήσω, *to ask, to demand*, w. two acc. *to ask a person for something*, 1, 1, 10; 1, 3, 14; w. acc. and παρά w. gen. 1, 3, 16; mid. *to demand for one's self, to obtain by request*, 2, 3, 18.

αἰτιάομαι, -ῶμαι, (αἰτία, *accusation*) f. -άσομαι, dep. mid. *to accuse, to blame*, w. acc. and infin. αἰτιασάμενος ἐπιβουλεύειν, *having accused* (him) *of plotting*, 1, 2, 20: ᾐτιᾶτο αὐτὸν ὅτι, *blamed him because*, 3, 1, 7.

αἴτιος, ια, ιον, (αἰτία, *cause*) *causing, occasioning*, 1, 4, 15: *causing harm*, hence *blame-worthy, to be blamed*: τούτου αἴτιος, *the cause of this*, 2, 5, 22.

αἰχμάλωτος, ον, (αἰχμή, *point of a spear*, ἁλίσκομαι, *to be taken*) *taken by the spear, having been captured*, 3, 3, 19: as subst. *a captive*.

ἄκαυστος, ον, (α priv. καίω, *to burn*) *unburnt*, τὰς ἀκ. κώμας, *the villages which had not been burnt*.

ἀκήρυκτος, ον, (α priv. κῆρυξ, *a herald*) *not heralded*: πόλεμος ἀκήρυκτος, *a war in which no herald is* ἀκινάκης 174 ἀλήθεια

received with terms of peace, a war without truce.

ἀκινάκης, ου, ὁ, (a Persian word), (νᾰ), a short sword, a dagger (such as the Akinakes, a people of Bactria, carried: better adapted to stabbing than striking), 1, 2, 27.

ἀκίνδυνος, ον, (a priv. κίνδυνος) without danger, safe.

ἀκινδύνως, (ῠ), adv. (ἀκίνδυνος) without danger, safely.

ἄκληρος, ον, (a priv. κλῆρος, a lot) without lot or portion; hence, poor, needy.

ἀκμάζω, f. -άσω, (ἀκμή, highest point, acme) to be at the highest point, to be in the prime of life, 3, 1, 25.

ἀκόλαστος, ον, (a priv. κολάζω, to chastise) not chastised, unbridled, undisciplined.

ἀκόλουθος, ον, following, attending, consistent: οὐκ ἀκόλουθα, not consistent, contradictory. (Eng. anacoluthon, a priv. ν euphon. ἀκόλουθος.)

ἀκοντίζω, f. -ίσω, Att. -ιῶ, (ἀκόντιον) to hurl a javelin, 3, 3, 7; to hit (with a javelin), w. acc. 1, 8, 27.

ἀκόντιον, ου, τό, (dim. fr. ἄκων, a javelin) a dart, a javelin.

ἀκόντισις, εως, ἡ, (ἀκοντίζω) the use of the javelin, 1, 9, 5.

ἀκοντιστής, οῦ, ὁ, (ἀκοντίζω) a javelin thrower, 3, 3, 7.

ἀκούω, f. ἀκούσομαι, pf. ἀκήκοα, aor. ἤκουσα, pass. pf. ἤκουσμαι, aor. ἠκούσθην, to hear, w. acc. or gen. 1, 9, 3; 1, 8, 16; 2, 6, 11; acc. and παρά w. gen. to hear something from some one, 1, 2, 5; also acc. of thing and gen. of pers. 2, 5, 16; w. gen.

alone, to hear to, to obey, 2, 6, 11; 3, 5, 16; acc. and infin. 1, 3, 20 and often; w. ὅτι or ὡς κτέ, 1, 3, 21 and often.

ἀκροβολίζομαι, f. -ίσομαι (ἄκρος, βάλλω) to cast from afar, to skirmish, 3, 4, 18 and 33.

ἀκροβόλισις, εως, ἡ, (ἀκροβολίζομαι) act of skirmishing, skirmish.

ἀκρόπολις, εως, ἡ, (ἄκρος, πόλις) the upper part of the city, the citadel, 1, 2, 1 and 8.

ἄκρος, α, ον, (ἀκή, a point) pointed; hence, highest, extreme.

ἄκρον, ου, τό, (ἀκή, a point) highest point, height, 1, 2, 21.

ἀκρωνυχία, ας, ἡ, (ἄκρος, ὄνυξ, a nail) tip of the nail; hence, a projecting part of anything: ἀκ. ὄρους, a spur of a mountain, 3, 4, 37 and 8.

ἄκων, ἄκουσα, ἆκον, gen. ἄκοντος, ἀκούσης, ἄκοντος, (a priv. ἑκών) not willing: ἄκοντος Κύρου, without the consent of Cyrus, 1, 3, 17.

ἀλαλάζω, f. -άξω and -άξομαι, (ἀλαλά, war-cry) to raise the war-cry.

ἀλέξω, act. rare; mid. ἀλέξομαι, f. ἀλεξήσομαι, aor. ἠλεξάμην, to ward off, to defend one's self, 3, 4, 33; w. acc. to avenge one's self on, 1, 8, 6; to requite, 1, 9, 11.

ἀλέτης, ου, ὁ, (ἀλέω, to grind) a grinder: ἀλέτης ὄνος, a mill-stone, 1, 5, 5.

ἄλευρα, gen. -ων, τά, seldom in sing. (ἀλέω, to grind) wheat flour, fine flour, 3, 4, 31. (ἄλφιτα, coarse flour of barley.)

ἀλήθεια, ας, ἡ, (ἀληθής) truth, opp. to falsehood; reality, opp. to appearance; also honesty, uprightness, 2, 6, 25.

ἀληθεύω, f. -εύσω, (ἀληθής) to speak the truth, 1, 7, 18; to report truly.

ἀληθής, ές, (a priv. and λαθ. stem of λανθάνω) true, opp. to false; real, opp. to apparent: τὸ ἀληθές, truth, 2, 6, 22.

ἀληθινός, ή, όν, (a priv. and λαθ. stem of λανθάνω) true, genuine, opp. to counterfeit, 1, 9, 17: στράτευμα ἀλ., a trustworthy army.

ἀλίζω, f. -ίσω, (ἅλις, in crowds) to assemble, 2, 4, 3.

ἀλίσκομαι, f. ἁλώσομαι, pf. ἑάλωκα or ἧλωκα, aor. ἑάλων or ἧλων (all the parts are pass. in meaning; used as pass. of αἱρέω) to be taken, 3, 4, 17; to be captured, 3, 4, 8 and 12.

ἀλλά, conj. (distinguished fr. ἄλλα neut. pl. of ἄλλος by the accent) but, yet. H. 863. K. § 322. 6. L. G.

ἀλλαχοῦ, adv. (ἄλλος) elsewhere.

ἄλλῃ, adv. (ἄλλος) elsewhere.

ἀλλήλων, (gen.) of one another.

ἄλλοθεν, adv. (ἄλλος, θεν, from) from another place: ἄλλοι ἄλλοθεν, 1, 10, 13, some from one point, others from another, or some one way, some another.

ἄλλομαι, f. ἁλοῦμαι, aor. ἡλάμην, (aor. 2d ἡλόμην, doubtful in Att.) to leap, spring.

ἄλλος, η, ο, another: ὁ ἄλλος, the rest of: οἱ ἄλλοι, the others, the rest: τῇ ἄλλῃ, (sc. ἡμέρᾳ) on the next day, 2, 1, 3.—Often joined with other of its own cases, or with adverbs derived from it: ἄλλος ἄλλα λέγει, one says one thing, another says another: εἴκαζον ἄλλοι ἄλλως, some conjectured one thing, some another: ἄλλο τι ἤ, used in questions, nonne, 2, 5, 10:

ἄλλοι ... ἄλλοι, some ... others, 1, 8, 9.

ἄλλοτε, adv. (ἄλλος, ὅτε) at another time, at other times: ἄλλοτε καὶ ἄλλοτε, from time to time, now and then, 2, 4, 26.

ἀλλότριος, ία, ιον, (ἄλλος) of or belonging to another, foreign, Lat. alienus, 3, 5, 5: πάντα ἀλλότρια, all things belong to others, are forfeited, 3, 2, 28.

ἄλλως, adv. (ἄλλος) in another way, otherwise: ἄλλως πως, in any other way, 3, 1, 20: ἄλλως ἔχειν, to be otherwise, 3, 2, 37.

ἀλόγιστος, ον, (a priv. λογίζομαι, to consider) without consideration, unreasonable, 2, 5, 21.

ἄλφιτον, ου, τό, comm. in plur. ἄλφιτα, barley-groats, in gen. coarse meal. (ἄλευρα, fine flour.)

ἅμα, adv. at the same time; sometimes repeated in successive clauses, when in Eng. we may render it but once, with the latter clause; or we may render ἅμα μὲν ... ἅμα δέ, partly ... partly, or at one time ... at another time, 3, 4, 19; with, together with, w. dat. ἅμα τῇ ἡμέρᾳ, at break of day: ἅμα τῇ ἐπιούσῃ ἡμέρᾳ, at the dawn of the following day.

ἅμαξα, ης, ἡ, a wagon, esp. a heavy wagon, a freight wagon (ἅρμα, a war-chariot).

ἁμαξιτός, όν, (ἅμαξα, ἰτός, verbal adj. fr. εἶμι) for the use of wagons: ὁδὸς ἁμαξιτός, a wagon-road.

ἁμαρτάνω, f. ἁμαρτήσομαι, pf. ἡμάρτηκα, aor. ἥμαρτον, to err; w. gen. to miss, 1, 5, 12; w. acc. περὶ acc.; also w. περὶ acc. 3, 2, 20.

ἀμαχεί, adv. (a priv. μάχη) *without battle.*

'Αμβρακιώτης, ου, ὁ, *an Ambraciot.* Ambracia was a city in Epirus: now called Arta.

ἀμείνων, ον, comp. of ἀγαθός: ἔμεινον often as adv. *better, in a better way.*

ἀμελέω, ῶ, f. -ήσω, (a priv. μέλει) *to be careless, negligent;* w. gen. *to neglect,* 1, 3, 11.

ἄμετρος, ον, (a priv. μέτρον) *without measure, immense,* 3, 2, 16.

ἀμήχανος, ον, (a priv. μηχανή, *device*) of things, *difficult, impracticable, impossible:* ὁδὸς ἀμήχανος, 1, 2, 21: κακὰ ἀμήχανα, *insurmountable misfortunes,* 2, 3, 18; of persons, *perplexed, without expedients,* 2, 5, 21.

ἀμιλλάομαι, -ῶμαι, f. -ήσομαι, dep. pass. (ἄμιλλα, *a prize-contest*) *to compete with:* ἀμιλλᾶσθαι ἐπὶ τὸ ἄκρον, *to vie (with them) for the attainment of the summit,* 3, 4, 44; *to strive, hasten,* 3, 4, 46.

ἄμπελος, ου, ἡ, *a vine.*

ἀμύνω, f. -ῠνῶ, aor. ἤμυνα, *to ward off;* mid. *to keep off from one's self, to defend one's self,* 3, 1, 14; w. acc. 2, 3, 23, *to requite.*

ἀμφί, (akin to ἄμφω, *both*) prep. in the Anab. only w. gen. and acc. I. w. gen. *concerning, about.* II. w. acc. *about,* of place, time, number, occupation.—οἱ ἀμφί w. a proper name denotes, (*a*) the attendants of the person: τῶν ἀμφὶ Κῦρον πιστῶν, *of the faithful attendants of Cyrus,* 1, 8, 1; cf. 1, 8, 21. (*b*) oftener, the person himself with his attendants: οἱ ἀμφὶ 'Αριαῖον, *Ariaeus and his attendants;* cf. 3, 5, 1. In compos. *about, on both sides.*

ἀμφιγνοέω, ῶ, f. -ήσω, impf. ἠμφεγνόουν or ἠμφιγνόουν, (ἀμφί, νοέω) *to halt between two opinions, to be in doubt,* 2, 5, 33.

ἀμφιλέγω, (ἀμφί, λέγω) *to dispute, quarrel,* 1, 5, 11; w. acc. *about something.*

'Αμφίπολις, εως, ἡ, *Amphipolis,* a city of Thrace, on both sides of the river Strymon; hence the name, ἀμφί-πόλις: now called *Emboli.*

'Αμφιπολίτης, ου, ὁ, *an Amphipolitan.*

ἀμφότερος, έρα, ερον, (ἄμφω) seldom in sing., *both, uterque,* 1, 1, 1.

ἀμφοτέρωθεν, (ἀμφότερος) *on both sides, at both ends,* 3, 5, 10.

ἄμφω, ἀμφοῖν, same in all genders, *both.*

ἄν, a particle which may sometimes be rendered *perhaps;* comm. however, it cannot be translated. It is used, (*a*) in the apodosis of a sentence, and denotes that the action of the verb which it qualifies is dependent on a condition expressed or implied; (*b*) in the protasis it is joined to hypothetical relatives or the conj. εἰ (εἰ ἄν, ἐάν, ἤν, ἄν) when the verb is subjunc. and renders the clause less definite in meaning, somewhat like *ever* or *soever* in Eng. It is not joined with the pres. or perf. indic. or the imperat. It is post-positive; and is thus readily distinguished from ἄν (contr. fr. ἐάν), meaning *if.*

ἀνά, prep. in Att. w. acc. only, (*a*) of place, *up, over, through, on;* (*b*) of time, *through;* (*c*) with num-

ἀναβαίνω 177 ἀνασταυρόω

bers, it denotes distribution, 3, 4, 21: ἓξ λόχους ἀνὰ ἑκατὸν ἄνδρας, *six companies each a hundred men.* The phrase ἀνὰ κράτος is adverb., *with all one's might:* ἐλαύνων ἀνὰ κράτος, *riding at full speed,* 1, 8, 1; cf. 1, 10, 15.—— In compos. *up, back, again,* and sometimes intensive.

ἀναβαίνω, (ἀνά, βαίνω, wh. see) *to go up;* often of going up from the coast to the interior, 1, 1, 2: ἀναβὰς ἐπὶ τὸν ἵππον, *having mounted his horse,* 1, 8, 3.

ἀνάβασις, εως, ἡ, (ἀνά, βαίνω) *the act of going up, the march upward,* 1, 4, 9.

ἀναβιβάζω, f. -άσω, (ἀνά, βιβάζω) *to cause to go up:* οὐκ ἀνεβίβαζεν, *did not lead* (the army) *up,* 1, 10, 14.

ἀναγγέλλω, (ἀνά, ἀγγέλλω) *to bring back a report,* 1, 3, 21.

ἀναγιγνώσκω, (ἀνά, γιγνώσκω, wh. see) *to know again; to read,* 1, 6, 4.

ἀναγκαῖος, ον, (ἀνάγκη) *necessary, unavoidable,* 1, 5, 9: οἱ ἀναγκαῖοι, *kinsmen,* 2, 4, 1.

ἀνάγκη, ης, ἡ, *a necessity:* ἀνάγκη ἐστίν, or, without ἐστίν, *it is necessary, it is unavoidable,* 1, 6, 8.

ἀνάγω, (ἀνά, ἄγω, wh. see) *to lead up,* 2, 3, 21.

ἀναζεύγνυμι, (ἀνά, ζεύγνυμι, wh. see) *to yoke up, to prepare to go, to break up the camp,* 3, 4, 37.

ἀναιρέω, ῶ, (ἀνά, αἱρέω, wh. see) *to take up;* hence, sometimes, like *tollo, to make way with, destroy;* sometimes, *to raise the voice;* esp. of the god who delivered oracles from beneath the earth; hence, *to respond,* 3, 1, 6: ἀνεῖλεν αὐτῷ ὁ Ἀπόλλων, *Apollo pointed out to him,* etc.

ἀνακαίω, (ἀνά, καίω, wh. see) *to cause to burn, to kindle,* 3, 1, 3.

ἀνακοινόω, ῶ, f. -ώσω, (ἀνά, κοινόω) *to make something common with any one* (τινί); mid. *to confer with* a person concerning something (τινὶ περί τινος), 3, 1, 5.

ἀναλαμβάνω, (ἀνά, λαμβάνω, wh. see) *to take up, to take with one,* 1, 10, 6.

ἀναλέγω, (ἀνά, λέγω, wh. see) *to gather up:* ἀναλεγόμενος, *recounted, related,* 2, 1, 17.

ἀναμιμνήσκω, (ἀνά, μιμνήσκω, wh. see) *to remind* a person of something (τινά τι), 3, 2, 11.

ἄνανδρος, ον, (a priv. ἀνήρ) *unmanly, cowardly,* 2, 6, 25.

ἀναξυρίδες, ίδων, αἱ, *trowsers* (such as were worn by the Persians), 1, 5, 8.

ἀναπαύω, (ἀνά, παύω, wh. see) *to cause to cease, to cause to rest;* mid. *to rest one's self, to take breath,* 1, 10, 16; *to rest* (for the night), 2, 2, 4; 2, 4, 23; 3, 1, 3.

ἀναπείθω, (ἀνά, πείθω, wh. see) *to bring over to another opinion, to persuade,* 1, 4, 11.

ἀναπτύσσω, f. -ύξω, (ἀνά, πτύσσω) *to unfold; to fold back, bend around,* 1, 10, 9.

ἀναρίθμητος, ον, (a priv. ἀριθμέω) *not to be counted, innumerable,* 3, 2, 13.

ἀνάριστος, ον, (a priv. ἄριστον) *without breakfast.*

ἀναρχία, ας, ἡ, (a priv. ἀρχή) *want of government.*

ἀνασταυρόω, f. -ώσω, (ἀνά, σταυ-

ἀναστρέφω 178 ἀνόητος

ρόω) to impale, to fasten to a cross, to crucify, 3, 1, 17.

ἀναστρέφω, (ἀνά, στρέφω, wh. see) to turn back, 1, 4, 5; mid. to turn one's self back, to rally, 1, 10, 12.

ἀναταράττω, (ἀνά, ταράττω, wh. see) to throw into confusion, pass. particip., ἀνατεταραγμένον, in confusion, 1, 7, 20.

ἀνατείνω, (ἀνά, τείνω, wh. see) to extend, τὴν χεῖρα, 3, 2, 9: ἀετὸν ... ἀνατεταμένον, an eagle with expanded wings, (so it is comm. understood,) 1, 10, 12.

ἀνατέλλω, f. -τελῶ, (ἀνά, τέλλω) to cause to rise up; also intrans. to rise, of the sun, 2, 3, 1.

ἀνατίθημι, (ἀνά, τίθημι, wh. see) to set up; of an offering, to consecrate; to place upon, σκεύη, 3, 1, 30: ἀνατίθεσθαι ἐπὶ τὰ ὑποζύγια, to place (the baggage) on the beasts of burden, 2, 2, 4.

ἀνδράποδον, ου, τό, (ἀνήρ, πούς) a slave.

ἀνδρεῖος, εία, εῖον, (ἀνήρ) manly, strong, courageous.

ἀνεγείρω, (ἀνά, ἐγείρω, ἐγερῶ, ἤγειρα, pf. ἐγρήγορα, ἐγήγερμαι, ἠγέρθην) to rouse; pass. to be aroused, esp. from sleep, to awake, 3, 1, 13.

ἀνεῖλον. See ἀναιρέω.

ἀνεῖπον, aor.; pres. ἀναγορεύω, (ἀνά, εἶπον) to cry aloud, proclaim, esp. of a herald, 2, 2, 20.

ἀνεκπίμπλημι, (ἀνά, ἐκ, πίμπλημι, wh. see) to fill up again, 3, 4, 22.

ἄνεμος, ου, ὁ, the wind.

ἀνερωτάω, ῶ, (ἀνά, ἐρωτάω) to interrogate, to ask plainly, 2, 3, 4.

ἄνευ, prep. w. g., without, 1, 3, 13.

ἀνέχω, (ἀνά, ἔχω, wh. see) to hold up, hold out, endure; mid. to hold one's self, to control one's self, 1, 8, 26 (ἠνέσχετο with double augment): ἀνασχέσθαι αὐτοῦ βασιλεύοντος, to endure his being king, 2, 2, 1.

ἀνήκεστος, ον, (a priv. ἀκέομαι, to cure) incurable: ἀνήκ. κακόν, an irreparable calamity, 2, 5, 5.

ἀνήρ, ἀνδρός, ὁ, a man, (ἄνθρωπος, a human being, either male or female): ἀνήρ often emphatic, implying courage, 1, 7, 4; often joined to another subst. and not translated, ἐχθρὸν ἄνδρα, an enemy, 1, 3, 20; cf. 1, 8, 1; often prefixed to another subst. in respectful address, 1, 3, 3 and 9: ἄνδρες στρατιῶται, fellow soldiers! Not always translated when thus used.

ἀνθρώπινος, ίνη, ινον, (ἄνθρωπος) human, 2, 5, 8.

ἄνθρωπος, ου, ὁ, a human being, a man; used often contemptuously, opp. to ἀνήρ, 1, 7, 4; cf. 3, 3, 5. Sometimes, like ἀνήρ, joined to another noun and not translated.

ἀνιάω, ῶ, f. -άσω, (ἀνία, trouble) to trouble, harass, 3, 3, 19; pass. to be troubled, 1, 2, 11, ἀνιώμενος.

ἀνίστημι, (ἀνά, ἵστημι, wh. see) to cause to stand up, to scare up, 1, 5, 3; mid. to raise one's self up, to stand up, to rise up, 1, 3, 13.

ἀνίσχω, (ἀνά, ἴσχω, another form of ἔχω) to rise: ἅμα ἡλίῳ ἀνίσχοντι, at sun-rise, 2, 1, 3.

ἄνοδος, ου, ἡ, (ἀνά, ὁδός) = ἀνάβασις, the way up, the march upward, 2, 1, 1.

ἀνόητος, ον, (a priv. νοέω) without sense, stupid.

ἀνταγοράζω, f. -άσω, (ἀντί, ἀγοράζω) to buy in return, 1, 5, 5.

ἀντακούω, (ἀντί, ἀκούω, wh. see) to hear in return, 2, 5, 16.

ἀντεπιμελέομαι, οῦμαι, (ἀντί, ἐπιμελέομαι, wh. see) to take care in return, 3, 1, 16.

ἀντί, prep. w. gen. instead of, 1, 1, 4; in preference to, 1, 7, 3; in return for, 1, 3, 4.—In compos. against, in opposition to, in return for.

ἀντιδίδωμι, (ἀντί, δίδωμι, wh. see) to give in return.

ἀντικαθίστημι, (ἀντί, κατά, ἵστημι, wh. see) to appoint in place of; pass. to be etc., 3, 1, 38.

ἀντιλέγω, (ἀντί, λέγω, wh. see) to say or speak in opposition; w. dat. 2, 5, 29.

ἀντίος, ία, ίον, (ἀντί) opposite, 1, 10, 10; w. ἰέναι or ἐλαύνειν, against, 1, 8, 17 and 24: ἐκ τοῦ ἀντίου, from the opposite side, 1, 8, 23.

ἀντιπαρασκευάζομαι, (ἀντί, παρασκευάζω), to prepare in turn, 1, 2, 5.

ἀντιπάσχω, (ἀντί, πάσχω, wh. see) to suffer in return, 2, 5, 17.

ἀντιπέρας, (ἀντί, πέρας) over against, opposite.

ἀντιποιέω, ῶ, (ἀντί, ποιέω) to do in return, 3, 3, 7; mid. ἀντιποιεῖσθαί τινί τινος, to strive with any one for anything, 2, 1, 11; 2, 3, 23.

ἀντιστασιώτης, ου, ὁ, (ἀντί, στάσις, an insurrection) one of an opposite party, an opponent, 1, 1, 10.

ἀντιτάττω, (ἀντί, τάττω, wh. see) w. acc. and dat. to draw up in a line against, 2, 5, 19; pass. to be drawn up in opposition, 1, 10, 3.

ἀντιτοξεύω, (ἀντί, τοξεύω) to shoot back, 3, 3, 15.

ἀντιφυλάττω, (ἀντί, φυλάττω, wh. see) to guard in turn; mid. to guard one's self in turn, 2, 5, 3.

ἄντρον, ου, τό, a cave, a grotto.

ἀνυστός, όν, (ἀνύω, to accomplish) practicable, possible: σιγῇ ὡς ἀνυστόν, as silently as possible, 1, 8, 11.

ἄνω, adv. (ἀνά) comp. ἀνωτέρω, sup. ἀνωτάτω, above, up, upwards: πορεύεσθαι ἄνω, to proceed upward, i. e. from the coast to the interior, 1, 2, 1: cf. τὴν ἄνω ὁδόν, the expedition upward, 3, 1, 8: ἀνωτέρω τῶν μαστῶν, higher than, etc. 1, 4, 17.
—— As prep. w. gen. above.

ἀξίνη, (ῑ)ης, ἡ, an axe, 1, 5, 12.

ἄξιος, ία, ιον, worthy, w. gen. πολλοῦ ἄξιος, worthy of much, valuable, 1, 3, 12; cf. 2, 1, 14: w. dat. and infin. ὡς οὐκ ἄξιον εἴη βασιλεῖ ἀφεῖναι, that it was not becoming a king to let ... go, 2, 3, 25. Comp. -ώτερος, sup. -ώτατος: ἀξιωτέρας τιμῆς, more adequate honor, 1, 9, 29: ἄρχειν ἀξιώτατος, most worthy to rule, 1, 9, 1.

ἀξιοστράτηγος, ον, (ἄξιος, στρατηγός) worthy to lead; comp. -ότερος, 3, 1, 24.

ἀξιόω, ῶ, f. -ώσω, (ἄξιος) to deem worthy; w. acc. and inf. 1, 9, 15; w. acc. and gen. 3, 2, 7:—— to demand (something as reasonable), to ask: ἠξίου δοθῆναι οἷ ταύτας τὰς πόλεις, he asked that these cities might be given him, 1, 1, 8: cf. 1, 3, 19; 1, 7, 8.

ἄξων, ονος, ὁ, (ἄγω) an axle.

ἄοπλος, ον, (α priv. ὅπλον) without armor.

ἀπαγγέλλω, (ἀπό, ἀγγέλλω) to an-

ἀπαγορεύω   180   ἄπιστος

nounce, bear tidings, to report: trans. or intrans.

ἀπαγορεύω, (ἀπό, ἀγορεύω) to refuse, deny, renounce; intrans. to grow weary, 1, 5, 3.

ἀπάγω, (ἀπό, ἄγω, wh. see) to lead away, to lead back, 1, 3, 14; apparently intrans. 1, 10, 6: ἀπήγαγεν (sc. ἑαυτόν, or τὸ στράτευμα), he marched away.

ἀπαίδευτος, ον, (a priv. παιδεύω, to educate) uneducated, ignorant, stupid, 2, 6, 26.

ἀπαιτέω, ῶ, f. -ήσω, (ἀπό, αἰτέω) to demand (as something due), 1, 2, 11; w. acc. of pers. and thing, 2, 5, 38.

ἀπαλλάττω, (ἀπό, ἀλλάττω, f. ἀλλάξω, pf. ἤλλαχα, aor. ἤλλαξα, pass. or mid. pf. ἤλλαγμαι, aor. pass. ἠλλάγην) to get rid of, 3, 2, 28: ἀπαλλάττεσθαι, to remove one's self, to withdraw, 1, 10, 8.

ἁπαλός, ή, όν, comp. -ώτερος, sup. -ώτατος, tender, 1, 5, 2.

ἀπαμείβομαι, f. -είψομαι, (ἀπό, ἀμείβω) a Homeric word instead of ἀποκρίνομαι, only 2, 5, 15; ἀπημείφθη as dep.

ἀπαντάω, (ἀπό, ἀντάω) to go against, to meet, 2, 3, 17; 2, 4, 25.

ἅπαξ, once, once for all, 1, 9, 10. (ποτέ, once = on a certain time.)

ἀπαρασκεύαστος, ον, (a priv. παρασκευάζω) comp. -ότερος, sup. -ότατος, unprepared, 1, 5, 9.

ἀπαράσκευος, ον, (a priv. παρασκευή, a preparation) unprepared, 1, 1, 6; comp. -ότερος, sup. -ότατος.

ἅπας, ασα, αν, strengthened form of πᾶς, all together, all, 1, 4, 4 and 17: πεδίον ἅπαν, all a plain, 1, 5, 1.

ἀπειθέω, ῶ, f. -ήσω, (a priv. πείθομαι) to be disobedient, 2, 6, 4.

ἄπειμι, (ἀπό, εἶμι, wh. see) to go away; often as fut. to be about to go away, 1, 3, 11; 1, 4, 7.

ἄπειμι, (ἀπό, εἰμί, wh. see) to be away, to be absent.

ἀπεῖπον, (ἀπό, εἶπον) defect. aor., referred to ἀπόφημι or ἀπαγορεύω as pres.; f. ἀπερῶ, pf. ἀπείρηκα, to refuse, deny, renounce; to be weary, 2, 2, 16.

ἀπείρηκα. See ἀπεῖπον.

ἄπειρος, ον, (a priv. πεῖρα, a trial) comp. -ότερος, sup. -ότατος, inexperienced, 2, 2, 5; w. gen. unacquainted with, 3, 2, 16.

ἀπελαύνω, (ἀπό, ἐλαύνω, wh. see) to drive away, to dislodge, 3, 4, 40; intrans. to march away, 1, 4, 5; to ride away, 1, 8, 17.

ἀπέρχομαι, (ἀπό, ἔρχομαι, wh. see) to go away, 1, 1, 4; to go over, 1, 4, 7; 1, 9, 29.

ἀπεχθάνομαι, ἀπεχθήσομαι, ἀπήχθημαι, ἀπηχθόμην, to be hated, to become odious to, w. dat. 2, 6, 19.

ἀπέχω, (ἀπό, ἔχω, wh. see) to hold back or away; intrans. to be distant, 1, 3, 20; w. gen. 2, 4, 10;—mid. to hold one's self from, to refrain from, w. gen. 3, 1, 22; to refrain from injuring, to spare, w. gen. 2, 6, 10.

ἀπιστέω, ῶ, -ήσω, (a priv. πίστις, faith) not to trust, to distrust, w. dat. 2, 5, 6; to disobey, 2, 6, 19.

ἀπιστία, ας, ἡ, (a priv. πίστις, faith) distrust, 2, 5, 4; unfaithfulness, perfidy, 2, 5, 21.

ἄπιστος, ον, (a priv. πείθομαι, to trust) unfaithful, distrusted, 2, 4, 7.

ἁπλοῦς, ῆ, οῦν, simple : τὸ ἁπλοῦν, simplicity, honesty, 2, 6, 22.

ἀπό, prep. w. gen. only, from, away from: of place, 1, 8, 10; of time, 1, 7, 18; of origin, 2, 1, 3; of cause, 3, 1, 12; of material, 1, 5, 10; of means, 1, 1, 9, ἀπὸ τούτων τῶν χρημάτων, with these treasures; cf. 2, 5, 7. In compos. from, away, back; w. some verbs it may be rendered, what is due.

ἀποβιβάζω, (ἀπό, βιβάζω, f. -άσω) to cause to go forth, esp. from a ship, to land, 1, 4, 5.

ἀποβλέπω, (ἀπό, βλέπω) to look away, 1, 8, 14.

ἀπογιγνώσκω, (ἀπό, γιγνώσκω, wh. see) to turn the attention away from, to abandon the thought of, w. gen. 1, 7, 19.

ἀποδείκνυμι, (ἀπό, δείκνυμι, wh. see) to show forth, point out, direct, 2, 3, 14; to appoint, 1, 1, 2; cf. 1, 9, 7.

ἀποδέρω, (ἀπό, δέρω, δερῶ, ἔδειρα, δέδαρμαι, ἐδάρην) to take off the hide, to flay, 3, 5, 9: ἃ ἀποδαρέντα, which having been flayed.

ἀποδιδράσκω, (ἀπό, διδράσκω, δράσομαι, δέδρακα, ἔδραν) to run away, to escape by stealth, to elude, 1, 4, 8; 2, 2, 13.

ἀποδίδωμι, (ἀπό, δίδωμι, wh. see) to give away or back, esp. to give what is due or promised, 1, 2, 11; 1, 7, 5 : χάριν ἀπ., to repay a favor, 1, 4, 15.

ἀποδοκέω, ῶ, (ἀπό, δοκέω, wh. see) only as impers. ἀποδοκεῖ = nearly οὐ δοκεῖ, it seems inexpedient, 2, 3, 9.

ἀποθνῄσκω, (ἀπό, θνῄσκω, wh. see. In Att. the comp. is much more comm.) to die; to be slain, as pass. of ἀποκτείνω, ὑπὸ βασιλέως ἀπέθανεν, was put to death by, etc., 2, 6, 29.

ἀποθύω, (ἀπό, θύω) to sacrifice what is due, what has been vowed, 3, 2, 12.

ἀποικία, ας, ἡ, (ἄποικος) a colony. ἄποικος, ου, ὁ, (ἀπό, οἶκος, a house) a colonist.

ἀπόκειμαι, (ἀπό, κεῖμαι, wh. see) to lie away, to be laid up, 2, 3, 15.

ἀποκλίνω, (ῑ) (ἀπό, κλίνω, κλῑνῶ, κέκλῐκα, ἔκλῑνα; κέκλῐμαι, ἐκλίθην) to incline away, to turn away, 2, 2, 16.

ἀποκόπτω, (ἀπό, κόπτω, wh. see) to cut away, 3, 4, 39.

ἀποκρίνομαι, (ἀπό, κρίνω) ἀποκρινοῦμαι, ἀποκέκριμαι, ἀπεκρινάμην, to reply, to answer, 2, 1, 15 and 22.

ἀποκρύπτω, (ἀπό, κρύπτω, wh. see) to conceal away; mid. to conceal away for one's self, to conceal, 1, 9, 19, w. acc. understood.

ἀποκτείνω, (ἀπό, κτείνω, κτενῶ, ἔκτονα, aor. 1st ἔκτεινα, aor. 2d ἔκτᾰνον) to kill, slay, put to death, 1, 1, 3; 2, 1, 11.

ἀποκωλύω, (ἀπό, κωλύω) to hinder from, w. acc. and gen. 3, 3, 3.

ἀπολαμβάνω, (ἀπό, λαμβάνω, wh. see) to take back, 1, 2, 27; to receive, 1, 4, 8; to intercept, 2, 4, 17.

ἀπολείπω, (ἀπό, λείπω, wh. see) to leave behind, to abandon, w. acc. 1, 4, 8.

ἀπόλεκτος, ον, (ἀπό, λέγω, to select) select, choice, 2, 3, 15.

ἀπόλλυμι, (ἀπό, ὄλλυμι) ἀπολέσω or ἀπολῶ, ἀπολώλεκα, pf. 2d ἀπόλωλα, ἀπώλεσα ; mid. ἀπόλλυμαι, ἀπολοῦμαι, ἀπωλόμην, to destroy utterly, to ruin, slay, put to death, 2, 5, 39; 3, 2, 4; to lose w. acc. and ὑπό w. gen. 3, 4, 11; intrans. in 2d perf. and 2d plupf. act. and in the mid., to perish, to die, 1, 2, 25; 3, 1, 2: ὑπὸ λιμοῦ, 2, 2, 11.

Ἀπόλλων, ωνος, ὁ, Apollo.

Ἀπολλωνίδης, ου, ὁ, Apollonides.

ἀπόμαχος, ον, (ἀπό, μάχη) away from battle, out of the ranks, 3, 4, 32.

ἀπονοστέω, ῶ, -ήσω, (ἀπό, νόστος, a return) to return, 3, 5, 16.

ἀποπέμπω, (ἀπό, πέμπω, wh. see) to send away or back, 1, 1, 3; 1, 2, 1; to dismiss, 1, 7, 8; to forward, 1, 1, 8; mid. to dismiss, 1, 1, 5.

ἀποπέτομαι, (ἀπό, πέτομαι, wh. see) to fly away or forth.

ἀποπηδάω, ῶ, -ήσω, (ἀπό, πηδάω) to leap away, 3, 4, 27.

ἀποπλέω, ῶ, (ἀπό, πλέω, wh. see) to sail away, 1, 3, 14; 1, 4, 7.

ἀπορέω, ῶ, -ήσω, (ἄπορος, α priv. πόρος) to be without means, to be at a loss, to be perplexed, 1, 3, 8; cf. 1, 5, 13; to be in want, w. gen. 1, 7, 3; cf. 2, 5, 17; mid. like the act., to be at a loss, in doubt, 3, 5, 8.

ἀπορία, ας, ἡ, uncertainty, perplexity, 3, 1, 2 and 11; difficulty, 1, 3, 13; 3, 1, 12; want, 2, 5, 9.

ἄπορος, ον, (α priv. πόρος) of places, impassable, 2, 4, 4: ἄπορον, an insurmountable obstacle, 3, 2, 22: ἄπορόν ἐστιν, it is impracticable, 3, 3, 4; of persons, without resources, 2, 5, 21.

ἀπόρρητος, ον, (ἀπό, ῥητός, that may be spoken, verb. adj. fr. the root of ἐρῶ, f. of φημί) forbidden to be spoken, to be kept secret, 1, 6, 5.

ἀποσκάπτω, (ἀπό, σκάπτω, σκάψω, κτἑ.) to dig off, to intercept by trenches: ἀποσκάπτει τι, he is cutting off some (important) point by trenches, 2, 4, 4.

ἀποσκηνέω, ῶ, -ήσω, (ἀπό, σκηνέω, σκηνή) to encamp away from, 3, 4, 35.

ἀποσπάω, ῶ, (ἀπό, σπάω, σπάσω, ἔσπακα, ἔσπασα, ἔσπασμαι, ἐσπάσθην) to draw away, w. acc. 1, 8, 13; mid. to draw one's self away, to withdraw, 1, 5, 3; pass. to be removed from, 2, 2, 12.

ἀποστέλλω, (ἀπό, στέλλω, wh. see) to send away, dismiss, 2, 1, 5.

ἀποστρατοπεδεύω, oftener dep. (ἀπό, στρατοπεδεύω, f. -εύσω) to encamp away from, 3, 4, 34.

ἀποστρέφω, (ἀπό, στρέφω, wh. see) to turn away from; to induce (one) to return, 2, 6, 3.

ἀποστροφή, ῆς, ἡ, (ἀπό, στρέφω) the act of turning away, of flying for refuge, a place of refuge, 2, 4, 22.

ἀποσυλάω, ῶ, -ήσω, (ἀπό, συλάω) to strip away from, to rob, τινά τι, 1, 4, 8.

ἀποσώζω, (ἀπό, σώζω, wh. see) to rescue, to conduct away in safety, 2, 3, 18.

ἀποτείνω, (ἀπό, τείνω, wh. see) to stretch out; mid. to exert one's self, to extend: δρέπανα ... ἀποτεταμένα, scythes extending, 1, 8, 10.

ἀποτειχίζω, (ἀπό, τειχίζω, wh. see) to wall off, to cut off by means of a wall, 2, 4, 4.

ἀποτέμνω, (ἀπό, τέμνω, wh. see) to cut off, 3, 1, 17; pass. 1, 10, 1; w. acc. of remote obj. 2, 6, 1, ἀποτμηθέντες τàς κεφαλάς. Const. in the act. ἀποτέμνειν τινὶ τὴν κεφαλήν.

ἀποτίθημι, (ἀπό, τίθημι, wh. see) *to place away, lay up*, 2, 3, 15.

ἀποτίνω, (ἀπό, τίνω, τίσω, κτέ.) *to pay* (what one owes); mid. *to get pay (which is due) for one's self, to avenge one's self upon, to punish any one as he deserves*, w. acc. 3, 2, 6.

ἀποτρέπω, (ἀπό, τρέπω, wh. see) *to turn* (anything) *away;* mid. *to turn one's self away*, or intrans. *turn away*, 3, 5, 1.

ἀποφαίνω, (ἀπό, φαίνω, wh. see) *to show forth;* mid. *to show one's self, or something belonging to one's self, make plain, declare:* γνώμην, 1, 6, 9.

ἀποφεύγω, (ἀπό, φεύγω, wh. see) *to flee away, escape*, 1, 4, 8; 2, 5, 7.

ἀποχωρέω, ῶ, (ἀπό, χωρέω, ῶ, -ήσω) *to march away* or *back, to withdraw*, 1, 2, 9.

ἀποψηφίζομαι, (ἀπό, ψηφίζομαι, wh. see) *to vote otherwise, to vote not* (to do a thing), 1, 4, 15; sc. ἔπεσθαι.

ἀπροφασίστως, adv. (a priv. πρόφασις) *without excuse, promptly*, 2, 6, 10.

ἅπτω, ἅψω, ἧψα, ἧμμαι, ἥφθην, *to fasten on;* mid. ἅπτομαι, ἅψομαι, ἡψάμην, *to fasten one's self to something, to touch*, w. gen. 1, 5, 10.

ἄρα, illative conj., postpos., *accordingly, therefore, then, as is likely*, denotes a consequence or inference which follows naturally, in accordance with what might have been expected. Cf. H. 865. K. § 324, 3, L. G.

ἆρα, interrog. particle, prepos. In a direct question not translated, as no particle is used in Eng. to indicate a direct question: ἆρ' οὐ anticipates an affirmative answer, ἆρα μή, a neg. answer. Cf. H. 828 and 829. K. § 344. 5. (b.) L. G.

Ἀραβία, ας, ἡ, *Arabia*, 1, 5, 1.

Ἀράξης, ου, ὁ, *Araxes*, 1, 4, 19.

Ἀρβάκης, ου, ὁ, *Arbăces*, 1, 7, 12.

ἀργός, όν, (a priv. ἔργον) *without work, idle*, 3, 2, 25.

ἀργύριον, ου, τό, *silver, a piece of silver, money*, 2, 6, 16.

ἄρδω, ἄρσω, *to water* (cattle or land), 2, 3, 13.

ἀρέσκω, ἀρέσω, ἤρεσα, ἤρεσμαι, ἠρέσθην, *to please*, w. dat. 2, 4, 2.

ἀρετή, ῆς, ἡ, *virtue; goodness, clemency*, 1, 4, 9; *fidelity*, 1, 4, 8; often *military virtue, bravery*, 2, 1, 12.

ἀρήγω, ἀρήξω, *to help, to render assistance*, 1, 10, 5.

Ἀριαῖος, ου, ὁ, *Ariæus*.

ἀριθμός, οῦ, ὁ, *number; the act of numbering:* ἀριθμὸν ποιεῖν, *to make an enumeration*, 1, 2, 9; ἀριθμὸς τῆς ὁδοῦ, *length of the way*, 2, 2, 6.

ἀριστάω, ῶ, -ήσω, (ἄριστον) *to take breakfast*, 3, 3, 6.

Ἀριστέας, ου, ὁ, *Aristěas*.

ἀριστερός, ά, όν, *left, pertaining to the left:* ἡ ἀριστερά (with or without χείρ), *the left hand*, 2, 3, 11; 2, 4, 28.

Ἀρίστιππος, ου, ὁ, *Aristippus*.

ἄριστον, ου, τό, *breakfast* (taken towards noon), 2, 3, 5.

ἀριστοποιέω, ῶ, (ἄριστον, ποιέω) *to prepare breakfast;* mid. ἀριστοποιέομαι, οῦμαι, *to breakfast*, 3, 3, 1.

ἄριστος, η, ον, sup. of ἀγαθός, *best:* οἱ ἄριστοι, *the most distinguished, the noblest*, 1, 5, 7; neut. pl. ἄριστα as adv. *in the best manner*, 3, 1, 6.

ἀρκέω, ῶ, -έσω, to be sufficient, 2, 6, 20.

ἄρκτος, ου, ὁ or ἡ, a bear: the constellation "Great Bear;" hence, the north, 1, 7, 6.

ἅρμα, ατος, τό, a war-chariot, 1, 2, 16: ἅρματα δρεπανηφόρα, scythe-bearing chariots, 1, 7, 10.

ἁρμάμαξα, ης, ἡ, a covered chariot, esp. for women of rank, 1, 2, 16 and 18.

Ἀρμενία, ας, ἡ, Armenia.

ἁρπαγή, ῆς, ἡ, the act of plundering, robbery, rapine: καθ' ἁρπαγήν, for the purpose of plundering, 3, 5, 2.

ἁρπάζω, ἁρπάσω, or ἁρπάσομαι, ἥρπακα, ἥρπασμαι, ἡρπάσθην, to rob, to plunder, 1, 2, 25. Pass. 1, 2, 27: τὰ ἡρπασμένα ἀνδράποδα, the slaves which had been carried off.

Ἀρταγέρσης, ου, ὁ, Artagerses.

Ἀρτάοζος, ου, ὁ, Artaozus.

Ἀρταξέρξης, ου, ὁ, Artaxerxes, 1, 1, 1; called Mnemon, or Artaxerxes II., reigned from 404 to 361.

Ἀρταπάτας, ου, ὁ, Artapatas.

ἀρτάω, ῶ, -ήσω, to hang one thing on another, to fasten (something) to (something), 3, 5, 10.

Ἄρτεμις, ιδος, ἡ, Artĕmis, corresponding to the Roman Diana.

ἄρτος, ου, ὁ, bread, a loaf of bread: ἄρτων ἡμίσεα, 1, 9, 26.

ἀρχαῖος, (ἀρχή), αία, αῖον, old, ξένος ἀρχαῖος, 3, 1, 4; Κῦρος ὁ ἀρχαῖος, Cyrus the elder, 1, 9, 1; τὸ ἀρχαῖον, as adv. anciently, formerly, 1, 1, 6.

ἀρχή, ῆς, ἡ, beginning; command; government, 3, 4, 8; a country under the government of some one, 1, 5, 9; province, 1, 1, 2 and 3.

ἀρχικός, ἡ, όν, (ἀρχή) fitted to command, 2, 6, 8 and 20.

ἄρχω, ἄρξω, ἦρξα, ἦρχα rare, ἦργμαι, ἤρχθην, to begin (in advance of others), w. gen. ἄρξαντες τοῦ διαβαίνειν, having commenced the passage over, 1, 4, 15: ἄρχειν τοῦ λόγου, 1, 6, 6:—to be first in anything; hence, to lead, govern: ὁ ἄρχων, the commander, 1, 9, 12; 2, 2, 5: ὁ ἄρξας, the one who has ruled, the former ruler, 1, 4, 10.—— Pass. to be led, ruled, governed, 1, 3, 15; 1, 9, 4: οἱ ἀρχόμενοι, the persons commanded, the common soldiers, 2, 6, 19.—— Mid. to begin (one's own work), w. gen. 3, 2, 7; w. infin. 1, 8, 18:—— οἱ ἀρχόμενοι, the commanders, 2, 6, 12.

ἄρχων, οντος, ὁ. In form, pres. particip. of ἄρχω, wh. see.

ἄρωμα, ατος, τό, spice, 1, 5, 1.

ἀσέβεια, ας, ἡ, (ἀσεβής) impiety, 3, 2, 4.

ἀσεβής, ές, (a priv. σέβομαι, to revere) impious, 2, 5, 20.

ἀσθενέω, ῶ, -ήσω, (ἀσθενής) to be weak, to be ill, 1, 1, 1.

ἀσθενής, ές, (a priv. σθένος, strength) weak, 1, 5, 9.

ἀσινῶς, adv. (a priv. σίνομαι, to harm) without harm, without depredation, 2, 3, 27; sup. ὡς ἂν δυνώμεθα ἀσινέστατα, doing as little harm as possible, 3, 3, 3.

ἄσιτος, ον, (a priv. σῖτος, grain) without food, having eaten nothing, 2, 2, 16.

ἀσκέω, ῶ, -ήσω, to practise, to cultivate, 2, 6, 25.

ἀσκός, οῦ, ὁ, a leathern bag or sack, 3, 5, 9 and 10.

ἄσμενος 185 αὐτός

ἄσμενος, η, ον, glad, 2, 1, 16; 3, 4, 24. Adv. ἀσμένως, gladly.

Ἀσπένδιος, ου, ὁ, an Aspendian, an inhabitant of Aspendus, a city on the Eurymedon in Pamphylia.

ἀσπίς, ίδος, ἡ, a shield: παρ' ἀσπίδας, towards the left, the shield being carried on the left arm: ἀσπὶς μυρία, 10,000 shield, i. e. 10,000 heavy-armed men, 1, 7, 10.

ἀστράπτω, -ψω, (ἀστραπή, lightning) to lighten, glisten, 1, 8, 8.

ἀσφάλεια, ας, ἡ, (ἀσφαλής) safety.

ἀσφαλής, ές, (a priv. σφάλλομαι, to stumble, fall) firm, sure, safe. Comp. ἀσφαλέστερος, sup. ἀσφαλέστατος: —— ἀσφαλέστατα, most safely, 1, 3, 11: ἐν ἀσφαλεστάτῳ, in the safest position, 1, 8, 22; ἐν ἀσφαλεστέρῳ, in a safer place, 3, 2, 36.

ἄσφαλτος, ου, ἡ, asphaltum, or bitumen, used for mortar, 2, 4, 12.

ἀσφαλῶς, adv. (ἀσφαλής) safely.

ἄτακτος, ον, (a priv. τάττω) without order, in disorder, 1, 8, 2; 3, 4, 19.

ἀταξία, ας, ἡ, (a priv. τάττω) want of order, 3, 1, 38.

ἀτέλεια, ας, ἡ, (a priv. τέλος in the sense tax or public burden) exemption from a public burden, immunity, 3, 3, 18.

ἀτιμάζω, ἀτιμάσω, ἠτίμασα, ἠτίμασμαι, ἠτιμάσθην, to dishonor: ἀτιμασθείς, having been dishonored, 1, 1, 4; cf. 1, 9, 4.

αὖ, adv. back, again, of place, or time. In a mere logical relation, on the other hand, in turn, likewise. It often denotes a simple continuation of the narrative, and is not always rendered easily into Eng.

αὐαίνω, αὐανῶ, to dry, trans.; mid. αὐαίνομαι, αὐανοῦμαι, to dry, intrans.; pass. to be dried, 2, 3, 16; imperf. without augment.

αὖθις, adv. lengthened form of αὖ, again, back, back again, of place, of time, and in a logical relation.

αὐλίζομαι, (αὐλή, a court-yard) αὐλίσομαι, ηὐλισάμην and ηὐλίσθην, to pass the night, 2, 2, 17.

αὐλών, ῶνος, ὁ, a canal, 2, 3, 10.

αὐξάνω or αὔξω, αὐξήσω, ηὔξησα, to enlarge, trans.; pass. to be enlarged, to grow.

αὔριον, adv. to-morrow.

αὐτίκα, adv. (αὐτός) immediately, forthwith, on the spot, presently.

αὐτόθι, adv. = αὐτοῦ, on the spot, here, there, 1, 4, 6.

αὐτοκέλευστος, ον, (αὐτός, κελεύω) self-bidden = unbidden, of one's own accord, 3, 4, 5.

αὐτόματος, η, ον, (αὐτός, μάομαι, to desire) self-moved, spontaneous:— ἀπὸ (or ἐκ) τοῦ αὐτομάτου, spontaneously, of one's own accord, 1, 2, 17; 1, 3, 13.

αὐτομολέω, ῶ, f. -ήσω, aor. ηὐτομόλησα, (αὐτός, μολεῖν, aor. of βλώσκω, to go or come) to be a deserter, to desert, 1, 7, 13: · οἱ αὐτομολήσαντες, those who had deserted, deserters, 1, 10, 6.

αὐτόμολος, ου, ὁ, (αὐτός, μολεῖν, aor. of βλώσκω, to go or come), a deserter, 1, 7, 2.

αὐτός, ἡ, ό. 1st, In the nom. not preceded by the article, and in the oblique cases in apposition with a noun or pronoun; also in the oblique cases standing alone and first in its clause, self, Lat. ipse. 2d, Preceded

αὐτοῦ   186   ἀψίνθιον

by the article, *the same, idem*. 3d, In the oblique cases, when not in apposition with a noun or pronoun and not first in its clause, *him, her, it, them*.

αὐτοῦ, adv. *here, in this place*, 1, 3, 11; *there, in that place*, 1, 5, 13; 1, 10, 17: often prefixed to a prep. αὐτοῦ παρὰ 'Αριαίῳ, *there with Ariæus*, 2, 2, 1.

αὐτοῦ, Att. for ἑαυτοῦ, wh. see.

ἀφαιρέω, ῶ, (ἀπό, αἱρέω, wh. see) *to take away*; mid. *to take away for one's self*, 3, 4, 48; w. acc. of a thing and gen. of a person; or oftener w. acc. of person and thing, ἀφαιρεῖσθαι τοὺς ... γῆν, 1, 3, 4, *to deprive the Greeks, dwelling in it, of their land*.

ἀφανής, ές, (α priv. φαίνομαι) *not appearing, not plain*, 2, 6, 28; *out of sight, gone*, 1, 4, 7.

ἀφανίζω, ἀφανίσω or ἀφανιῶ, ἠφάνικα, ἠφάνισα, ἠφάνισμαι, ἠφανίσθην, (ἀφανής) *to cause to disappear, to render invisible*; ὡς ἀφανιούντων τὰς 'Αθήνας, *as if to annihilate Athens*, 3, 2, 11; *to obscure*, ἥλιον, 3, 4, 8.

ἀφειδῶς, adv. (ἀφειδής, *unsparing*) *unsparingly*, comp. ἀφειδέστερον, sup. ἀφειδέστατα, 1, 9, 13, *most unsparingly*.

ἀφθονία, ας, ἡ, (α priv. φθόνος, *envy*) *freedom from envy*; hence *abundance*, 1, 9, 15.

ἄφθονος, ον, (α priv. φθόνος, *envy*) *ungrudging, abundant*: ἐν ἀφθόνοις, *in the midst of abundance*, 3, 2, 25.

ἀφίημι, (ἀπό, ἵημι, wh. see) *to send away, to let go*, 1, 3, 19; *to suffer to escape*, 2, 3, 25: τὸν ἀφέντα τὸν ὄνον, *the one who had let loose the ass*, etc. 2, 2, 20; *to let*, ἀφεικέναι, 2, 8, 13: ἀφείς, *having let (them) down*, 8, 5, 10.

ἀφικνεῖτο: see Addenda, ἀφικνέομαι.

ἀφιππεύω, f. -εύσω, (ἀπό, ἱππεύω, *to ride*, ἵππος) *to ride away or back*, 1, 5, 12.

ἀφίστημι, (ἀπό, ἵστημι, wh. see) *to place away, to remove*: in the perf., pluperf., fut. perf., and aor. 2d act.; in the pass. and in the fut. mid. *to stand away, to withdraw*: ἀφεστήκεσαν πρὸς Κῦρον, *revolted to Cyrus*, 1, 1, 6; cf. ἀποστῆναι πρός, 1, 1, 7: ἀποστάντες, *having revolted*, 1, 4, 8; w. gen. 2, 6, 27: ἀφεστήξει, *will withdraw*, 2, 4, 5; cf. 2, 5, 7.

ἄφρων, ον, gen. ονος, (α priv. φρήν) *without reason, stupid*.

ἀφύλακτος, ον, (α priv. φυλάττω) *not guarded*, 2, 6, 24.

'Αχαιός, οῦ, ὁ, *an Achæan*

ἀχάριστος, ον, (α priv. χαρίζομαι, *to gratify*, χάρις, *favor*) *unpleasing*: οὐκ ἀχάριστα, *not unpleasing, right pleasant*, 2, 1, 13; *unrewarded*, 1, 9, 18.

ἀχαρίστως, adv. (ἀχάριστος) *without gratitude*: ἀχαρίστως ἔχειν, w. dat. *to be without gratitude towards any one*, 2, 3, 18.

ἄχθομαι, ἀχθέσομαι, aor. pass. ἠχθέσθην, (ἄχθος, *a burden*) *to be burdened, to be displeased*, w. gen. *to be displeased at*, 1, 1, 8; *to be disquieted*, 3, 2, 20.

ἄχρηστος, ον, (α priv. χρηστός, verb. adj. fr. χράομαι) *incapable of being used, useless*, 3, 4, 26.

ἄχρι, *up to*, as prep. w. gen.; as conj. *until*, ἄχρι ἂν w. subjunc. 2, 3, 2.

ἀψίνθιον, ου, τό, *wormwood*, 1, 5, 1.

B

Βαβυλών, ῶνος, ἡ, *Babylon*, 2, 2, 6.
Βαβυλωνία, ας, ἡ, *Babylonia*, 1, 7, 1.
βάθος, ους, τό, (βαθύς) *depth*, 1, 7, 14.
βαθύς, εῖα, ύ, *deep*, 1, 7, 14.
βαίνω, βήσομαι, βέβηκα, ἔβην, (f. βήσω, and aor. ἔβησα, are causative) *to go, to walk*, 3, 2, 19.
βακτηρία, ας, ἡ, (akin to βιβάζω) *a stick, a staff*, 2, 3, 11.
βάλανος, ου, ἡ, *an acorn*, or any similarly shaped fruit: ἡ βάλανος ἡ ἀπὸ τοῦ φοίνικος, *the date*, 1, 5, 10; cf. 2, 3, 15.
βάλλω, βαλῶ, βέβληκα, ἔβαλον, βέβλημαι, ἐβλήθην, *to cast, throw;* w. acc. *to cast at, to pelt*, 1, 3, 1; (the object thrown is sometimes expressed, and is put in the dat.): οἱ ἐκ χειρὸς βάλλοντες, *the darters*, 3, 3, 15.
βάπτω, βάψω, ἔβαψα, βέβαμμαι, ἐβάφην, *to dip, immerge*, 2, 2, 9.
βαρβαρικός, ἡ, όν, *not Grecian, foreign, barbarian;* in the Anab. esp. *Persian*: τὸ βαρβαρικόν, *the barbarian army*, 1, 5, 6; 1, 8, 5.
βαρβαρικῶς, adv. *in the Persian language*, 1, 8, 1.
βάρβαρος, ου, ὁ, as subst. *a foreigner, barbarian*, 1, 5, 16.
βάρβαρος, ον, adj. = βαρβαρικός, *foreign, barbarian*, 1, 7, 3; 2, 5, 32.
βαρέως, adv. (βαρύς) *heavily:* βαρέως φέρειν, *to bear impatiently, to take ill*, 2, 1, 4: βαρέως ἤκουσαν, *heard impatiently*, 2, 1, 9.
βασίλεια, ας, ἡ, *a queen, princess.*

βασιλεία, ας, ἡ, (βασιλεύω) *a kingdom:* καταστῆναι εἰς τὴν βασιλείαν, *to become established in the kingdom*, 1, 1, 3.
βασίλειον, ου, τό, (βασιλεύς) *a royal structure*, 3, 4, 24; plur. βασίλεια, τά, *a royal residence, a palace* (in the plur. as composed of many parts), 1, 2, 7, ff.
βασίλειος, ον, (βασιλεύς) *royal*, 1, 2, 20.
βασιλεύς, έως, ὁ, *a king;* esp. *the Persian king*, 1, 1, 5 and 6; w. μέγας, 1, 2, 8, and often.
βασιλικός, ή, όν, (βασιλεύς) *belonging to a king, royal*, 2, 2, 16; comp. -ώτερος, sup. -ώτατος, 1, 9, 1, *endowed with the most royal qualities.*
βάσιμος, ον, (βαίνω) *passable*, 3, 4, 49.
βέβαιος, α, ον, *firm, constant*, 1, 9, 30.
Βέλεσυς, υος, ὁ, *Belēsys.*
βέλος, ους, τό, (βάλλω) *something cast, a dart, a missile* (cast from a sling), 3, 3, 16.
βελτίων, βέλτιστος, comp. and sup. of ἀγαθός.
βία, ας, ἡ, *strength, force*, 1, 4, 4: βίᾳ, *by force*, 3, 4, 12.
βιάζομαι, (βία), βιάσομαι, βεβίασμαι, aor. mid. ἐβιασάμην, aor. pass. ἐβιάσθην; *to force, overpower*, w. acc. 1, 4, 5; *to try to compel*, w. acc. and infin. 1, 3, 1.
βιαίως, adv. (βίαιος, *violent*, βία, *violence*) *with force, severely*, 1, 8, 27.
βίκος, ου, ὁ, *a large earthen vessel, a pitcher*, esp. for containing wine, 1, 9, 25.
βίος, ου, ὁ, *life*, 1, 1, 1.

βιοτεύω, (βίος), -εύσω, to live, to pass one's time, 3, 2, 25.

βλάβη, ης, ή, (βλάπτω) injury, harm, 2, 6, 6.

βλακεύω, (βλάξ, sluggish), -εύσω, to be sluggish, indolent, spiritless, 2, 3, 11.

βλάπτω, βλάψω, έβλαψα, βέβλαμμαι, έβλάφθην or έβλάβην, to harm, injure, w. acc.

βλέπω, βλέψω, to look; to incline, to extend, 1, 8, 10.

βοάω, ῶ, (βοή, a cry), -ήσω or -ήσομαι, to cry aloud, to shout, 1, 8, 1, ff.

βοήθεια, as, ή, (βοηθέω) help; auxiliary forces, 2, 3, 19; the act of rendering assistance, 3, 5, 4.

βοηθέω, ῶ, (βοηθός, a helper; βοή, a cry, θέω, to run), -ήσω, to help, to go or come for assistance: βοηθεῖν ἐπί w. acc. to march out against, 3, 5, 6.

Βοιωτιάζω, (Βοιώτιος, a Bœotian) to act like a Bœotian: τῇ φωνῇ to imitate a Bœotian in dialect, 3, 1, 26.

Βοιώτιος, ου, ὁ, a Bœotian. (Bœotia was in central Greece, northwest of Attica.)

βόσκημα, ατος, τό, (βόσκω, to feed) that which has been fed or fatted, fatted cattle; also in plur. cattle, 3, 5, 2.

βουλεύω, (βουλή, counsel), -εύσω, to counsel, advise, plot: εἴ τι ἐμοὶ κακὸν βουλεύοις, if you should devise any mischief against me, 2, 5, 16; mid. to take counsel with one's self, to deliberate, 1, 3, 19 and 20; πρὸς ταῦτα, in respect to these things: ὅ τι χρὴ ποιεῖν, what it is necessary to do, 1, 3, 11: ὅπως, how, etc. 1, 1, 4: εἰ, whether, etc. 1, 10, 5: τὰ αὐτὰ ταῦτα βουλευομένους, plotting these same things, 1, 1, 7; w. infin. to propose, 3, 2, 8.

βούλομαι, βουλήσομαι, βεβούλημαι, ἐβουλήθην and ἠβουλήθην, to wish, w. acc. and infin. 1, 1, 1; w. infin. (supplied by the connection) 1, 7, 5. (βούλομαι differs, according to Buttmann, from ἐθέλω, in that the latter implies a more decided choice.)

βοῦς, βοός, ὁ or ἡ, an ox or cow.

βραδέως, adv. (βραδύς, slow) slowly, 1, 8, 11.

βραχύς, εῖα, ύ, (of space or time) short, small: βραχύ, a short distance, 1, 5, 3; βραχύτερα, a less distance, 3, 3, 7; ἐπὶ βραχύ, a short distance, 3, 3, 17.

βρέχω, βρέξω, ἔβρεξα, βέβρεγμαι, ἐβρέχθην, to wet, 3, 2, 22; pass. to be wet, 1, 4, 17.

βροντή, ῆς, ἡ, thunder.

βρωτός, ή, όν, (βιβρώσκω, to eat) eatable.

βωμός, οῦ, ὁ, an elevation, esp. an altar, 1, 6, 7.

Γ

γάμος, ου, ὁ, marriage: ἐπὶ γάμῳ, in marriage, as wife, 2, 4, 8.

γάρ, causal conj. postpos. for. See H. 870. K. § 324. L. G. —— It is often epexegetic, i. e. it introduces the full detail of what has been before alluded to. In this use, it is generally not translated into Eng.

γαστήρ, ρός, ἡ, the stomach, the abdomen.

Γαυλίτης, ου, ὁ, Gaulites.

γέ, enclit. *at least, even*, Lat. quidem. See H. 850. K. § 317. 2. L. G.

γείτων, ονος, ὁ, subst. or adj. *a neighbor*, or *adjacent to*, w. gen. or dat. 2, 3, 18; 3, 2, 4.

γέλως, ωτος, ὁ, (γελάω, *to laugh*) *laughter*, 1, 2, 18.

γενεά, ᾶς, ἡ, (γεν. stem of γίγνομαι) *birth*: ἀπὸ γενεᾶς, *from one's birth*, 2, 6, 30.

γενειάω, ῶ, (γένειον, *chin*) -ήσω, *to have a beard*; hence (opp. to ἀγένειος εἶναι), *to be old*, 2, 6, 28.

γένος, ους, τό, *descent, birth*; γένει προσήκων, w. dat. *related to by birth*, 1, 6, 1.

γέρρον, ου, τό, *anything made of wicker-work*, esp. *a wicker shield*, oblong, with wicker frame, and covered with leather; carried esp. by the Persians, 2, 1, 6.

γερροφόρος, ου, ὁ, (γέρρον, φέρω) *a bearer of a wicker shield*, 1, 8, 9.

γέρων, οντος, ὁ, (akin to γέρας, *honor*) *an old man*.

γεύομαι, γεύσομαι, γέγευμαι, ἐγευσάμην, *to taste, partake of*, w. gen. 1, 9, 26; 3, 1, 3.

γέφυρα, ας, ἡ, *a bridge*: γ. ἐζευγμένη πλοίοις, *a bridge made of boats*, 1, 2, 5.

γῆ, ῆς, ἡ, *earth, land, ground*: κατὰ γῆν, *by land*, 1, 1, 7; ἐπὶ γῆς, *upon the ground*, 3, 2, 19.

γήλοφος, ου, ὁ, (γῆ, λόφος) *a mound of earth, an eminence, a hill*, 1, 5, 8; 1, 10, 12.

γῆρας, γήραος or γήρως, τό, (cf. γέρων, *an old man*, and γέρας, *honor*) *old age*, 3, 1, 43.

γίγνομαι, less comm. γίνομαι, γενήσομαι, γεγένημαι or γέγονα, ἐγενόμην, *to become, to come into being, to be born*, w. gen. or ἀπὸ and gen. 1, 1, 1; 2, 1, 3: *to come, to arrive*, 1, 8, 8 and 24; ἔξω ἐγένετο, *extended beyond*, 1, 8, 23; τὴν ὁδὸν γιγ., *to lead*, 3, 4, 24; ἐν ἑαυτῷ ἐγένετο, *he came to himself*, 1, 5, 17: *to occur, happen, take place*, κρίσις ἐγέν. 1, 6, 5; δρόμος ἐγέν. τοῖς στρατ., *a running began to*, etc., i. e. *the soldiers began to run*, 1, 2, 17: *to amount to* (with numbers), 1, 2, 9; τοὺς γιγνομένους δασμούς, *the revenues accruing*, 1, 1, 8: *to be possible, permitted*, 1, 9, 13: *to become favorable*, ἰέναι ... οὐκ ἐγίγνετο τὰ ἱερά, *the sacrifices were not favorable to go*, etc. 2, 2, 3; ὅρκους γεγενημένους, *that oaths have been exchanged*, 2, 5, 3.

γιγνώσκω, less comm. γινώσκω, γνώσομαι, ἔγνωκα, ἔγνων, ἔγνωσμαι, ἐγνώσθην, *to know, become acquainted with, recognize*, w. acc. of pers. or thing, often; w. acc. and particip.; w. acc. and infin.: *to judge, to approve of*, ἃ ἐγίγνωσκον, *what they judged* (best), *what they approved of*, 1, 3, 13.

Γλοῦς, οῦ, ὁ, *Glus*.

γνούς, 2d aor. act. particip. of γιγνώσκω.

γνώμη, ης, ἡ, (akin to γιγνώσκω) *mind, judgment*: τὴν γνώμην ἔχετε, *have the conviction, be assured*, 1, 3, 6; *consent*, 1, 8, 13; *expectation*, 1, 7, 8; γνώμῃ, *on principle*, 2, 6, 9; πρὸς ἑαυτὸν ἔχειν τὴν γνώμην, *to direct attention to himself*, 2, 5, 29; *plan*, 1, 8, 10.

γονεύς, έως, ὁ, (akin to γίγνομαι) *a parent*; pl. γονεῖς, 3, 1, 3.

Γοργίας, ου, ὁ, *Gorgias*, one of the

most celebrated of the Sophists who taught at Athens, 2, 6, 16.

γοῦν, (γέ, οὖν) at least, 3, 2, 17. See II. 850. 2.

γράφω, γράψω, γέγραφα, ἔγραψα, γέγραμμαι, ἐγράφθην or ἐγράφην, to engrave, to paint, to write, 2, 3, 1; 2, 6, 4.

γυμνάζω, -άσω, (γυμνός) to exercise, 1, 2, 7.

γυμνήτης, ου, ὁ, or γυμνής, ῆτος, ὁ, (γυμνός) a light-armed soldier = ψιλός (spoken of archers, slingers, darters, and sometimes of targeteers), 1, 2, 3.

γυμνός, ἡ, όν, naked, with no outer garment, 1, 10, 3.

γυνή, γυναικός, ἡ, a woman, a wife, 1, 2, 12; μεγάλαις γυναιξὶ καὶ παρθένοις, with stately wives and maidens, 3, 2, 25.

Γωβρύας, ου, ὁ, Gobryas.

Δ

δάκνω, δήξομαι, δέδηχα, ἔδακον, δέδηγμαι, ἐδήχθην, to bite, 3, 2, 18 and 35.

δακρύω, -ύσω, (δάκρυ, a tear) to weep, 1, 3, 2.

Δαμάρατος, ου, ὁ, Damarātus, 2, 1, 3.

Δάνα, ης, ἡ, Dana, 1, 2, 20.

δαπανάω, ῶ, -ήσω, (δαπάνη, expense) to expend, 1, 3, 3. Intrans. to expend one's resources, 2, 6, 6; ἀμφὶ w. acc. 1, 1, 8.

Δαρδάξ, ακος, ὁ, Darădax.

Δαρδανεύς, έως, ὁ, a Dardanian, an inhabitant of Dardanus.

δαρεικός, οῦ, ὁ, (properly an adj. with the ellipsis of στατήρ) a Daric; a Persian gold coin, first issued by Darius I. (hence the name), having on one side a picture of this king; on the other, that of an archer; worth 20 Attic drachmæ = nearly $3 50; the monthly pay of a common soldier, 1, 3, 21.

Δαρεῖος, ου, ὁ, Darīus; known in history as Darius II. or Darius Nothus; was king of Persia from 423 to 404 B.C., 1, 1, 1.

δασμός, οῦ, ὁ, (δαίω, δάσομαι, to divide), revenue, tribute, 1, 1, 8.

δασύς, εῖα, ύ, thick, close, dense, 2, 4, 14.

δέ, inseparable enclit. particle meaning towards.

δέ, conj. postpos., but, and. See H. 862. K. § 322. 2. L. G.

δέδοικα or δέδια (perf. w. pres. meaning), ἐδεδοίκειν or ἐδεδίειν (plupf. w. impf. meaning), δείσομαι, ἔδεισα, to fear, w. acc. 3, 2, 5; w. μή and a depend. mood, 3, 2, 25; w. acc. and μή, 1, 7, 7; 3, 5, 18.

δεῖ, impers. δεήσει, ἐδέησε, it is necessary, there is need, w. gen. 2, 3, 5; 3, 2, 33; w. acc. and infin. 3, 2, 30: πολλοῦ, ὀλίγου δεῖ, it lacks much, it lacks little: εἰς τὸ δέον, seasonably, 1, 3, 8.

δείδω, used only in 1st pers. sing. = δέδοικα, wh. see.

δείκνυμι or δεικνύω, δείξω, δέδειχα, ἔδειξα, δέδειγμαι, ἐδείχθην, to show, point out.

δείλη, ης, ἡ, afternoon, 1, 8, 8; 2, 2, 14; evening, 3, 3, 11, etc.

δειλός, ἡ, όν, (δείδω) timid, cowardly, 3, 2, 35.

δεινός, ἡ, όν, (δείδω) fearful, terrible; as subst. δεινόν, τό, danger, *peril*, 2, 3, 22; plur. 2, 6, 7: ἐκ πάνυ δεινῶν, *from extreme perils*, 3, 2, 11;—τὰ δεινότατα, *those things which are most terrible*, 3, 1, 13;— *skilful, clever*, 1, 9, 19; δεινὸς λέγειν, *skilful in speaking, eloquent*, 2, 5, 15.

δειπνέω, ῶ, -ήσω, (δεῖπνον) *to partake of the δεῖπνον*; may be rendered either *to dine* or *to take supper*.

δεῖπνον, ου, τό, the principal meal of the day, taken towards evening, may be rendered *dinner* or *supper*.

δειπνοποιέομαι, οῦμαι, -ήσομαι, (δεῖπνον, ποιέω) *to prepare one's supper* or *to take supper*.

δείσας, see δέδοικα.

δέκα, num. indeclin. *ten*.

δένδρον, ου, τό, *a tree*.

δεξιά, ᾶς, ἡ, (fem. of δεξιός, w. χείρ understood) *right hand: ἐν δεξιᾷ, on the right*, 1, 5, 1;—*the right hand* (offered as a pledge); hence, *a pledge*, δεξιὰς ἔδοσαν, *they gave pledges*, 2, 3, 28; δεξιὰν λαβεῖν, *to receive a pledge*, 1, 6, 6; δεξιὰν φέρειν, *to convey a pledge*, 2, 4, 1.

δεξιός, ά, όν, *pertaining to the right hand, on the right: τὸ δεξιόν, the right wing*, 1, 2, 15; τὰ δεξιὰ τοῦ κέρατος, *the right* (portions) *of the wing*, 1, 8, 4.

δέομαι, δεήσομαι, ἐδεήθην, *to need, to want*, w. acc. 1, 3, 4; 2, 3, 29; w. gen. of pers. or thing, 1, 9, 21; 3, 5, 9 :—*to ask, to entreat*, w. acc. and infin. 1, 4, 14; w. gen. 1, 4, 15; w. gen. and infin. 1, 1, 10; 1, 2, 14.

δέον, see δεῖ.

δέρμα, ατος, τό, (δέρω, *to flay*) *hide, skin*, 1, 2, 8.

δεσμός, οῦ, ὁ, (δέω, *to bind*) *a band, strap, fetter*, 3, 5, 10.

δεσπότης, ου, ὁ, (akin to δεσπόζω, *to rule absolutely*) *a master*, 3, 2, 13.

δεῦρο, adv. *hither, here*, 1, 3, 19.

δεύτερος, α, ον, *second*:—δεύτερον or τὸ δεύτερον, *the second time*, 1, 8, 16; 2, 2, 4.

δέχομαι, δέξομαι, δέδεγμαι, ἐδεξάμην, *to receive*, w. acc. 3, 4, 32; *to accept* (= *to approve of*), 1, 8, 17; *to receive* (an enemy = *to offer resistance, to sustain an attack, to wait to receive*), 1, 10, 6 and 11; 3, 1, 42.

δέω, δήσω, ἔδησα, δέδεκα, δέδεμαι, ἐδέθην, *to bind, fasten*, 3, 4, 35.

δέω, δεήσω, ἐδέησα, δεδέηκα, *to want, to lack*, 1, 5, 14. Cf. δεῖ and δέομαι.

δή, (postpos.) *now, accordingly, indeed;* see H. 851. K. § 315. L. G.

δῆλος, η, ον, *plain, clear, manifest*, δῆλός ἐστι often w. a particip.; δῆλος ἦν ἀνιώμενος, *he was manifestly troubled*, or, *it was manifest that he was*, etc., 1, 10, 6; cf. 1, 5, 9;— δῆλον ὅτι (also written δηλονότι), *manifestly, clearly*, 1, 3, 9; 3, 1, 16.

δηλόω, ῶ, -ώσω, (δῆλος) *to make plain*, 2, 2, 18; *to set forth, to relate*, 2, 5, 26; 3, 1, 1.

δήπου, *certainly, surely*.

διά, prep. w. gen. *through*, of place, time, means, manner: αὐτοῖς διὰ φιλίας ἰέναι, *to proceed* (in the way of friendship, i. e.) *in a friendly manner toward them:* διὰ παντὸς πολέμου, in the way of perpetual war, i. e. *in a hostile manner*, 3, 2, 8.— w. acc. *on account of*. In compos. *through, asunder, apart*; also the notion of completion. Cf. H. 629. K. § 166.

διαβαίνω, (διά, βαίνω, wh. see) to go over, to cross, 1, 4, 14, and often.

διαβάλλω, (διά, βάλλω, wh. see) to calumniate, 1, 1, 3.

διάβασις, εως, ἡ, (διά, βαίνω) the act of crossing; the means of crossing, 3, 5, 9; the place of crossing, bridge, ford or ferry, 1, 5, 12; a temporary bridge, 2, 3, 10.

διαβατέος, α, ον, (διαβαίνω) that must be crossed, ποταμός, 2, 4, 6.

διαβατός, ή, όν, (διαβαίνω) that may be passed, passable, 2, 5, 9; 1, 4, 18.

διαβιβάζω, -άσω, (διά, βιβάζω) to transport over, 3, 5, 8; pass. 3, 5, 2.

διαβολή, ῆς, ἡ, (διαβάλλω) calumny, 2, 5, 5.

διαγγέλλω, (διά, ἀγγέλλω, wh. see) to bear tidings through, to announce, 1, 6, 2; mid. to pass along the word among one another, 3, 4, 36.

διαγελάω, ῶ, (διά, γελάω, wh. see), to mock, to expose to ridicule, 2, 6, 26.

διαγίγνομαι, (διά, γίγνομαι, wh. see) to continue, w. a particip. 2, 6, 5; to pass, νύκτα, 1, 10, 19; to subsist, to live, 1, 5, 6: κρέα ἐσθίοντες διε., lived on meat, lit. lived by eating meat.

διάγω, (διά, ἄγω, wh. see) to convey over, 2, 4, 28; 3, 5, 10; to pass one's time, 3, 1, 43; 3, 3, 2; to continue, w. particip. 1, 2, 11.

διαδέχομαι, (διά, δέχομαι, wh. see) to succeed to, to relieve, to take turns, 1, 5, 2.

διαδίδωμι, (διά, δίδωμι, wh. see) to distribute, 1, 9, 22; 1, 10, 18.

διαθεάομαι, ῶμαι, (διά, θεάομαι, wh. see) to look through, examine, consider, 3, 1, 19.

διαιρέω, ῶ, (διά, αἱρέω, wh. see) to take apart, to destroy, 2, 4, 22.

διάκειμαι, (διά, κεῖμαι, wh. see) to be in a state of mind (described in the context), 3, 1, 3; to be disposed, πρός τινα, 2, 6, 12; w. dat. φιλικῶς τινι διακεῖσθαι, to be on friendly terms with any one, 2, 5, 27.

διακελεύομαι, (διά, κελεύω) to exhort, encourage, cheer on, w. dat. 3, 4, 45.

διακινδυνεύω, (διά, κινδυνεύω) to pass through danger, to expose one's self, 1, 8, 6; 3, 4, 14.

διακόπτω (διά, κόπτω, wh. see) to cut through, to cut in pieces, 1, 8, 10.

διαλέγω, (διά, λέγω, wh. see) to pick out; mid. διαλέγομαι, διαλέξομαι, διείλεγμαι, διελεξάμην or διελέχθην, to converse with, 1, 7, 9; πρός τί τινι, 2, 5, 42; to confer with, w. dat. 2, 5, 42; to talk, 2, 6, 23.

διαλείπω, (διά, λείπω, wh. see) to leave an interval, to be apart, 1, 7, 15; 1, 8, 10.

διανοέομαι, οῦμαι, (διά, νοέομαι, -ήσομαι) to have in mind, to intend, purpose, 2, 4, 17; 3, 2, 8.

διάνοια, ας, ἡ, (διά, νόος) thought, intention.

διαπέμπω, (διά, πέμπω, wh. see) to send apart, to send in different directions, 1, 9, 27.

διαπολεμέω, ῶ, (διά, πολεμέω, -ήσω) to continue war, to fight it through, w. dat. 3, 3, 3.

διαπορεύω, (διά, πορεύω, πόρος) to transport over, 2, 5, 18; mid. διαπο-

διαπράττω   193   διέχω

ρεύομαι (see πορεύομαι), *to pass over*, 2, 5, 18; *to pass through*, 3, 3, 3.

διαπράττω, (διά, πράττω, wh. see) *to effect*; comm. mid. *to effect* (for one's self), *to achieve, accomplish*, 2, 3, 29: τί τινι παρά τινος, *to obtain anything for any one from any one*, 2, 3, 20; παρά τινος, *to obtain* (one's request) *from any one*, 2, 6, 2; διαπεπραγμένος παρά βασιλέως δοθῆναι, *having obtained* (his request) *from the king that it should be, granted*, etc. 2, 3, 25; w. infin. *to obtain* (one's request) *to*, etc. 2, 6, 28.

διαρπάζω, (διά, intens. and ἁρπάζω, wh. see) *to plunder, to sack*, 1, 2, 19 and 26; *to take as plunder*, 1, 10, 2 and 18.

διασημαίνω, (διά, σημαίνω, wh. see) *to signify, to indicate*, 2, 1, 23.

διασπάω, ῶ, (διά, σπάω, σπάσω, ἔσπασα, ἔσπακα, ἔσπασμαι, ἐσπάσθην) *to draw apart*, 3, 4, 20; pass. *to be drawn apart, to be widely separated*, 1, 5, 9.

διασπείρω, (διά, σπείρω, σπερῶ, ἔσπειρα, ἔσπαρμαι, ἐσπάρην) *to scatter, to draw apart*, 1, 8, 25; 2, 4, 3, διὰ τὸ διεσπάρθαι αὐτῷ τὸ στράτ., *because his army has been dispersed*.

διατάττω, (διά, τάττω, wh. see) *to arrange, draw up*, 1, 7, 1.

διατελέω, ῶ, (διά, τελέω, ῶ, f. τελέσω or τελῶ, aor. ἐτέλεσα, pf. τετέλεκα, pass. pf. τετέλεσμαι, aor. ἐτελέσθην), *to continue* (the march), 1, 5, 7; often w. particip. 3, 4, 17, χρώμενοι, *they continued to use* or *they continually made use of*, etc.

διατίθημι, (διά, τίθημι, wh. see) *to dispose*, πάντας διατιθείς, 1, 1, 5.

διατρίβω, (διά, τρίβω, τρίψω,

ἔτριψα, τέτριφα, τέτριμμαι, ἐτρίβην, less comm. ἐτρίφθην) *to spend time, to delay*, 1, 5, 9; 2, 3, 9.

διαφερόντως, adv. (διά, φέρω) *conspicuously, preëminently*, 1, 9, 14.

διαφέρω, (διά, φέρω, wh. see) *to differ*, w. gen. and acc. *from something in respect to*, etc. 2, 3, 15; *to surpass, excel*, 3, 1, 87; impers. πολὺ διέφερεν, *it differed much*, i. e. *it was much more advantageous*, etc. w. infin. 3, 4, 33.

διαφθείρω, (διά, φθείρω, φθερῶ, ἔφθειρα, ἔφθαρκα, ἔφθαρμαι, ἐφθάρην) *to destroy, ruin ; to lead astray, corrupt*, 3, 3, 5.

διαχειρίζω, f. -ίσω or -ιῶ, (διά, χειρίζω, *to have in the hand*, χείρ, *hand*) *to manage, accomplish*; pass. *to be accomplished*, 1, 9, 17.

διδάσκαλος, ου, ὁ, (διδάσκω) *a teacher*.

διδάσκω, διδάξω, ἐδίδαξα, δεδίδαχα, δεδίδαγμαι, ἐδιδάχθην, *to teach*, w. infin. 3, 4, 32; w. ὡς and a finite mood, 2, 5, 6.

δίδωμι, f. δώσω, aor. ἔδωκα, pf. δέδωκα, pass. pf. δέδομαι, aor. ἐδόθην, *to give*, 1, 2, 27; 1, 6, 6; *to grant*, 3, 1, 23; 2, 3, 18 and 25; pass. w. ἐκ and gen. *given by*, 1, 1, 6.

διείργω, -είρξω, (διά, εἴργω) *to hold in, to intercept*, 3, 1, 2.

διελαύνω, (διά, ἐλαύνω, wh. see) *to ride through*, 1, 5, 12.

διελών, -όντος, aor. particip. fr. διαιρέω.

διέρχομαι, (διά, ἔρχομαι, wh. see) *to go through*, w. acc. 3, 5, 17; *to march*, σταθμούς, 2, 4, 12;—διῆλθε λόγος, *a rumor went out*, 1, 4, 7.

διέχω, (διά, ἔχω, wh. see) *to be*

διίημι   194   δόρπηστος

distant from, ἀπὸ w. gen. 1, 8, 17; to be apart from, separated from, w. gen. 1, 10, 4; to be separated, to be drawn apart, 3, 4, 20;—τὸ διέχον, the intervening space, 3, 4, 22.

διίημι, (διά, ἵημι) to allow to pass through, 3, 2, 23.

διΐστημι, (διά, ἵστημι, wh. see) to cause to stand apart. In the mid. and in the pf. plupf. and 2d aor. act. intrans. to stand apart, 1, 8, 20; to stand at intervals, 1, 5, 2.

δίκαιος, αία, αιον, (δίκη) right, just, reasonable, 1, 3, 5: τὸ δίκαιον, that which is just, justice, 2, 6, 18; ἐκ τοῦ δικαίου, according to justice, in a just manner, 1, 9, 19; cf. σὺν τῷ δικαίῳ, 2, 6, 18. Comp. -ότερος, sup. -ότατος.

δικαιοσύνη, ης, ἡ, (δίκαιος, δίκη) justice, 1, 9, 16.

δικαιότης, ότητος, ἡ, (δίκαιος, δίκη) justice, 2, 6, 26.

δικαίως, adv. (δίκαιος) justly.

δικαστής, οῦ, ὁ, (δίκη) a judge.

δίκη, ης, ἡ, justice, a judicial proceeding, a penalty: μὴ δίκην ἐπιθῇ, lest he may inflict punishment, w. gen. on account of, for, 1, 3, 10; cf. 3, 2, 8: τὴν δίκην, the (proper) punishment, 1, 3, 20; cf. 2, 5, 38 and 41: δίκην διδόναι, to give satisfaction = to suffer punishment, 2, 6, 21.

διότι = διὰ τοῦτο ὅτι, because, 2, 2, 14.

διπλάσιος, α, ον, twice as much, twice as many: διπλάσιον, twice as far as, w. gen. 3, 3, 16.

δίς, adv. in compos. often δι-, twice, twofold.

δισχίλιοι, αι, α, (δίς, χίλιοι) two thousand.

διφθέρα, ας, ἡ, (δέφω, to tan) a tanned skin, 1, 5, 10.

διφθέρινος, η, ον, (διφθέρα) made of tanned skin, leathern, 2, 4, 28.

δίφρος, ου, ὁ, (syncop. fr. διφόρος, fr. δίς, φόρος, φέρω) a seat in a chariot (carrying two persons, the driver and the warrior), 1, 8, 10.

διώκω, διώξω or διώξομαι, ἐδίωξα, δεδίωχα, -γμαι, -χθην, to pursue, 1, 4, 8; verb. adj. διωκτέος.

δίωξις, εως, ἡ, (διώκω) the act of pursuing, pursuit.

διῶρυξ, -υχος, (διορύττω, to dig through) a trench, canal.

δόγμα, ατος, τό (δοκέω) a thing decided on, a resolution: δόγμα ποιήσασθαι, to pass a resolution, 3, 3, 5.

δοκέω, ῶ, δόξω, ἔδοξα, δέδογμαι, to seem, to seem good, to appear, 1, 3, 12; 1, 4, 15;—often impers. it seems; it seems good, or expedient, 1, 7, 1; 1, 2, 1:—τὰ δόξαντα, the things that have been resolved on, 1, 4, 20; cf. τὰ δεδογμένα, the things determined, 3, 2, 39;—to think, to imagine, 1, 8, 2.

δοκιμάζω, άσω (δόκιμος, approved, perh. fr. δέχομαι) to approve of; pass. to be chosen and approved of, 3, 3, 20.

δόλιος, α, ον, and ος, ον, (δόλος, a snare, deceit) deceitful, treacherous, 1, 4, 7.

Δόλοπες, ων, οἱ, Dolopians.

δόξα, ης, ἡ, (δοκέω) opinion, expectation: παρὰ τὴν δ., contrary to expectation, 2, 1, 18.

δορκάς, άδος, ἡ, (δέρκομαι, to pierce with the eye) a gazelle, 1, 5, 2.

δόρπηστος or δόρπιστος, ου, ὁ, (δόρπον, supper) supper-time, 1, 10, 17.

δόρυ   195   ἑαυτοῦ

(Both forms of the word are sometimes written oxytone.)

δόρυ, δόρατος, τό, a spear.

δοῦλος, ου, ὁ, a slave;—a subject, in opp. to a king; esp. a subject of the Persian king, 1, 9, 29; 2, 5, 38.

δουπέω, ῶ, -ήσω, (δοῦπος) to make a loud noise, 1, 8, 18.

δοῦπος, ου, ὁ, noise, tumult, 2, 2, 19.

δρεπανηφόρος, ον, (δρέπανον, φέρω) scythe-bearing, 1, 7, 10 and 11.

δρόμος, ου, ὁ, (δέδρομα, pf. 2d of τρέχω) the act of running: δρόμῳ θεῖν, to run hastily, 1, 8, 18: δρόμος ἐγένετο τοῖς στρατ., lit. a running began to the soldiers, i. e. the soldiers began to run, 1, 2, 17.

δύναμαι, δυνήσομαι, δεδύνημαι, ἐδυνήθην or ἠδυνήθην (rare ἐδυνάσθην), impf. ἐδυνάμην or ἠδυνάμην, to be able, w. infin. 1, 3, 2, and often; w. infin. understood, 1, 6, 7: to have power, 2, 6, 21; to signify, to mean, 2, 2, 13; to be worth, w. accus. 1, 5, 6. Often used with a superlative to denote the idea possible: ὡς μάλιστα ἐδύνατο, as much as he was able, or as much as possible, 1, 1, 6: ὡς ἂν δύνηται πλείστους, as many as possible, 1, 6, 3.

δύναμις, εως, ἡ, (δύναμαι) ability, power, 2, 5, 11; military power, forces, 1, 3, 12; plur. 1, 5, 9: εἰς δύναμιν, according to one's ability, 2, 3, 23; insufficient power = weakness, 1, 6, 7.

δυνάστης, ου, ὁ, (δύναμαι) a ruler, a chief man, an influential man, 1, 2, 20.

δυνατός, ή, όν, (δύναμαι) powerful, 1, 9, 24; capable, able, 2, 6, 19:

in pass. sense, possible, 1, 3, 15; 2, 6, 8. Comp. -ώτερος, sup. -ώτατος.

δύνω, imperf. ἔδυνον, other tenses supplied from δύομαι, f. δύσομαι, pf δέδυμαι, aor. ἐδυσάμην, to go down (of the sun), to set, 2, 2, 3 and 13. (δύω, δύσω, ἔδυσα are causative, to immerse, to sink; but δέδυκα and the 2d aor. ἔδυν are intransitive, like δύομαι and δύνω.)

δύο, two, gen. and dat. δυοῖν, or δύο as indeclin. 1, 2, 23, and often.

δύομαι, see δύνω.

δυσ-, inseparable prefix, meaning hard, ill, difficult.

δύσβατος, ον, (δυσ-, βαίνω) and δυσδιάβατος, ον, (δυσ-, διά, βαίνω) difficult to pass.

δυσπόρευτος, ον, (δυσ-, πορεύω) difficult to pass, 1, 5, 7: πηλοῦ ταῖς ἁμάξαις δυσ-, mud difficult for the wagons to pass.

δύσπορος, ον, (δυσ-, πόρος) difficult to pass, 2, 5, 9.

δύσχρηστος, ον, (δυσ-, χρηστός, verb. adj. fr. χράομαι) difficult to be used, nearly useless, 3, 4, 19.

δυσχωρία, ας, ἡ, (δυσ-, χώρα) ruggedness of country, 3, 5, 16.

δύω, see δύνω.

δώδεκα, indeclin., twelve.

δῶρον, ου, τό, (δίδωμι) a gift, present.

E

ἐάν, (εἰ, ἄν) if, only w. the subjunc. Other forms are ἤν, ἄν.

ἐαρίζω, -ίσω, (ἔαρ, spring) to pass the spring, 3, 5, 15.

ἑαυτοῦ or αὑτοῦ, ἑαυτῆς or αὑτῆς, reflex. pron. of himself, of herself, etc., limiting a noun with the article, it stands between the two, 1, 5, 12, etc.: τοὺς ἑαυτοῦ, those of himself, his own men, 1, 2, 15: τὰ ἑαυτῶν, their own affairs, 3, 1, 16.

ἐάω, ἐάσω, εἴασα, εἴακα, imperf. εἴων, aor. pass. εἰάθην, f. mid. as pass. ἐάσομαι, to let, suffer, permit: εἴα Κῦρος, 1, 4, 7.

ἐγγύς, adv. near; comp. ἐγγυτέρω, sup. ἐγγύτατα or ἐγγυτάτω.

ἐγκέλευστος, ον, (ἐν, κελεύω) bidden, incited, 1, 3, 13.

ἐγκέφαλος, ου, ὁ, (ἐν, κεφαλή) the brain:—the edible pith (of young palm shoots), 2, 3, 16.

ἐγκρατής, ές, (ἐν, κράτος) powerful over, master of, w. gen. 1, 7, 7.

ἐγχειρίζω, -ίσω, Att. -ιῶ, (ἐν, χείρ) to put into the hand, to entrust, w. acc. and dat. 3, 2, 8.

ἐγώ, Ι: πρός με (instead of πρὸς ἐμέ), 3, 3, 2.

ἔγωγε, I at least, I for my part, 1, 4, 8.

ἐζευγμένη, see ζεύγνυμι.

ἐθελοντής, οῦ, ὁ, (ἐθέλω) a volunteer; as adj. voluntary, 1, 6, 9.

ἐθέλω, ἐθελήσω, ἠθέλησα, ἠθέληκα, to be willing, to consent; to wish, to desire, 1, 3, 8.

ἔθνος, ους, τό, a nation: κατ' ἔθνη, nation by nation, 1, 8, 9.

εἰ, conj. if, w. the indic. and opt.; εἰ καί, although: καὶ εἰ, even if: εἰ μή, unless, except: εἰ δὲ μή, but if not, otherwise: εἴπερ γε, if at least. —In an indirect question, whether: εἴτε ... εἴτε, whether ... or, 2, 1, 14;—εἴ τις, εἴ τι, like ὅστις, ὅτι, whoever, whatever, 1, 5, 1; 1, 6, 1.

εἰδέναι, see οἶδα. Addenda.

εἶδον, see ὁράω.

εἶδος, ους, τό, (same root with εἶδον) form, appearance.

εἰκάζω, (εἰκός) εἰκάσω, εἴκασα or ᾔκασα, εἴκασμαι or ᾔκασμαι, εἰκάσθην, to make like, compare; hence, to estimate, to conjecture, 1, 6, 1 and 11; 1, 10, 16.

εἰκός, ότος, τό, (neut. particip. fr. ἔοικα, for ἐοικός) likely, probable, reasonable: εἰκότα λέγειν, to speak what is reasonable, 2, 3, 6; ὡς τὸ εἰκός, sc. ἐστίν, as it is reasonable (to suppose), 3, 1, 21; εἰκός, sc. ἐστίν, it is likely, 3, 1, 13; οἷον εἰκὸς ... γίγνεσθαι, as was natural, etc., 2, 2, 19. So often with an ellipsis of ἐστίν or ἦν.

εἴκοσι, twenty.

εἰκότως, adv. (εἰκός) reasonably, naturally.

εἴκω, εἴξω, to yield, give way.

εἴκω, see ἔοικα.

εἷλον and εἱλόμην, see αἱρέω.

εἰμί, f. ἔσομαι, impf. ἦν, to be, to exist; often w. gen. to be of, to belong to, 1, 1, 6, ἦσαν Τισσαφέρνους; w. dat. τί σφισιν ἔσται, what should be to them, i. e. what they should have, 1, 7, 8; w. a particip. ἦν δυναμένη, a circumlocution for ἐδύνατο, but more emphatic, 2, 2, 13;—impers. ἔστιν (for the accent see H. 406. Rem. b. K. § 16. 1.), ἦν, it is possible, was possible, 1, 4, 4; 1, 5, 2 and 3. Prefixed to a relat. pron. or adv. it imparts an indefinite meaning, ἔστι δ' ὅστις, now and then one however, 1, 8, 20: ἦν οὕς, some, 1, 5, 7; cf. 2, 5, 18: ἔσθ' ὅτε, sometimes, 2, 6, 9. Cf. H. 812. K. § 182. Rem. 2.

εἶμι, imperf. ᾔειν or ᾖα, *to come or go;* pres. indic. infin. and particip. chiefly fut. in meaning, 1, 3, 6, ἰόντος, *about to go;* also w. pres. meaning, ἰόντος, *passing,* 1, 8, 16.—— verb. adj. ἰτέον, *must go,* 3, 1, 7.

εἴπερ, (εἰ, πέρ intens.) *if indeed, if really.*

εἶπον, (comm. referred to φημί as pres., wh. see; the forms εἰπάτω and εἴπατε fr. the 1st aor. are also comm.) *to speak, to say, to tell, to bid, to propose,* 1, 3, 14.

εἴργω or εἵργω, εἴρξω or εἵρξω, etc., *to include, to exclude, to hinder, to prevent; to be shut up, to be environed,* 3, 1, 12.

εἴρηκα, see φημί.

εἰρήνη, ης, ἡ, *peace:* εἰρ. ἄγειν, *to preserve peace,* 2, 6, 6.

εἰς, sometimes ἐς, prep. w. acc. only, *into, to, among, at, against, until, towards, for,* of place, time, measure and number, aim or purpose. In compos. same as alone. See H. 620. K. § 165. 2.—— εἰς δύναμιν, *according to,* etc. 2, 3, 23: εἰς πόλεμον, *in respect to,* etc. 1, 9, 14; cf. εἰς δικαιοσύνην, 1, 9, 16.

εἷς, μία, ἕν, *one, a single one.*

εἰσάγω, (εἰς, ἄγω, wh. see) *to lead into,* πρός or εἴς τι.

εἰσβάλλω, (εἰς, βάλλω, wh. see) *to cast into, to effect an entrance into,* 1, 2, 21; of rivers or canals, *to empty into,* 1, 7, 15.

εἰσβολή, ῆς, ἡ, (εἰς, βολή, *the act of throwing,* fr. βάλλω) *an incursion; an entrance, a pass,* 1, 2, 21.

εἴσειμι, (εἰς, εἶμι, wh. see) *to go into:* εἰσῄεσαν παρ' αὐτόν, *entered into his presence,* 1, 7, 8.

εἰσελαύνω, (εἰς, ἐλαύνω, wh. see) *to march into,* 1, 2 26.

εἴσομαι, see οἶδα.

εἰσπηδάω, ῶ, -ήσω, (εἰς, πηδάω) *to leap into,* 1, 5, 8.

εἰσπίπτω, (εἰς, πίπτω, wh. see) *to fall into, to press into,* 1, 10, 1.

εἴσω, adv. (εἰς) *within;* as prep. w. gen. εἴσω τῶν ὀρέων, *within the mountains,* 1, 2, 21; cf. 1, 4, 5.

εἶτα, adv. *then, thereupon, after that:* πρῶτον μὲν... εἶτα δέ, 1, 2, 16.

εἴτε... εἴτε, (Lat. *sive... sive*) *whether... or, either... or.*

ἐκ, before a vowel ἐξ, w. gen. only, opp. to εἰς, *out of, from, away from,* of place, time, origin, source, cause, material, inference: ἐκ τοῦ ἀδίκου, *by unjust means, unjustly,* 1, 9, 16 : ἐκ τοῦ δικαίου, *justly, on the principles of justice,* 1, 9, 19 : ἐκ τούτου, *hereupon,* 1, 3, 13 : ἐκ τούτων, *in consequence of these things, in these circumstances,* 1, 3, 11. See H. 624. K. § 163. 4. In comp. *out of, from;* also intens.

ἑκασταχόσε, adv. (ἕκαστος) *in every direction:* τοὺς ἑκασταχόσε φάσκοντας εἰδέναι, *those affirming that they knew the way in every direction,* 3, 5, 17.

ἕκαστος, η, ον, *every, every one, each, each one,* 1, 2, 15 : plur. τοῖς φρουράρχοις ἑκάστοις, *to the several commanders,* 1, 1, 6.

ἑκάστοτε, adv. (ἕκαστος) *every time, invariably,* 2, 4, 10.

ἑκάτερος, α, ον, *each of two, each,* 1, 8, 27.

ἑκατέρωθεν, adv. (ἑκάτερος) *from both sides, on both sides,* 1, 8, 13.

ἑκατέρωσε, adv. (ἑκάτερος) *in both directions*, 1, 8, 14.

ἑκατόν, *a hundred*.

ἐκβαίνω, (ἐκ, βαίνω, wh. see) *to go out, go forth*.

ἐκβάλλω, (ἐκ, βάλλω, wh. see) *to cast out, drive out, banish*, 1, 1, 7; *to expel*, 1, 2, 1; *to throw away*, 2, 1, 6.

'Εκβάτανα, ων, τά, *Ecbatăna*, the capital of Media, 2, 4, 25; the summer residence of the Persian king, 3, 5, 15.

ἔκγονος, ου, ὁ, (ἐκ, γίγνομαι) *descendant*, 3, 2, 14.

ἐκδείρω or ἐκδέρω, (ἐκ, δείρω or δέρω, f. δερῶ, aor. ἔδειρα, pass. pf. δέδαρμαι, aor. ἐδάρην.—δείρω is considered Ionic, yet Dindorf reads δείρειν, 1, 2, 8,) *to strip off the skin, to flay*.

ἐκεῖ, adv. *there, in that place*.

ἐκεῖνος, η, ο, *that, that one*: οἱ ἐκείνου, *those of that one*, i. e. *his men*, 1, 2, 15; cf. 1, 3, 1; rendered as a pers. pron. ἐρωτᾶν ἐκεῖνον, *to ask him*, 1, 3, 18, and often.

ἐκεῖσε, adv. *thither, to that place*.

ἐκθλίβω, -ψω, (ἐκ, θλίβω, *to press*) *to press out, crowd out* (of their ranks), 3, 4, 19 and 20.

ἐκκαλύπτω, (ἐκ, καλύπτω, καλύψω, ἐκάλυψα, κεκάλυμμαι, ἐκαλύφθην) *to uncover*: τὰς ἀσπίδας ἐκκεκαλυμμένας, *the shields uncovered*, 1, 2, 16.

ἐκκλησία, ας, ἡ, (ἐκ, καλέω) *an assembly*, 1, 3, 2.

ἐκκλίνω, (ἐκ, κλίνω, κλινῶ, etc.) *to bend out, to give way*, 1, 8, 19.

ἐκκομίζω, (ἐκ, κομίζω, wh. see) *to bear out, to carry forth*, 1, 5, 8.

ἐκκόπτω, (ἐκ, κόπτω, κόψω, etc.) *to cut down*, 1, 4, 10; 2, 3, 10.

ἐκκυμαίνω, (ἐκ, κυμαίνω, -ανῶ, κῦμα, *a wave*) *to bend out*, 1, 8, 18.

ἐκλέγω, (ἐκ, λέγω, wh. see) *to pick out, choose, select*, 3, 3, 19.— Mid. 2, 3, 11.

ἐκλείπω, (ἐκ, λείπω, wh. see), *to leave, forsake, abandon*, 1, 2, 24.

ἐκπέμπω, (ἐκ, πέμπω, wh. see) *to send out, send forth*, 3, 2, 24.

ἐκπίμπλημι, (ἐκ, πίμπλημι, wh. see) *to fill out*, 3, 4, 22.

ἐκπίνω, (ἐκ, πίνω, f. πίομαι, pf. πέπωκα, aor. ἔπιον, pass. pf. πέπομαι, aor. ἐπόθην) *to drink up*, 1, 9, 25.

ἐκπίπτω, (ἐκ, πίπτω, wh. see) *to fall out, to fall down* (of trees), 2, 3, 10: τοὺς ἐκπεπτωκότας, *those who had been banished*, 1, 1, 7.

ἐκπλέω, (ἐκ, πλέω, πλεύσομαι or πλευσοῦμαι, ἔπλευσα, πέπλευσμαι, ἐπλεύσθην) *to sail out, to set sail*, 2, 6, 2.

ἔκπλεως, ων, (ἐκ, πλέως, *full*) *full, filled out*, 3, 4, 22.

ἐκπλήττω, (ἐκ, πλήττω, πλήξω, ἔπληξα, πέπληγα, πέπληγμαι, ἐπλήχθην, comm. ἐπλήγην, but ἐκπλήττω and καταπλήττω have -επλάγην) *to strike out, to deprive one of his senses by a sudden shock, to terrify*; pass. *to be terrified*, 1, 5, 13; 2, 2, 18; *to be stupefied with terror*, 1, 8, 20; *to be astonished*, 2, 4, 26.

ἐκποδών, adv. (ἐκ, root ποδ. fr. πούς, and ὤν) *out of the way*: ἐκποδών ποιεῖσθαι, *to put out of the way*, 1, 6, 9. Opp. to ἐμποδών.

ἔκπωμα, ατος, τό, (ἐκ, πίνω) *a drinking-cup*.

ἐκφαίνω, (ἐκ, φαίνω, wh. see) *to*

make plain: πόλεμον ἐκφ., *to declare war,* 3, 1, 16.

ἐκφέρω, (ἐκ, φέρω, wh. see) *to carry forth:* πόλεμον πρός τινα ἐκφ., *to carry on war against,* 3, 2, 29; *to relate, report,* 1, 9, 11.

ἐκφεύγω, (ἐκ, φεύγω, wh. see) *to escape,* 1, 3, 2; 1, 10, 8.

ἑκών, οὖσα, όν, g. όντος, *voluntary, of one's own accord,* 1, 1, 9; 2, 4, 4, οὐ ... ἑκών γε βουλήσεται, *he will never consent voluntarily,* etc.

ἔλαιον, ου, τό, (ἐλαία, *an olive-tree) olive-oil,* or genr. *oil.*

ἐλάττων, ον, g. ονος, (comp. of μικρός) *smaller.*

ἐλαύνω, f. ἐλῶ, aor. ἤλασα, pf. ἐλήλακα, ἐλήλάμαι, ἠλάθην (ᾰ) late ἐλήλασμαι, ἠλάσθην, *to drive, to ride,* sc. ἵππον or ἅρμα, 1, 5, 15; *to march,* sc. στράτευμα, 1, 5, 13: ἐλῶντα εἰς, *to march* or *drive into,* 1, 8, 10: ἐλαύνει ἀντίος, *marches against,* 1, 8, 24: ἤλασε, *he marched,* 1, 2, 23.

ἐλάφειος, ον, (ἔλαφος, *a deer) of a deer:* ἐλάφεια, sc. κρέα, *venison,* 1, 5, 2.

ἐλαφρός, ά, όν, (akin to ἔλαφος, *a deer) light, quick, agile.*

ἐλέγχω, ἐλέγξω, ἤλεγξα, ἐλήλεγμαι and ἤλεγμαι, ἠλέγχθην, *to question, convict,* 3, 5, 14, 2, 5, 27.

ἐλελίζω, -ξω, (ἀλελεῦ, the war-cry) *to raise the war-cry,* 1, 8, 18. Cf. ἀλαλάζω.

ἐλευθερία, ας, ἡ, (ἐλεύθερος), *freedom, liberty,* 1, 7, 3.

ἐλεύθερος, α, ον, (ἐλευθ, root of ἐλεύσομαι and ἦλθον), *free,* 2, 5, 32.

ἐλθεῖν, see ἔρχομαι.

Ἕλλην, ηνος, ὁ, *a Greek;* plur. οἱ Ἕλληνες, as adj. 1, 10, 7.

Ἑλληνικός, ή, όν, (Ἕλλην) *Grecian:* τὸ Ἑλληνικόν, *the Grecian force,* 1, 2, 1.

Ἑλληνικῶς, adv. (Ἑλληνικός) *in the Greek language,* 1, 8, 1.

Ἑλλησποντιακός, ή, όν, *situated on the Hellespont,* 1, 1, 9.

Ἑλλήσποντος, ου, ὁ, (Ἕλλης πόντος, *sea of Helle.* See Class. Dic., art. Helle) *the Hellespont,* 1, 1, 9.

ἐλπίζω, ίσω or -ιῶ, etc. (ἐλπίς) *to hope.*

ἐλπίς, ίδος, ἡ, *hope:* ἐλπίδας λέγειν, *to express hopes,* 1, 2, 11.

ἐμαυτοῦ, ῆς, reflex. pron. 1st pers., *of myself.*

ἐμβαίνω, (ἐν, βαίνω, wh. see) *to go in, to enter in;* εἰς w. acc. 1, 3, 17; 1, 4, 7.

ἐμβάλλω, (ἐν, βάλλω, wh. see) *to cast in;* of a river, ἐμβ. εἰς, *to empty into,* 1, 2, 8; *to make an attack,* 1, 8, 24: πληγὰς ἐμβ., *to inflict blows, to strike:* ἵπποις ἐμβ. χιλόν, *to give forage to horses,* 1, 9, 27: ἐμβ. εἰς, *to make an incursion among,* 3, 5, 16 and 17.

ἐμβρόντητος, ον, (ἐμβροντάω, ἐν, βροντή, *thunder) thunder-struck;* hence, *destitute of reason, insane, mad,* 3, 4, 12.

ἔμπαλιν, (ἐν, πάλιν) *back, back again,* 1, 4, 15: εἰς τοὔμπαλιν, *back again,* 3, 5, 13.

ἐμπεδόω, ῶ, (ἐν, πέδον, *ground) to fix in the ground, make firm;* hence, *to keep, observe,* 8, 2, 10.

ἐμπείρως, adv. (ἔμπειρος, *experienced, acquainted with,* ἐν, πείρα, *a trial):* ἐκ πάντων τῶν ἐμπείρως αὐτοῦ ἐχόντων, *of all those personally acquainted with him,* 2, 6, 1.

ἐμπίπλημι, (ἐν, πίμπλημι, wh. see: μ of the simple verb is dropped in this comp., except in the augmented forms, where it may be rejected or retained) *to fill, fill up,* 1, 10, 12; *to satisfy,* 1, 7, 8.

ἐμπίπτω, (ἐν, πίπτω, wh. see) *to fall in,* or *among;* w. dat. *to occur to,* 3, 1, 13.

ἐμποδών, adv. (ἐν, ποδί fr. πούς, ὧν) *in the way:* τί ἐμποδών, *what is in the way, what hinders,* 3, 1, 13.

ἐμποιέω, ῶ, -ήσω, (ἐν, ποιέω, *to create* or *produce in,* w. dat. *to inspire* (a feeling or conviction) *in, to impress upon,* w. dat. 2, 6, 8 and 19.

ἐμπόριον, ου, τό, (ἐν, πόρος) *a place of trade, a trading post,* 1, 4, 6.

ἔμπροσθεν, adv. (ἐν, πρόσθεν) *before,* w. gen. *in front of,* 1, 8, 23; as adj. ἐν τῷ ἔμπροσθεν λόγῳ, *in the foregoing narrative,* 2, 1, 1.

ἐμφανής, ές, (ἐν, φαίνω) *plain:* ἐν τῷ ἐμφανεῖ, *openly, plainly,* 2, 5, 25.

ἐν, prep. w. dat. only, Lat. *in,* w. ablative: of place, *in, at, among;* of time, *in, during;* of state, condition, means, *in, under, with.* See H. 627. K. § 164. 1.

ἐναντίος, ία, ίον, (ἐν, ἀντίος) *opposite, opposed to,* w. gen. or dat. 3, 2, 10: οἱ ἐναντίοι, *the enemy.*

ἔνδεια, ας, ἡ, (ἐν, δέω, *to want*) *need, want,* 1, 10, 18.

ἑνδέκατος, η, ον, *eleventh.*

ἐνδέω, (ἐν, δέω, *to want,* wh. see) *to be in want of.*

ἔνδηλος, ον, (ἐν, δῆλος) *plain, manifest,* 2, 4, 2.

ἔνδον, (ἐν) *within:* οἱ ἔνδον, *those within,* 2, 5, 32.

ἐνδύω, (ἐν, δύω, wh. see) *to put on,* 1, 8, 3.

ἐνεδρεύω, f. -εύσω, (ἐνέδρα, *an ambush;* ἐν, ἕδρα, *the act of sitting*) *to lie in wait,* 1, 6, 2.

ἔνειμι, ἐνέσομαι, ἐνῆν, (ἐν, εἰμί) *to be in:* ἐνῆν, sc. τούτῳ τῷ τόπῳ, 1, 5, 1 and 2; cf. 2, 4, 21 and 22: ἐνῆν ἐν τῇ ἐπιστολῇ, 1, 6, 3.

ἕνεκα, also before vowels ἕνεκεν, *on account of, for the sake of, for,* w. gen. and comm. after the case, 2, 8, 20; between the adj. and subst. 1, 4, 5 and 8; separated fr. the governed case, 1, 9, 21.

ἕνεκεν, see ἕνεκα.

ἐνενήκοντα, *ninety.*

ἔνθα, adv. (ἐν) demonstrative, *there,* 1, 9, 5; relative, *where,* 1, 8, 1; of time, *then, thereupon:* ἔνθα δή, *then indeed,* 1, 8, 2; 2, 1, 10.

ἐνθάδε, adv. (ἔνθα) *here,* 3, 3, 2; *hither, here,* 2, 1, 4.

ἔνθεν, adv. (ἐν) *whence,* 1, 10, 1: = ἐκεῖσε ἔνθεν, *to a place from which,* 2, 3, 6: = ταύτας ἐξ ὧν, *those from which,* 3, 5, 13: ἔνθεν μὲν ... ἔνθεν δέ, *on the one side, ... on the other side,* 2, 4, 22.

ἐνθυμέομαι, οῦμαι, f. -ήσομαι, pf. ἐντεθύμημαι, aor. ἐνεθυμήθην, (ἐν, θυμός), *to have in mind, to consider,* w. acc. 2, 4, 5; 3, 1, 20 and 43.

ἐνθύμημα, ατος, τό, (ἐνθυμέομαι) *a thought, conception,* 3, 5, 12.

ἐνιαυτός, οῦ, ὁ, *a year:* κατ' ἐνιαυτόν, *annually,* 3, 2, 12.

ἔνιοι, αι, α, (ἔστιν οἵ, ἔνι οἵ) *some, some persons,* 2, 4, 1.

ἐνίοτε, adv. (ἔστιν ὅτε, ἔνι ὅτε) *sometimes,* 3, 1, 20.

ἐννέα, *nine.*

ἐννοέω, ῶ, f. -ήσω, (ἐν, νοέω) to have in mind, to consider, reflect, 2, 4, 19: ἐννοῶ ὅτι, 2, 4, 5; to plan, find out, 2, 2, 10; mid. (w. aor. pass. in mid. sense) to consider, 3, 1, 3 and 41; to consider with fear, to fear, w. μή, 3, 5, 3.

ἔννοια, as, ἡ, (ἐν, νοῦς) a thought, reflection, 3, 1, 13.

ἐνοικέω, ῶ, f. -ήσω, (ἐν, οἰκέω) to dwell in, to inhabit, w. acc. 1, 3, 4; οἱ ἐνοικοῦντες, the inhabitants, 1, 2, 24; 1, 5, 5.

ἐνοράω, ῶ, (ἐν, ὁράω, wh. see) to see, discover, 1, 3, 15.

ἐνοχλέω, ῶ, f. -ήσω, (ἐν, ὀχλέω, ὄχλος, a crowd) to annoy, disturb, w. dat. 2, 5, 13; 3, 4, 21.

ἐντάττω, (ἐν, τάττω, wh. see) to draw up in, to insert, enrol; pass. to be enrolled, 3, 3, 18.

ἐνταῦθα, adv. (ἐν) of place, there, in that place, 1, 2, 9; to that place, thither, there, 1, 10, 13 and 17; of time, at that time, then, 1, 7, 10.

ἐντείνω, (ἐν, τείνω, τενῶ, ἔτεινα, τέτᾰκα, τέτᾰμαι, ἐτάθην) to stretch, strain, extend: πληγὰς ἐνέτεινον ἀλλήλοις, they extended blows to one another, i. e. they smote one another, 2, 4, 11.

ἐντελής, ές, (ἐν, τέλος) complete, full: μισθὸν ἐντελῆ, 1, 4, 13.

ἔντερον, ου, τό, (ἐντός) an intestine; plur. intestines, bowels, 2, 5, 33.

ἐντεῦθεν, adv. (ἔνθα) hence, thence, 1, 2, 7, etc.; of time, then, thereupon, 3, 1, 31.—Illative, accordingly.

ἐντίθημι, (ἐν, τίθημι, wh. see) to place in; mid. ἐνθέμενοι, having placed (on board), 1, 4, 7.

ἔντιμος, ον, (ἐν, τιμή) honored.

ἐντίμως, adv. (ἔντιμος) with honor; ἐντίμως ἔχειν, to be held in honor, 2, 1, 7.

ἐντός, (ἐν) within, of place or time, w. gen. 2, 1, 11.

ἐντυγχάνω, (ἐν, τυγχάνω, wh. see) to fall in with, to meet, w. dat. 1, 2, 27; 1, 8, 1 and 10.

Ἐνυάλιος, ου, ὁ, (Ἐνυώ, the goddess of war) Enyalius, the Warlike, an epithet of Ares, 1, 8, 18.

ἐνωμοτάρχης, ου, ὁ, (ἐνωμοτία, ἄρχω) a leader of an ἐνωμοτία, an enomotarch, 3, 4, 21.

ἐνωμοτία, as, ἡ, (ἐνώμοτος, sworn, ἐν, ὄμνυμι) an enomoty, the fourth part of a lochus, about 25 men, 3, 4, 22.

ἐξ, see ἐκ.

ἕξ, six.

ἐξαγγέλλειν, (ἐξ, ἀγγέλλω, wh. see) to publish, announce, report, 1, 6, 5; w. acc. and dat. 1, 7, 8; w. ὡς, 2, 4, 24.

ἐξάγω, (ἐξ, ἄγω, wh. see) to lead out, w. acc. 1, 6, 10; pass. οὐδ' ὡς ἐξήχθη, was not even thus induced, etc. 1, 8, 21.

ἐξαιρέω, ῶ, (ἐξ, αἱρέω, wh. see) to take out, 2, 1, 9; 2, 3, 16; to take away, remove, w. acc. and gen. 2, 5, 4; to select, choose, 2, 5, 20.

ἐξαιτέω, ῶ, f. -ήσω, (ἐξ, αἰτέω) to demand; mid. to rescue by entreaty, ἐξαιτησαμένη, 1, 1, 3.

ἐξακισχίλιοι, αι, α, six thousand.

ἐξακόσιοι, αι, α, six hundred.

ἐξαπατάω, ῶ, f. -ήσω, (ἐξ, ἀπατάω, fr. ἀπάτη, deceit) to deceive, cheat, 2, 6, 22.

ἐξαπίνης = ἐξαίφνης, adv. (ἐξ,

αἴφνης, suddenly) suddenly, unexpectedly, 3, 3, 7; 3, 5, 2.

ἐξεῖναι, see ἔξεστι.

ἐξελαύνω, (ἐξ, ἐλαύνω, wh. see) to drive out, 1, 3, 4: sc. πόδα, ἅρμα, ἵππον, στράτευμα, to go, to ride, to march: ἐντεῦθεν ἐξελαύνει, thence he marches, 1, 2, 5 and often.

ἐξελέγχω, (ἐξ, ἐλέγχω, wh. see) to prove, convict, 2, 5, 27.

ἐξέρχομαι, (ἐξ, ἔρχομαι, wh. see) to go out or forth, ἐξελθεῖν, 1, 3, 17.

ἔξεστι, impers. (ἐξ, εἰμί) it is permitted: ἔξεστι ψεύδεσθαι, one may be deceived, etc. 2, 6, 28; ἐξόν, acc. abs., it being permitted, while it is or was permitted, 2, 5, 22; 2, 6, 6; 3, 1, 14.

ἐξέτασις, εως, ἡ, (ἐξετάζω, to examine closely) an examination; a military inspection or review: ἐξ. ... ἐποίησεν, 1, 2, 9; cf. 1, 2, 14.

ἑξήκοντα, sixty.

ἐξικνέομαι, οῦμαι, ἐξίξομαι, ἐξικόμην, (ἐξ, ἱκνέομαι) to come up to, to reach, 1, 8, 19; 3, 4, 4; of persons, 3, 3, 15; w. gen. 3, 3, 7.

ἐξίστημι, (ἐξ, ἵστημι, wh. see) to place out or away. In the intrans. parts (see ἵστημι), to stand away, to withdraw, 1, 5, 14.

ἐξόν, see ἔξεστι.

ἐξοπλίζομαι, -ίσομαι, etc. (ἐξ, ὁπλίζω, to arm, ὅπλον, a piece of armor) to arm one's self completely, 1, 8, 3; 2, 1, 2.

ἐξοπλισία, ας, ἡ, (ἐξοπλίζομαι) full military equipment: ἐν τῇ ἐξοπλισίᾳ, in full equipment, under arms, 1, 7, 10.

ἐξορμάω, ῶ, -ήσω, (ἐξ, ὁρμάω) to incite, animate, 3, 1, 24. Intrans. to set out, to proceed, 3, 1, 25.

ἔξω, adv. (ἐξ) without, out of doors, on the farther side, 1, 4, 4; on the outer side, 2, 2, 4: ἔξω εἶναι, to be away or abroad, 2, 6, 3: οἱ ἔξω, those without, 2, 5, 32.—Prep. w. gen. out of, without, on the farther side of, 1, 4, 5; beyond, 1, 8, 13 and 23; out of, 2, 6, 12.

ἔξωθεν, (ἔξω) from without, without, separate from, w. gen. 3, 4, 21.

ἔοικα, pf. 2d as pres.; ἐῴκειν, plupf. as impf. to be like, to resemble, w. dat. 2, 1, 13; impers. ὡς ἔοικε, as it seems, 2, 2, 18.

ἑορτή, ῆς, ἡ, a festival.

ἐπαγγέλλω, (ἐπί, ἀγγέλλω, wh. see) to announce; mid. to announce one's self, to promise, offer, 2, 1, 4.

ἐπαινέω, ῶ, f. -έσω, comm. -έσομαι, aor. ἐπῄνεσα, pf. ἐπῄνεκα, pass. pf. ἐπῄνημαι, aor. ἐπῃνέθην, to praise, applaud, 1, 3, 7; 3, 1, 45; to thank, 1, 4, 16.

ἐπαίτιος, ον, (ἐπί, αἰτία, accusation) liable to accusation: ἐπαίτιόν τι, some ground of accusation, 3, 1, 5.

ἐπακολουθέω, ῶ, -ήσω, (ἐπί, ἀκολουθέω) to follow after, 3, 2, 35.

ἐπάν, (ἐπεί, ἄν) w. subjunc. when, 1, 4, 13.

ἐπαναχωρέω, ῶ, -ήσω, (ἐπί, ἀνά, χωρέω) to go back, 3, 5, 13; retreat, 3, 3, 10.

ἐπεγγελάω, ῶ, (ἐπί, ἐν, γελάω, γελάσομαι, ἐγέλασα, aor. pass. ἐγελάσθην) to deride, insult, w. dat. 2, 4, 27.

ἐπεί, conj. (ἐπί) of time, when, after, 1, 1, 1; 1, 2, 1 and often; as

ἐπειδάν 203 ἐπικάμπτω

often as, 1, 5, 2 ; 1, 8, 20 ;—causal, *since,* 1, 3, 5 and 6 ; *for,* 3, 1, 31.

ἐπειδάν, conj. (ἐπειδή, ἄν) w. subjunc. *when, after,* 1, 4, 8 ; 2, 3, 29: ἐπειδὰν τάχιστα, *as soon as,* 3, 1, 9.

ἐπειδή, (ἐπεί, δή) of time, *when, after,* 1, 2, 17 ; 1, 7, 16 ; causal, *since, inasmuch as,* 1, 9, 24.

ἐπεῖδον, see ἐφοράω.

ἔπειμι, (ἐπί, εἰμί, wh. see) *to be upon,* ἐπῆν, 1, 2, 5.

ἔπειμι, (ἐπί, εἶμι, wh. see) *to advance, march forward,* 1, 2, 17 ; 1, 6, 2: ἡ ἐπιοῦσα ἕως, *the following morning,* 1, 7, 1; cf. 1, 7, 2.

ἐπείπερ, (ἐπεί, πέρ intens.) *since, inasmuch as,* 2, 2, 10.

ἔπειτα, (ἐπί, εἶτα) *then, after that, thereupon,* 1, 3, 10: ὁ ἔπειτα χρόνος, *the following time, the future,* 2, 1, 17.

ἐπέρομαι, pres. and impf. not used in Att. ; instead of it, ἐπερωτάω. (ἐπί, ἔρομαι, also not used in pres. and imperf. in Att. ; cf. ἐρωτάω) f. ἐπερήσομαι, aor. ἐπηρόμην, *to ask in addition, ask again, enquire of,* w. acc. 3, 1, 6.

ἐπέχω, (ἐπί, ἔχω, wh. see) *to hold upon, to hold back,* w. gen. *to keep from* something, 3, 4, 36.

ἐπήκοος, ον, (ἐπί, ἀκούω) *that hears or can hear:* ἐπήκοον, *a place of hearing, a hearing distance,* 2, 5, 38 ; 3, 3, 1.

ἐπηρόμην, (ἐπί, ἠρόμην) see ἐπέρομαι.

ἐπί, prep. w. gen. *on, upon,* 1, 2, 21 : of a river, *on the banks of ; towards,* 2, 1, 3 : denoting extent upon, ἐπὶ τεττάρων, *four deep,* 1, 2, 15 : ἐφ' ἑαυτῶν, *by themselves, alone,* 2, 4, 10 ; *in the time of,* ἐφ' ἡμῶν, *in our time,* 1, 9, 12 ;—— w. dat. *on, at, over, with, in the power of,* ἐπὶ τῷ ἀδελφῷ, 1, 1, 4 ; *on account of,* ἐπὶ τούτῳ, *on this account,* 3, 1, 27 : denoting purpose, *for,* ἐπὶ τούτῳ, *for this purpose,* 1, 3, 1 ; cf. 1, 6, 10 ; 2, 4, 5 and 8 ; *after,* ἐπὶ τούτῳ, *after this one,* 3, 2, 4 ; cf. 2, 5, 41 :—— w. acc. *on, upon* (with the idea of motion towards); *to, towards :* also in a hostile sense, *against ; for, after, to obtain ;* extension upon, *over,* 1, 7, 15. See H. 641. K. § 167. 3.

ἐπιβάλλω, (ἐπί, βάλλω, wh. see) *to cast on,* 3, 5, 10.

ἐπιβουλεύω, (ἐπί, βουλεύω, -εύσω, etc.) *to plot against,* w. dat. 1, 1, 3 and 6 ; *to lay plans to obtain,* 2, 6, 24.

ἐπιβουλή, ῆς, ἡ, (ἐπί, βουλή) *a design against, a plot,* 1, 1, 8.

ἐπιγίγνομαι, (ἐπί, γίγνομαι, wh. see) *to fall upon, to make an attack,* 3, 4, 25.

ἐπιδείκνυμι, (ἐπί, δείκνυμι, wh. see) *to show, exhibit,* 1, 2, 14 ; *to set forth,* 1, 3, 13 and 16 ; *to show, prove,* 3, 2, 26 ; 1, 9, 7 ;—mid. *to show one's self,* 1, 9, 10 and 16 ; w. ὅτι, 2, 6, 27.

ἐπιδεῖν, see ἐφοράω.

ἐπιδιώκω, (ἐπί, διώκω, wh. see) *to pursue,* 1, 10, 11.

ἐπιθυμέω, ῶ, f. -ήσω, (ἐπί, θυμός) *to desire, strive after, wish,* w. infin. 1, 9, 12 ; w. gen. 1, 9, 21.

ἐπιθυμία, ας, ἡ, (ἐπί, θυμός) *desire,* 2, 6, 16.

ἐπικάμπτω, (ἐπί, κάμπτω, f. -ψω)

to bend, to wheel around (for the purpose of flanking an enemy), 1, 8, 23.

ἐπίκειμαι, (ἐπί, κεῖμαι, wh. see) *to press upon, attack.*

ἐπικίνδυνος, ον, (ἐπί, κίνδυνος) *dangerous*; comp. -ότερος, 1, 3, 19.

ἐπικρύπτω, (ἐπί, κρύπτω, wh. see) *to conceal*; mid. *to conceal* (for one's own benefit), 1, 1, 6.

ἐπικυρόω, ῶ, f. -ώσω, (ἐπί, κυρόω, *to make valid*) *to confirm, ratify, sanction*, 3, 2, 32.

ἐπιλανθάνομαι (ἐπί, λανθάνω, wh. see) *to forget*, w. gen. 3, 2, 25.

ἐπιλέγω, (ἐπί, λέγω, wh. see) *to say in addition*, 1, 9, 26.

ἐπιλείπω, (ἐπί, λείπω, wh. see) *to fail*, w. acc. 1, 5, 6; pass. τὸ ἐπιλειπόμενον, *the part left behind*, 1, 8, 18.

ἐπίλεκτος, ον, (ἐπί, λέγω) *select*: οἱ ἐπίλεκτοι, *chosen men.*

ἐπιμέλεια, ας, ἡ, (ἐπιμελής) *care, attention*, 1, 9, 24 and 27.

ἐπιμελέομαι, οῦμαι, and ἐπιμέλομαι, ἐπιμελήσομαι, ἐπιμεμέλημαι, ἐπεμελήθην, (ἐπί, μέλομαι) *to care for, attend to*, w. gen. 1, 1, 5; 3, 2, 37; *to observe carefully*, 1, 8, 21.

ἐπιμελής, ές, (ἐπί, μέλομαι) *careful*: comp. ἐπιμελέστερος, 3, 2, 30.

ἐπιμέλομαι, see ἐπιμελέομαι.

ἐπιμίγνυμι, (ἐπί, μίγνυμι, wh. see) *to mingle with, have intercourse with*, 3, 5, 16.

ἐπινοέω, ῶ, f. -ήσω, (ἐπί, νοέω, νόος) *to have in mind, to intend*, w. infin. 2, 2, 11; w. acc. 2, 5, 4.

ἐπιορκέω, ῶ, f. -ήσω, (ἐπίορκος, *perjured*; ἐπί, ὅρκος *an oath*) *to swear falsely, to be guilty of perjury*, 2, 5, 38 and 41; *to swear falsely by*, w. acc. of obj. sworn by, θεούς, 2, 4, 7; 3, 1, 22.

ἐπιορκία, ας, ἡ, (same root as the foregoing word) *perjury.*

ἐπιπάρειμι, (ἐπί, παρά, εἰμί) *to be near at hand* (for assistance), 3, 4, 23.

ἐπιπάρειμι, (ἐπί, παρά, εἶμι) *to march along in a parallel direction*, 3, 4, 30.

ἐπιπίπτω, (ἐπί, πίπτω, wh. see) *to fall upon, to attack*, w. dat. 1, 8, 2.

ἐπίπονος, ον, (ἐπί, πόνος, *labor*) *laborious*; comp. ἐπιπονώτερος, α, ον, 1, 3, 19.

ἐπίρρυτος, ον, (ἐπί, ῥέω *to flow*) *overflowed, well-watered*, 1, 2, 22.

ἐπισάττω, (ἐπί, σάττω, -ξω, *to pack*) *to load on*: of a horse, *to saddle*, 3, 4, 35.

Ἐπισθένης, ους, ὁ, *Episthĕnes.*

ἐπισιτίζομαι, f. -ίσομαι or -ιοῦμαι, aor. ἐπεσιτισάμην (ἐπί, σιτίζω *to feed*, σῖτος *corn*) *to take provisions, to provision one's army*, 1, 4, 19; 1, 5, 4.

ἐπισιτισμός, οῦ, ὁ, (ἐπισιτίζομαι) *the act of taking in provisions*: ἐπισιτισμοῦ ἕνεκα, *for the purpose of obtaining provisions*, 1, 5, 9.

ἐπισκέπτομαι, seldom used in pres. and impf., but furnishes the f. etc. of ἐπισκοπέω.

ἐπισκοπέω, ῶ, (ἐπί, σκοπέω, wh. see) *to inspect*, 2, 3, 2; *to ascertain by inspection*, 3, 3, 18.

ἐπίσταμαι, impf. ἠπιστάμην, f. ἐπιστήσομαι, aor. ἠπιστήθην, *to be acquainted with, to know*, w. acc. 1, 3, 12; *to know how*, w. infin. 1, 3, 15; 3, 3, 10.

ἐπίστασις, εως, ἡ, (ἐφίστημι, ἐπί, ἵστημι) *a stopping, a halt*, 2, 4, 26.

ἐπιστατέω, ῶ, impf. ἐπεστάτουν, (ἐπί, ἵστημι) to act as commander, govern, command, 2, 3, 11.

ἐπιστήμη, ης, ἡ, (ἐπίσταμαι) acquaintance, knowledge, science.

ἐπιστήμων, ον, (ἐπίσταμαι) acquainted with, conversant with, w. gen.

ἐπιστολή, ῆς, ἡ, (ἐπιστέλλω, to send to) a letter, 1, 6, 3.

ἐπιστρατεία, ας, ἡ, (ἐπί, στρατεία fr. στρατεύω) an expedition against, 2, 4, 1.

ἐπιστρατεύω, -εύσω, (ἐπί, στρατεύω fr. στρατός, an army) to make an expedition against, to march against, 2, 3, 19.

ἐπισφάττω, -ξω, (ἐπί, σφάττω to slay) to slay upon, w. acc. and dat. 1, 8, 29;—mid. ἑαυτὸν ἐπι-, that he slew himself upon, sc. Cyrus, 1, 8, 29.

ἐπιτάττω, (ἐπί, τάττω, wh. see) to enjoin upon. Pass. impers. w. infin. ᾧ ἐπέτακτο, on whom it had been enjoined, 2, 3, 6.

ἐπιτήδειος, ον, also α, ον, suitable, proper: ἐπιτήδειοι, persons who are suitable, 1, 3, 18; τὰ ἐπιτήδεια, things that are suitable or serviceable, provisions, 1, 5, 10 and often: τὸν ἐπιτήδειον, sc. παίεσθαι, the one who was suitable, i. e. the one who deserved it, 2, 3, 11.

ἐπιτίθημι, (ἐπί, τίθημι, wh. see) to place upon; mid. to place one's self upon, to fall upon, attack, 2, 4, 19 and 24; w. dat. 2, 4, 3 and 16.

ἐπιτρέπω, (ἐπί, τρέπω, wh. see) to turn (anything) to, commit to; to allow, suffer, permit, w. dat. and infin. 1, 2, 19;—mid. to commit one's self to, 1, 9, 8.

ἐπιτυγχάνω, (ἐπί, τυγχάνω, wh. see) to fall upon, light upon, find, w. dat. 1, 9, 25.

ἐπιφαίνομαι, (ἐπί, φαίνω, wh. see) to show one's self, appear, 3, 3, 6; w. dat. 2, 4, 24.

ἐπιφέρω, (ἐπί, φέρω, wh. see) to carry upon or against;—mid. to rush upon, 1, 9, 6.

ἐπιφορέω, ῶ, -ήσω, (ἐπί, φορέω = φέρω) to carry upon, 3, 5, 11.

ἐπίχαρις, ι, (ἐπί, χάρις) pleasing: τὸ ἐπίχαρι, that which is agreeable, the art of pleasing, 2, 6, 12.

ἐπιχειρέω, ῶ, -ήσω, (ἐπί, χείρ) to lay the hand upon, undertake, attempt, w. infin. 3, 4, 27.

ἐπιχωρέω, ῶ, -ήσω, (ἐπί, χωρέω) to move forward, advance: ἐπιχ. ὅλην τὴν φάλαγγα, that the whole phalanx should advance, 1, 2, 17.

ἐποικοδομέω, ῶ, -ήσω, (ἐπί, οἰκοδομέω fr. οἶκος, a house, and δέμω, to build) to build upon, 3, 4, 11.

ἕπομαι, ἕψομαι, impf. εἱπόμην, aor. ἑσπόμην, to follow, w. dat. 1, 3, 6; 3, 1, 25; w. σὺν and dat. 1, 3, 6; to pursue, 1, 8, 19.

ἑπτά, seven.

ἑπτακόσιοι, αι, α, seven hundred.

Ἐπύαξα, ης, ἡ, Epyaxa, wife of Syennesis.

ἐράω, ῶ, aor. pass. ἠράσθην, as act. to love, to desire earnestly, w. gen. 3, 1, 29.

ἐργάζομαι, ἐργάσομαι, εἴργασμαι, εἰργασάμην, aor. pass. εἰργάσθην, to work; of agricultural labor, to till, 2, 4, 22.

ἔργον, ου, τό, a work, deed, action: τῶν εἰς τὸν πόλεμον ἔργων, those exercises pertaining to war, 1, 9, 5:

αὐτὸ τὸ ἔργον, *the event itself*, 3, 3, 12 : τὸ ἔργον, *the execution*, 8, 5, 12 : ἔργῳ, *in fact, by deed, in action*, 1, 9, 10 ; 3, 2, 32.

ἐρεῖν, see φημί.

ἐρημία, ας, ἡ, (ἔρημος) *a desert, wilderness, solitude.*

ἔρημος, ον, also η, ον, *deserted*, πόλις ἐρήμη, 1, 5, 4 ; *in a desert country*, σταθμοὺς ἐρήμους, 1, 5, 1 and 5 ; *unprotected, without defence*, 3, 4, 40 : ἅμαξαι ἔρ., *empty wagons*, 2, 1, 6 ; w. gen. ὑμῶν ἔρημος ὤν, *being bereft of you*, 1, 8, 6.

ἐρίζω, -ίσω, (ἔρις, *strife*) *to strive*, w. dat. *to contend with*, 1, 2, 8.

ἑρμηνεύς, έως, ὁ, (Ἑρμῆς, the god of eloquence) *an interpreter*, 1, 8, 12.

ἔρομαι, (prob. used in Att. only in aor. ἡρόμην and f. ἐρήσομαι, for a pres. cf. ἐρωτάω) *to ask, enquire* : ἐπεὶ ... ἤρου, *but since you enquired thus*, 3, 1, 7 : ἐρέσθαι, 2, 3, 20.

ἐρρωμένος, η, ον, (pf. pass. particip. fr. ῥώννυμι, *to strengthen*) *strengthened, increased*, 2, 6, 11 ; as adj. comp. ἐρρωμενέστερος, *stronger*, 3, 1, 42.

ἐρύκω, -ξω, *to keep back, to avert*, 3, 1, 25.

ἔρυμα, ατος, τό, (ἐρύομαι, *to defend*) *a means of defence, a fortification* : ἀντὶ ἐρύματος, *to serve as a fortification*, 1, 7, 16.

ἐρυμνός, ή, όν, (ἐρύομαι, *to defend*) *strongly fortified* (either by nature or by art), 1, 2, 8 : τὰ ἐρυμνά, *the defensible positions, the strong holds*, 3, 2, 23.

ἔρχομαι, f. ἐλεύσομαι, comm. εἶμι, pf. ἐλήλυθα, aor. ἦλθον, *to go or come, παρά τινα, into the presence of any one*, 1, 4, 8 : ἐπί τινα, *against any one*, 2, 5, 39 : πρός τινα, *to any one* (in a friendly manner), 1, 1, 10; (in a hostile manner), 1, 3, 20 : εἰς λόγους, *to enter into a conference*, 2, 5, 4 : ἐπὶ πᾶν ἔρχεσθαι, *to use every means*, 3, 1, 18 ; w. acc. of cognate meaning, 2, 2, 10 ; 3, 1, 6.

ἐρῶ, see φημί.

ἔρως, ωτος, ὁ, (akin to ἐράω) *love, earnest desire*, 2, 5, 22.

ἐρωτάω, ῶ, -ήσω, aor. ἠρόμην, *to ask, enquire*, 3, 1, 7.

ἐς, Ionic and Att. for εἰς.

ἐσθής, ῆτος, ἡ, (ἕννυμι, *to clothe*, cf. Lat. *vestis*) *clothing, apparel*, 3, 1, 19.

ἐσθίω, (strengthened fr. ἔδω) f. ἔδομαι, pf. ἐδήδοκα, aor. ἔφαγον ; pass. pf. ἐδήδεσμαι, aor. ἠδέσθην, *to eat.*

ἑσπέρα, ας, ἡ, *evening, the west*, 3, 5, 15.

ἔστε, (ἐς, ὅτε) adv. or conj., spoken of time or place ; 1. *to, up to, until*. 2. *so long as, so long* : τοσοῦτον χρόνον ... ἔστε, *until*, 1, 9, 11.

ἔσχατος, η, ον, *last, extreme* : πόλιν ἐσχάτην, *a frontier city*, 1, 2, 10 and 19 ; cf. 1, 4, 1 : τὰ ἔσχατα πάσχειν, *to suffer the most extreme penalty*, 2, 5, 24 ; cf. 3, 1, 18.

ἐσχάτως, adv. (ἔσχατος) *extremely*, 2, 6, 1.

ἔσωθεν, (ἔσω = εἴσω, θεν) *within* : τὸ ἔσωθεν, *the one within*, 1, 4, 4.

ἕτερος, α, ον, *an other* (of two), *other*, 1, 4, 2 : ὁ ἕτερος, *the other, the next*, 3, 4, 25.

ἔτι, adv. of time, *yet, still, longer* : μήποτε ἔτι, *never afterwards, never* ἕτοιμος 207 εὐπετῶς

again, 1, 1, 4; with the comparative, intens.; w. a neg. *no more, no longer*.

ἕτοιμος, η, ον, also ος, ον, *ready, willing, prepared*, 1, 6, 3.

ἑτοίμως, adv. (ἕτοιμος), *readily, at once*, 2, 5, 2.

ἔτος, ἔτεος, -ους, τό, *a year*, τριάκοντα ἔτη, 2, 3, 12; cf. 2, 6, 20.

εὖ, adv. *well, fortunately*, 1, 7, 5 and 7.

εὐδαιμονέστερον, see εὐδαιμόνως.

εὐδαιμονία, ας, ἡ, (εὐδαίμων) *happiness, prosperity*.

εὐδαιμονίζω, -ίσω, (εὐδαίμων) *to account* (any one) *happy*, w. acc. 2, 5, 7; w. acc. of pers. and gen. of thing for which he is accounted happy, 1, 7, 3.

εὐδαιμόνως, adv. (εὐδαίμων) *happily*; comp. εὐδαιμονέστερον, 3, 1, 41.

εὐδαίμων, ον, gen. ονος, (εὖ, *well*, δαίμων, *a divinity, fate, fortune*) *happy, fortunate, prosperous*, πόλιν εὐδαίμονα, 1, 2, 6;—of men, *rich, wealthy*, 1, 5, 7. Comp. εὐδαιμονέστερος, sup. εὐδαιμονέστατος, 1, 5, 7.

εὔδηλος, ον, (εὖ, δῆλος) *very plain*, 3, 1, 2.

εὐειδής, ές, (εὖ, εἶδος, *an appearance*) *fine looking*; comp. εὐειδέστερος, sup. εὐειδέστατος, 2, 3, 3.

εὔελπις, εὔελπι, (εὖ, ἐλπίς, *hope*) *hopeful, confident*, 2, 1, 18.

εὐεπίθετος, ον, (εὖ, ἐπί, τίθημι) *easy of attack*: εὐεπίθετον ἦν τοῖς πολεμίοις, *it was easy for the enemy to make an attack*, 3, 4, 20.

εὐεργεσία, ας, ἡ, (εὖ, ἔργον) *good treatment, a benefit*, 2, 5, 22.

εὐεργετέω, ῶ, -ήσω, (εὖ, ἔργον) *to confer benefits, to show a kindness*, 2, 6, 17.

εὐεργέτης, ου, ὁ, (εὖ, ἔργον) *a benefactor*, 2, 5, 10.

εὔζωνος, ον, (εὖ, ζώνη) *well-girded and prepared for battle, light-armed*, esp. of bowmen and slingers, 3, 3, 6.

εὐήθεια, ας, ἡ, (εὐήθης) *goodness of disposition, simplicity*; in a bad sense, *stupidity*, 1, 3, 16.

εὐήθης, ες, (εὖ, ἦθος, *character*) *good-hearted*; in a bad sense, *stupid, silly*, 1, 3, 16.

εὔθυμος, ον, (εὖ, θυμός) *cheerful, courageous*; comp. εὐθυμότερος, 3, 1, 41.

εὐθύς, adv. *immediately, forthwith*, 1, 8, 26: εὐθὺς ἐπειδή, *as soon as*, 3, 1, 13; w. a particip. εὐθὺς παῖδες ὄντες, *immediately while children, even from childhood*, 1, 9, 4; cf. 2, 6, 16.

εὐθύωρος, ον, (εὐθύς, ὥρα) *straight forward*; εὐθύωρον, adv. *directly, immediately*, 2, 2, 16.

εὐμεταχείριστος, ον, (εὖ, μετά, χείρ) *easy to manage*, 2, 6, 20.

εὔνοια, ας, ἡ, (εὔνους, εὖ, νόος) *good-will, friendship*, 1, 8, 29.

εὐνοϊκῶς, adv. (εὔνους, fr. εὖ, νόος) *in a friendly manner*: εὐνοϊκῶς ἔχοιεν αὐτῷ, *that they might be friendly to him*, 1, 1, 5.

εὔνοος, ον, contr. εὔνους, εὔνουν, (εὖ, νόος, νοῦς, *mind*) *well-disposed, friendly*, 1, 9, 20 and 30; w. dat. 2, 4, 16.

εὔοπλος, ον,(εὖ, ὅπλον) *well-armed*; comp. -ότερος, sup. -ότατος, 2, 3, 3.

εὐπετῶς, adv. (εὐπετής, *easy*; fr. εὖ, πίπτω) lit. *falling well*; hence, εὔπορος *without trouble, easily,* 2, 5, 23; 3, 2, 10.

εὔπορος, ον, (εὖ, πόρος) *easy of passage, easy,* 2, 5, 9.

εὔπρακτος, ον, (εὖ, πράττω) *easily done, practicable;* comp. εὐπρακτότερος, 2, 3, 20.

εὕρημα, ατος, τό, (εὑρίσκω) *a thing found, a windfall :* εὕρημα ἐποιησάμην, *I counted it a happy event,* 2, 3, 18.

εὑρίσκω, εὑρήσω, εὕρηκα, εὗρον, εὕρημαι, εὑρέθην, mid. f. εὑρήσομαι, aor. εὑρόμην, *to find, invent, discover,* 2, 3, 21; mid. *to find for one's self, to obtain* or *try to obtain,* 2, 1, 8.

εὖρος, εος, ους, τό, (εὑρύς) *width, breadth,* 1, 2, 5 and 23.

εὐρύς, εῖα, ύ, *wide, spacious.*

εὔτακτος, ον, (εὖ, τάττω) *well arranged, orderly, well disciplined,* 2, 6, 14; comp. εὐτακτότερος, 3, 2, 30.

εὐταξία, ας, ἡ, (εὖ, τάττω) *good order, discipline,* 1, 5, 8.

εὔτολμος, ον, (εὖ, τολμάω) *of good courage, brave,* 1, 7, 4.

εὐτυχέω, ῶ, -ήσω, (εὐτυχής; εὖ, τύχη, *fortune*) *to be fortunate, to be successful,* 1, 4, 17.

εὐτυχία, ας, ἡ, (εὐτυχέω) *success, prosperity.*

Εὐφράτης, ου, ὁ, *Euphrates.*

εὐχή, ῆς, ἡ, (εὔχομαι) *a wish, a prayer,* 1, 9, 11.

εὔχομαι, εὔξομαι, ηὐξάμην or εὐξάμην, ηὖγμαι, *to wish, to pray,* 1, 4, 7 and 17; 1, 9, 11; *to vow,* 3, 2, 9.

εὐώνυμος, ον, (εὖ, ὄνυμα, Æolic for ὄνομα) *having a good name, honored;* hence as a euphemism for *left,* pertaining to the left hand, since ἀριστερός, the proper word for *left,* was of evil omen; esp. w. κέρας expressed or understood, τὸ εὐώνυμον, *the left wing,* 1, 2, 15; 1, 8, 4 and 9 and 23.

ἔφεδρος, ου, ὁ, (ἐπί, ἕδρα, *a seat*) *one sitting by,* denotes properly the athlete, who, when the number of combatants was uneven, had no one matched against him, and who consequently waited to contend with fresh strength against the already exhausted victor. Hence, secondarily, *a dangerous antagonist:* τὸν μέγιστον ἔφεδρον, *the most formidable antagonist,* 2, 5, 10.

ἐφέπομαι, (ἐπί, ἕπομαι, wh. see) *to follow after,* 3, 4, 3; of an enemy, *to press upon, attack,* 2, 2, 12.

Ἔφεσος, ου, ἡ, *Ephesus.*

ἐφίστημι, (ἐπί, ἵστημι, wh. see) *to cause to stand upon, to cause to halt, to stop,* 1, 8, 15; 2, 4, 25; *to place over, to appoint,* 3, 4, 21; pass. *to be appointed,* 3, 3, 20; intrans. parts (see ἵστημι) *to stand upon, to stand still, to halt,* 1, 5, 7; 2, 4, 26; *to be built upon* or *in,* 1, 4, 4.

ἔφοδος, ου, ἡ, (ἐπί, ὁδός) *the act of going to, approach,* 2, 2, 18; *a way to* or *upon,* 3, 4, 41.

ἐφοράω, ῶ, (ἐπί, ὁράω, wh. see) *to look upon; to live to see, to experience,* τὰ χαλεπώτατα ἐπιδόντας, 3, 1, 18.

ἔφορος, ου, ὁ, (ἐφοράω) *an overseer, an ephor* (a Spartan magistrate), 2, 6, 3.

ἔχθιστος, η, ον, (sup. of ἐχθρός) *most hostile;* as subst. *a most bitter enemy,* 3, 2, 5.

ἔχθρα 209 ἦ

ἔχθρα, ας, ἡ, enmity, hatred, 2, 4, 12.

ἐχθρός, ά, όν, hostile, 1, 3, 20.

ἐχθρός, οῦ, ὁ, a personal enemy, Lat. inimicus: (πολέμιος, an enemy in war, a public enemy, Lat. hostis): χαλεπώτατος ἐχθρὸς ᾧ ἂν πολέμιος ᾖ, a most harsh personal enemy to him with whom he may be at war, 1, 3, 12.

ἐχυρός, ά, όν, (ἔχω) capable of being held: ἐχυρὸν χωρίον, a strong hold, a fortress, 2, 5, 7.

ἔχω, impf. εἶχον, f. ἕξω or σχήσω, pf. ἔσχηκα, aor. ἔσχον (optat. σχοίην, imperat. σχές), pf. pass. or mid. ἔσχημαι, aor. pass. ἐσχέθην, aor. mid. ἐσχόμην, f. mid. ἕξομαι or σχήσομαι, to have, 1, 1, 2; to occupy, 1, 2, 15; to hold, restrain, keep, 3, 5, 11; to have the ability, to be able, 2, 1, 9; 2, 2, 11.—Intrans. to have one's self, to exist, to be, 1, 3, 9; 2, 2, 21; often w. an adv. εὐνοϊκῶς ἔχειν, to be well disposed, 1, 1, 5; cf. 1, 5, 16; 2, 1, 7: ἐμπείρως ἔχειν, to be well acquainted, 2, 6, 1;—mid. w. gen. to hold to; hence, to be next, Πρόξενος ἐχόμενος, Proxenus being next, 1, 8, 4; cf. 1, 8, 9;—pass. to be held, ἐν ἀνάγκῃ ἔχεσθαι, to be constrained by necessity, 2, 5, 21.

ἑψητός, ή, όν, (ἕψω) boiled: ὄξος ἑψητόν, a sour drink made by boiling, 2, 3, 14.

ἕψω, f. ἑψήσω, to boil, to seethe.

ἕως, ἕω, ἡ, early dawn, 2, 4, 24: εἰς τὴν ἐπιοῦσαν ἕω, on the following morning, 1, 7, 1; the east, πρὸς ἕω, 3, 5, 15.

ἕως, adv. as long as, while, 1, 3, 11; until, 2, 1, 2.

Z

Ζαπάτας, ου, or Ζάβατος, ου, ὁ, Zapătas, or Zabatus; Syriac Zaba = wolf, hence the later Greek name Λύκος; now the greater Zab, 2, 5, 1.

ζάω, ῶ, ζάεις ζῇς, ζάει ζῇ, impf. ἔζων, ἔζης, also ἔζην, f. ζήσω and ζήσομαι, aor. ἔζησα, pf. ἔζηκα (less used than corresponding forms of βιόω), to live, 1, 5, 5; 3, 2, 25.

ζεύγνυμι, ζεύξω, ἔζευξα, ἔζευγμαι, ἐζεύχθην or ἐζύγην, to join, to put together: γέφυρα ἐζευγμένη, a bridge constructed, etc. 1, 2, 5; cf. 2, 4, 24: τὴν δ' ἐζευγμένην πλοίοις ἑπτά, the other (canal) being spanned with (a bridge of) seven boats, 2, 4, 13; to fasten, 3, 5, 10.

ζεῦγος, ους, τό, (ζεύγνυμι) a yoke of cattle, a team, 3, 2, 27.

Ζεύς, Διός, ὁ, Zeus (Lat. Jupiter), 3, 1, 12: Ζεὺς ξένιος, Zeus, protector of the rights of hospitality, 3, 2, 4: Ζεὺς σωτήρ, Zeus, preserver, 1, 8, 16; cf. 3, 2, 9.

ζηλωτός, ή, όν, (ζηλόω, to envy) to be envied, 1, 7, 4.

ζητέω, ῶ, -ήσω, to seek, seek for, ask for, 2, 3, 2.

ζώνη, ης, ἡ, (ζώννυμι, to bind) a girdle, belt, 1, 4, 9; 1, 6, 10.

ζωός, ή, όν, (ζάω) living, alive, 3, 4, 5.

Η

ἤ, conjunc. or, Lat. aut: ἤ ... ἤ, either ... or: εἰ ... ἤ, whether ... or: πότερα ... ἤ, whether ... or: sometimes in direct questions where it follows a more general question and suggests an answer thereto, 2,

4, 3; preceded by πότερον in a direct disjunctive question, 3, 2, 21.— After a comparative, *than*, 1, 2, 4 and 11; also after ἄλλος, *than*.

ἤ, adv. (distinguished fr. foregoing by the accent) has two principal uses: 1. In a question, where in Eng. the idea is denoted by the inflection of the voice, not by an interrog. word. 2. Intens. *truly, indeed;* w. μήν, *certainly, surely*, 2, 3, 26.

ᾗ, relat. adv. (properly a dat. sing. fem. of ὅς, sc. ὁδῷ) *in what way, where*, 3, 4, 37; w. a superlat. and δύναμαι, ᾗ ἐδύνατο τάχιστα, *as quickly as possible*, 1, 2, 4: ᾗ δυνατὸν μάλιστα, *as much as possible*, 1, 3, 15.

ἤγαγον, see ἄγω.

ἡγεμών, όνος, ὁ, (ἡγέομαι) *a leader, a guide*, 1, 3, 14; 2, 4, 10 and often; *a commander* (of an army), 1, 7, 12.

ἡγέομαι, οῦμαι, -ήσομαι, dep. mid. (ἄγω) *to lead, to guide, to conduct*, 2, 2, 8; 2, 4, 5; w. dat. 2, 2, 8; w. gen. 1, 7, 1; 1, 9, 31: τὸ ἡγούμενον, *the part* (of an army) *taking the lead, the van*, 2, 2, 4; *to act as commander, to issue orders*, 1, 8, 22; 3, 1, 26:—*to think* (Lat. *ducere*), w. acc. and infin. 1, 2, 4; cf. 3, 1, 25.

ἡδέως, adv. (ἡδύς) comp. ἥδιον, sup. ἥδιστα, *gladly, cheerfully*, 1, 2, 2; 1, 4, 9; 2, 5, 15: ἥδιστ᾽ ἄν ἀκούσαιμι, *I should be extremely pleased to hear*, etc.

ἤδη, adv. (perh. ἤ, δή), *already, now, at once*, Lat. *jam*.

ἥδιον, ἥδιστα, see ἡδέως.

ἥδομαι, (ἦδος, *pleasure*) dep. pass. f. ἡσθήσομαι, aor. ἥσθην, *to be pleased*, 1, 2, 18; w. dat. *to be pleased with*, 1, 9, 26; 2, 6, 28.

ἡδονή, ῆς, ἡ, (ἥδομαι, ἡδύς) *pleasure, enjoyment; object of pleasure, gratification*, 2, 6, 6; *delicious flavor*, 2, 3, 16.

ἡδύς, εῖα, ύ, comp. ἡδίων, sup. ἥδιστος, *sweet, pleasant, delicious*, 1, 9, 25: κρέα ἥδιστα, *most delicious meat*, 1, 5, 4.

ἥκιστα, sup. adv. comp. ἧττον, *in the least degree, least of all*, 1, 9, 19.

ἥκω, ἥξω, comm. pf. in meaning, *am come, am here, have arrived* (cf. οἴχομαι, *am gone*), the impf. ἧκον often as aor. 1, 2, 6; 2, 3, 17:—infin. as pres. *to come*, 2, 1, 3; 2, 2, 1: —*to come back, return*, 2, 1, 9 and 15, and often.

Ἠλεῖος, ου, ὁ, *an Elēan*, a native of Elis.

ἤλεκτρον, ου, τό, *electron, amber*, 2, 3, 15. It denotes also a metallic compound of four parts gold and one silver.

ἠλίβατος, ον, (ἠλεός *astray*, βαίνω *to go*) *precipitous*, 1, 4, 4. (It is chiefly poetic.)

ἠλίθιος, α, ον, (ἠλός, *crazy*) *silly, stupid:* τὸ ἠλίθιον, *stupidity;* τὸ αὐτὸ τῷ ἠλιθίῳ, *the same thing with stupidity*, 2, 6, 22.

ἡλικία, ας, ἡ, (ἧλιξ) *age, time of life*, 1, 9, 6; 3, 1, 14 and 25.

ἡλικιώτης, ου, ὁ, (ἧλιξ) *an equal in age, a comrade*, 1, 9, 5.

ἧλιξ, ικος, ὁ, ἡ, adj. *in the prime of life*.

ἥλιος, ου, ὁ, *the sun*, w. δύεσθαι, 1, 10, 15; ἀνίσχειν, 2, 1, 3; δύνειν, 2, 2, 3 and 13; ἀνατέλλειν, 2, 3, 1.

ἥλωκα, cf. ἁλίσκομαι.

ἠμελημένως, adv. (fr. pf. pass.

ἡμέρα 211 Θαρύπας

particip. of ἀμελέω, to be careless) carelessly, 1, 7, 19.

ἡμέρα, ας, ἡ, a day: τῆδε τῇ ἡμέρᾳ, on this day, 1, 5, 16; ἅμα τῇ ἡμέρᾳ, at break of day, 2, 1, 2.

ἡμέτερος, α, ον, (ἡμεῖς) our: τὰ ἡμέτερα, our affairs, 1, 3, 9.

ἡμι-, (ἥμισυ) often in comp. half, Lat. semi-.

ἡμίβρωτος, ον, (ἡμι- βρωτός, fr. βιβρώσκω, to eat) half-eaten, 1, 9, 26.

ἡμιδαρεικόν, οῦ, τό, (ἡμι- δαρεικός) a half daric, 1, 3, 21.

ἡμιδεής, ές, (ἡμι- δέω, to want) half full (strictly half empty), 1, 9, 25.

ἡμιόλιος, ον, (ἡμι- ὅλος) once and a half: ἡμιόλιον οὗ πρότερον ἔφερον, a half more than that which they formerly received, 1, 3, 21.

ἡμίονος, ου, ὁ, (ἡμι- ὄνος) a mule.

ἡμιωβόλιον, ου, τό, (ἡμι- ὀβολός) a half obolus.

ἥμισυς, εια, υ, half, 1, 8, 22: ἄρτων ἡμίσεα, half loaves of bread (lit. halves of loaves, etc.), 1, 9, 26.

ἤν = ἐάν, if.

ἡνίκα, adv. when, comm. w. indic. 1, 8, 1 and 8 and 17; also w. subjunc. 3, 5, 18.

ἡνίοχος, ου, ὁ, (ἡνία reins, ἔχω to hold) one who holds the reins, a driver (of a chariot), 1, 8, 20.

ἥνπερ, (ἥν, πέρ) a strengthened form of ἥν, wh. see.

ᾗπερ, (ᾗ, πέρ) a strengthened form of ᾗ, where, in the very place where, 2, 2, 21.

ἠρόμην, see ἔρομαι.

ἡσυχῇ or ἡσυχῆ, (ἥσυχος, quiet) quietly, 1, 8, 11.

ἡσυχία, ας, ἡ, (ἥσυχος, quiet) rest, quiet: ἡσ- ἄγειν, to keep quiet, 3, 1, 14; καθ' ἡσυχίαν, quietly, undisturbed, 2, 3, 8.

ἡττάομαι, ῶμαι, (ἥττων) f. ἡττηθήσομαι, sometimes ἡττήσομαι, aor. ἡττήθην, to be weaker (than another, τινός), to be inferior to, w. gen. 2, 3, 23; often as pass. of νικάω, to be conquered, 1, 2, 9; 2, 4, 19; pres. as pf. 2, 4, 6; 3, 2, 17.

ἥττων, ον, irreg. comp. of κακός, sup. ἥκιστος, weaker, inferior:—adv. ἧττον, less, 2, 4, 2; sup. ἥκιστα, least, least of all, 1, 9, 19.

Θ

Θάλαττα, ης, ἡ, the sea: ἐκ Θαλάττης εἰς Θάλατταν, from sea to sea, 1, 2, 22; κατὰ Θάλατταν, by sea.

Θάλπος, εος, ους, τό, warmth, heat; often plur. Θάλπη φέρειν, to bear heat, 3, 1, 23.

Θάνατος, ου, ὁ, (Θνήσκω, Θανεῖν) death: ἐπὶ Θανάτῳ, for death, to signify (his) death, 1, 6, 10.

Θανατόω, ῶ, -ώσω, (Θάνατος) to condemn to death; pass. to be, etc. 2, 6, 4.

Θαρραλέος, α, ον, (Θάρρος) bold, confident, courageous, 3, 2, 16. Comp. -ώτερος, sup. -ώτατος.

Θαρραλέως, adv. (Θαρραλέος) courageously, confidently, 1, 9, 19: Θαρραλέως ἔχειν, to be courageous, 2, 6, 14.

Θαρρέω, ῶ, -ήσω, (Θάρρος) to be confident, to be of good courage, 1, 3, 8; 3, 2, 20.

Θάρρος, εος, ους, τό, courage.

Θαρρύνω, (Θάρρος) aor. ἐθάρρυνα, to encourage, 1, 7, 2.

Θαρύπας, ου, ὁ, Tharypas.

θᾶττον, adv. comp. of ταχύ and ταχέως, sup. τάχιστα, *more quickly, sooner*, 1, 5, 8 and 9.

θαυμάζω, θαυμάσομαι, rare θαυμάσω, ἐθαύμασα, τεθαύμακα, *to wonder at*, w. acc. 2, 5, 33; *to wonder, to be surprised*, ὅτι, 1, 10, 16; 2, 1, 2; εἰ, 3, 2, 35; πότερα … ἤ, 2, 1, 10; τίς, w. indic. 1, 8, 16.

θαυμάσιος, α, ον, (θαυμάζω) *wonderful, admirable*, 3, 2, 15; (ironically), 3, 1, 27. Comp. -ώτερος, sup. -ώτατος.

θαυμαστός, ή, όν, (θαυμάζω) *wonderful, strange*, 1, 9, 24.

Θάψακος, ου, ἡ, *Thapsacus*; also Θαψακηνοί, ῶν, οἱ, *the inhabitants of Thapsacus*.

θεάομαι, ῶμαι, θεάσομαι, ἐθεασάμην, τεθέαμαι, (akin to θέα, *a sight*) *to behold, to witness*, 1, 5, 8; 1, 9, 4; *to gaze, to look on* (with surprise), 3, 5, 13.

θεῖος, εία, εῖον, (θεός) *divine*: θεῖον, *a divine token, a sign from the gods*, 1, 4, 18.

θέλω, f. θελήσω, pf. τεθέληκα, a shortened form of ἐθέλω, *to be willing*, 3, 2, 16.

θεν, inseparable particle, meaning *from*.

θεός, οῦ, ὁ or ἡ, *a god or goddess*, 3, 1, 5; 3, 2, 12: σὺν τοῖς θεοῖς, *with the help of the gods*, 3, 1, 23 and 42.

θεοσέβεια, ας, ἡ, (θεός, σέβομαι, *to revere*) *piety*, 2, 6, 26.

θεραπεύω, (θεράπων) *to take care of, provide for*, 1, 9, 20; pass. *to be cared for, to be courted*, 2, 6, 27.

θεράπων, οντος, ὁ, *an attendant*, 1, 8, 28.

θερίζω, (θέρος, *summer*) f. -ίσω or -ιῶ, *to pass the summer*, 3, 5, 15.

Θετταλία, ας, ἡ, *Thessaly*.

Θεσσαλός, οῦ, ὁ, *a Thessalian*.

θέω, f. θεύσομαι, (for other tenses see τρέχω) *to run*, 2, 2, 14.

θεωρέω, ῶ, f. -ήσω, (θεωρός, *an observer*) *to observe, to view, to witness*, 1, 2, 10; *to review* (in a military sense) 1, 2, 16; intrans. *to be a spectator*.

Θῆβαι, ῶν, αἱ, *Thebes*.

Θηβαῖος, ου, ὁ, *a Theban*.

θηράω, ῶ, f. -άσω or -άσομαι, (θήρα *a chase*, θήρ *an animal*) *to hunt*, θηρῷεν, 1, 5, 2.

θηρίον, ου, τό, (θήρ, akin to θέω *to run*) in form dimin. but not in meaning, *a wild animal, game*, 1, 2, 7.

θησαυρός, οῦ, ὁ, *a treasure*, or *a place for treasure*.

θνήσκω, θανοῦμαι, τέθνηκα, ἔθανον, (ἀποθνήσκω is more comm.) *to die, to be slain* (as a pass. of ἀποκτείνω) 2, 1, 3; 2, 5, 38: τεθνηκότα, 1, 6, 11.

θνητός, ή, όν, (θνήσκω) *mortal, subject to death*, 3, 1, 23.

θόρυβος, ου, ὁ, *noise, uproar, tumult*, 2, 2, 19; *a confused sound* (occasioned by human voices), 1, 8, 16.

Θρᾷξ, Θρᾳκός, ὁ, *a Thracian*, 1, 1, 9; as adj. *Thracian*, 1, 2, 9.

θρόνος, ου, ὁ, *a throne*, 2, 1, 4.

θυγάτηρ, τρός, ἡ, *a daughter*.

Θύμβριον, ου, τό, *Thymbrium*.

θυμός, οῦ, ὁ, *soul, spirit, heart*; feelings of the soul, *desire, anger*, etc.

θυμόομαι, οῦμαι, (θυμός) -ώσομαι, τεθύμωμαι, *to be angry*, w. dat. 2, 5, 13.

θύρα, ας, ἡ, a door: ἐπὶ ταῖς βασιλέως θύραις, at the doors of the king, i. e. at court, 1, 9, 3; ἰόντες ἐπὶ τὰς θύρας, going to his doors, 1, 2, 11; cf. 2, 1, 8; ἐπὶ ταῖς θύραις, at his doors (denoting close proximity), 2, 4, 4, etc.

θυσία, ας, ἡ, (θύω) a sacrifice.

θύω, θύσω, τέθυκα, ἔθυσα, to sacrifice, 3, 2, 9; to celebrate with sacrifices, τὰ Λύκαια, 1, 2, 10; w. dat. of pers. to whom, 3, 1, 6; mid. to sacrifice (for one's own benefit), to sacrifice (in order to consult the omens), 1, 7, 18 and often.

θωρακίζω, -ίσω, (θώραξ) to arm (a person) with a breastplate; mid. to put on (sc. one's own body) a breastplate, 2, 2, 14; pass. to be armed with breastplate, to wear a breastplate, 2, 5, 35; 3, 4, 35.

θώραξ, ᾱκος, ὁ, a breastplate, 1, 8, 6 and 26: ἱππικός, a cavalry breastplate, 3, 4, 48.

I

ἰάομαι, ὦμαι, ἰάσομαι, ἰασάμην, to heal; of a wound, to dress, 1, 8, 26.

ἰατρός, οῦ, ὁ, (ἰάομαι) a physician, a surgeon, 1, 8, 26; 3, 4, 30.

ἰδεῖν, see ὁράω.

ἴδιος, ία, ον, also ος, ον, one's own, private: τὸ ἴδιον as subst. εἰς τὸ ἴδιον, for one's private use, 1, 3, 3; ἰδίᾳ, by one's self, privately.

ἰδιότης, ητος, ἡ, (ἴδιος) peculiarity, 2, 3, 16.

ἰδιώτης, ου, ὁ, (ἴδιος) a private person (in opp. to one holding office); a common soldier, a private (in opp. to a commander), 1, 3, 11; 3, 2, 32.

ἱδρόω, ῶ, -ώσω, (ἱδρώς or ἱδρός, perspiration) to perspire, to sweat, 1, 8, 1.

ἰδών, see ὁράω.

ἱερεῖον, ου, τό, (ἱερός) a victim for sacrifice.

ἱερόν, οῦ, τό, (ἱερός) anything sacred; a temple, a victim for sacrifice: τὰ ἱερά, the entrails of a victim, 2, 1, 9; the omens from the entrails of a victim, 1, 8, 15.

ἱερός, ά, όν, sacred.

Ἱερώνυμος, ου, ὁ, (ἱερός, ὄνυμα Æol. for ὄνομα) Hieronymus.

ἵημι, ἥσω, pf. εἷκα, aor. ἧκα, (in other moods and in dual and plur. aor. 2d ἧτον, κτἑ.)ᾳ pf. pass. or mid. εἷμαι, aor. pass. εἵθην, aor. mid. εἵμην, to throw, send, hurl, 1, 5, 12; 3, 4, 17;—mid. to cast one's self, to hasten: ἵεντο κατὰ w. gen. they hastened down, etc. 1, 5, 8; ἵετο ἐπὶ w. acc. he rushed against, etc. 1, 8, 26; ἵεσθαι ἐπὶ w. acc. to hasten towards, 3, 4, 41.

ἴθι, imperat. of εἶμι.

ἱκανός, ή, όν, (ἱκάνω, to arrive at) enough, sufficient, adequate, competent, 1, 9, 20; authorized, 2, 3, 4; w. infin. ἱκανοὶ φυλάττειν, sufficient to, etc. 1, 2, 1; able, w. infin. 1, 3, 6; cf. 2, 6, 8 and 16; empowered, 2, 3, 4. Comp. -ώτερος, sup. -ώτατος.

ἱκανῶς, adv. (ἱκανός) sufficiently.

Ἰκόνιον, ου, τό, Iconium, the chief city of Lycaonia.

ἵλεως, ων, propitious.

ἴλη, ης, ἡ, a company; esp. a company of horse: κατ' ἴλας, in companies of horse, 1, 2, 16.

ἱμάτιον, ου, τό, a garment; properly the outer garment, the inner being called χιτών.

ἵνα, conj. *that, in order that;* w. the subjunc. (a) after the pres. 2, 2, 12; (b) after the fut. 1, 3, 15; (c) after the imperf. or aor. 2, 5, 36; 1, 4, 18;—w. the optat. after the imperf. or aor. 2, 3, 13 and 21; 1, 10, 18.

Ἵππαρχος, ου, ὁ, (ἵππος, ἄρχω) *a commander of the horse.*

ἱππασία, ας, ἡ, (ἱππάζομαι, *to drive a horse*) *riding*, 2, 5, 33.

ἱππεύς, έως, ὁ, (ἵππος) *a horseman:* τοὺς ἱππέας, 1, 5, 13.

ἱππικός, ή, όν, (ἵππος) *pertaining to a horse* or *to a horseman:* δύναμις ἱππική, *cavalry*, 1, 3, 12.

ἱππόδρομος, ου, ὁ, (ἵππος, δρόμος *a race, or race-course*) *a race-course for horses, a hippodrome*, 1, 8, 20.

ἵππος, ου, ὁ, *a horse:* ἀφ' ἵππου θηρεύειν, *to hunt on horseback*, 1, 2, 7; ἐφ' ἵππου ὀχεῖσθαι or ἄγειν, *to ride on horseback*, 3, 4, 47 and 49.

Ἰσθμός, οῦ, ὁ, *the Isthmus;* esp. *the isthmus of Corinth*, 2, 6, 3.

ἰσόπλευρος, ον, (ἴσος, πλευρά) *equilateral*, 3, 4, 19.

ἴσος, η, ον, *equal, like:* ἐν ἴσῳ, *in an even line*, 1, 8, 11; ἐξ ἴσου εἶναι, *to be on an equality*, 3, 4, 47; ἴσον κρατεῖν, *to rule alike* or *equally*, 2, 5, 7.

Ἰσσοί, ῶν, οἱ, *Issi* (comm. called *Issus*), 1, 2, 24.

ἵστημι, στήσω, ἕστηκα, ἔστησα, ἕστην, fut. perf. ἑστήξω, perf. pass. or mid. ἕσταμαι, aor. pass. ἐστάθην, aor. mid. ἐστησάμην, *to cause to stand, to place:* στήσας τὸ ἅρμα, *having caused his chariot to halt,* 1, 2, 17; cf. 1, 10, 14;—but in the act. the perf., pluperf., 2d aor. and fut. perf. are intrans. *to stand;* also the perf. and pluperf. are in meaning pres. and imperf.: ἑστώς, *standing,* 1, 3, 2; ἕστασαν (syncop. pluperf. 3d plur.) *they used to stand,* 1, 5, 2; cf. 1, 5, 13; ἔστησαν (2d aor.) *they stood*, 1, 8, 5.—Mid. *to place one's self, to stand,* 1, 10, 1; aor. *to place or set up* (for one's self).

ἱστίον, (ἱ) ου, τό, (ἱστός, *a mast*, fr. ἵστημι) *a sail*, 1, 5, 3.

ἰσχυρός, ά, όν, (ἰσχύς, *strength*) *strong, powerful,* 1, 5, 9; 2, 5, 22.

ἰσχυρῶς, adv. (ἰσχυρός) *strongly, exceedingly, violently.* Comp. ἰσχυρότερον, *more vigorously*, 3, 2, 19.

ἰσχύς, ύος, ἡ, (root ἰς, Lat. *vis*) *strength, military force*, 1, 8, 22.

ἴσως, adv. (ἴσος, *like*) *perhaps*, 2, 4, 4.

ἰτέος, verb. adj. fr. εἶμι.

ἰχθύς, ύος, ὁ, *a fish.*

ἴχνιον, ου, τό, (in form, dimin. of ἴχνος) *a track*, 1, 6, 1.

ἴχνος, εος, ους, τό, *a track*, 1, 7, 17.

Ἰωνία, ας, ἡ, *Ionia*, on the western coast of Asia Minor.

Ἰωνικός, ή, όν, *belonging to Ionia, Ionian*, 1, 1, 6.

K

καθέζομαι, (κατά, ἕζομαι) f. καθεδοῦμαι, impf. ἐκαθεζόμην or καθεζόμην, *to sit down, to seat one's self,* 3, 1, 33; *to halt,* 1, 5, 9.

καθεύδω, (κατά, εὕδω) f. καθευδήσω, impf. ἐκάθευδον, καθηῦδον or καθεῦδον, *to sleep,* 1, 3, 11.

καθηδυπαθέω, ῶ, f. -ήσω, (κατά,

ἡδύς, πάθος or παθεῖν, aor. 2d of πάσχω) to squander, to waste in pleasures, 1, 3, 3.

καθήκω, (κατά, ἥκω) f. -ήξω, to come or go down, to extend down, εἰς w. acc. 1, 4, 4; ἀπό w. gen. 3, 4, 24.—Impers. it belongs to, w. dat. οἷς καθήκει, to whom it belongs, whose duty it is, 1, 9, 7.

κάθημαι, impf. ἐκαθήμην or καθήμην, (κατά, ἧμαι) to sit, to be encamped 1, 3, 12.

καθίζω,(κατά, ἵζω) f. καθιῶ, aor. ἐκάθισα and καθῖσα, to cause to sit down, to seat, 2, 1, 4; to place, 3, 5, 17.

καθίστημι, (κατά, ἵστημι, wh. see) to place down, to settle, to arrange, 1, 10, 10; 2, 3, 3; to station, 8, 2, 1; to appoint, 3, 1, 39; 3, 2, 5; to conduct, to bring, 1, 4, 13.—In the intrans. parts (see ἵστημι) to become settled, established; in the mid. (except the aor.) intrans. κατέστη εἰς τὴν βασιλείαν, became established in the kingdom, 1, 1, 3: ὡς καταστησομένων τούτων, on the ground that these things would be settled, 1, 3, 8; καθίστασθαι εἰς τὴν τάξιν, to take one's place in his rank 1, 8, 3; εἰς τὴν μάχην καθ. to enter into the battle, 1, 8, 6.

καθοράω, ῶ, (κατά, ὁράω, wh. see) to look down upon; to descry, 1, 8, 26; to observe, 1, 10, 14.

καί, copulative conjunc. has three principal renderings, and, also, even; used to connect either single words or clauses. See H. 855. ff. K. § 321. L. G.

Καιναί, ῶν, αἱ, Cænæ, or Kœnæ, 2, 4, 28.

καίπερ, (καί, πέρ) although, 1, 6, 10.

καιρός, οῦ, ὁ, the proper measure; comm. of time, a fitting time, an opportunity, 3, 1; 36: ἐν τῷ καιρῷ τούτῳ, on this occasion, 1, 7, 9; 1, 8, 14; a crisis, a critical situation, 3, 1, 44: ἐν καιρῷ, opportunely, seasonably, 3, 1, 39.

καίτοι, (καί, τοί) and indeed, 1, 4, 8; although.

καίω, Att. κάω, f. καύσω, aor. ἔκαυσα, pf. κέκαυκα, pf. pass. or mid. κέκαυμαι, aor. pass. ἐκαύθην, to burn, 1, 6, 1 and 2.

κακόνοος, ον, contr. -ους, -ουν, (κακός, νοῦς) ill-disposed, evil-minded, 2, 5, 16 and 27.

κακός, ή, όν, comp. κακίων, sup. κάκιστος, bad, base, evil: κακίους περί w. acc. baser towards, etc. 1, 4, 8; cowardly (opp. to ἀγαθός, brave); μὴ κακίους εἶναι, that we be not more cowardly, i. e. less daring, less courageous, or perh. as Krüg., less faithful, 1, 3, 18; κακῷ εἶναι, to be cowardly, 3, 2, 31; τοὺς κακούς, the cowardly, 1, 9, 15; cf. 2, 6, 30.

κακοῦργος, ου, ὁ, (κακός, ἔργον) an evil-doer, a knave, 1, 9, 13.

κακῶς, adv. (κακός) badly, ill: κακῶς τῶν ἡμετέρων ἐχόντων, our affairs being in a bad condition, 1, 5, 16; κακῶς ἀποθνήσκειν, to die miserably, 3, 1, 43; κακῶς πάσχειν, to suffer severely, 3, 3, 12; κακῶς ποιεῖν w. acc. of pers. to do harm to, to treat ill, 1, 4, 8.

κάλαμος, ου, ὁ, a reed, 1, 5, 1.

καλέω, ῶ, f. καλέσω or καλῶ, ἐκάλεσα, κέκληκα, κέκλημαι, ἐκλήθην, to call, to summon, 1, 2, 2; 1, 7, 18;—pass. to be called, named, 1, 2, 8 and 13;—mid. to summon (to one's self), 3, 3, 1.

καλλιερέω, ῶ, -ήσω, (καλός, ἱερόν) to obtain favorable omens in a sacrifice.—Mid. to obtain (for one's self) favorable omens, 3, 4, 22.

κάλλος, ους, τό, beauty.

καλλωπισμός, οῦ, ὁ, (καλλωπίζω, to make the face beautiful, to adorn one's self; fr. καλός, ὤψ the face) personal adorning, 1, 9, 23.

καλός, ή, όν, comp. καλλίων, sup. κάλλιστος, beautiful, 1, 2, 22 and often: τὰ κάλλιστα, the most beautiful (equipments), 3, 2, 7; τὸ καλόν, honorable conduct, honor, 2, 6, 18; καλὸς καὶ ἀγαθός, honorable and good, 2, 6, 19 and 20; κάλλιστόν τε καὶ ἄριστον, most honorable and best, 2, 1, 9; favorable, propitious, καλὰ ἱερά, 2, 2, 3.

καλῶς, adv. (καλός) comp. κάλλιον, sup. κάλλιστα, beautifully, well, nobly, honorably, favorably: καλῶς ἔχειν, to be well; καλῶς πράττειν, to fare well, to be fortunate.

κάμνω, καμοῦμαι, κέκμηκα, ἔκαμον, to be weary, fatigued, 3, 4, 47; to be faint, exhausted; to be ill.

κἄν = καὶ ἄν (= ἐάν) and if, 1, 8, 12.

κάνδυς, υος, ὁ, an outer garment, over-coat (a Persian and Median garment with sleeves), 1, 5, 8.

κἄπειτα = καὶ ἔπειτα.

καπηλεῖον, ου, τό, (κάπηλος, a huckster) an inn: οἱ τὰ καπηλεῖα ἔχοντες, the inn-keepers, 1, 2, 24.

καπίθη, ης, ἡ, a capithe (a Persian measure containing two χοίνικες), 1, 5, 6.

καπνός, οῦ, ὁ, smoke.

Καππαδοκία, ας, ἡ, Cappadocia.

κάπρος, ου, ὁ, a wild boar, 2, 2, 9.

καρδία, as, ἡ, the heart, 2, 5, 23.

Καρδοῦχοι, ων, οἱ, Carduchi, or Carduchians.

καρπός, οῦ, ὁ, fruit, corn.

καρπόω, ῶ, -ώσω, (καρπός) to bear fruit.—Mid. to gather the fruits from, w. acc. 3, 2, 23.

Κάρσος, ου, ὁ, Carsus, a river of Cilicia.

κάρφη, ης, ἡ, hay, 1, 5, 10.

Καστωλός, οῦ, ὁ, Castolus: Καστωλοῦ πεδίον, the plain of Castolus, 1, 1, 2.

κατά, prep. w. gen. or acc. down, opp. to ἀνά: (1) w. gen. 1, 5, 8; (2) w. acc. of place, down along, or simply along, 3, 4, 30; also near, 1, 10, 7; to (after a verb of motion), 1, 10, 6; against, 1, 8, 12; against or upon, 1, 8, 26; after, in pursuit of, 3, 5, 2: κατὰ γῆν, κτέ., by land, etc. 1, 1, 7; opposite to, over against, 1, 5, 10; 1, 8, 21; cf. 1, 10, 5;—of time, at, during; of other relations, according to, 2, 2, 8; in, καθ' ἡσυχίαν, in quiet, quietly, 2, 3, 8: τὸ κατὰ τοῦτον εἶναι, so far as this man is concerned, 1, 6, 9; distributive, κατὰ ἔθνη, nation by nation, 1, 8, 9; κατὰ μῆνα, monthly, 1, 9, 17; cf. 3, 2, 12; κατὰ ἴλας, κτέ., in companies of horse, etc. 1, 2, 16. In compos. down, against; and intens.

καταβαίνω, (κατά, βαίνω, wh. see) to go down (from the interior towards the coast, opp. to ἀναβαίνω), 2, 5, 22.

κατάβασις, εως, ἡ, (καταβαίνω) the act of going down, the descent, 3, 4, 37 and 9; opp. to ἀνάβασις.

καταγγέλλω, (κατά, ἀγγέλλω, wh. see) to give information of (anything, acc.) against (a person, gen.), 2, 5, 38.

καταγελάω, ῶ, (κατά, γελάω, -άσω and -άσομαι) to laugh at, to deride, w. gen. 2, 6, 23; to despise, 2, 6, 30; to mock, to go unpunished, 1, 9, 13; 2, 4, 4.

κατάγω, (κατά, ἄγω, wh. see) to lead down; to restore (to one's native land), 1, 1, 7; 1, 2, 2.—Mid. to march down, to arrive (at), ἐπί w. acc. 3, 4, 36.

καταδαπανάω, ῶ, -ήσω, (κατά, δαπανάω) to expend, to consume, 2, 2, 11.

καταδύω, (κατά, δύω, see δύνω) pf. plupf. and 2d aor. act. intrans., other tenses of the act. causative; to cause to enter into, to sink, w. acc. 1, 3, 17;—mid. and intrans. tenses of the act. to sink, 3, 5, 11.

καταθεάομαι, ῶμαι, (κατά, θεάομαι, -άσομαι) to look down upon, to take a view, 1, 8, 14.

καταθύω, (κατά, θύω, θύσω) to sacrifice, 3, 2, 12.

καταισχύνω, (κατά, αἰσχύνω, f. αἰσχυνῶ) to disgrace, w. acc. 3, 1, 30; to be unworthy of, 3, 2, 14.

κατακαίνω = κατακτείνω, (κατά, καίνω, κανῶ, κέκονα, ἔκανον) to slay, κατέκανον, 1, 6, 2; 1, 9, 6.

κατακαίω, (κατά, καίω, wh. see) to burn down, 1, 4, 10; to consume by burning, to burn up, 3, 3, 1.

κατάκειμαι, (κατά, κεῖμαι, wh. see) to lie down, to lie still, 3, 1, 13, ff.

κατακηρύττω, (κατά, κηρύττω, wh. see) to proclaim, to enjoin, 2, 2, 20.

κατακλείω, (κατά, κλείω, κλείσω, ἔκλεισα, κέκλεικα, κέκλεισμαι and κέκλειμαι, ἐκλείσθην) to shut up, to enclose, 3, 4, 26; pass. 3, 3, 7.

κατακόπτω, (κατά, κόπτω, wh. see) to chop down; to cut in pieces, 1, 8, 24; 1, 10, 9; pass. to be cut down or cut in pieces, κατακοπῆναι, 1, 2, 25; κατακεκόψεσθαι, 1, 5, 16.

κατακτείνω, (κατά, κτείνω, wh. see). to kill, to slay, 2, 5, 10.

καταλαμβάνω, (κατά, λαμβάνω, wh. see) to seize upon, to occupy, 1, 3, 14; 1, 10, 16; to light upon, to find, 3, 1, 8; w. acc. and particip. 1, 10, 18; to overtake, 2, 2, 12; 3, 3, 8 and 15; pass. to be taken, caught, 1, 8, 20; 3, 5, 2.

καταλέγω, (κατά, λέγω, wh. see) to speak of, to recount, 2, 6, 27: εὐεργεσίαν κατέλεγεν ... ὅτι, he recounted it as a benefit, that, etc.

καταλείπω, (κατά, λείπω, wh. see) to leave, leave behind, 3, 5, 5; pass. to be left, abandoned, left behind, 3, 1, 2; 3, 3, 19.

καταλεύω, (κατά, λεύω, fr. λεύς, Doric for λᾶας, a stone) to stone to death.—Pass. aor. κατελεύσθην, to be stoned to death, 1, 5, 14; καταλευσθῆναι.

καταλλάττω, (κατά, ἀλλάττω, ἀλλάξω, ἤλλαξα, ἤλλαχα, ἤλλαγμαι, ἠλλάχθην comm. in Att. ἠλλάγην) to change, to change (a person) from enmity to friendship, to reconcile; pass. to be reconciled, καταλλαγείς, 1, 6, 1.

καταλύω, (κατά, λύω, wh. see) to dissolve, to abolish: καταλῦσαι πρὸς w. acc. to come to an agreement with, 1, 1, 10; sc. τὴν πορείαν, to put an end to the march, to halt, 1, 8, 1; 1, 10, 19.

καταμανθάνω, (κατά, μανθάνω, wh. see) to learn, learn thoroughly, w. acc. 1, 9, 3; to become acquainted with, 2, 3, 11; *to reflect upon, consider*, 3, 1, 44.

κατανοέω: see Addenda.

κατᾱντιπέρας, (κατά, ἀντί, πέρας *a limit*) *opposite*, w. gen. 1, 1, 9.

καταπέμπω, (κατά, πέμπω, wh. see) *to send down* (from the interior to the sea-coast), 1, 9, 7.

καταπετρόω, ῶ, f. -ώσω, (κατά, πετρόω, πέτρος *a stone*) *to stone to death;* pass. *to be stoned to death*, 1, 3, 2.

καταπηδάω, ῶ, f. -ήσω, (κατά, πηδάω) *to leap down*, 1, 8, 3.

καταπίπτω, (κατά, πίπτω, wh. see) *to fall down, to fall off* (from a horse), 3, 2, 19.

καταπράττω, (κατά, πράττω, wh. see) *to accomplish:* εἰ καλῶς καταπράξειεν, *if he should successfully accomplish*, 1, 2, 2.

κατασκέπτομαι, (κατά, σκέπτομαι, wh. see) *to look carefully at, to inspect*, w. acc. 1, 5, 12.

κατασκευάζω, (κατά, σκευάζω, wh. see) *to prepare, put in order, regulate*, 1, 9, 19; *to equip*, 3, 3, 19.

κατασκηνέω, ῶ, -ήσω, (κατά, σκηνέω, σκηνή) *to encamp*, 3, 4, 32 and 33.

κατασκηνόω, ῶ, -ώσω, (κατά, σκηνόω, σκηνή) *to encamp*, 2, 2, 16.

κατασπάω, (κατά, σπάω, σπάσω, pf. and aor. pass. assume σ) *to draw down.* Pass. 1, 9, 6, κατεσπάσθη, *was drawn down.*

καταστρατοπεδεύω, -εύσω, (κατά, στρατοπεδεύω, στρατόπεδον) *to place in camp;* mid. *to place one's self in camp, to encamp*, 3, 4, 18.

καταστρέφω, (κατά, στρέφω, wh. see) *to turn down;* mid. *to subdue, subjugate*, 1, 9, 14.

κατατείνω, (κατά, τείνω, wh. see) *to stretch* (anything) *tight, to exert one's self, to persist*, 2, 5, 30.

κατατέμνω, (κατά, τέμνω, wh. see) *to cut down and along;* of ditches, *to dig;* in the pass. κατετέτμηντο, *had been dug*, 2, 4, 13.

κατατίθημι, (κατά, τίθημι, wh. see) *to place down;* mid. *to place down* (for one's self): οὐκ ... κατεθέμην ἐμοί, *I did not hoard* (them, i. e. the darics) *up for my own private use*, 1, 3, 3; παρ' οἷς τὴν φιλίαν ... κατεθέμεθα, *with whom, having concluded a friendship, we have laid it up* (for safe keeping), 2, 5, 8.

κατατιτρώσκω, (κατά, τιτρώσκω, wh. see) *to wound severely*, 3, 4, 26.

καταφανής, ές, (κατά, φαίνομαι *to appear*) *clearly seen, in plain sight*, 1, 8, 8; 2, 3, 3.

καταφεύγω, (κατά, φεύγω, wh. see) *to flee for refuge*, 1, 5, 13.

καταφρονέω, ῶ, (κατά, φρονέω, φρήν *mind*) *to despise*, 3, 4, 2.

κατεῖδον, see καθοράω.

κατεργάζομαι, (κατά, ἐργάζομαι, wh. see) *to accomplish, achieve*, 1, 9, 20; 2, 6, 22.

κατέχω, (κατά, ἔχω, wh. see) *to hold down, hold back, restrain*, 3, 1, 20: *to compel;* pass. 2, 6, 13, κατεχόμενοι, *being compelled.*

κατιδεῖν, 2d aor. infin., see καθοράω.

κάτω, adv, (κατά) opp. to ἄνω, w. a verb of motion *downwards;* rest, *down, below:* οἱ κάτω, *those who dwell on the coast.*

καῦμα, ατος, τό, (καίω) *heat*, 1, 7, 6.

Καΰστρου πεδίον, *the plain of Caÿstrus*, or *Caÿstru-pedium*, 1, 2, 11.

κάω, see καίω.

κέγχρος, ου, ὁ or ἡ, millet, 1, 2, 22.

κεῖμαι, κείσομαι, ἐκείμην, to lie, to be laid, 2, 4, 12; to lie (dead), 1, 8, 27.

Κελαιναί, ῶν, αἱ, Celænæ, 1, 2, 7, ff.

κελεύω, -εύσω, ἐκέλευσα, κεκέλευκα, κεκέλευσμαι, ἐκελεύσθην, to order, w. acc. and infin. 1, 5, 8 and 13; to bid, exhort, tell, 1, 9, 27; to urge, advise, 1, 4, 14.

κενός, ή, όν, empty, vacant, 3, 4, 20; w. gen. without, 1, 8, 20; idle, unfounded, φόβος, 2, 2, 21.

κεντέω, ῶ, -ήσω (akin to κέντρον, a sting) to goad, to torture; pass. 3, 1, 29.

κεράμινος, η, ον, (κέραμος, clay) of or pertaining to potter's ware: πλίνθοις κεραμίναις, of burnt bricks, or of potter's bricks, 3, 4, 7.

Κεραμῶν ἀγορά, ἡ, Cerāmon-agŏra, or, the market of the Ceramians, 1, 2, 10.

κεράννυμι, κεράσω, Att. κερῶ, ἐκέρασα, κέκρακα, κέκραμαι, ἐκράθην or ἐκεράσθην, to mix, mingle; κεράσας, 1, 2, 13.

κέρας, κέρατος, and κέρως, τό, a horn, a trumpet, 2, 2, 4; the wing of an army, 1, 8, 4 and often.

κερδαίνω, κερδᾰνῶ, ἐκέρδᾱνα, κεκέρδηκα, (κέρδος) to gain, 2, 6, 21.

κερδαλέος, α, ον, (κέρδος) profitable, lucrative; comp. -ώτερος, 1, 9, 17.

κέρδος, εος, ους, τό, gain, earnings: τὸ κατὰ μῆνα κέρδος, the monthly earnings, 1, 9, 17.

κεφαλαλγής, ές, (κεφαλή, ἄλγος pain) liable to cause a headache, 2, 3, 15.

κεφαλή, ῆς, ἡ, the head.

κηδεμών, όνος, ὁ, (κῆδος, care) a guardian, protector, 3, 1, 17.

κῆρυξ or κήρυξ, ῡκος, ὁ, a herald, 2, 2, 20; 3, 1, 46; a messenger, an envoy, 2, 1, 7; 2, 3, 1 and 2.

κηρύττω, -ξω, ἐκήρυξα, (κῆρυξ) to proclaim; impers. proclamation is made through a herald, 3, 4, 36.

Κιλικία, ας, ἡ, Cilicia.

Κίλιξ, Κίλικος, ὁ, a Cilician.

Κίλισσα, ης, ἡ, a Cilician woman.

κινδυνεύω, -εύσω, (κίνδυνος) to be in danger, to incur danger, 1, 1, 4; 1 4, 14.

κίνδυνος, ου, ὁ, danger, w. infin. 2, 5, 17.

κινέω, ῶ, -ήσω, to move, trans. w. acc. 3, 4, 28.

Κλεάνωρ, ορος, ὁ, Cleānor.

Κλέαρχος, ου, ὁ, Clearchus.

κνημίς, ῖδος, ἡ, (κνήμη, the part of the leg between the ancle and the knee) a leggin, a greave, 1, 2, 16.

κογχυλιάτης, ου, ὁ, (κόγχη, a shell) containing petrified shells: λίθου κογχυλιάτου, of shelly stone, 3, 4, 10.

κοινῇ, adv. (κοινός) in common, jointly, 3, 3, 2.

κοινός, ή, όν, common, 3, 1, 43.

κολάζω, κολάσομαι, (rare κολάσω) to chastise, 2, 5, 13; 2, 6, 9.

κόλασις, εως, ἡ, (κολάζω) chastisement.

Κολοσσαί, ῶν, αἱ, Colossæ.

κομίζω, κομίσω or κομιῶ, κτέ., to carry. Mid. to carry one's self, to travel, 3, 2, 26.

κονιορτός, οῦ, ὁ, (κόνις, dust, ὄρνυμι, to excite) a cloud of dust, 1, 8, 8.

κόπρος, ου, ὁ, dung, fæces, 1, 6, 1.

κόπτω, -ψω, ἔκοψα, κέκοφα, κέκομμαι, ἐκόπην, to strike and cut, to chop, to slaughter, 2, 1, 6.

Κορσωτή, ῆς, ἡ, Corsōte.

κορυφή, ῆς, ἡ, the highest point, the summit, 3, 4, 41.

κοσμέω, ῶ, -ήσω, (κόσμος) to arrange, to marshal, 3, 2, 36; to adorn, in pass. κοσμηθῆναι, to be adorned, 1, 9, 23.

κόσμος, ου, ὁ, order; ornament, 1, 9, 23.

κοῦφος, η, ον, light, 1, 5, 10.

κράνος, εος, ους, τό, a helmet; κράνη χαλκᾶ, 1, 2, 16. The κράνος was without a crest (λόφος), and thus differed from the κόρυς, according to Theisz.

κρατέω, ῶ, -ήσω, (κράτος) to be strong, to be conqueror, 2, 1, 10; to be victorious, 3, 2, 39; w. gen. to have power over, to rule, 2, 5, 7; to conquer, 3, 4, 26.

κράτιστα, adv. (in form, neut. plur. of κράτιστος) in the best manner; most bravely, 3, 2, 6; 3, 3, 3. Positive εὖ, comp. κρεῖττον.

κράτιστος, η, ον, sup. adj. (positive ἀγαθός, comp. κρείσσων or κρείττων) (fr. κράτος) most powerful, most eminent, noblest, 1, 5, 8; 2, 2, 8; most distinguished, best, 1, 9, 2 and 18, ff.: κράτιστον, sc. ἐστίν, it is best, 3, 4, 41.

κράτος, εος, ους, τό, strength, power: διώκειν κατὰ κρ., to pursue vigorously, 1, 8, 19; ἐλαύνειν ἀνὰ κρ., to ride at the top of one's speed, 1, 8, 1; φεύγειν ἀνὰ κρ., to flee precipitously, 1, 10, 15.

κραυγή, ῆς, ἡ, (κράζω, to scream) a cry, 1, 5, 12; σὺν κραυγῇ, with an outcry, with shouting, 1, 2, 17; κραυγὴν ἀνέχεσθαι, 1, 8, 11; κρ. ποιεῖν, 2, 2, 17.

κρέας, ως, τό, plur. τὰ κρέα, flesh, meat, 1, 5, 2, ff.

κρείττων, ον, gen. ονος, comp. adj. (pos. ἀγαθός, sup. κράτιστος) better, ὁδὸν κρείττω, 2, 2, 10; more powerful, 1, 2, 26; 2, 5, 19; more useful, 3, 1, 4.

κρεμάννυμι, κρεμῶ, (-άσω), ἐκρέμασα; pass. or mid. pres. κρεμάννυμαι or κρέμαμαι, pf. κεκρέμασμαι (late), aor. pass. ἐκρεμάσθην, f. mid. κρεμήσομαι, aor. mid. ἐκρεμασάμην, to hang (trans.) 1, 2, 8; pass. to be suspended, κρέμανται, 3, 2, 19.

κρήνη, ης, ἡ, a fountain, 1, 2, 13.

κρηπίς, ῖδος, ἡ, a foundation, 3, 4, 7 and 10.

Κρής, Κρητός, ὁ, a Cretan; comm. plur. Κρῆτες, Κρητῶν, οἱ, Cretans.

κριθή, ῆς, ἡ, barley, comm. plur. 1, 2, 22.

κρίνω, κρινῶ, ἔκρινα, κέκρικα, κέκριμαι, ἐκρίθην, to judge, decide, 1, 9, 5 and 20 and 28; to estimate, 1, 9, 30.

κριός, οῦ, ὁ, (κέρας, κεραός, horned) a ram.

κρίσις, εως, ἡ, (κρίνω) the act of deciding, a trial, 1, 6, 5.

κρύπτω, κρύψω, ἔκρυψα, κέκρυμμαι, ἐκρύφθην, to conceal, to hide, w. two acc. 1, 9, 19; to conceal (by keeping silence), 1, 4, 12.

κτάομαι, -ῶμαι, κτήσομαι, κέκτημαι or ἔκτημαι, ἐκτησάμην, to get, to acquire, 1, 9, 19; pf. to have acquired = to possess, 1, 7, 3.

κτείνω, κτενῶ, ἔκτεινα, pf. ἀπέκτο-

Κτησίας   221   λανθάνω

να, and in all the parts, the comp. ἀπο- is far more comm. *to kill, to slay*, 2, 5, 32.

Κτησίας, ου, ὁ, *Ctesias*, a Greek physician at the Persian court, 1, 8, 26 and 27.

Κύδνος, ου, ὁ, *Cydnus*, a river in Cilicia.

κύκλος, ου, ὁ, *a circle:* κύκλῳ, *in a circle, round about*, 3, 1, 2 and 12; ἡ κύκλῳ χώρα, *the surrounding country*, 3, 5, 14; sometimes not in a strict sense, where only the greater part of the circuit round is denoted, 1, 5, 4; *a wall around*, 3, 4, 7 and 11.

κυκλόω, ῶ, -ώσω, (κύκλος) *to surround;* pass. *to be surrounded*, 1, 8, 13.

κύκλωσις, εως, ἡ, (κυκλόω, κύκλος) *the act of surrounding:* ὡς εἰς κύκλωσιν, *as if for the purpose of surrounding* (*them*), 1, 8, 23.

κῦμα, ατος, τό, *a wave, billow*.

κύπτω, -ψω, *to stoop*.

Κυρεῖος, εία, εῖον, or Κύρειος, α, ον, *belonging to Cyrus:* τὸ Κύρειον στρατόπεδον, *the camp of Cyrus*, 1, 10, 1; οἱ Κύρειοι, *the soldiers of Cyrus*, meaning the Persians who had been in his service, 3, 2, 17.

Κῦρος, ου, ὁ, *Cyrus:* Κῦρος ὁ ἀρχαῖος, *Cyrus the elder*, 1, 9, 1; elsewhere in the Anabasis Cyrus the younger (ὁ νεώτερος) is meant.

κύων, κυνός, ὁ or ἡ, *a dog*.

κωλύω, -ύσω, *to hinder, prevent;* w. acc. and gen. *to hinder a person from doing anything*, 1, 6, 2; w. acc. and infin. 1, 7, 19: τί κωλύει *what hinders*, 1, 3, 16.

κώμη, ης, ἡ, *a village*, 2, 3, 13.

Λ

λαγχάνω, λήξομαι, εἴληχα, ἔλαχον, εἴληγμαι, ἐλήχθην, *to obtain by lot;* in genr. *to obtain,* w. gen. 3, 1, 11.

λάθρᾳ or λάθρα, (root λαθ-, found in λανθάνω) *secretly;* w. gen. *without the knowledge of*, 1, 3, 8.

Λακεδαιμόνιος, ου, ὁ, *a Lacedaemonian*.

Λακεδαίμων, ονος, ἡ, *Lacedaemon*, called also Sparta, the chief city of Laconia.

λακτίζω, -ίσω, ἐλάκτισα, λελάκτικα, λελάκτισμαι, ἐλακτίσθην, (λάξ, adv. *with the heel*) *to kick;* pass. 3, 2, 18.

λαμβάνω, λήψομαι, εἴληφα, ἔλαβον, εἴλημμαι, ἐλήφθην, *to take;* *to levy*, λαμβάνειν ἄνδρας, 1, 1, 6; *to take = to find*, ὅπως ... λάβοι βασιλέα, *that he might find the king as unprepared as possible*, 1, 1, 6; cf. 2, 3, 21; *to receive*, δῶρα, 1, 9, 22; *to take hold of*, 1, 6, 10; *to get possession of*, 1, 7, 9; *to seize*, 3, 4, 41.

λαμπρός, ά, όν, (λάμπω) *bright;* comp. -ότερος, sup. -ότατος.

λαμπρότης, ητος, ἡ, (λαμπρός, λάμπω) *splendor*, 1, 2, 18.

λάμπω, -ψω, ἔλαμψα, λέλαμπα; mid. λάμπομαι, -ψομαι, -ψάμην, *to shine*, 3, 1, 12; *to be in a blaze*, 3, 1, 11.

λανθάνω, λήσω, λέληθα, ἔλαθον, λέλησμαι, trans. *to escape the notice of, to elude,* w. acc. λαθεῖν αὐτὸν ἀπελθών, lit. *to elude him in having gone away*, i. e. *to have gone away without his knowledge*, 1, 3, 17;—intrans. *to be concealed*, τρεφόμενον ἐλάνθανεν, lit. *was concealed in being*

Λάρισσα   222   Λυκαῖος

nourished, i. e. *was secretly nourished*, 1, 1, 9 and 10.

Λάρισσα, ης, ἡ, *Larissa*, now called Athur (= Ashur) or Nimroud; thought by Layard to be a suburb of Nineveh. Interesting ruins have been discovered here: 3, 4, 7.

λέγω, λέξω, ἔλεξα, (pf. act. wanting, cf. εἴρηκα), λέλεγμαι (the comp. διαλέγομαι has διείλεγμαι), ἐλέχθην, *to speak, say, tell*, w. ὡς, 1, 8, 18; w. ὅτι, 1, 2, 21; w. infin. 1, 3, 8; w. πρὸς and acc. 2, 5, 25; *to mention*, w. acc. 1, 5, 14; 1, 3, 15; *to express*, ἐλπίδας, 1, 2, 11; *to say, to propose*, 2, 1, 15;—pass. *to be said, to be reckoned*, 1, 6, 1;—λέγεται, *is said*, w. nom. and infin. 1, 2, 8 and 12 and 21; impers. w. acc. and infin. 1, 8, 6.

λείπω, λείψω, λέλοιπα, ἔλιπον, λέλειμμαι, ἐλείφθην, *to leave, abandon*, 1, 2, 21;—pass. *to be left*, 2, 4, 5; *to survive*, 3, 1, 2.

Λεοντῖνος, ίνη, ῖνον, *of Leontini;* as subst. *a Leontine*.

λευκοθώραξ, ᾱκος, ὁ, ἡ, (λευκός, *white*, θώραξ, *breastplate*) *with white breastplate*, 1, 8, 9.

λήγω, λήξω, ἔληξα, *to cease, to come to an end*, 3, 1, 9.

λίθινος, ίνη, ινον, (λίθος) *of stone*, 3, 4, 7 and 9.

λίθος, ου, ὁ, *a stone; stone* (denoting the material), 3, 4, 10.

λιμός, οῦ, ὁ, *hunger, famine*, ἀπώλετο ὑπὸ λιμοῦ, 1, 5, 5.

λογίζομαι, -ίσομαι or -ιοῦμαι, λελόγισμαι, ἐλογισάμην, (λόγος) *to consider*, 3, 1, 20; *to calculate, estimate*, 2, 2, 13.

λόγος, ου, ὁ, (λέγω) *word, argument, conversation*, 1, 6, 6; often in plur. 2, 5, 16; *discussion, conversation, interview*, εἰς λόγους, 2, 5, 4; cf. 3, 1, 29; *rumor, report*, διῆλθε λόγος, *a report went abroad*, 1, 4, 7; *narrative*, 2, 1, 1; 3, 1, 1, etc.

λόγχη, ης, ἡ, *the point of a spear*, 1, 8, 8; by meton. *a spear*, 2, 2, 9, etc.

λοιδορέω, ῶ, -ήσω, (λοίδορος, *a reviler*) *to rail at, reproach, revile*, w. acc. in the act. 3, 4, 49; w. dat. in the mid.

λοιπός, ή, όν, (λείπω) *left, remaining*: τὴν λοιπὴν, sc. ὁδόν, *the rest of the way*, 3, 4, 46; τὸ λοιπόν, *the rest of the time, henceforth*, 3, 2, 8 and 38; *thenceforth*, 2, 2, 5: τὸ λοιπὸν τῆς ἡμέρας, *the rest of the day*, 3, 4, 6 and 16; λοιπόν, sc. ἐστί, *it remains*, 3, 2, 29.

λόφος, ου, ὁ, *an elevation, eminence, a hill* = γήλοφος, 1, 10, 12.

λοχαγία, ας, ἡ, (λόχος, ἄγω) *the command of a company*, 3, 1, 30; plur. *the command of companies*, 1, 4, 15.

λοχαγός, οῦ, ὁ, (λόχος, ἄγω) *a commander of a company* (λόχος), *a captain*, 3, 1, 33 and often.

λόχος, ου, ὁ, (λέγω, *to collect*) *a company of soldiers*, comm. of about 100 men, 1, 2, 25.

Λυδία, ας, ἡ, *Lydia*, a country in the western part of Asia Minor.

Λύδιος, ία, ιον, *Lydian*.

Λυδός, οῦ, ὁ, *a Lydian*.

Λυκαῖος, αία, αῖον, *belonging to Mount Lycœum*, in Arcadia, sacred to Zeus and Pan: τὰ Λύκαια, *the Lycœa*, a festival celebrated by the Arcadians in honor of Pan; θύειν τὰ Λύ., *to celebrate the Lycœa*, 1, 2, 10.

Λυκάονες, ων, οί, *Lycaonians.*
Λυκαονία, as, ή, *Lycaonia,* between Phrygia and Cilicia.
Λύκιος, ου, ό, *Lycius,* a Syracusan, 1, 10, 14 and 15; an Athenian, 3, 3, 20.
λύκος, ου, ό, *a wolf,* 2, 2, 9.
λυμαίνομαι, λυμανοῦμαι, pf. λελύμασμαι, aor. ἐλυμηνάμην, (λῦμα, *filth removed by washing*) *to spoil, to ruin :* ᾧ λυμαινόμεθα τὴν πρᾶξιν, *whose enterprise we are ruining,* 1, 3, 16.
λυπέω, ῶ, -ήσω, (λύπη) *to annoy, to harass,* w. acc. 2, 3, 23; pass. *to be annoyed, grieved,* 1, 3, 8.
λύπη, ης, ή, *pain, sorrow, grief,* 3, 1, 3.
λυπηρός, ά, όν, (λύπη) *painful;* of persons, *troublesome, annoying,* 2, 5, 13.
λυσιτελέω, ῶ, (λυσιτελής, *paying expenses,* fr. λύω, *to cancel,* and τέλος, *a tax, duty*) *to be profitable, advantageous,* 3, 4, 36.
λύω, λύσω, etc., *to loose; to break, destroy,* γέφυραν, 2, 4, 17; *to violate, to break,* σπονδάς, 3, 1, 21; ὅρκους, 3, 2, 10; pass. *to be loosed, set free,* 3, 4, 35; *to be removed,* ὕβρις, ὑποψία, 3, 1, 21.
λωΐων and λῴων, comp. of ἀγαθός, *more advantageous, better,* 3, 1, 7.
λωτοφάγος, ου, ό, (λωτός, a species of *date,* and φαγεῖν, *to eat*) *a lotus-eater,* 3, 2, 25.

M

μά, *by,* a particle used in oaths, followed by the acc.; comm. in neg. clauses; but when preceded by ναί, it is affirmative: μὰ τοὺς θεούς, *by the gods,* 1, 4, 8.

μάζα or μᾶζα, ης, ή, *barley-bread.*
Μαίανδρος, ου, ό, *the Mæander,* 1, 2, 5 and 7.
μαίνομαι, μανοῦμαι, μέμηνα, aor. ἐμάνην, (the aor. act. ἔμηνα is causative) *to be mad, bereft of reason,* 2, 5, 10 and 12.
μακαρίζω, (μάκαρ, *happy*) *to count happy,* 3, 1, 19.
μακαριστός, ή, όν, (μακαρίζω) *deemed happy, enviable,* 1, 9, 6.
μακράν, adv. sc. ὁδόν, (μακρός) *a great distance, far,* 3, 4, 17.
μακρός, ά, όν, comp. μακρότερος, sup. μακρότατος, *long* (of distance and of time), 2, 2, 12; comp. *farther, a greater distance,* 3, 4, 16.
μακρῷ, (μακρός) *far, by far.*
μάλα, adv., comp. μᾶλλον, sup. μάλιστα, *very, exceedingly,* μάλα ταχέως, 3, 4, 15; μάλα ἐρῶντες, *very greatly longing,* 3, 1, 29; *certainly,* 3, 5, 11; οὐ μάλα, *not at all,* 2, 6, 15. Comp. *more, rather,* 1, 1, 5; οὐδὲν μᾶλλον, *none the better,* 3, 3, 13. Sup. *most, especially,* ὡς μ. ἐπικρυπτόμενος, *concealing it as much as he was able,* 1, 1, 6; ᾗ δυνατὸν μάλιστα, *as much as possible,* 1, 3, 15.
μάλιστα, see μάλα.
μᾶλλον, see μάλα.
μανθάνω, μαθήσομαι, μεμάθηκα, ἔμαθον, *to learn,* w. infin. 3, 2, 25; *to ascertain,* w. acc. 2, 5, 37.
μαντεία, ας, ή, (μαντεύομαι, *to prophesy,* μάντις) *a response* (of an oracle), 3, 1, 7.
μάντις, εως, ό, (μαίνομαι) *a prophet, diviner,* 1, 7, 18.
Μαρσύας, ου, ό, *Marsyas,* 1, 2, 9.
μαρτυρέω, ῶ, -ήσω, (μάρτυς), *to bear witness,* w. dat. 3, 3, 12.

μαρτύριον, ου, τό, (μάρτυς) a testimony, proof, 3, 2, 13.

μάρτυς, υρος, ὁ, a witness.

μασθός, see μαστός.

Μάσκας, gen. Μάσκα, ὁ, the Mascas, a river of Mesopotamia.

μαστεύω, to seek, to earnestly desire, w. infin. 3, 1, 43.

μάστιξ, -ιγος, ἡ, a whip: ὑπὸ μαστίγων, under the lash, 3, 4, 25.

μαστός, οῦ, ὁ, the breast, 1, 4, 17.

μάτην, adv. in vain.

μάχαιρα, ας, ἡ, (akin to μάχη) a knife, sword (slightly curved, as distinguished fr. ξίφος, a straight sword), 1, 8, 7.

μάχη, ης, ἡ, (μάχομαι) battle, 2, 1, 4; battle-field, 2, 2, 6.

μάχομαι, μαχοῦμαι, μεμάχημαι, ἐμαχεσάμην, to fight, w. dat. to fight with (i. e. against), 1, 5, 9; w. σὺν and dat. to fight in company with; also to fight with (an instrument), 2, 1, 12.

μεγαλοπρεπής, ες, (μέγας, πρέπω to be conspicuous) magnificent.

μεγαλοπρεπῶς, adv. (μεγαλοπρεπής) magnificently, 1, 4, 17.

μεγάλως, adv. (μέγας) greatly, 3, 2, 22.

Μεγαρεύς, έως, ὁ, a Megarean.

μέγας, μεγάλη, μέγα, gen. μεγάλου, ης, ου, comp. μείζων, sup. μέγιστος, great, large, of persons, stately, 3, 2, 25; τὰ μεγάλα νικᾶν, to excel greatly, 1, 9, 24; τοῖς μέγιστα δυναμένοις, to those possessing the greatest influence, or having the greatest power, 2, 6, 21; μέγα ὀνῆσαι, to benefit greatly, 3, 1, 38; βλάψαι μεγάλα, to injure greatly, 3, 3, 14; important, 2, 6, 14 and 16; powerful, 2, 5, 14; τὸ μέγιστον, especially, chiefly, 1, 3, 10; cf. 2, 5, 7.

Μεγαφέρνης, ου, ὁ, Megaphernes.

μέγεθος, εος, ους, τό, (μέγας) magnitude, greatness, size.

μεθίστημι, (μετά, ἵστημι) μεταστήσω, μεθέστηκα, μετέστησα, μετέστην, μεθέσταμαι, μετεστάθην, to put in another place or way, to transfer, to change; in the intrans. parts (see ἵστημι), to go to another place, to withdraw, 2, 3, 21; in the aor. mid. w. an object, to suffer (any one) to withdraw, 2, 3, 8.

μείζων, see μέγας.

μειράκιον, ου, τό, (μεῖραξ, ὁ or ἡ, a boy or girl) a youth, a boy.

μείων, ον, gen. -ονος, comp. of μικρός; also of ὀλίγος, less, 2, 4, 10; μεῖον ἔχειν, to be worsted, 1, 10, 8; 3, 4, 18; to suffer disadvantage, to be worse off, 3, 2, 17; plur. μείονες or μείους, fewer, 1, 9, 10.

μελανία, ας, ἡ, (μέλας) blackness, a black cloud, 1, 8, 8.

μέλας, μέλαινα, μέλαν, black, dark.

μέλει, impers. (the form μέλω, I take care, is rare) f. μελήσει, pf. μεμέληκε, it concerns, w. dat. ὅτι αὐτῷ μέλοι, that it would concern him, that he would take care, 1, 8, 13; ἐμοὶ μελήσει, I will take care, 1, 4, 16.

μελετάω, ῶ, -ήσω, (μέλει) to have a care for, w. gen.; to practise, w. infin. 3, 4, 17.

μελίνη, ης, ἡ, panic (a species of millet, panicum miliaceum), 1, 2, 22; a field of panic (or millet), 2, 4, 13.

μέλλω, μελλήσω, ἐμέλλησα or ἠμέλλησα, to be on the point of, to intend, w. infin. pres. 1, 8, 1; 2, 1, 3;

μέλω   225   μεταπέμπω

w. infin. fut. 2, 4, 24; *to delay*, 3, 1, 46;—pass. *to be delayed*, 3, 1, 47.

μέλω, see μέλει.

μέμνημαι, *I remember*, pf. in form; pres. in meaning; cf. μιμνήσκω.

μέμφομαι, μέμψομαι, ἐμεμψάμην, (sometimes, esp. in earlier writers, ἐμέμφθην) *to blame, reproach*, 2, 6, 30.

μέν, a connective pointing to a following clause or sentence. The particle in the corresponding clause is comm. δέ. See H. 862. a. K. § 322. 3. ff. L. G. μέν is not comm. translated into Eng. When, however, the opposition between the corresponding clauses is marked, μέν and δέ may be variously rendered *on the one hand ... on the other; first ... then; as well ... as; true that ... but.*—The phrases ὁ μὲν ... ὁ δέ may be variously rendered *the one ... the other; this one ... that one*. Sometimes, owing to an anacoluthon, the clause with δέ (or a particle of similar meaning) is wanting, 1, 2, 1; 1, 10, 16; 3, 2, 8.—μέν is postpos.

μέντοι, (μέν, τοί) *indeed, truly;* oftener adversative, *yet, still, however,* 1, 8, 20; 2, 3, 22 and 23.

μένω, μενῶ, μεμένηκα, ἔμεινα, *to remain,* 1, 3, 11.

Μένων, ωνος, ὁ, *Menon*.

μέρος, εος, τό, *a part, portion,* 1, 6, 2; *specimen,* 1, 5, 8:—ἐν τῷ μέρει, *in turn, one after another,* 3, 4, 23.

μεσημβρία, ας, ἡ, (μέσος, ἡμέρα) *mid-day; the South,* 1, 7, 6; 3, 5, 15.

μέσος, η, ον, *middle, midst of, central,* of place or time. Immediately following the article, it means *central;* in other positions, *midst of, centre of*: διὰ μέσου τοῦ παραδείσου, *through the midst of the park,* 1, 2, 7; πρὸ τῆς φάλαγγος μέσης, *before the centre of the phalanx,* 1, 2, 17; —μέσαι νύκτες, *midnight,* 1, 7, 1; μέσον ἡμέρας, *mid-day, noon,* 1, 8, 8; —τὸ μέσον, as subst. *the midst, the centre,* 1, 2, 15; also without the article, ἐν μέσω, *in the midst,* w. gen. 3, 1, 2; διὰ μέσου, w. gen. *between,* 1, 4, 4.

Μέσπιλα, ης, ἡ, *Mespila*, 3, 4, 10.

μεστός, ή, όν, *full, filled,* w. gen. 1, 4, 19.

μετά, prep. (akin to μέσος) w. gen. or acc. (in the poets w. dat. also), (1) w. gen. it denotes participation, *amidst, among, with,* 1, 2, 20; 1, 3, 5; οἱ μετά τινος, *the soldiers of any person,* 1, 7, 10. (2) w. acc. of place, *next to, next after,* 1, 8, 4; of time, *after,* 1, 4, 9. In compos. either participation, or change. H. 643. ff. K. § 167. 4.

μεταγιγνώσκω, (μετά, γιγνώσκω, wh. see) *to change one's mind,* 2, 6, 3.

μεταδίδωμι, (μετά, δίδωμι, wh. see) *to distribute, to share with,* w. dat. of pers. and acc. of thing, 3, 3, 1.

μεταμέλει, (μετά, μέλει, wh. see) impers. *to repent,* w. dat. μεταμέλειν σοι ἔφησθα; *did you affirm that you repented?* 1, 6, 7; καὶ αὐτῷ μεταμέλειν, *even he repented,* 2, 6, 9.

μεταξύ, adv. (μετά, μέσος) *between, in the midst of,* 3, 1, 27.—Prep. w. gen. *between,* 1, 7, 16.

μετάπεμπτος, ον, (μετά, πέμπω) *sent for, having been sent for,* 1, 4, 3.

μεταπέμπω, (μετά, πέμπω, wh. see)

10*

μέτειμι, (μετά, είμι, wh. see) *to be in the midst of;* impers. w. dat. of pers. and gen. of thing, *to have a share in, to participate in:* ὅτι ... οὐδενὸς ἡμῖν μετείη, *that we participated in no one of,* etc. 3, 1, 20.

μετέωρος, ον, (μετά, ἐώρα, *anything lifted up*) *raised up, lifted high:* μετεώρους ... τὰς ἀμάξας, *the wagons raised up* (from the ground), 1, 5, 8. (Cf. Eng. *meteor.*)

μετρίως, adv. (μέτριος, *within measure,* μέτρον) *in due measure, temperately, with moderation,* 2, 3, 20.

μέτρον, ου, τό, *a measure.*

μέχρι, before a vowel μέχρι or μέχρις, (1.) Prep. w. gen. *up to, even to:* μέχρι οὗ, *to (the region) where,* 1, 7, 6. (2.) Conjunc. *until,* w. indic. 3, 4, 9; w. ἄν and subjunc. 2, 3, 7 and 24; after a historic tense, 1, 4, 13.

μή, as adv. *not;* as conj. *that not, lest.* See H. 832. ff. K. § 177.

μηδαμῇ, *in no manner, nowhere.*

μηδαμῶς, *in no manner.*

μηδέ, (μή, δέ) *and not, nor;* μηδὲ ... μηδέ, *neither ... nor.*

Μηδία, ας, ἡ, *Media.*

μηδείς, μηδεμία, μηδέν, (μηδέ, εἷς) *no one;* neut. *nothing.*

μηδέποτε, adv. (μηδέ, ποτέ) *never.*

Μῆδοι, ων, οἱ, *Medes,* or *Medians.*

μηκέτι, adv. (μή, ἔτι) *no longer,* 1, 4, 16.

μῆκος, εος, τό, (akin to μακρός) *length,* 2, 4, 12; in plur. 1, 5, 9.

μήν, adv. postpos. *in truth, truly, indeed,* Lat. *vero,* 1, 7, 5; sometimes adversative, καὶ μήν, *and yet,* 1, 7, 5; 3, 1, 17; often in transitious, comm. with some other particle, *besides, nay more, but further,* 2, 5, 12; 3, 2, 16.

μήν, μηνός, ὁ, *a month:* τοῦ μηνός, *monthly,* 1, 3, 21.

μηνύω, -ύσω, *to disclose, to make known,* 2, 2, 20.

μήποτε, adv. (μή, ποτέ) *never,* 1, 1, 4.

μήπω, adv. (μή, πώ *yet*) *not yet.*

μήτε (μή, τέ) *and not;* μήτε ... μήτε, *neither ... nor;* μήτε ... τέ, Lat. *neque ... et, not only not ... but also,* 2, 2, 8; 3, 1, 30.

μήτηρ, μητρός, ἡ, *a mother.*

μηχανάομαι, -ῶμαι, -ήσομαι, (μηχανή) *to prepare in a skilful manner, to devise, to accomplish* (by fraud), 2, 6, 27.

μηχανή, ῆς, ἡ, (μῆχος, *a means*) *any artificial means* or *device.*

μία, see εἷς.

μίγνυμι, μιγνύω, also μίσγω, (cf. Lat. *misceo*) μίξω, ἔμιξα, μέμιγμαι, ἐμίχθην or ἐμίγην, *to mix, mingle.*

Μίδας, α or ου, ὁ, *Midas.*

Μιθριδάτης, ου, ὁ, *Mithridates.*

μικρός, ά, όν, see H. 228. 3. K. § 52. 6, *small, insignificant,* 3, 2, 10; of time, *short, brief:*—μικρόν, *a little* (of space or time), *for a little time,* 3, 1, 11; μικρὸν προϊόντες, *advancing a short distance,* 2, 1, 6;—μικρόν, *a little = narrowly,* 1, 3, 2.

Μιλήσιος, ία, ιον, *Milesian;* as subst. masc. *a Milesian, an inhabitant of Miletus,* 1, 9, 9; fem. *a Milesian woman,* 1, 10, 3.

Μίλητος, ου, ἡ, *Miletus,* one of the chief cities of Ionia.

Μιλτοκύθης, ου, ό, *Miltocythes*.

μιμνήσκω, μνήσω, ἔμνησα, μέμνημαι, ἐμνήσθην, (the fut. and aor. pass. are mid. in meaning; fut. pf. μεμνήσομαι, *I shall bear in mind*) *to remind*. Mid. *to remind one's self, to call to mind, to remember;* μέμνημαι, *I remember*, 1, 7, 5; w. infin. 3, 2, 39.

μισθοδοσία, ας, ή, (μισθός, δίδωμι) *the payment of wages*, 2, 5, 22.

μισθοδότης, ου, ό, (μισθός, δίδωμι) *a paymaster*, 1, 3, 9.

μισθός, οῦ, ό, *pay*, 1, 1, 10; 1, 2, 11 and 12; *reward*, 2, 2, 20.

μισθοφόρος, ον, ό, (μισθός, φέρω) as adj. *receiving pay:* μισθοφόροι Ἕλληνες, *the mercenary Greeks*, 1, 4, 3; as subst. *a hired soldier, a mercenary*.

μισθόω, ῶ, -ώσω, (μισθός) *to hire;* pass. *to be hired*, 1, 3, 1.

μνᾶ, μνᾶς, ή, *a mina* = 100 drachmæ, about $17. Sixty minæ = a talent.

μνησικακέω, ῶ, (μιμνήσκω, κακός) *to remember injuries, to bear ill-will* (against a person on account of anything, τινί τινος), 2, 4, 1.

μόλις, adv. (akin to μῶλος, *toil*) *with difficulty*, 3, 4, 48.

μολυβδίς, ίδος, ή, (μόλυβδος) *a leaden bullet*, 3, 3, 17.

μόλυβδος, ου, ό, *lead*.

μόνος, η, ον, *alone, only;* μόνον as adv. *only.*

Μυγδόνιοι, ων, οἱ, *Mygdonians*.

Μυρίανδρος or **Μυρίανδος**, ου, ό, *Myriandrus* or *Myriandus*, 1, 4, 6.

μυριάς, άδος, ή, (akin to μύριοι) *a myriad*, 10,000, 1, 4, 5.

μύριος, ία, ιον, comm. in plur.

μύριοι, αι, α, 10,000, ἀσπὶς μυρία, 1, 7, 10; μύρια στάδια, 3, 1, 2. As paroxytone, μυρίοι, ίαι, ία, it is indefinite, *countless*, 10,000, or *a myriad*, as indefinite expressions, 2, 1, 19; 3, 2, 31. (This distinction in accent seems not, however, to be always observed by the editors.)

Μύσιος, ία, ιον, *Mysian*, 1, 2, 10.

Μυσός, οῦ, ό, *a Mysian*, 1, 6, 7.

μωρός, ά, όν, comp. μωρότερος, sup. μωρότατος; of the body, *slow, sluggish;* of the mind, *stupid*, 3, 2, 22.

N

ναύαρχος, ου, ό, (ναῦς, ἄρχω) *an admiral*.

ναῦς, νεώς, ή, (akin to νέω, *to swim*, Lat. *navis*) *a ship*, 1, 4, 2.

ναυσίπορος, ον, (ναῦς, πόρος) *traversed by ships, navigable*.

ναυτικός, ή, όν, (ναῦς) *belonging to a ship* or *to maritime affairs, naval*, δύναμιν ναυτικήν, .1, 3, 12.

νεανίσκος, ου, ό, (νέος) *a young man, a youth*, 2, 1, 13.

νέμω, νεμῶ, νενέμηκα, ἔνειμα, *to divide, distribute*. Mid. *to distribute among one another;* hence, *to share;* of cattle, *to feed, to graze*, 2, 2, 15.

νέος, α, ον, *new, fresh, young;* comp. νεώτερος, *younger*, 1, 1, 1; sup. νεώτατος.

νεῦρον, ου, τό, (cf. Lat. *nervus*, Eng. *nerve*) *a sinew, a cord, a string*, 3, 4, 17.

νεφέλη, ης, ή, (akin to νέφος, *a cloud*, cf. Lat. *nebula*) *a cloud, a mist*, 1, 8, 8.

νή, *yes, surely*, a particle of assereration, always affirmative: w. acc. Νὴ Δία, yes! by Zeus! 1, 7, 9; cf. μά.

νῆσος, ου, ἡ, an island.

Νίκαρχος, ου, ὁ, (νίκη, ἄρχω to rule) Nicarchus.

νικάω, ῶ, -ήσω, (νίκη) to conquer, μάχῃ in battle, 2, 1, 4; w. acc. 1, 10, 4; to be victorious, 2, 1, 1 and 4; to surpass, to excel, 1, 9, 11 and 24.

νίκη, ης, ἡ, victory.

νοέω, ῶ, -ήσω, (νόος, νοῦς) to perceive, observe, 3, 4, 44.

νόθος, η, ον, illegitimate, 2, 5, 25.

νομή, ῆς, ἡ, (νέμω) a pasture; a herd, 3, 5, 2.

νομίζω, νομίσω or νομῶ, ἐνόμισα, νενόμικα, νενόμισμαι, ἐνομίσθην, (νόμος) to regard as a custom (νόμος), to consider, suppose, think, regard, w. acc. 1, 4, 9; 2, 5, 39; w. nom. and infin. 2, 6, 17. (H. 775. K. § 172. 3); w. acc. and infin. νομίζω ... εἶναι, for I consider that you are to me, etc. 1, 3, 6; cf. 1, 5, 16.

νόμος, ου, ὁ, (νέμω) a custom, a law: order, arrangement, anything customary: ὡς νόμος (sc. ἦν ταχθῆναι) αὐτοῖς εἰς μάχην, as it was customary for them to be drawn up for battle, 1, 2, 15.

νόος, νοῦς, ὁ, gen. νόου, νοῦ, dat. νόῳ, νῷ, and νοΐ, the mind: ἐν νῷ ἔχειν, to have in mind, 3, 3, 2; 3, 5, 13.

νύκτωρ, adv. (νύξ) by night.

νῦν, adv. now, Lat. nunc: τὸ νῦν εἶναι, for the present, 3, 2, 37.

νύξ, νυκτός, ἡ, night: νυκτός, by night, 2, 6, 7; μέσαι νύκτες, midnight, 1, 7, 1.

Ξ

Ξανθικλῆς, έους, ὁ, Xanthicles.

Ξενίας, ου, ὁ, Xenias.

ξενικός, ή, όν, (ξένος) belonging to a stranger or guest, foreign: τὸ ξενικόν, οῦ, the foreign force, the mercenary force, 1, 2, 1; 2, 5, 22.

ξένιος, ία, ιον, (ξένος) belonging to a guest or host, hospitable: Ζεὺς ξένιος, Zeus the protector of guests, 3, 2, 4.

ξένος, ου, ὁ, a guest or host, Lat. hospes, a person related to another by the ties of hospitality: ξένος ὢν ἐτύγχανεν, happened to be related to him by the ties of hospitality, 1, 1, 10; cf. 1, 1, 11; a stranger, a soldier who enters foreign service, a mercenary, 1, 1, 10; 1, 3, 18.

Ξενοφῶν, ῶντος, ὁ, Xenophon, an Athenian, son of Gryllus; a pupil of Socrates, 3, 1, 5; joins Cyrus on the invitation of Proxenus, 3, 1, 4, ff.; at Cunaxa, 1, 8, 15; exhorts the soldiers after the loss of the generals, 3, 1, 15, ff.; chosen general, 3, 1, 47; further mentioned, 3, 2, 37; 3, 3, 15, ff.; 3, 4, 38, ff.

Ξέρξης, ου, ὁ, Xerxes.

ξεστός, ή, όν, (ξέω, to scrape) made smooth by scraping, polished, 3, 4, 10.

ξηραίνω, -ανῶ, (ξηρός, dry) to dry, 2, 3, 15.

ξίφος, εος, ους, τό, a sword (Lat. ensis), large, two-edged, straight and pointed, for stabbing and thrusting; hung by a baldric (τελαμών) which was suspended over the shoulders; was protected by a sheath (κολεός). Close by this was carried the battle-

ξυλίζομαι 229 οίκοι

knife (μάχαιρα), used in close combat, also for slaughtering animals.

ξυλίζομαι, to gather wood, 2, 4, 11.

ξύλον, ου, τό, wood, a stick of wood, a pole, 1, 10, 12.

ξύν, prep. (cf. Lat. cum), another form of σύν. For all compounds of ξύν, see σύν and its compounds. In all passages in the Anabasis where other editors read ξύν, Dindorff (2d edit. Oxford) has restored σύν.

O

ὁ, ἡ, τό, a definite article, the; used also as demonst. pron. ὁ μὲν ... ὁ δέ, this one ... that one, or the one ... the other; oἱ μὲν ... oἱ δέ, these ... those, the former ... the latter, some ... others, 1, 2, 25; τὰ μὲν ... τὰ δέ, these things ... those things, the former ... the latter, partly ... partly; ὁ δέ, and this one, and he, 1, 1, 3 and 4 and 9; oἱ δέ, but they, and they, 1, 2, 2 and 16 and 17; oἱ ἐκείνου, those of him, belonging to him; oἱ σὺν αὐτῷ, those with him, 1, 2, 15; oἱ ἐκ τῆς ἀγορᾶς, the people of the market-place, 1, 2, 18. Often before a particip. τὸν βουλόμενον, the one wishing, any one who desired, 1, 3, 9.

ὀβολός, οῦ, ὁ, (akin to ὀβελός, a spit, nail, the obol being originally, as some suppose, in the shape of a nail, or, as others suppose, being stamped with a nail) an obol, a coin worth nearly 3 cents, ⅙ of a δραχμή, 1, 5, 6.

ὀγδοήκοντα, eighty.

ὅδε, ἥδε, τόδε, demonst. pron. this, this one, Lat. hicce. It oftener denotes something following; οὗτος, something going before. Distinguished from ἐκεῖνος, it denotes something near or present; ἐκεῖνος, something remote.

ὁδός, οῦ, ἡ, a way, street, road, Lat. via, 1, 2, 13;—a march, journey, Lat. iter, 1, 4, 11; 1, 5, 9; often understood, 3, 4, 46.

ὅθεν, (ὅ, relat. pron. and -θεν, from) from which, whence, 1, 2, 8; from what source, 2, 5, 26.

ὅθενπερ, (ὅ, -θεν, περ) from which very place, whence, 2, 1, 3.

oἵ, see οὗ.

oἴκαδε, adv. (οἶκος, δέ (enclit.) towards) homeward, home, 1, 7, 4: ἡ οἴκαδε ὁδός, the way home, 3, 1, 2.

oἰκεῖος, εία, εῖον, (οἶκος) belonging to a house or family, akin: oἱ οἰκεῖοι, kindred, relations, 3, 2, 26 and 39. Comp. οἰκειότερος, sup. οἰκειότατος, most intimate, w. dat. 2, 6, 28.

oἰκέτης, ου, ὁ, (οἶκος) a domestic; a servant, 2, 3, 15.

oἰκέω, ῶ, -ήσω, (οἶκος) to live, dwell: τοῖς ... οἰκοῦσι, those dwelling, or those who dwell, 1, 1, 9; trans. to live in, to occupy, w. acc. 3, 2, 23;—pass. to be occupied, to be inhabited, 1, 4, 6; to be situated, 1, 4, 1 and 11;—πόλις οἰκουμένη, a populous, or well-inhabited city, 1, 2, 6, etc.

oἰκία, as, ἡ, (οἶκος) a house.

oἰκοδομέω, ῶ, -ήσω, (οἶκος, δέμω, δόμος) to build, 1, 2, 9;—pass. 2, 4, 12.

oἴκοι, adv. (οἴκῳ, dat. sing. of οἶκος) at home: ὑπὸ τῶν οἴκοι ἀντιστασιωτῶν, by those at home of an opposite faction, 1, 1, 10; oἱ οἴκοι, those at

οἰκονόμος   230   ὅμηρος

home, one's fellow-countrymen, 1, 2, 1; 1, 7, 4.

οἰκονόμος, ου, ὁ, (οἶκος, νέμω, Eng. *economy*, etc.) *a steward, a manager*, 1, 9, 19.

οἶκος, ου, ὁ, *a house, home*: εἰς οἶκον, 2, 4, 8.

οἰκτείρω, (οἰκτερῶ dub.), later οἰκτειρήσω, aor. ᾤκτειρα and ᾠκτείρησα (fr. οἶκτος, *pity*) *to pity*, 1, 4, 7.

οἶνος, ου, ὁ, (οἶνος w. the digamma Ϝοῖνος, Lat. *vinum*, German *Wein*, French *vin*, Eng. *wine, vine, vinegar*, etc.) *wine*, 1, 2, 13; οἶνον ... φοίνικος, *palm-wine*, 1, 5, 10.

οἴομαι and οἶμαι, οἰήσομαι, ᾠήθην, impf. ᾠόμην and ᾤμην, *to think, suppose*, w. acc. and infin. 3, 1, 38; cf. 1, 9, 21: ἂν οἶμαι εἶναι τίμιος, *I think I should be honorable*, 1, 3, 6; —οἶμαι and ᾤμην express as a mere opinion what is in reality a positive conviction, and are often ironical, *I ween, I trow*.

οἷος, οἵα, οἷον, relat. pron. denoting quality ; correlative of τοιόσδε or τοιοῦτος, *of what sort, of which sort, such as, as*, Lat. *qualis*, 1, 7, 4; *such as, proper for*, w. infin. 2, 3, 13;—οἷός τε, *able, possible*: οὐχ οἷόν τε ἔσται, *it will not be possible*, 1, 3, 17; ἐστί is often understood, 2, 2, 3; 3, 3, 15;—οἷόν τε w. the sup. intens. ὡς οἷόν τε μάλιστα πεφυλαγμένως, *in the most guarded manner possible*, 2, 4, 24.

οἷόσπερ, same as οἷος w. the addition of the intens. πέρ, *just such as, just as*, 1, 3, 18; οἷόνπερ, *just as*, 1, 8, 18.

ὄϊς, ὄϊος, Attic οἶς, οἰός, ὁ or ἡ, *a sheep*.

ὀϊστός or οἰστός, οῦ, ὁ, (prob. a verb. adj. fr. οἴσω fut. of φέρω) *an arrow*, 2, 1, 6.

οἴχομαι, οἰχήσομαι, *to have gone, to be gone* (pres. in form, but pf. in meaning, opp. to ἥκω), 1, 4, 8; impf. ᾠχόμην, sometimes plupf. in meaning, sometimes aor. ;—often w. a particip. ᾤχετο πλέων, *set sail* (lit. *went sailing*), 2, 6, 3; ᾤχετο ἀπελαύνων, *rode away*, 2, 4, 24; ᾤχετο ἀπιών, *disappeared*, 3, 1, 32.

οἰωνός, οῦ, ὁ, (οἶος, *alone*) *a bird that flies alone*, as a vulture, eagle, etc., especially watched for auguries; hence, *an augury, omen, sign*, 3, 2, 9.

ὀκνέω, ῶ, -ήσω, (ὄκνος, *sloth*) *to hesitate, to be reluctant*, w. infin. 1, 3, 17; w. μή, *to fear that*, 2, 3, 9.

ὀκτακόσιοι, αι, α, *eight hundred*.

ὀκτώ, *eight*.

ὀκτωκαίδεκα, *eighteen*.

ὄλεθρος, ου, ὁ, (ὄλλυμι, *to destroy*) *destruction, death*, 1, 2, 26.

ὀλίγος, η, ον, *few, little*, of number or of quantity; comp. and sup. H. 223. 4. K. § 52. 7.

ὀλισθάνω or -θαίνω, f. ὀλισθήσω, pf. ὠλίσθηκα, aor. ὤλισθον, *to slip, slide*, 3, 5, 11.

ὁλκάς, άδος, ἡ, (ἕλκω, *to draw*) strictly, *a ship which is towed ; a transport, a merchantman*, 1, 4, 6.

ὅλος, η, ον, *whole, entire*, 3, 3, 11.

Ὀλύνθιος, α, ον, *Olynthian;* as subst. *an Olynthian*.

ὁμαλός, ή, όν, *smooth, level*.

ὁμαλῶς, adv. (ὁμαλός) *in an even line*, 1, 8, 14.

ὅμηρος, ου, ὁ, (ὁμός, *common*, and the root απ- denoting *to fit, join*) *a surety ; a hostage*, 3, 2, 24.

ὁμιλέω 231 ὁπλίζω

ὁμιλέω, ῶ, -ήσω, (ὅμιλος, an assembly) to be together, to associate with, w. dat. 3, 2, 25.

ὔμνυμι and ὀμνύω, ὀμοῦμαι, ὀμώμοκα, ὤμοσα; ὀμώμομαι and ὀμώμοσμαι, ὠμόθην and ὠμόσθην, to swear, w. infin. 2, 2, 8.

ὀμνύω, see ὄμνυμι.

ὅμοιος, οία, οιον, (ὁμός, common) like, similar: ὅμοιοι ἦσαν, they seemed (a rare expression), w. infin. 3, 5, 13.

ὁμοίως, adv. (ὅμοιος) similarly, in like manner, 1, 3, 12.

ὁμολογέω, ῶ, -ήσω, (ὁμόλογος, agreeing; ὁμός, like, and λόγος) to acknowledge, to confess, 1, 6, 7; w. infin. and subj. 1, 6, 8;—pass. ὠμολόγητο, he had been acknowledged, 1, 9, 14; impers. ὁμολογεῖται, 1, 9, 1.

ὁμολογουμένως, adv. (ὁμολογούμενος, pres. particip. of ὁμολογέω) confessedly: ὁμ. ἐκ πάντων, by the admission of all, 2, 6, 1.

ὁμομήτριος, ία, ιον, (ὁμός, common, μήτηρ) of the same mother, 3, 1, 17.

ὁμοπάτριος, ία, ιον, (ὁμός, πατήρ) of the same father, 3, 1, 17.

ὁμόσε, adv. (ὁμός, like) towards the same place, 3, 4, 4.

ὁμοτράπεζος, ον, (ὁμός, common, τράπεζα, table) sitting at the same table; subst. a table-companion, 1, 8, 25.

ὁμοῦ, adv. (ὁμός, like) together, 1, 10, 8; at the same time.

ὅμως, yet, still, nevertheless, 1, 8, 23; 3, 1, 10. (Not to be confounded w. ὁμῶς, ὁμοῦ, or ὁμοίως.)

ὄναρ, τό, only in nom. and acc. sing.; other cases comm. fr. ὄνειρος or ὄνειρον; sometimes gen. ὀνείρατος,

dat. ὀνείρατι; plur. comm. ὀνείρατα, ὀνειράτων, etc., a dream, 3, 1, 11, ff. (opp. to ὕπαρ, a waking vision.)

ὄνειρος, ὁ, and ὄνειρον, τό, a dream.

ὀνίνημι, ὀνήσω, ὤνησα; pass. rare, ὤνημαι, ὠνήθην, to help, to benefit, 3, 1, 38.

ὄνομα, ατος, τό, a name, Lat. nomen, 1, 4, 11; 2, 4, 25; reputation, 2, 6, 17.

ὀνομάζω, -άσω, (ὄνομα) to name, to call.

ὄνος, ου, ὁ or ἡ, an ass: ὄνος ἄγριος, a wild ass, 1, 5, 2; ὄνος ἀλέτης, an upper millstone, 1, 5, 5.

ὄντως = τῷ ὄντι, in reality (fr ὤν, ὄντος).

ὄξος, εος, ους, τό, (ὀξύς) vinegar; sour drink: ὄξος ἑψητόν, a sour drink made by boiling, 2, 3, 14.

ὀξύς, εῖα, ύ, sharp, acid.

ὅπη or ὅπῃ, in what direction, where, 1, 3, 6; 1, 4, 8;—in what manner, as, 2, 1, 19; (πῇ in a direct, ὅπῃ in an indirect question.)

ὁπηνίκα (ῐ), when.

ὄπισθε or ὄπισθεν (perh. akin to ἕπομαι) behind, in the rear, 1, 10, 9; w. gen. 1, 7, 9: εἰς τοὔπισθεν, back, behind, 3, 3, 10; τὰ ὄπισθεν, the rear (of the army), 3, 4, 40.

ὀπισθοφυλακέω, ῶ, -ήσω, (ὄπισθε, φύλαξ) to form the rear-guard, to guard the rear (of the troops); 3, 3, 8; (of the general), 2, 3, 10.

ὀπισθοφύλαξ, ακος, ὁ, (ὄπισθε, φύλαξ) one of the rear-guard: οἱ ὀπισθοφύλακες, the rear-guard, 3, 3, 7.

ὀπίσω (ῐ), adv. (akin to ὄπισθε) backwards; of time, hereafter.

ὁπλίζω, -ίσω, (ὅπλον) to equip, arm, prepare; pass. to be armed, 1, 8, 6.

ὅπλισις, εως, ἡ, (ὁπλίζω) equipment, esp. for war, armor, 2, 5, 17.

ὁπλίτης (ί), ου, ὁ, (ὅπλον) a heavy-armed man, a hoplite.

ὁπλομαχία, ας, ἡ, (ὅπλον, μάχομαι) the art of fighting with heavy armor, 2, 1, 7.

ὅπλον, ου, τό, an implement; plur. ὅπλα, esp. the large shields carried by the hoplites; meton. arms, 1, 2, 2; 1, 3, 7; τὰ ὅπλα, meton. for οἱ ὁπλῖται, 2, 2, 4; 3, 2, 36; the place where the hoplites were, or where the arms were stacked; hence, the camp, 2, 2, 20; 2, 4, 15; 3, 1, 3 and 33 and 40.

ὁπόθεν, adv. (in an indirect question instead of πόθεν) whence, from which, a place from which, 3, 5, 3; ὁπόθεν οἴχοιτο, in a place from which he had disappeared, i. e. wherever he had, etc. 3, 1, 32.

ὅποι, adv. (in an indirect question instead of ποῖ) whither, where, 3, 5, 13; a place to which, 2, 4, 19.

ὁποῖος, οία, οἷον, (ποῖος) of what sort soever, whatever, Lat. qualis, 2, 2, 2; 3, 1, 13.

ὁπόσος, η, ον, (πόσος) of number, how many soever, as many as, Lat. quot, 1, 2, 1; 1, 8, 27; of size, how great soever, as great as, Lat. quantus, 3, 2, 21.

ὁπόταν = ὁπότ' ἄν, = ὁπότε ἄν.

ὁπότε, (like ὅτε, a correl. to the interrog. πότε and the demonst. τότε; less definite than ὅτε) when, as, w. the indic. 1, 6, 7; w. ἄν and the subjunc. expressing what is indefinite or repeated in the pres. or fut. when, whenever, as often as, 2, 3, 27; w. the optat. denoting repetition, whenever, 1, 5, 7.—In a causal sense, whereas, since, inasmuch as, Lat. quoniam, 3, 2, 1 and 15 and 16.

ὁπότερος, έρα, ερον, (πότερος) whichever of two parties, 3, 1, 21 and 42.

ὅπου, (ποῦ) where, wherever, w. indic. 1, 5, 9; w. ἄν and subjunc. 1, 3, 6; w. optat. denoting repetition, 1, 9, 15 and 27.

ὀπτός, ή, όν, (ὀπτάω, to bake) baked, burnt, πλίνθοις ὀπταῖς, 2, 4, 12.

ὅπως, (πῶς), 1. Adv. how, in what manner, in dependent questions, (a) w. indic. 1, 1, 4; 1, 6, 11; (b) w. optat. and ἄν, 3, 1, 7.— 2. Conjunc. that, in order that, w. indic. fut. 1, 7, 3; w. subjunc. 3, 2, 3; w. optat. 1, 4, 5.

ὁράω, ῶ, f. ὄψομαι, pf. ἑόρακα, aor. εἶδον; pass. or mid. pf. ἑώραμαι or ὦμμαι, aor. pass. ὤφθην, to see, w. acc. 1, 8, 26: ὁρᾶν στυγνός, hateful to look upon, 2, 6, 9.

ὀργή, ῆς, ἡ, anger: ὀργῇ, in anger, 1, 5, 8; 2, 6, 9.

ὀργίζομαι, (ὀργή) ὀργίσομαι or ὀργιοῦμαι, aor. comm. ὠργίσθην, to be angry, 1, 2, 26; w. dat. 1, 5, 11.

ὀργυιά, ᾶς, ἡ, (ὀρέγω, to stretch) the length of the outstretched arms, about a fathom, 1, 7, 14.

ὄρθιος, ία, ιον, (ὀρθός) steep, (steep up, πρανής steep down) 1, 2, 21.

ὀρθός, ή, όν, (akin to ὄρνυμι, to excite) straight, erect, 2, 5, 23.

ὄρθρος, ου, ὁ, (akin to ὄρνυμι, to excite) dawn: ἅμα ὄρθρῳ, at dawn, 2, 2, 21.

ὀρθῶς, adv. (ὀρθός) right, rightly, 1, 9, 30: οὐκ ὀρθῶς, not properly, 2, 5, 6; ὀρθῶς ἔχειν, to be right, 3, 2, 7.

ὅρκος, ου, ὁ, (akin to εἴργω, to restrain) an oath; plur. 2, 5, 3: οἱ θεῶν ὅρκοι, our oaths by the gods, 2, 5, 7.

ὁρμάω, ῶ, -ήσω, (ὁρμή) trans. to set in motion, intrans. to rush, to hasten, 1, 8, 25; τὴν ὁδόν, cogn. acc. 3, 1, 8; —mid. to hasten, 1, 2, 5; ὁρμώμενος ἐκ, repeatedly rushing out from, i. e. making his head-quarters at, 1, 1, 9.

ὁρμέω, ῶ, -ήσω, (ὅρμος, a haven) to lie at anchor, 1, 4, 3 and 6.

ὁρμή, ῆς, ἡ, (akin to ὄρνυμι, to arouse) the act of rushing: ἐν ὁρμῇ, in motion, on the march, 2, 1, 3; τὴν ἐπὶ βασιλέα ὁρμήν, that the expedition was against the king, 3, 1, 10; μιᾷ ὁρμῇ, with one impulse, 3, 2, 9.

ὁρμίζω, ίσω, or ιῶ, (ὅρμος, a haven) to bring to anchor, to anchor, 3, 5, 10.

ὄρνις, ὄρνιθος, ὁ, ἡ, a bird, esp. a cock or hen.

'Ορόντας, ου or α, ὁ, Orontas.

'Ορόντης, ου, ὁ, Orontes.

ὄρος, εος, τό, (perh. akin to ὄρνυμι, to arouse) a mountain; gen. plur. comm. in Anab. ὀρέων; also ὀρῶν, 1, 2, 25.

ὀρυκτός, ή, όν, (ὀρύττω) dug: ὀρυκτὴ τάφρος, an artificial ditch, 1, 7, 14.

ὀρύττω, ὀρύξω, ὤρυξα, ὀρώρυχα, ὀρώρυγμαι, ὠρύχθην, to dig, 1, 5, 5.

'Ορχομένιος, ου, ὁ, an Orchomenian.

ὅς, ἥ, ὅ, relat. pron. who, which: καὶ ὅς, and he; ἐν ᾧ, in which (time), 1, 2, 20; δι' ὅ, on which account, 1, 2, 21; ἀφ' οὗ, from which time, since, 3, 2, 14.

ὅσιος, ία, ιον, sanctioned by law, either natural or divine; of persons, devout, conscientious, 2, 6, 25.

ὅσος, η, ον, a correl. of τοσοῦτος, as much as, Lat. quantus; plur. as many as: πάντων ὅσοι, of all as many as, of all who, 1, 1, 2; τοσοῦτοι ὅσους, as many as, 2, 1, 16; cf. 3, 1, 36; of space, as far as, 3, 3, 15; of time, as long as; w. numbers, as much as, about, 1, 8, 6.

ὁσοσπερ, ὁσηπερ, ὁσονπερ, (ὅσος and περ intens.) as much as; plur. as many as, 1, 7, 9.

ὅσπερ, ἥπερ, ὅπερ, (ὅς and περ intens.) which very person or thing, 1, 4, 5.

ὅστις, ἥτις, ὅ τι, or ὅ, τι, gen. οὕτινος, etc., oftener ὅτου, (ὅς and τὶς) whoever, any one who, whichever, anything which, whatever, 1, 6, 9; what, 1, 8, 21.

ὅταν = ὅτε ἄν.

ὅτε, when, (correl. of τότε) 1, 2, 9; w. optat. imperf. as often as, 2, 6, 12.

ὅτι, that, after words denoting thought or the expression of thought, 1, 2, 21;—because: ὅτι... ἤκουε, because he heard, etc. 1, 2, 21;—w. a sup. intens. cf. Lat. quam, 1, 1, 6. See H. 868. K. § 329. L. G.

ὅτου, see ὅστις.

οὐ, before a vowel w. smooth breathing οὐκ, before a vowel with rough breathing οὐχ, not. See Π. 832. ff. K. § 177.

οὗ, adv. of place = ἐφ' οὗ τόπου, where, 1, 2, 22; 3, 4, 32; προϊόντες οὗ, going forward to the place where, 2, 1, 6.

οὗ, οἷ, pers. pron. 3d pers.; nom. sing. wanting; in the sing. only the dat. occurs in the Anab.; it is comm. enclitic, and reflex. in meaning, to him, 1, 1, 8; 1, 2, 8; 1, 9, 29; 3,

4, 42;—in plur. σφῶν, *of themselves*, 3, 5, 16.

οὐδαμόθεν, adv. (οὐδαμός, *no one*, -θεν, *from*) *from no place*, 2, 4, 23.

οὐδαμοῦ, adv. (οὐδαμός, *no one*) *nowhere*.

οὐδέ, (οὐ, δέ) *but not, and not, not even, nor:* οὐδὲ ... οὐδέ, *neither ... nor;* οὐδ' ἄλλος δέ, *and not even another*, 1, 8, 20. See H. 858. K. § 321. 2. L. G.

οὐδείς, οὐδεμία, οὐδέν, gen. οὐδενός, οὐδεμιᾶς, etc. (οὐδέ, εἷς) *no one, nothing;* οὐδέν, *in nothing, in no respect*, 1, 1, 8.

οὐδέποτε, adv. (οὐδέ, ποτέ) *not even at any time, never*, 2, 6, 13.

οὐκέτι, adv. (οὐκ, ἔτι) *no longer*.

οὔκουν, (οὐκ, οὖν) *not therefore:* does not occur in Dind.—instead of it οὐκοῦν.

οὐκοῦν, (οὐκ, οὖν) *therefore, then, accordingly*, 3, 2, 19. The negative not rendered, except in a question anticipating an affirmative answer, *not then*, 1, 6, 7.

οὖν, *therefore, then, accordingly*, (postpos.)

οὔποτε, adv. (οὐ, ποτέ) *never*, 1, 3, 5.

οὔπω, adv. (οὐ, πώ *at any time yet*) *not yet*.

οὐπώποτε, adv. (οὐ, πώ, ποτέ) *not yet at any time, never before*, 1, 4, 18.

οὐρά, ᾶς, ἡ, *the tail:* (of an army) *the rear*, 3, 4, 38 and 42.

οὔτε, adv. (οὐ, τέ) *and not, nor:* οὔτε ... οὔτε, *neither ... nor*.

οὗτος, αὕτη, τοῦτο, *this*, plur. *these*, pointing out a person or thing supposed to be known: καὶ ταῦτα, *and that too*, 1, 4, 12 and often.

οὑτοσί, *this one here*, 1, 6, 6.

οὕτω, and before a vowel οὕτως, adv. (οὗτος) *thus, in this manner, so*, 1, 1, 11 and often; *to such a degree*, 2, 6, 7.

ὀφείλω, ὀφειλήσω, ὠφείλησα, ὠφείληκα, aor. 2d ὤφελον, *to owe, to be indebted, to be obliged;* pass. ὠφείλετο μισθός, *pay was due*, 1, 2, 11: ὤφελον, ες, ε, is used only in wishes which cannot be realized, 2, 1, 4, *O that, would that*.

ὄφελος, τό, (ὀφέλλω, *to augment*) *profit, advantage*, w. gen. 1, 3, 11; 2, 6, 9.

ὀχετός, οῦ, ὁ, (ὀχέω) *a ditch, drain, conduit*, 2, 4, 13.

ὀχέω, ῶ, -ήσω, (ὄχος, *a vehicle*) *to carry:* ὀχέομαι, *to be carried, to ride*, ἐφ' ἵππου ὀχῇ, 3, 4, 47.

ὄχημα, ατος, τό, (ὀχέω) *a vehicle*, 3, 2, 19.

ὄχλος, ου, ὁ, *a crowd, a throng of people*, 2, 5, 9; *the camp-followers*, 3, 4, 26; *trouble, difficulty*, 3, 2, 27.

ὀχυρός, ά, όν, (ἔχω) *firm, rugged*, ὄρος, 1, 2, 22; χωρίον ὀχ., *a stronghold*, 1, 2, 24.

ὀψέ, adv. (ὄπισθε, contr. ὀψέ) *late*, 2, 2, 16.

ὄψις, εως, ἡ, (ὄψομαι) *a sight, appearance*, 2, 3, 15.

Π

πάθος, εος, ους, τό, (πάσχω, aor. infin. παθεῖν) *suffering, misfortune*, 1, 5, 14.

παιανίζω, -ίσω, Att. ιῶ, (παιάν, *a choral song*) *to sing a pæan*, 1, 8, 17; 1, 10, 10.

παιδεύω, -εύσω, (παῖς) to bring up a child, to educate; pass. 1, 9, 2.

παιδικά, ῶν, τά, (παῖs) a favorite, plur. in form, but sing. in meaning; comm. of a boy, 2, 6, 6.

παῖs, παιδόs, ὁ or ἡ, a child, a son, 1, 1, 1; a boy, 1, 9, 2; ἡ παῖs, the girl, the daughter.

παίω, παίσω and παιήσω, ἔπαισα, πέπαικα, (pass. comm. supplied fr. πλήττω) to strike, to hit, to wound (with a spear or javelin), 1, 8, 26; to smite (with a stick), 2, 3, 11; pass. to be smitten, beaten, 3, 1, 29.

παιωνίζω, -ίσω, 3, 2, 9, = παιανίζω, wh. see.

πάλαι, adv. long ago, formerly.

παλαιόs, ά, όν, (πάλαι) ancient: τὸ παλαιόν, anciently, 3, 4, 7.

πάλιν, adv. back, back again, 1, 3, 16; again, 1, 10, 6.

παλλακίs, ίδοs, ἡ, (πάλλαξ, a maiden) a concubine, 1, 10, 2.

παλτόν, οῦ, τό, (πάλλω, to brandish) anything brandished or thrown, a dart, javelin, light spear, 1, 5, 15.

παμπληθήs, έs, (πᾶs, πλῆθοs) very numerous, vast (in multitude), 3, 2, 11.

πάμπολυs, -πόλλη, -πολυ, (πᾶs, πολύs) very numerous, 2, 4, 26.

πανοῦργοs, ον, (πᾶs, ἔργον) of one who can do anything, either good or bad, corrupt, unprincipled, 2, 6, 26; sup. 2, 5, 39.

παντάπασιν, adv. (πάντα, πᾶσιν) wholly, 1, 2, 1; above all, 3, 1, 38.

πανταχῇ, adv. (πᾶs) everywhere, 2, 5, 7.

πανταχοῦ, adv. (πᾶs) everywhere.

πάντῃ, adv. (πᾶs) everywhere, on all sides, 1, 2, 22.

παντοδαπόs, ή, όν, (πᾶs) of every variety, 1, 2, 22.

πάντοθεν, adv. (πᾶs, -θεν) on all sides, 3, 1, 12.

παντοῖοs, α, ον, (πᾶs) of every sort, 1, 5, 2.

πάνυ, adv. (πᾶs) altogether, very, 1, 8, 14.

πάομαι, πάσομαι, πέπᾱμαι, ἐπασάμην, to acquire, to possess, used chiefly in pf. and plupf. 1, 9, 19. ἐπέπατο: 3, 3, 18.

παρά, prep. w. gen. dat. and acc., along by the side of, near;—w. gen. from beside, from, 1, 3, 10; by, παρὰ πάντων (the agent), 1, 9, 1;— w. dat. by the side of, near, 1, 3, 7; —w. acc. to the side of, to (w. verb of motion), ἦλθον παρά, 1, 4, 3; near (w. verb of rest), ἔρμουν παρά, 1, 4, 3; along by, near, 1, 5, 5; 1, 2, 13 ;—of time, during, at, 2, 3, 15; —denoting opposition, contrary to, παρὰ τὰs σπονδάs, 1, 9, 8; παρὰ τὴν δόξαν, contrary to expectation, 2, 1, 18. In comp. the various meanings above; and also the idea amiss. See H. 646. K. § 167. 5.

παραβαίνω, (παρά, βαίνω, wh. see) to transgress.

παραγγέλλω, (παρά, ἀγγέλλω, wh. see) to announce, to send orders, w. dat. and infin. 1, 2, 1; to summon, to call, εἰς τὰ ὅπλα, 1, 5, 13; to command, w. dat. 1, 8, 3; to give (the watchword, τὸ σύνθημα), 1, 8, 16; κατὰ τὰ παρηγγελμένα, according to the orders which had been given, 2,2,8.

παραγίγνομαι, (παρά, γίγνομαι, wh. see) to come, 1, 1, 11; 3, 4, 38; to arrive, w. εἰs and acc. 1, 2, 3; ἐν τῇ μάχῃ, 1, 7, 12.

παράγω, (παρά, ἄγω, wh. see) *to lead along*, 3, 4, 14 and 21.

παράδεισος, ου, ὁ, (a Persian word) *a park*, 1, 2, 7.

παραδίδωμι, (παρά, δίδωμι, wh. see) *to deliver up*, w. acc. and dat. 3, 4, 2; τὰ ὅπλα, 2, 1, 8, ff.

παραθαρρύνω or -σύνω, (παρά, θαρρύνω, θάρρος) *to encourage*, 2, 4, 1; 3, 1, 39.

παραινέω, ῶ, (παρά, αἰνέω, αἰνέσω, ᾔνεσα, ᾔνεκα, ᾔνημαι, ᾐνέθην) *to exhort, to advise*, 1, 7, 2.

παρακαλέω, ῶ, (παρά, καλέω, wh. see) *to call to* (one), *to summon*, 1, 6, 5; ἐπί w. acc. *to exhort to*, 3, 1, 24 and 36; *to encourage*, 3, 1, 44.

παρακελεύομαι, (παρά, κελεύω, -εύσω) *to exhort, to urge*, 1, 7, 9.

παρακολουθέω, ῶ, (παρά, ἀκολουθέω, ῶ, -ήσω) *to accompany, to follow*, 3, 3, 4.

παραλυπέω, (παρά, λυπέω, ῶ, -ήσω) *to make trouble, to be refractory*, 2, 5, 29.

παραμείβομαι, (παρά, ἀμείβομαι, ἀμείψομαι) *to pass by*, 1, 10, 10.

παραμελέω, ῶ, (παρά, ἀμελέω, ῶ, -ήσω, ἠμέληκα) *to neglect, to disregard*, w. gen. 2, 5, 7.

παραμένω, (παρά, μένω, wh. see) *to stay beside, to remain*, 2, 6, 2.

παραμηρίδιος, ον, (παρά, μηρός *thigh*) *along the thigh*; as subst. τὰ παρ., *armor for the thighs, cuisses*, 1, 8, 6.

παραπλήσιος, ον, also α, ον, (παρά, πλησίον *near*) *similar*, w. dat. 1, 3, 18; 1, 5, 2.

παρασάγγης, ου, ὁ, *a parasang*, a Persian measure of length, somewhat more than a league, 1, 2, 5 and often.

παρασκευάζω, -άσω, παρεσκεύασα, παρεσκεύακα, παρεσκεύασμαι, (παρά, σκευάζω) *to prepare*;—mid. *to prepare for one's self, to make ready, to procure*, 1, 9, 27; *to make preparation*, 1, 10, 6; 3, 1, 14;—pass. *to be prepared*, 1, 8, 1.

παρασκευή, ῆς, ἡ, (παρά, σκευή *equipment*) *preparation*, 1, 2, 4.

παρασκηνέω, ῶ, (παρά, σκηνή) *to encamp near*, w. dat. 3, 1, 28.

παρατάττω or -σσω, (παρά, τάττω, wh. see) *to arrange along by, to draw up in battle array*; pass. 1, 10, 10.

παρατείνω, (παρά, τείνω, wh. see) *to stretch along; to extend*, pass. 1, 7, 15, παρετέτατο.

παρεγγυάω, ῶ, -ήσω, (παρά, ἐγγυάω *to hand over*) *to pass along, to give the word of command, to exhort*.

πάρειμι, (παρά, εἰμί, wh. see) *to be present*, 1, 1, 1 and 2: *to have come, to arrive*, παρῆσαν εἰς, 1, 2, 2; w. dat. 1, 4, 2; τὰ παρόντα πράγματα, *the present affairs*, 1, 3, 3; cf. 3, 1; 34; ἐν τῷ παρόντι, *in the present crisis, at present*, 2, 5, 8.

πάρειμι, (παρά, εἶμι, wh. see) *to pass along, to go by*, 3, 2, 35; 3, 4, 37; *to come along*, 3, 4, 48.

παρελαύνω, (παρά, ἐλαύνω, wh. see) *to march along, to march by*, 1, 2, 16; *to ride past, ride by*, w. acc. 1, 2, 17; cf. 1, 8, 12.

παρέρχομαι, (παρά, ἔρχομαι, wh. see) *to pass along by the side of, to pass by*, 1, 4, 4; 3, 4, 39; w. acc. *to pass, pass through*, 1, 7, 17; of time, *to elapse*, 1, 7, 18.

παρέχω, (παρά, ἔχω, wh. see) *to furnish, provide*: φόβον παρ., *to in-*

παρθένος 237 πειράω

spire fear, 3, 1, 18; ταπεινούς παρασχεῖν, to render submissive, 2, 5, 13; παρέχοντες ἡμᾶς αὐτούς, yielding ourselves, 2, 3, 22;—mid. to furnish for one's self, to procure, obtain, 2, 6, 27. See πρᾶγμα.

παρθένος, ου, ἡ, a maiden, 3, 2, 25.

παρίημι, (παρά, ἵημι, wh. see) to let pass, to allow.

πάροδος, ου, ἡ, (παρά, ὁδός) a way by, a passage, a pass, 1, 4, 4; a narrow way, 1, 7, 17.

παροίχομαι, (παρά, οἴχομαι) παροιχήσομαι, παρῴχημαι (pf. in the simple verb not Attic) to have past by: τὰ παρῳχημένα, the past, 2, 4, 1.

Παρράσιος, ου, ὁ, a Parrhasian, an inhabitant of Parrhasia, a city in the S.W. part of Arcadia.

Παρύσατις, ιδος, ἡ, Parysātis.

πᾶς, πᾶσα, πᾶν, gen. παντός, πάσης, παντός, every, all; before the article, all, πᾶσα ἡ ὁδός, all the way, 2, 5, 9; without the article, every, πᾶσα ὁδός, every way, 2, 5, 9; between the article and noun it is emphatic, all, the whole: ἐπὶ πᾶν ἔρχεσθαι, to resort to every means, 3, 1, 18.

Πασίων, ωνος, ὁ, Pasion, 1, 4, 7.

πάσχω, πείσομαι, πέπονθα, aor. ἔπαθον, to receive any impression whether of pleasure or of pain: εὖ πάσχειν, to receive a favor; ἀνθ' ὧν εὖ ἔπαθον ὑπ' ἐκείνου, in return for the favors which I received from him, 1, 8, 4; oftener of pain or misfortune, κακῶς πάσχειν, to be ill-treated, to suffer harm, 3, 3, 7; so in genr. πάσχειν τι, to suffer any harm, 1, 8, 20 and often.

Παταγύας, ου, ὁ, Patagyas.

πατήρ, πατρός, ὁ, a father.

πάτριος, α, ον, (πατήρ) belonging to a father, paternal, 3, 6, 16.

πατρίς, ίδος, ἡ, (πατήρ) fatherland, native land, 1, 3, 6; plur. 3, 1, 3.

πατρῷος, ᾴα, ᾷον, (πατήρ) inherited from a father, paternal, 1, 7, 6.

παύω, παύσω, ἔπαυσα, πέπαυκα, πέπαυμαι, ἐπαύσθην (Ion. and old Att. ἐπαύθην) to cause to cease, to stop, 2, 5, 13; to put a stop to, w. acc. 2, 5, 2;—mid. to cease (intrans.) 1, 3, 12; 1, 2, 2; w. gen. to cease from, 1, 6, 6.

πάω, see πάομαι.

πεδίον, ου, τό, (πέδον, ground) a plain, 1, 1, 2.

πεζῇ, adv. (in form dat. sing. fem. fr. πεζός, pertaining to the foot) on foot, 3, 4, 49: διαβατὸς πεζῇ, passable on foot, fordable, 1, 4, 18.

πειθαρχέω, ῶ, -ήσω, (πείθω, ἀρχή) to yield to authority: καλῶς πειθαρχεῖν, the yielding honorable obedience, 1, 9, 17.

πείθω, πείσω, ἔπεισα, πέπεικα, (intrans. πέποιθα, to trust), πέπεισμαι, ἐπείσθην, to persuade, w. acc. 1, 3, 19;—pass. to be persuaded, 1, 3, 19;—mid. to persuade one's self, to yield to, to obey, w. dat. 1, 3, 6.

πεινάω, ῶ, -ήσω, (see H. 371. c. K. § 97. 3), (πεῖνα, hunger) to be hungry, to suffer hunger, 1, 9, 27.

πεῖρα, ας, ἡ, (πειράω) an attempt, trial, proof: ἐν πείρᾳ τινός, in intimate acquaintance with any one, 1, 9, 1; πεῖραν ἔχειν τινός, to have an acquaintance with any one, 3, 2, 16.

πειράω, ῶ, -άσω, much oftener as dep. mid. πειράομαι, ῶμαι, -άσομαι, to try, attempt, w. infin. 2, 5, 41;

w. gen. 3, 2, 38; w. ὅπως and subjunc. 3, 2, 3.

πειστέος, α, ον, verb. adj. (πείθω) *to be persuaded*, or *to be obeyed*, in the latter sense w. dat. 2, 6, 8.

Πελοποννήσιος, α, ον, *Peloponnesian*; as subst. *a Peloponnesian*.

Πελοπόννησος, ου, ἡ, *Peloponnēsus*.

Πέλται, ῶν, αἱ, *Peltœ*, 1, 2, 10.

πελταστής, οῦ, ὁ, (πέλτη) *a peltast, targeteer*, a soldier who carried, instead of the large, heavy shield (ἀσπὶς or ὅπλον), a small, light shield (πέλτη); and instead of the long and heavy spear (δόρυ), a short and light javelin (ἀκόντιον).

πελταστικός, ή, όν, (πέλτη) *belonging to a peltast*: τὸ πελταστικόν, *the targeteer forces, the battalion of targeteers*, 1, 8, 5.

πέλτη, ης, ἡ, *a target*, a small, light shield in the shape of a half moon, without rim (ἴτυς), with a frame of wicker work, and covered generally with a goat-skin, 2, 1, 6; (2) *a pole*, or *spear*, 1, 10, 12.

πέμπτος, η, ον, *fifth*..

πέμπω, πέμψω, ἔπεμψα, πέπομφα, πέπεμμαι, ἐπέμφθην, *to send*, 1, 1, 8 and often.—Mid. πέμπεσθαί τινα, *to send for any one* = μεταπέμπεσθαι.

πένομαι, only in pres. and impf. *to toil, to live in poverty*, 3, 2, 26.

πεντακόσιοι, αι, α, *five hundred.*

πέντε, *five.*

πεντήκοντα, *fifty.*

πεντηκοντήρ, ῆρος, ὁ, *a commander of fifty men*, 3, 4, 21.

πεντηκοστύς, ύος, ἡ, *a company of fifty men, a half lochus*, 3, 4, 22.

πέρ, enclit. particle, perh. fr. πέρι, annexed to various words, imparting to them an additional emphasis.

περαίνω, περανῶ, ἐπέρανα, πεπέρασμαι, (πέρας, *a limit*) *to bring to an end, to accomplish*, 3, 1, 47: ἔργῳ περαίνεσθαι, *to be carried into execution*, 3, 2, 32.

πέραν, *on the other side*, (genr. of a body of water) w. gen. 1, 5, 10: τὸ πέραν, *the other side*, w. gen. 3, 5, 2.

πέρδιξ, ικος, ὁ or ἡ, *a partridge.*

περί, prep. w. gen. dat. and acc. (1) w. gen. *concerning, for*, Lat. *de*, 1, 5, 8; 2, 1, 12: περὶ πλείστου and περὶ παντὸς ποιεῖσθαι, *to consider* (lit. *make*) (a thing) *of the highest importance*, 1, 9, 7 and 16. (2) w. dat. *around*, 1, 5, 8. (3) w. acc. *around*, 1, 2, 12; 1, 6, 4. In compos. the above meanings, and also intens. See H. 649. K. § 167. 2.

περιγίγνομαι, (περί, γίγνομαι, wh. see) *to be superior to, surpass, conquer*, w. gen. 1, 1, 10; 2, 1, 13.

περίειμι, (περί, εἰμί) *to be superior*, 1, 8, 13; *to surpass*, w. gen. 1, 9, 24.

περιέχω, (περί, ἔχω, wh. see) *to hold around, to encompass*, 1, 2, 22.

περιμένω, (περί, μένω, wh. see) *to remain around, to wait for*, 2, 1, 3.

Περίνθιος, ον, ὁ, *a Perinthian.*

Πέρινθος, ου, ἡ, *Perinthus*, a city of Thrace on the Propontis; afterwards called Heraclēa.

πέριξ, adv. (περί) *around, round about*, 2, 5, 14.

περίοδος, ου, ἡ, (περί, ὁδός) *a going round; a circumference*, 3, 4, 7 and 11: τοῦ κύκλου ἡ περίοδος, *the entire circumference.*

περίπατος, ου, ὁ, (περί, πατέω *to*

περιπίπτω 239 πλεθριαῖυς

walk) a walking about, a walk, 2, 4, 15.

περιπίπτω, (περί, πίπτω, wh. see) to fall round about, to fall upon and embrace, 1, 8, 28.

περιπλέω, (περί, πλέω, wh. sec) to sail around, 1, 2, 21.

περιπτύσσω, f. -ξω, (περί, πτύσσω) to fold around, 1, 10, 9.

περιρρέω, (περί, ῥέω, to flow) to flow around; pass. to be surrounded, encompassed, 1, 5, 4.

περιστερά, ᾶς, ἡ, a dove, a pigeon, 1, 4, 9.

περιττός, ή, όν, or -σσός, ή, όν, (περί) over and above: τὰ περιττά, the articles which are superfluous, 3, 2, 28; the things that are left, 3, 3, 1.

περίφοβος, ον, (περί, φόβος) much terrified, 3, 1, 12.

Πέρσης, ου, ὁ, a Persian.

πέτομαι, πτήσομαι, aor. ἐπτόμην or ἐπτάμην, to fly, 1, 5, 3.

πεφυλαγμένως, adv. (fr. pf. pass. particip. of φυλάττω) cautiously, 2, 4, 24.

πῇ, interrog. how, in what manner. —Indef. written also πή (enclit.) in some way: πῇ μὲν ... πῇ δέ, in one respect ... in another respect, 3, 1, 12.

πηγή, ῆς, ἡ, a spring, source; comm. plur. 1, 2, 7, ff.

πηλός, οῦ, ὁ, clay, mud, 1, 5, 7.

πῆχυς, εως, ὁ, a cubit.

Πίγρης, ητος, ὁ, Pigres, interpreter of Cyrus.

πιέζω, -έσω, to press, squeeze: pass. to be hard pressed, 3, 4, 27; to be oppressed (physically), 3, 4, 48; to be persecuted, to be oppressed, 1, 1, 10.

πίμπλημι, πλήσω, ἔπλησα, πέπληκα, πέπλησμαι, ἐπλήσθην, to fill, w. acc. and gen. 1, 5, 10.

πίνω, f. πίομαι, aor. ἔπιον, pf. πέπωκα, pass. or mid. pf. πέπομαι, aor. pass. ἐπόθην, to drink.

πίπτω, πεσοῦμαι, πέπτωκα, ἔπεσον, to fall, 1, 9, 31.

Πισίδης, ου, ὁ, a Pisidian. Pisidia was S.E. of Lydia.

πιστεύω, εύσω, (πίστις) to trust, to place confidence in, w. dat. 1, 8, 16.

πίστις, εως, ἡ, (πείθω, πείθομαι) faith, confidence, 1, 6, 8; fidelity, 3, 3, 4; that which gives confidence, an assurance, a pledge, in plur. 1, 2, 26.

πιστός, ή, όν, (πείθω) faithful, 1, 4, 15; 1, 6, 8; trusted, 2, 5, 22.

πιστότης, ητος, ἡ, (πιστός) fidelity, 1, 8, 29.

πλάγιος, ία, ιον, oblique: εἰς πλάγιον, sideways, 1, 8, 10; εἰς τὰ πλάγια παραγαγών, having filed off right and left; τὰ πλάγια, the sides, the flanks.

πλαίσιον, ου, τό, a rectangle: πλαίσιον ἰσόπλευρον, an equilateral rectangle, i. e. a square, 3, 4, 19; also πλαίσιον alone, in military language, a square; ἐν πλαισίῳ πλήρει, in a solid square, 1, 8, 9; cf. 3, 2, 36.

πλανάομαι, ῶμαι, -ήσομαι, (πλάνη, a wandering) to wander, 1, 2, 25.

πλάσσω, Att. πλάττω, f. πλάσω, to form, mould: ψευδῆ, to fabricate falsehoods, 2, 6, 26.

πλεθριαῖος, αία, αῖον, (πλέθρον) of the length of a πλέθρον: ποταμὸν τὸ εὖρος πλεθριαῖον, a river a plethron in width, 1, 5, 4.

πλέθρον, ου, τό, a plethron, a measure of length, 101 English feet, 1, 2, 5.

πλεῖστος, η, ον, sup. of πολύς.

πλείων, ον, comp. of πολύς.

πλέκω, πλέξω, ἔπλεξα, πέπλεχα, πέπλεγμαι, ἐπλάκην (ά), rare ἐπλέχθην, to twine; to plan, construct, make, 3, 3, 18.

πλεονεκτέω, ῶ, -ήσω, = πλέον ἔχειν, to have more, have the advantage, w. dat. of thing and gen. of person, 3, 1, 37.

πλευρά, ᾶς, ἡ, a side, a flank, 3, 2, 37.

πλέω, πλεύσομαι or πλευσοῦμαι, πέπλευκα, ἔπλευσα, πέπλευσμαι, late ἐπλεύσθην, to sail, 1, 7, 15.

πληγή, ῆς, ἡ, (πλήττω) a blow: πληγὰς ἐμβάλλειν, to inflict blows, 1, 5, 11.

πλῆθος, εος, ους, τό, multitude, 1, 7, 4; 3, 1, 37: πλ. χώρας, extent of country, 1, 5, 9.

πλήθω, a collateral form of πίμπλημι, but intrans. to be full: πληθούσα ἀγορά, full market, i. e. from 9 A. M. till noon, 1, 8, 1.

πλήν, prep. w. gen. except, 1, 9, 9. —Conj. except, but, 1, 8, 20; except that, save that, 1, 2, 24; 1, 8, 25.

πλήρης, ες, εος, ους, (πλέος, full) full, w. gen. 1, 2, 7; 1, 4, 9.

πλησίον, (neut. of πλησίος, near) near, 1, 8, 1; 2, 2, 18; ἐν τῷ πλησίον παραδείσῳ, in the neighboring park, 2, 4, 16; cf. 3, 4, 9.

πλήσσω, Att. -ττω, πλήξω, ἔπληξα, πέπληγα, πέπληγμαι, ἐπλήγην or less comm. ἐπλήχθην, (used in Att. only in pf. plupf. and pass.; other parts from τατάσσω) to strike.

πλίνθινος, ίνη, ινον, (πλίνθος) of brick, 3, 4, 11.

πλίνθος, ου, ἡ, brick: πλ. ὀπτή, burnt brick, 2, 4, 12; also πλ. κεραμία, potter's brick, i. e. burnt brick, 3, 4, 7.

πλοῖον, ου, τό, (πλέω) a boat, a ship, 1, 3, 17; esp. a transport, a merchant vessel, 1, 7, 15.

ποδήρης, ες, (πούς, ποδός, and root ἀρ. denoting to join) reaching to the feet, 1 8, 9.

ποδίζω, -ίσω or -ιῶ, (πούς) to fetter, 3, 4, 35.

πόθος, ου, ὁ, a fond desire, longing for something, w. gen. 3, 1, 3.

ποιέω, ῶ, -ήσω, to make, 1, 5, 5; 1, 2, 9; to make, appoint, 1, 1, 2; to create, inspire, φόβον, 1, 8, 18;— to do, 1, 1, 11; 2, 6, 9; π. εὖ or κακῶς, to do good or harm to, to treat well or ill, w. acc. 1, 4, 8; 1, 6, 7; cf. 1, 9, 11; π. κακὰ w. acc. of pers. to inflict, to bring upon, 2, 5, 5; cf. 3, 2, 3;—mid. to make or do for one's self, 1, 1, 6; 1, 2, 1; to regard, consider, εὕρημα, 2, 3, 18;—pass. to be made or done, 1, 5, 10; 1, 8, 12.

ποιητέος, α, ον, (verb. adj. fr. ποιέω) to be made or done: ἐμοὶ τοῦτο οὐ ποιητέον, this must not be done by me, i. e. I must not do this, 1, 3, 15; cf. 3, 1, 18.

ποικίλος, η, ον, (ι) many-colored, 1, 5, 8.

ποῖος, ποία, ποῖον, of what sort: τὸν ἐκ ποίας πόλεως στρατηγόν, the general from what city, 3, 1, 14.

πολεμέω, ῶ, -ήσω, (πόλεμος) to carry on war, w. dat. with any one, i. e. against, etc. 2, 6, 2; also ἐπί or πρός w. acc.

πολεμικός, ή, όν, (πόλεμος) warlike, skilled in the art of war, 2, 6, 1: τὰ πολεμικά, military affairs, 3, 1, 38.

πολέμιος, ία, ιον, (πόλεμος) hostile, 1, 6, 8; 3, 1, 2: πολ. ἱππέας, hostile horsemen, horsemen of the enemy, 2, 2, 14; ἐν τῇ πολεμίᾳ, sc. γῇ, in the enemy's country, 3, 3, 5; comp. -ώτερος, 1, 5, 16; sup. -ώτατος: τὰ πολέμια, military affairs, 1, 6, 1.

πόλεμος, ου, ὁ, war: τὰ εἰς τὸν π. ἔργα, military exercises, 1, 9, 5; διὰ π. 3, 2, 8; τὸν θεῶν πόλ., a war with the gods, 2, 5, 7.

πολιορκέω, ῶ, -ήσω, (πόλις, εἴργω to invest, or ἕρκος a fence) to invest a city, to besiege, 3, 4, 8 and 12.

πόλις, εως, ἡ, a city, 1, 2, 1 and often.

πολιτεύω, εύσω, (πολίτης) to be a citizen, to live as citizen, 3, 2, 26.

πολίτης, ου, ὁ, (πόλις) a citizen.

πολλάκις, adv. (πολύς) often.

πολλαπλάσιος, ία, ιον, (πολύς) manifold more, 1, 7, 3; w. gen. 3, 2, 14.

πολυάνθρωπος, ον, (πολύς, ἄνθρωπος) populous, 2, 4, 13.

πολύς, πολλή, πολύ, gen. πολλοῦ, ἧς, οῦ, of quantity or number, much, many: οἱ πολλοί, the many, the majority, 2, 3, 16; 3, 1, 10; τὸ πολύ, the principal part, the greater part, 1, 7, 20; 1, 4, 13; ὡς ἐπὶ τὸ πολύ, for the most part, 3, 1, 42; ἐπὶ πολύ, a great distance, 1, 8, 8; ἐκ πολλοῦ, from a great distance, 3, 3, 9;— πολύ, as adv. much, far, 1, 5, 3; w. comp. and sup. intens. πολὺ θᾶττον, far quicker, 1, 5, 2;—πολλά, in many respects, much. Comp. πλείων or πλέων, ἐκ πλέονος, from a greater distance, 1, 10, 11; neut. πλεῖον or πλέον, more, 1, 2, 11; sup. πλεῖστος, most, πλεῖστοι, very many, 1, 5, 2; οἱ πλεῖστοι, the most.

Πολύστρατος, ου, ὁ, Polystrătus.

πολυτελής, ές, (πολύς, τέλος expense) expensive, costly, 1, 5, 8.

πονέω, ῶ, -ήσω, (πόνος) to toil, to undergo hardship, 2, 6, 6.

πονηρός, ά, όν, (πονέω) causing toil; bad, base, 2, 5, 21; 2, 6, 29: πονηρὰ τάξις, a bad, etc. 3, 4, 19; useless, 3, 4, 35.

πονηρῶς or πονήρως, adv. (πονηρός) with difficulty, 3, 4, 19.

πόνος, ου, ὁ, (πένω or πένομαι, to toil) labor, toil, 2, 5, 18.

πορεία, ας, ἡ, (πορεύω) the act of going, a journey, a march, 2, 2, 10.

πορευτέος, α, ον, verb. adj. fr. πορεύω, to be passed over, must be passed over, 2, 5, 18; impers. 2, 2, 12, w. acc.

πορεύω, -εύσω, to convey; comm. dep. pass. πορεύομαι, πορεύσομαι, πεπόρευμαι, ἐπορεύθην, to have one's self conveyed, to go, proceed, 1, 2, 1; παρά w. acc. 1, 3, 7; ἐπί w. acc. against, etc. 2, 1, 4; w. cogn. acc. 2, 2, 11 and 12.

πορίζω, -ίσω or -ιῶ, (πόρος) to furnish, provide, 2, 3, 5; 3, 3, 20;— mid. to provide for one's self, to procure, 2, 1, 6.

πόρος, ου, ὁ, (πείρω, to pierce through) a passage, a way, means; plur. resources, 2, 5, 20.

πόρρω, forwards, farther; far, w. gen. far from, 1, 3, 12.

πορφύρεος, α, ον, contr. -ροῦς, -ρᾶ,

-ρούν, (πορφύρα, the purple fish) purple, 1, 5, 8.

πόσος, η, ον, how large? how much? quantus; genr. in a direct question. Also in an indirect question, πόση τις χώρα, how large a country, etc. 2, 4, 21.

ποταμός, οῦ, ὁ, (akin to ποτόν) a river, 1, 5, 10.

ποτέ, enclit. on a certain occasion, once, ever: in a question like tandem, ὅποι ποτέ, where in the world, 3, 5, 13.

πότερος, ἐρα, ερον, which of both? which of the two?——πότερον or πότερα: interrogative particle. In direct questions not rendered into Eng. In indirect questions, whether.

ποτόν, οῦ, τό, (root πο. in pf. of πίνω, to drink) drink, 1, 10, 18.

πότος, ου, ὁ, (root πο. in pf. of πίνω, to drink) the act of drinking: παρὰ πότον, at a symposium or banquet, 2, 3, 15.

ποῦ, where? comm. in a direct question; also indirect, 2, 4, 15.

πού, enclit. somewhere, 2, 2, 15: ἤν του, if anywhere, 1, 2, 27.

πούς, ποδός, ὁ, a foot.

πρᾶγμα, ατος, τό, (πράττω) a thing done, an occurrence, affair, 1, 5, 13; often plur. affairs, esp. difficult or unpleasant affairs, hence difficulties, 1, 3, 3; 2, 1, 16: πράγματα παρέχειν, w. dat. to occasion difficulty, give trouble to, 1, 1, 11.

πρανής, ές, inclined forward, Lat. pronus, steep (down), 1, 5, 8: εἰς τὸ πρανές, down the steep declivity, 3, 4, 25.

πρᾶξις, εως, ἡ, (πράττω) the act of doing, business; enterprise, 1, 3, 16;

εἰς ταύτας τὰς σὺν Κύρῳ πράξεις, into those undertakings, etc. 2, 6, 17.

πράττω, πράξω, ἔπραξα, πέπρᾱχα, πέπραγμαι, ἐπράχθην, to do, perform: εὖ πράττειν, καλῶς πράττειν, to be fortunate, to be successful, 3, 1, 6; κακῶς πράττειν, to fare ill; κάκιον πράττειν, to be more unfortunate, 1, 9, 10; οὕτω πράξαντες, having fared thus, 3, 4, 6.

πρᾶος, πραεῖα, πρᾶον, plur. πρᾶοι or πραεῖς, πραεῖαι, πραέα, mild, gentle; tame, 1, 4, 9.

πράως or πρᾴως, (πρᾶος or πρᾷος) mildly, tamely, 1, 5, 14.

πρέπει, impf. ἔπρεπε, it is becoming, suited to, w. dat. 1, 9, 6; 3, 2, 16: cf. Lat. decet.

πρεσβεύω, -εύσω, (πρέσβυς) to be an elder; to be an envoy, 2, 1, 18.

πρέσβυς, υος or εως, ὁ, an old man; an envoy, 3, 1, 28.

πρεσβύτερος, α, ον, elder, 1, 1, 1; and πρεσβύτατος, η, ον, eldest, 2, 1, 10: comp. and sup. of πρέσβυς, as adj. old.

πρίασθαι, indic. ἐπριάμην, used only in the aor. (pres. etc. see ὠνέομαι) to purchase, 1, 5, 6; 3, 1, 20.

πρίν, before, sooner than, until, w. indic. 1, 2, 26; w. optat. 1, 2, 2; w. ἄν and subjunc. 1, 1, 10; w. infin. 1, 4, 13 and 16; 1, 8, 19.

πρό, prep. w. gen. of place, before, in front of, 1, 7, 11; of time, before, 1, 7, 13; other relations, before, in preference to, for, in behalf of. In compos. before, for, forward.

προαγορεύω, -εύσω, (πρό, ἀγορεύω to tell) to tell beforehand, to publish, to declare, 2, 2, 20.

προαισθάνομαι, (πρό, αἰσθάνομαι,

προβαίνω · 243 · προοράω

wh. see) *to observe beforehand*, 1, 1, 7.

προβαίνω, (πρό, βαίνω, wh. see) *to go forward, advance*, 3, 1, 13.

προβάλλω, (πρό, βάλλω, wh. see) *to cast forward or before ; mid. to cast before one's self, τὰ ὅπλα, to present*, 1, 2, 17.

πρόβατον, ου, τό, (προβαίνω) *that which goes forward, an animal:* comm. plur. *animals*, esp. *sheep, flocks of sheep*, 2, 4, 27 ; 3, 5, 9.

προβουλεύω, (πρό, βουλεύω, -εύσω) *to contrive before ; to deliberate for, to provide for*, w. gen. 3, 1, 37.

πρόγονος, ου, ὁ, (πρό, γίγνομαι) *an ancestor*, 3, 2, 11.

προδίδωμι, (πρό, δίδωμι, wh. see) *to give beforehand ; to give away, to abandon*, 1, 3, 5 ; *to betray*, 2, 2, 8.

προδιώκω, (πρό, διώκω, -ξω) *to follow forth, to pursue*, 3, 3, 10.

προδότης, ου, ὁ, (προδίδωμι) *a traitor*, 2, 5, 27.

προεῖδον, (πρό, εἶδον) aor. 2d of προοράω, wh. see.

πρόειμι, (πρό, εἶμι) *to go forward, advance*, 1, 3, 1 ; *to go before*, 1, 4, 18.

προεῖπον, (πρό, εἶπον, wh. see) *to say beforehand ; to proclaim, to announce*, 1, 2, 17.

προελαύνω, (πρό, ἐλαύνω, wh. see) *to drive forward ;* sc. ἵππον, *to ride forward*, 1, 10, 16 ; 3, 4, 39.

προέρχομαι, (πρό, ἔρχομαι, wh. see) *to go before, go forward*, 2, 3, 3 ; 3, 3, 6.

προέχω, (πρό, ἔχω, wh. see) *to have beforehand; to surpass, to have the advantage*, 3, 2, 19.

προθυμέομαι, οῦμαι, (πρό, θυμέομαι, -ήσομαι, πρόθυμος) *to be zealous, to be earnestly desirous*, 1, 9, 24 ; 2, 4, 7 ; 3, 1, 9.

προθυμία, ας, ἡ, (πρόθυμος) *eagerness, zeal, good-will*, 1, 9, 18.

πρόθυμος, ον, (πρό, θυμός) *willing, eager, zealous*, 1, 3, 19. Comp. -ότερος, 3, 2, 15.

προθύμως, adv. (πρόθυμος) *zealously, willingly, eagerly*, comp. προθυμότερον, 1, 4, 9 ; 1, 10, 10.

προθύω, (πρό, θύω, -ύσω) *to sacrifice beforehand ; to sacrifice for* (any one).

προΐημι, (πρό, ἵημι, wh. see) *to send forward, send forth ; to throw away, to give up* ; comm. mid. *to give up* (on one's own account), *to abandon*, 1, 9, 9 and 10 ; *to commit to, entrust to*, w. dat. 1, 9, 12.

προΐστημι, (πρό, ἵστημι, wh. see) *to place before ;*—in the intrans. parts (see ἵστημι) *to stand before, to command*, w. gen. 1, 2, 1.

προκαλύπτω, (πρό, καλύπτω, -ψω) *to place a covering before, to cover, conceal*, 3, 4, 8.

προκατακαίω, (πρό, κατά, καίω, wh. see) *to burn down before ; of a country, to lay waste before* (any one), 1, 6, 2.

προκαταλαμβάνω, (πρό, κατά, λαμβάνω, wh. see) *to seize upon beforehand*, 1, 3, 14 and 16.

Προκλῆς, έος, οῦς, ὁ, *Procles*, 2, 1, 3.

προμετωπίδιον, ου, τό, (πρό, μέτωπον, *forehead*) *a covering for the forehead, a frontlet* (of horses), 1, 8, 7.

Πρόξενος, ου, ὁ, *Proxenus*.

προοράω, ῶ, (πρό, ὁράω, wh. see) *to see before, see in front*, 1, 8, 20.

προπέμπω, (πρό, πέμπω, wh. see) to send before or forward; pass. 2, 2, 15.

προπονέω, ῶ, -ήσω, (πρό, πονέω) to toil for, in behalf of, 3, 1, 37.

πρός, prep. w. gen. dat. or acc.— (1) w. gen. by, denoting an agent or doer w. pass. and neut. verbs, 1, 9, 20; on the part of, 3, 1, 5; πρὸς ὑμῶν, on your part, 2, 3, 18; often w. oaths and entreaties, πρὸς θεῶν, in the presence of the gods, by the gods, 2, 1, 17; πρὸς θεῶν καὶ πρὸς ἀνθρώπων, in the sight of gods and of men, 1, 6, 6; in keeping with, πρὸς τοῦ ... τρόπου, 1, 2, 11; towards, πρὸς τῶν Ἑλλήνων, 1, 10, 3. —(2) w. dat. near, close to, πρὸς τῷ ποταμῷ, 1, 8, 4 and 14; in addition to, πρὸς τούτοις, 3, 2, 33.—(3) w. acc. to, towards, of place, of persons, of time, 1, 7, 13 and often; in respect to, πρὸς ταῦτα βουλεύεσθαι, 1, 3, 19; in accordance with, in view of, 2, 3, 21; cf. πρὸς φιλίαν, in accordance with friendship, i. e. in a friendly manner, 1, 3, 19; against (in a hostile sense), πρὸς αὐτόν, 1, 1, 8; πρὸς βασιλέα, 1, 3, 21; to, for, πρὸς ἄριστον, 1, 10, 19; 2, 5, 20; in compos. to, towards, near, in addition to. H. 653. K. § 167. 6.— As adv. πρὸς δ' ἔτι, and further still, 3, 2, 2.

προσάγω, (πρός, ἄγω, wh. see) to lead to or against; sc. τὸ στράτευμα, to march against, w. πρός and acc. 1, 10, 9.

προσαιτέω, ῶ, (πρός, αἰτέω, -ήσω) to ask in addition; προσαιτοῦσι μισθόν, they ask additional pay, 1, 3, 21.

προσβολή, ῆς, ἡ, (πρός, βολή the act of throwing, fr. βάλλω) the act of throwing against, an attack, 3, 4, 2.

προσδεῖ, (πρός, δεῖ, wh. see) it is necessary in addition; προσδεῖν, 3, 2, 34, to be necessary in addition.

προσδίδωμι, (πρός, δίδωμι, wh. see) to give in addition, 1, 9, 19.

προσδοκάω, ῶ, -ήσω, (the simple verb δοκάω does not occur, but δοκεύω instead) to expect, to wait for, 3, 1, 14.

προσελαύνω, (πρός, ἐλαύνω, wh. see) to ride or march to or towards, or against, 3, 5, 13 : ἔτι προσήλαυνε, was still on the march (lit. was marching towards), 1, 5, 12; προσελαύνοντα, marching against (him), 1, 7, 16; to ride up, 3, 4, 39.

προσέρχομαι, (πρός, ἔρχομαι, wh. see) to come to, w. dat. 1, 3, 9; 3, 5, 8.

προσέχω, (πρός, ἔχω, wh. see) to hold to: τὸν νοῦν προσέχειν, lit. to hold the mind to, i. e. to give one's attention to (anything), 1, 5, 9; 2, 4, 2.

προσήκω, (πρός, ἥκω, wh. see) to come to or towards; to be related to, 1, 6, 1; to belong to, w. dat. 3, 1, 31;—comm. impers. it is becoming, w. dat. and infin. 3, 2, 11; w. acc. and infin. 3, 2, 15.

πρόσθεν, adv. (πρό, πρός) before; of place, εἰς τὸ πρ. forward, 2, 1, 2; 1, 10, 5; τὸ πρ. τῶν ὅπλων, the front of, etc. 3, 1, 33; τὰ πρ. the front, the van, 3, 2, 36; ἐν τῷ πρ. λόγῳ, in the foregoing narrative, 3, 1, 1; —of time, formerly, 1, 6, 10; ἐν τῷ πρ. χρόνῳ, in the foregoing time, 2,

3, 22; πρόσθεν ... πρίν, *until*, 1, 1, 10; *former*, ἡ πρ. ἀρετή, 1, 4, 8; cf. 1, 6, 3; and often thus as adj.: τὸ πρ., *previously, before*, 1, 10, 10 and 11; πρόσθεν ... ἤ, *sooner ... than*, 2, 1, 10.

προσίημι, (πρός, ἵημι, wh. see) *to send to, to suffer to come to;*—mid. *to suffer to come to one's self; to admit* εἰς ταὐτό *to the same place*, 3, 1, 30.

προσκαλέω, ῶ, (πρός, καλέω, wh. see) *to call to, call on.*

προσκυνέω, ῶ, -ήσω, (πρός, κυνέω *to kiss;* the simple verb is rare, has f. κύσω, aor. ἔκυσα) *to prostrate one's self before, to worship,* 3, 2, 9; it denotes also the Persian mode of saluting a person in authority by prostrating one's self, *to salute,* 1, 6, 10; 1, 8, 21.

προσλαμβάνω, (πρός, λαμβάνω, wh. see) *to take to, take with*, 1, 7, 3; *to take hold* (for help), *to lay hand to the work*, 2, 3, 11 and 12.

πρόσοδος, ου, ἡ, (πρός, ὁδός) *a way to;—an income, revenue,* comm. plur. in this sense, 1, 9, 19.

προσόμνυμι, (πρός, ὄμνυμι, wh. see) *to swear besides, in addition*, 2, 2, 8.

προσποιέομαι, οῦμαι, (πρός, ποιέω) *to make to one's self, to pretend,* 1, 3, 14; *to claim for one's self, to profess,* 2, 1, 7.

προσπολεμέω, ῶ, (πρός, πολεμέω) *to carry on war against,* w. acc. 1, 6, 6.

προστάττω, (πρός, τάττω, wh. see) *to enjoin upon,* τινί τι, *to enjoin anything upon any one*, 1, 9, 18.—Pass. οἷς προσετάχθη, *those on whom it had been enjoined,* 1, 6, 10.

προστερνίδιον, ου, τό, (πρό, στέρνον *the breast*) *a breastplate,* 1, 8, 7.

προστίθημι, (πρός, τίθημι, wh. see) *to place to;* mid. *to place one's self to, to agree to,* w. dat. 1, 6, 10.

πρόσω, adv. (πρό, πρός) *forwards; far*, οὐ πρόσω, *not far off*, 2, 2, 15; w. gen. πρόσω τῶν πηγῶν, *far from their sources,* 3, 2, 22; τοῦ πρόσω, *farther*, 1, 3, 1. Comp. προσωτέρω, sup. προσωτάτω.

πρόσωπον, ου, τό, (πρός, ὤψ *eye*) *the face;* often plur. of a single person, *looks,* 2, 6, 11.

προτεραῖος, αία, αῖον, (πρότερος) *former:* τῇ προτεραίᾳ, sc. ἡμέρᾳ, *on the day before,* 2, 1, 3.

πρότερον, adv. (πρότερος) *before, previously,* 1, 7, 18.

πρότερος, έρα, ερον, (πρό) *sooner, earlier,* w. gen. 1, 2, 25; *previously*, 1, 4, 12.

προτιμάω, ῶ, -ήσω, (πρό, τιμάω, τιμή *honor*) *to honor before;* mid. *to gain honor before,* w. gen. προτιμήσεσθε, 1, 4, 14, or perh. in pass. sense, *you shall be honored before;* pass. *to be honored before, to be preferred,* 1, 6, 5.

προτρέχω, (πρό, τρέχω, wh. see) *to run before, run forward,* 1, 5, 2.

προφαίνω, (πρό, φαίνω, wh. see) *to show before;* mid. *to appear before, appear in the distance,* 1, 8, 1.

προφασίζομαι, -ίσομαι or -ιοῦμαι (πρόφασις) *to take* (something) *as an excuse, to allege* (something) *as an excuse,* w. acc. 3, 1, 25.

πρόφασις, εως, ἡ, (πρό, φημί) *excuse, pretext,* 1, 1, 7: πρόφασιν ποιεῖσθαι, *to make a pretence,* 1, 2, 1.

προφύλαξ, ακος, ὁ, (πρό, φύλαξ) *an*

προχωρέω 246 ῥέω

advanced guard, a picket, in plur. 2, 3, 2 ; 2, 4, 15.

προχωρέω, ῶ, -ήσω, (πρό, χωρέω) to move forward, to advance; to prosper; to be convenient, useful, 1, 9, 13.

πρωί, adv. (πρό) early, in the morning ; comp. πρωιαίτερον or πρῳαίτερον, earlier (than usual), very early, 3, 4, 1.

πρωτεύω, (πρῶτος) to be the first, to hold the first place, w. dat. denoting in what respect, 2, 6, 26.

πρῶτον, adv. (πρῶτος) first, at first, for the first time, 2, 3, 16 : πρῶτον μὲν ... εἶτα, or εἶτα δέ, 1, 2, 16 ; 1, 3, 2 : πρῶτον μὲν ... ἔπειτα, 3, 2, 27 ; τὸ πρῶτον, at first, 1, 10, 10.

πρῶτος, η, ον, (πρό) first, of time, πρῶτος ἤγγειλε, I first announced, i. e. I was the first who announced, 2, 3, 19 ; of rank, first, most eminent, 2, 6, 17 ; of place, τοὺς πρώτους, the foremost, the van, 2, 2, 16 and 17.

πτάρνυμαι = πταίρω, f. πταρῶ, aor. 1st ἔπτᾰρα, aor. 2d ἔπτᾰρον, to sneeze, 3, 2, 9.

πτέρυξ, ῠγος, ἡ, (πτερόν a wing, πέτομαι) a wing, 1, 5, 3.

πυκνός, ή, όν, compact, close, dense, 2, 3, 3.

πύλη, ης, ἡ, one wing of folding doors or gates ; comm. plur. πύλαι, ῶν, αἱ, a gate, an entrance, a pass, 1, 4, 4 and 5 ;—also as proper name, Pylæ, or the Pass, 1, 5, 5.

πυνθάνομαι, πεύσομαι, πέπυσμαι, ἐπυθόμην, to learn by inquiry, to ascertain, 1, 7, 16 ; 2, 1, 4 ; to ask, τοῦτ' ἐπυνθάνετο, made this inquiry, 3, 1, 7.

πῦρ, πυρός, τό, fire, 2, 5, 19 ; 3, 1, 3.

πυραμίς, ίδος, ἡ, (πῦρ) a pyramid, 3, 4, 9.

Πύραμος, ου, ὁ, Pyrămus.

πυρός, οῦ, ὁ, (perh. fr. πῦρ, fire, on account of the color) wheat ; also in plur., wheat, 1, 2, 22.

πώ, enclit. yet, hitherto, up to the present time ; comm. after a neg. οὔπω, μήπω, not yet, οὐδέπω, not even yet ; οὐ πρότερον ... πω, never before up to the present time, never before, 1, 2, 26.

πωλέω, ῶ, -ήσω, to sell, 1, 5, 5.

πώποτε, (πώ, ποτέ) at any time, ever, comm. in a neg. clause, 1, 6, 11.

πῶς, adv. how ? comm. in a direct question ; also, indirect, 1, 7, 2.

πώς, enclit. adv. somehow, in some way, in any way: ὧδέ πως, somehow as follows, 1, 7, 9 ; εἴ πως, if in any way, 2, 3, 18 ; ἄλλως πως ... ἤ, in any other way than, 3, 1, 20.

Ρ

ῥᾴδιος, ία, ιον, easy ; comp. ῥᾴων, sup. ῥᾷστος, 2, 6, 24.

ῥᾳδίως, adv. (ῥᾴδιος) easily, without difficulty, 3, 5, 9 ; comp. ῥᾷον, sup. ῥᾷστα.

ῥᾳθυμέω, ῶ, -ήσω, (ῥᾴδιος, θυμός) to be of easy disposition, to lead an easy life, 2, 6, 6.

ῥᾳθυμία, ας, ἡ, (ῥᾴδιος, θυμός) easiness of disposition ; a life of ease, 2, 6, 5.

ῥᾷστος, see ῥᾴδιος.

ῥᾴων, ῥᾷον, comp. of ῥᾴδιος ; neut. ῥᾷον as comp. of ῥᾳδίως.

ῥέω, ῥεύσομαι, comm. ῥυήσομαι,

ῥιπτέω 247 σιωπάω

aor. ἔρρευσα, comm. ἐρρύην, pf. ἐρρύηκα, to flow, 1, 2, 7 and 8; 1, 7, 15.

ῥιπτέω, ῶ, collateral form of ῥίπτω, wh. see; used only in pres. and impf. 3, 3, 1.

ῥίπτω, ῥίψω, ἔρριψα, ἔρριφα, ἔρριμμαι, ἐρρίφθην, to cast, cast away, w. acc. 1, 5, 8.

ῥῦμα, ατος, τό, (ῥύω, ἐρύω to draw) that which is drawn, a string : ἐκ τόξου ῥύματος, lit. from a bowstring, i. e. having a bow-shot the start, 3, 3, 15.

ῥώμη, ης, ἡ, (ῥώννυμι) strength, in military language, force, 3, 3, 14.

ῥώννυμι, ῥώσω, ἔρρωσα, ἔρρωμαι, ἐρρώσθην, to strengthen.

Σ

σαλπίζω, σαλπίγξω, ἐσάλπιγξα, (σάλπιγξ, a trumpet) to sound the trumpet : ἐσάλπιγξε, (one) sounded the trumpet, the trumpet sounded, 1, 2, 17.

Σάμιος, ου, ὁ, a Samian.

Σάρδεις, εων, αἱ, Sardis, capital of Lydia, 1, 2, 2, ff.

σατραπεύω, (σατράπης) to be σατράπης, to govern as satrap, to rule, w. acc. 1, 7, 6; w. gen. 3, 4, 31.

σατράπης, ου, ὁ, a satrap, a Persian governor of a province, 1, 1, 2.

Σάτυρος, ου, ὁ, Satyrus, 1, 2, 13.

σαφής, ές, clear, plain.

σαφῶς, adv. (σαφής) clearly, manifestly, 1, 4, 18.

σεαυτοῦ or σαυτοῦ, ῆς, οῦ, reflex. pron. 2d pers., of thyself.

σημαίνω, σημανῶ, ἐσήμηνα, (σῆμα, a sign) to give a sign, to signify, to show, 2, 1, 2 ; often w. ὁ σαλπιγκτής understood, ἐπειδὰν δὲ σημήνῃ τῷ κέρατι, and when the trumpeter shall give a signal with the horn, 2, 2, 4 ; cf. 3, 4, 4.

σημεῖον, ου, τό, a sign, signal : ἀπὸ τοῦ αὐτοῦ σημείου, at the same signal, 2, 5, 32; τὸ βασίλειον σημεῖον, the royal standard, 1, 10, 12.

σήσαμον, ου, τό, a genus of annual herbaceous plants, cultivated in the East for their seed, which is used for food, and from which an oil is expressed ; the seed of the sesame-plant, sesame, 1, 2, 22.

σιγή, ῆς, ἡ, (akin to σιγάω, to keep silence) silence, 1, 8, 11.

σίγλος, ου, ὁ, a siglos, a Persian coin, worth 7½ Attic obols, 1, 5, 6.

σίδηρος, ου, ὁ, iron, steel ; anything made of iron or steel.

Σικυώνιος, α, ον, Sicyonian ; as subst. a Sicyonian, an inhabitant of Sicyon (Σικυών), a city on the S.E. coast of the Corinthian gulf.

Σιλανός, οῦ, ὁ, Silānus, 1, 7, 18.

σίνομαι, dep. seldom used except in pres. and impf., to harm, injure, inflict any injury, 3, 4, 16.

σιταγωγός, οῦ, ὁ, (σῖτος, ἄγω) carrying grain, 1, 7, 15.

σιτίον, ου, τό, (σῖτος) corn, grain ; food, 1, 10, 18.

σῖτος, ου, ὁ, corn, grain, 1, 4, 19; food, σ. μελίνης, food made of panic, 1, 5, 10 ; σ. ἐκ τῶν ὑποζυγίων, food from the beasts of burden, 2, 1, 6 ;— plur. τὰ σῖτα, food, 2, 3, 27 ; 3, 2, 28.

Σιττάκη, ης, ἡ, Sittăce.

σιωπάω, ῶ, -ήσομαι (σιωπή, silence) to keep silence, to be silent, 1, 3, 2.

σκεδάννυμι, σκεδάσω or σκεδῶ, ἐσκέδασα, ἐσκέδασμαι, ἐσκεδάσθην, to scatter; pass. to be scattered, dispersed, 3, 5, 2.

σκέπασμα, ατος, τό, (σκεπάζω, to cover) a covering; perh. as Krüger defines it, a tent-cover, 1, 5, 10.

σκεπτέος, έα, έον, (σκέπτομαι) verb. adj. to be considered; impers σκεπτέον εἶναι, sc. ἡμῖν, that we must consider, 1, 3, 11.

σκέπτομαι, σκέψομαι, ἐσκεψάμην, ἔσκεμμαι, ἐσκέφθην, (in the pres. and impf. σκοπέω, ῶ, ἐσκόπουν are far more comm.) to view, to consider, 3, 2, 20.

σκευάζω, -άσω, ἐσκεύασα, ἐσκεύασμαι, ἐσκευάσθην, (σκεῦος) to prepare.

σκεῦος, εος, ους, τό, a utensil; plur. σκεύη, ῶν, baggage, 3, 2, 28.

σκευοφορέω, ῶ, -ήσω, (σκεῦος, φέρω) to carry baggage, 3, 2, 28; 3, 3, 19.

σκευοφόρος, ον, (σκεῦος, φέρω) carrying baggage; as subst. σκευοφόρος, ου, ὁ, baggage-carrier, sutler:—τὰ σκευοφόρα, the beasts of burden or baggage-carriers (of men or of animals), 1, 3, 7; 1, 10, 3, ff.

σκηνάω or σκηνέω, ῶ, -ήσω, (σκηνή) to be in a tent, to encamp, 1, 4, 9; 2, 4, 14.

σκηνή, ῆς, ἡ, a tent, 1, 6, 4 and 11; αἱ σκηναί, the tents, the camp, 1, 2, 17; 3, 5, 7.

σκηνόω, ῶ, (σκῆνος = σκηνή) to encamp.

σκήνωμα, ατος, τό, (σκηνόω) a tent, 2, 2, 17.

σκηπτός, οῦ, ὁ, (σκήπτω, to lean upon; also to fall, to dart) a thunderbolt, a bolt, 3, 1, 11.

σκηπτοῦχος, ου, ὁ, (σκῆπτρον a sceptre, ἔχω to hold) a sceptre-bearer (an officer of high rank in the Persian government, always a eunuch), 1, 6, 11.

σκοπέω, ῶ, -ήσω, (σκοπός) to view, observe, consider, 2, 5, 4. (Used chiefly in pres. and impf.; other tenses comm. fr. σκέπτομαι, wh. see.)

σκοπός, οῦ, ὁ, an observer; a scout, 2, 2, 15.

σκοταῖος, αία, αῖον, (σκότος) dark: σκοταῖοι προσιόντες, advancing in the dark, 2, 2, 17.

σκότος, ου, ὁ, and sometimes εος, ους, τό, darkness, 2, 2, 7; 2, 5, 7 and 9.

Σκύθης, ου, ὁ, a Scythian.

Σόλοι, ων, οἱ, Soli, a city of Cilicia.

Σοῦσα, ων, τά, Susa, in the Old Testament, Shushan, signifying in Persian, lilies; chief city of the province Susiana, 2, 4, 25.

Σοφαίνετος, ου, ὁ, Sophænĕtus, from Stymphalus in Arcadia, 1, 1, 11.

σοφία, ας, ἡ, (σοφός) wisdom, skill, 1, 2, 8.

σοφός, ή, όν, wise, 1, 10, 2. Comp. -ώτερος, sup. -ώτατος.

σπανίζω, ίσω and ιῶ, (σπάνις, scarceness) to lack, to be in want of, w. gen. 2, 2, 12.

σπάνιος, ία, ιον, (σπάνις, scarceness) scarce, 1, 9, 27.

σπάω, σπάσω, ἔσπασα, ἔσπακα, ἔσπασμαι, ἐσπάσθην, to draw, τὸν ἀκινάκην, 1, 8, 29.

σπένδω, σπείσω, ἔσπεισα, ἔσπεικα, ἔσπεισμαι, ἐσπείσθην, to pour out a libation;—mid. to pour libations one with another, hence, as this was a common mode of ratifying a solemn

σπεύδω 249 στερρῶς

contract, *to make an armistice* or *a treaty*, 1, 9, 8; w. dat. εἴ τῳ σπείσαιτο, *if he made a treaty with any one*, 1, 9, 7; 2, 3, 7; πρός τινα, 3, 5, 16.

σπεύδω, -εύσω, *to hasten*, 1, 5, 9; 2, 3, 13; *to be in haste*, w. infin. 1, 3, 14.

σπολάς, άδος, ἡ, *a leathern corslet*: σπολάδες καὶ θώρακες, *leathern and metallic corslets*, 3, 3, 20.

σπονδή, ῆς, ἡ, (σπένδω) *a libation*; plur. σπονδαί, *libations*, the usual sign of a treaty; hence, by meton. *a treaty*: παρὰ τὰς σπονδάς, *contrary to the treaty*, 1, 9, 8; ἐν ταῖς σπονδαῖς, *during the time of the treaty*, 3, 1, 1; σπ. ποιεῖσθαι, *to make a treaty*, 2, 3, 8; σπ. λύειν, *to break a treaty*, 2, 5, 38.

σπουδάζω, -άσω and -άσομαι, (σπουδή) *to be busy, to be in earnest*, 2, 3, 12.

σπουδαιολογέω, ῶ, -ήσω, (σπουδαῖος, λέγω), mid. σπουδαιολογέομαι, -οῦμαι, *to converse on important topics*, 1, 9, 28.

σπουδαῖος, α, ον, (σπουδή) *earnest, serious, weighty*.

σπουδή, ῆς, ἡ, (σπεύδω) *earnestness, haste*, 1, 8, 4.

στάδιον, ου, τό, plur. οἱ στάδιοι or τὰ στάδια, (ἵστημι) *an established measure of length*, 600 Greek, 606½ English feet, about one-eighth of a mile, *a furlong, a stadium*; plur. *furlongs* or *stadia*.

σταθμός, οῦ, ὁ, (ἵστημι) *a place of halting, a station*, 1, 8, 1; 1, 10, 1, etc.; *a day's journey* or *march*, *a stage*: ἐξελαύνει σταθμοὺς τρεῖς, *he marches three stages*, 1, 2, 5 and often.

στασιάζω, -άσω, (στάσις, *a sedition*) *to rebel, to be at variance with*, 2, 5, 28, w. dat.

στέγασμα, ατος, τό, (στεγάζω *to cover*, στέγη *a roof*) *a covering*; perh. as Krüger thinks, *a tent-cover*; or as Theisz defines it, *the skins which the soldiers used to cover themselves*.

στείβω, στείψω, ἔστειψα, rare in prose, chiefly used in pres. and impf. *to tread*: παρὰ τὰς στειβομένας ὁδούς, *along the much travelled roads* (lit. *trodden roads*), 1, 9, 13.

στέλλω, στελῶ, ἔστειλα, ἔσταλκα, ἔσταλμαι, ἐστάλην, *to set in order, to equip, dispatch, send*;—pass. 3, 2, 7, ἐσταλμένος, *equipped*.

στενός, ή, όν, *narrow*, 1, 4, 4; comp. στενότερος, 3, 4, 19.

στενοχωρία, ας, ἡ, (στενός, χώρα) *a narrow place*, 1, 5, 7.

στέργω, στέρξω, ἔστερξα, ἔστοργα, *to love* (esp. of the love of parents and children; also of the love of friends, comm. in a noble sense), 2, 6, 23.

στερέω, ῶ, or στερίσκω, στερήσω, ἐστέρησα, -κα, -μαι, -θην, *to deprive*, w. acc. of pers. and gen. of thing, 2, 5, 10;—pass. στεροῦμαι, στερίσκομαι, *to be deprived of*; also a form στέρομαι, *to be destitute of*, 3, 2, 2; f. στερήσομαι, mid. in form, pass. in meaning, w. gen. ἀλλ' οὐδὲ τούτων στερήσονται, *but not even of these shall they be deprived*, 1, 4, 8; 1, 9, 13; 2, 1, 12; 3, 2, 2.

στέρομαι, see στερέω.

στέρνον, ου, τό, *the breast*, 1, 8, 26.

στερρῶς, adv. (στερρός, Att. collat. form of στερεός, *firm, rigid*) *rigidly*, 3, 1, 22.

στέφανος, ου, ὁ, (στέφω, to encircle) a wreath, garland, crown, 1, 7, 7.

στίβος, ου, ὁ, (στείβω) a beaten way, a track (made by many; ἴχνος or ἴχνιον, a track, the impression of a single foot), 1, 6, 1.

στῖφος, εος, ους, τό, (στείβω) a dense company, a compact body, 1, 8, 13 and 26.

στλεγγίς, ίδος, ἡ, a flat piece of metal, used in the bath and in the palæstra for scraping the body, a scraper, Lat. strigil; also, a sort of comb worn as an ornament by women, or by men on important occasions; an ornament for the hair, 1, 2, 10.

στολή, ῆς, ἡ, (στέλλω) an equipment, a robe, 1, 2, 27.

στόλος, ου, ὁ, (στέλλω) equipment, preparation, 1, 2, 5; army, military force, 2, 2, 12; 3, 2, 11; an expedition, a journey, a march, 1, 3, 16; 2, 2, 10.

στόμα, ατος, τό, the mouth, any opening, the front, the van of an army, 3, 4, 42.

στρατεία, ας, ἡ, (στρατεύω) a military expedition, a campaign, 3, 1, 9.

στράτευμα, ατος, τό, (στρατεύω) an army, 1, 2, 18 and often.

στρατεύω, -εύσω, (στρατός, an army) to make an expedition, w. ἐπί and acc. against any one, 2, 3, 20; 3, 1, 17 and 18; mid. to make an expedition, 1, 2, 2; εἴς τινα, against any one, 1, 1, 11; ἐπί τινα, 2, 1, 1.

στρατηγέω, ῶ, -ήσω, (στρατηγός) to be general, to lead, command, w. gen. 1, 4, 3; w. cogn. acc. 1, 3, 15.

στρατηγία, ας, ἡ, (στρατηγός) something belonging to a general, as his office, dignity, plans, character: στρατηγίαν στρατηγεῖν, to lead in a military plan, to carry out a course of strategy, 1, 3, 15; generalship, military plan, 2, 2, 13.

στρατηγός, οῦ, ὁ, (στρατός an army, ἄγω) a general, commander, leader; also, a military governor (such as were appointed by the Persians), 1, 1, 2.

στρατιώτης, ου, ὁ, (στρατιά, an army) a soldier, 1, 8, 21.

στρατοπεδεύω, -εύσω, (στρατόπεδον) to encamp; comm. dep. mid. to encamp, 1, 3, 7 and often; to be encamped, 2, 2, 15.

στρατόπεδον, ου, τό, (στρατός an army, πέδον ground) an encampment, a camp, 1, 10, 1 and 17; meton. an army.

στρεπτός, οῦ, ὁ, sc. κύκλος, (στρέφω) a necklace, 1, 2, 27; 1, 8, 29; 1, 5, 8.

στρέφω, στρέψω, ἔστρεψα, ἔστροφα, ἔστραμμαι, ἐστράφην, (rare ἐστρέφθην) to twist, to turn, to face about, 1, 10, 6.

στρουθός, οῦ, ὁ, any small bird, esp. a sparrow: στρουθὸς ὁ μέγας or ἡ μεγάλη, the ostrich, 1, 5, 2.

στυγνός, ή, όν, (στυγέω, to hate) hateful, severe, repulsive, 2, 6, 9: τὸ στυγνόν, that which was hateful, the severity, 2, 6, 11.

Στυμφάλιος, ία, ιον, Stymphalian; as subst. a Stymphalian, an inhabitant of Stymphálus, a city in Arcadia, 1, 1, 11.

σύ, σοῦ, (enclit.) pers. pron. 2d pers. thou, 2, 1, 12 and 16 and 17.

συγγενής, ές, (σύν, γένος) of the

same race: οἱ συγγενεῖς, *kinsmen, relatives,* 1, 6, 10.

συγγίγνομαι, (σύν, γίγνομαι, wh. see) *to be with, to associate with,* w. dat. 1, 1, 9; 1, 2, 27; *to have intercourse with* (in a bad sense, i. e. *illicit intercourse*), 1, 2, 12.

συγκαλέω, ῶ, (σύν, καλέω, wh. see) *to call together, to assemble,* 1, 4, 8.

συγκατακαίω, (σύν, κατά, καίω, wh. see) *to burn up with* (something), 3, 2, 27.

συγκαταστρέφω, (σύν, κατά, στρέφω, wh. see) *to assist any one* (dat.) *in subjugating* (anything), 2, 1, 14.

συγκύπτω, (σύν, κύπτω, κύψω, κτέ.) *to bend together,* 3, 4, 19.

Συέννεσις, ιος, ὁ, *Syennesis,* king of Cilicia, 1, 2, 12.

σῦκον, ου, τό, *a fig.*

συλλαμβάνω, (σύν, λαμβάνω, wh. see) *to take together, seize, lay hold of, apprehend,* 1, 1, 3; 1, 4, 8.

συλλέγω, (σύν, λέγω, *to lay in order, to gather*) συλλέξω, συνείλοχα, συνείλεγμαι, συνελέγην, *to collect,* 1, 1, 7 and 9; *to gather,* 2, 4, 11.

συλλογή, ῆς, ἡ, (συλλέγω) *the act of collecting, levy,* 1, 1, 6.

συμβαίνω, (σύν, βαίνω, wh. see) *to come together, to occur, to happen:* τὰ συμβάντα, *the events which happened,* 3, 1, 13.

συμβάλλω, (σύν, βάλλω, wh. see) *to cast together, to bring together;* pass. 3, 4, 31;—mid. χρήματα συνεβάλλοντο αὐτῷ, *contributed money for him,* 1, 1, 9.

συμβουλεύω, (σύν, βουλεύω) *to advise,* 1, 6, 9;. w. dat. 2, 1, 17 and 18.—Mid. *to get advice for one's self, to confer with,* w. dat. 1, 1, 10; 1, 7, 2; *to ask advice* (of a person, w. dat.) 2, 1, 16 and 17.

σύμβουλος, ου, ὁ, (συμβουλεύω) *an adviser,* 1, 6, 5.

συμμαχία, ας, ἡ, (σύν, μάχομαι) *an alliance.*

σύμμαχος, ον, (σύν, μάχη) *fighting with, in alliance with,* 2, 4, 6; 2, 5, 11: τὰ σύμμαχα, *things in alliance, resources,* 2, 4, 7;—σύμμαχος, ὁ, *an ally.*

συμμίγνυμι, (σύν, μίγνυμι, wh. see) *to mix with, to unite with, to join,* w. dat. 2, 1, 2; 2, 3, 19.

σύμπας, σύμπασα, σύμπαν, (σύν, πᾶς) a strengthened form of πᾶς, *all together,* 1, 2, 9: τὸ σύμπαν, adv. *altogether, on the whole,* 1, 5, 9.

συμπέμπω, (σύν, πέμπω, wh. see) *to send with,* 3, 4, 42 and 43.

συμπίπτω, (σύν, πίπτω, wh. see) *to fall with, to fall together, to grapple with,* ἄρκτῳ, 1, 9, 6.

σύμπλεως, ων, (σύν, πλέως, πλέος *full*) *entirely full, filled,* w. gen. 2, 22.

συμπολεμέω, ῶ, (σύν, πολεμέω, ῶ, -ήσω) *to carry on war in alliance with, to aid in war,* w. dat. συνεπολέμει Κύρῳ πρός, w. acc. *he aided Cyrus in war against,* etc. 1, 4, 2; cf. 3, 1, 5.

συμπορεύομαι, (σύν, πορεύομαι, wh. see) *to go with,* 1, 3, 5.

συμπράττω, (σύν, πράττω, wh. see) *to coöperate with, to aid,* w. dat. 1, 1, 1.

συμπροθυμέομαι, οῦμαι, (σύν, πρό, θυμέομαι, θυμός) *to join in a desire,* συμπροθυμεῖτο, 3, 1, 9.

συμφέρω, (σύν, φέρω, wh. see) *to bring together,* συνενηνεγμένα, 3, 4, 31; *to be profitable,* 3, 2, 27.

σύν, prep. w. dat. with, in company with, in connection with; in compos. with, together with.

συναγείρω, (σύν, ἀγείρω, wh. see) to bring together, collect; pass. 1, 5, 9.

συνάγω, (σύν, ἄγω, wh. see) to lead together, bring together, 1, 3, 9; 1, 5, 10; συνῆγον, joined (them) together.

συναδικέω, ῶ, -ήσω, (σύν, ἀδικέω) to commit injustice with (any one), dat. 2, 6, 27.

συναιρέω, ῶ, (σύν, αἱρέω, wh. see) to seize with; to bring together: ὡς συνελόντι εἰπεῖν, to speak concisely, 3, 1, 38.

συνακολουθέω, ῶ, -ήσω, (σύν, ἀκολουθέω) to follow with, at the same time, to go in company with, 2, 5, 30 and 35; 3, 1, 4.

συναλλάττω, (σύν, ἀλλάττω (ἄλλος), ἀλλάξω, ἤλλαξα, ἤλλάχα, ἤλλαγμαι, ἠλλάγην [ἄ]) to change something with some one, to reconcile; pass. to be reconciled with: συναλλαγέντι πρὸς and acc., having been reconciled with, 1, 2, 1.

συναναβαίνω, (σύν, ἀνά, βαίνω, wh. see) to go up with, w. dat. 1, 3, 18.

συναντάω, ῶ, -ήσω, (σύν, ἀντάω) to meet, 1, 8, 15.

συνάπειμι, (σύν, ἀπό, εἶμι) to go away with, at the same time, 2, 2, 1.

συνάπτω, (σύν, ἅπτω, ἅψω, κτέ.), to join together: μάχην τινί, to join in battle with any one, 1, 5, 10.

σύνδειπνος, ου, ὁ, (σύν, δεῖπνον) a table-companion: σύνδειπνον ποιεῖσθαί τινα, to make any one a table-companion, 2, 5, 27.

σύνειμι, (σύν, εἰμί, wh. see) to be with, οἱ συνόντες one's associates, 2, 6, 20.

σύνειμι, (σύν, εἶμι, wh. see) to go or come with, or together: μαχούμενος συνῄει, advanced to fight, 1, 10, 10.

συνεκβιβάζω, (σύν, ἐκ, βιβάζω, -άσω) to cause to go out with, to assist in conveying (something) out, 1, 5, 7.

συνενηνεγμένα, see συμφέρω.

συνελόντι, see συναιρέω.

συνεπεύχομαι, (σύν, ἐπί, εὔχομαι, wh. see) to vow in addition at the same time, 3, 2, 9.

συνεπισπεύδω, (σύν, ἐπί, σπεύδω, wh. see) to assist in hastening, 1, 5, 8.

συνέπομαι, (σύν, ἕπομαι, wh. see) to follow with, to follow, w. dat. 1, 3, 9; 1, 4, 17.

συνεργός, όν, (σύν, ἔργον) working with; as subst. a helper, coadjutor, 1, 9, 20 and 21.

συνέρχομαι, (σύν, ἔρχομαι, wh. see) to go or come with, to come together, 2, 1, 2; 2, 3, 21.

συνήθης, ες, (σύν, ἦθος a custom) accustomed to one another; as subst. συνήθης, εος, ους, ὁ, an intimate friend.

σύνθημα, ατος, τό, (σύν, τίθημι) anything agreed on, a sign, watchword, 1, 8, 16.

συνιδεῖν, 2d aor. infin. of συνοράω.

συνίστημι, (σύν, ἵστημι, wh. see) f. συστήσω, pf. συνέστηκα, κτέ., to place with or together; intrans. parts (see ἵστημι) to stand with or together; pass. to be placed with; to be introduced to, w. dat. 3, 1, 8.

σύνοδος, ου, ἡ, (σύν, ὁδός) a going together; a meeting, a collision, an onset, 1, 10, 7.

σύνοιδα, (σύν, οἶδα, pf. in form, pres. in meaning, plupf. ᾔδειν or ᾔδη impf. in meaning, f. εἴσομαι) *I know with:* σύνοιδα ἐμαυτῷ, and also σύνοιδα alone, *I am conscious*, 1, 3, 10; σύνοιδεν αὐτῷ, *he is conscious*, 2, 5, 7.

συνοράω, ῶ, (σύν, ὁράω, wh. see) *to see together, to view in general*, 1, 5, 9.

συνουσία, as, ἡ, (σύν, εἰμί) *the being together, familiar conversation*, plur. 2, 5, 6.

συντάττω, (σύν, τάττω, wh. see) *to arrange with* or *together, to draw up* (in military order), 1, 2, 15;—pass. 1, 7, 14 ; 1, 8, 14;—mid. *to place one's self in military order*, 1, 3, 14 ; 1, 10, 5 and 8.

συντίθημι, (σύν, τίθημι, wh. see) *to place together ;*—mid. *to make an agreement with* (any one, dat.), 1, 9, 7: φιλίαν συνθέμενοι, *having concluded friendship*, 2, 5, 8.

σύντομος, ον, (σύν, τέμνω *to cut*) *cut up, abridged, short ;* sup. συντομώτατος, 2, 6, 22.

συντράπεζος, ον, (σύν, τράπεζα *a table*) *at table with ;* as subst. *a table-companion*, 1, 9, 31.

συντυγχάνω, (σύν, τυγχάνω, wh. see) *to happen with, to fall in with*, w. dat. 1, 10, 8.

συνωφελέω, ῶ, (σύν, ὠφελέω, -ήσω) *to help at the same time*, 3, 2, 27.

Συρακόσιος, ον, ὁ, *a Syracusian*.

Συρία, as, ἡ, *Syria* (lying both east and west of the Euphrates. It was not till the Roman period that the name was limited to the country between the Euphrates and the Mediterranean ; for it was not till after the Macedonian conquest that the name Μεσοποταμία became generally applied to the land between the Tigris and the Euphrates).

Σύριος, ία, ιον, *Syrian*.

Σύρος, ου, ὁ, *a Syrian*.

συσκευάζομαι, (σύν, σκευάζω, -άσω) *to make preparation together, to pack up*, 1, 3, 14 ; 2, 1, 2.

συσπάω, (σύν, σπάω, -άσω, [ᾰ]) *to draw together, sew together*, 1, 5, 10.

συσπείρω, ῶ, -ήσω, (σύν, σπείρω *to coil up*) *to wind up together ;* pass. 1, 8, 21, συνεσπειραμένην, *formed in close array*.

συσπουδάζω, (σύν, σπουδάζω, -άσω, *to hasten*, fr. σπουδή) *to hasten together with, to unite in helping zealously*, 2, 3, 11.

συστρατεύομαι, (σύν, στρατεύομαι, -εύσομαι) *to join in an expedition*, 1, 4, 3.

συστράτηγος, οῦ, ὁ, (σύν, στρατηγός) *a fellow-general*, 2, 6, 29.

συστρατιώτης, ου, ὁ, (σύν, στρατιώτης) *a fellow-soldier*, 1, 2, 26.

συστρατοπεδεύομαι, (σύν, στρατοπεδεύομαι) *to encamp with*, 2, 4, 9.

συχνός, ή, όν, (perh. συνέχης, fr. συνέχω) *held together, continuous ; much, considerable*, of time, 1, 8, 8 ; of space, 1, 8, 10.

σφάγιον, ου, τό, (σφάζω or σφάττω) *a victim for sacrifice :* τὰ σφάγια, *the omens from the motions of the victims*, 1, 8, 15.

σφάζω, Att. σφάττω, σφάξω, ἔσφαξα, ἔσφαγμαι, ἐσφάγην (ᾰ), rare ἐσφάχθην, *to slaughter, to sacrifice*, 2, 2, 9.

σφεῖς, ἑα, *they*, pers. pron. 3d pers. plur.

σφενδονάω, ῶ, -ήσω, (σφενδόνη, *a*

σφενδόνη 254 τάλαντον

sling) to sling, 3, 4, 16 ; to use the sling, to discharge the sling, 3, 3, 7 and 15 and 17 and 18.
σφενδόνη, ης, ή, a sling, 3, 3, 18 ; meton. that which is cast by a sling, a stone or bullet, 3, 3, 16 ; 3, 4, 4.
σφενδονήτης, ου, δ, (σφενδόνη) a slinger, 3, 3, 6 and 16.
σφόδρα, adv. (neut. plur. of σφοδρός) very, exceedingly, 2, 3, 16; 2, 4, 18: ἀκούειν σφόδρα, to listen to implicitly; σφ. πειθομένοις, obeying implicitly, 2, 6, 11 and 13.
σφοδρός, ά, όν, (akin to σπεύδω, σπουδή) vehement, excessive, ἔνδεια pressing want, 1, 10, 18.
σχεδία, ας, ή, a raft : σχεδίαις διαβαίνοντες, crossing over on rafts, 1, 5, 10 ; cf. 2, 4, 28.
σχεδόν, adv. (σχεῖν, ἔχω) nearly, almost : σχεδὸν ὅτε, about the time when, 1, 10, 15 ; 3, 2, 1 ; for the most part, chiefly, 1, 8, 25.
σχῆμα, ατος, τό, (σχεῖν, ἔχω) shape, form, 1, 10, 10.
σχίζω, -ίσω, (t) to cleave, split, 1, 5, 12.
σχολάζω, -άσω, (σχολή) to be at leisure, 2, 3, 2.
σχολαίως, adv. (σχολαῖος, αία, αῖον, at leisure) leisurely, slowly, 1, 5, 8; comp. σχολαιότερον, more slowly, 1, 5, 9.
σχολή, ῆς, ή, leisure : σχολῇ, with leisure, slowly, 3, 4, 27.
σώζω, σώσω, ἔσωσα, σέσωκα, σέσωσμαι or σέσωμαι, ἐσώθην, to save, to rescue, 1, 10, 3 ; 2, 3, 25 ; to preserve, hold safely, 2, 5, 11 ; 3, 2, 39 ;
—pass. to be rescued, 3, 2, 11 ; to come off in safety, 2, 1, 19 ; to reach home in safety, 3, 1, 6 ; 3, 3, 4 ;—

mid. to rescue one's self, 2, 1, 19, σώζεσθαι.
Σωκράτης, ους, ὁ, Socrătes, (1) An Athenian philosopher, the friend and teacher of Xenophon, Plato, etc. 3, 1, 5 and 7. (2) An Achæan, 1, 1, 11 ; 1, 2, 3;—one of the generals invited into the tent of Tissaphernes and there seized.
σῶμα, ατος, τό, the body, 3, 2, 20 : τὰ ἑαυτῶν σώματα, their own persons, 1, 9, 27 ; their own lives, 1, 9, 12 ; cf. 2, 1, 12.
σῶος, σώα, σῶον, (akin to σώζω) safe, 2, 2, 21 ; 3, 1, 32.
Σῶσις, εως, or Σωσίας, ου, ὁ, Sosis, or Sosias, 1, 2, 9.
σωτήρ, ῆρος, ὁ, (σώζω) a saviour, preserver, deliverer, 1, 8, 16 ; 3, 2, 9.
σωτηρία, ας, ή, (σωτήρ, σώζω) deliverance, rescue, 2, 1, 19.
Σωτηρίδας, α, ὁ, Soterĭdas.
σωτήριος, ον, (σωτήρ) bringing deliverance. As subst. a means of safety, 2, 6, 11 ; 3, 3, 2 : τὰ σωτήρια, sc. ἱερά, sacrifices commemorative of deliverance, thank-offerings for deliverance, 3, 2, 9.
σωφροσύνη, ης, ή, (σώφρων of sound mind, fr. σῶος, and φρήν mind) soundness of mind, self-control, practical wisdom, 1, 9, 3.

T

τάλαντον, ου, τό, (root τλα. found in fut. τλήσομαι, aor. ἔτλην, κτἑ., to bear ; cf. Lat. tul-isse) a balance ; meton. that which is weighed ; esp. a definite weight, a talent, denoting a given amount of money. The common talent, which is always meant when no qualifying phrase is used, was the Attic talent of silver. It contained 60 minæ = 6000 drachmæ = about $1056 $\frac{90}{100}$, 1, 7, 18; sometimes χρυσοῦ or ἀργυρίου is added for greater exactness, 2, 2, 20. See Dict. Antiqq. art. Nummus.

ταμιεύομαι, (ταμίας, a distributer) to distribute (as a steward), to divide off, cut off, 2, 5, 18.

Ταμώς, gen. ώ, ὁ, Tamos.

ταξιαρχέω, ῶ, (τάξις, ἄρχω) to be a taxiarch.

ταξίαρχος, ου, ὁ, (τάξις, ἄρχω) a commander of a τάξις, a taxiarch, 3, 1, 37.

τάξις, εως, ἡ, (τάττω) the act of arranging, the art of arranging military companies, 2, 1, 7; military order, 1, 2, 18; 1, 7, 20; 2, 3, 10; a rank, a line (of soldiers), 3, 2, 17 and often; a company (either of footmen or of horsemen): κατὰ τάξεις, in companies of footmen, 1, 2, 16; a company of horsemen, 1, 8, 21; τάξις τῶν ὁπλιτῶν, a division of the hoplites, 1, 5, 14.

ταπεινός, ή, όν, low, humble, submissive, 2, 5, 13.

ταράσσω, Att. ταράττω, ταράξω, ἐτάραξα, τετάραγμαι, ἐταράχθην, to disturb, to throw into disorder; pass. 2, 4, 18; 3, 4, 19 and 23.

τάραχος, ου, ὁ, (ταράττω) disorder, confusion, 1, 8, 2.

Ταρσοί, ῶν, οἱ, Tarsi, 1, 2, 23 and 26. In other writers Ταρσός, οῦ, ἡ, Tarsus, the ancient capital of Cilicia.

τάσσω, Att. τάττω, τάξω, ἔταξα, τέταχα, τέταγμαι, ἐτάχθην, to arrange, to draw up in military order, ταχθῆναι, to be drawn up, 1, 2, 15: τῶν κατὰ τοὺς Ἕλληνας τεταγμένων, of those drawn up opposite to the Greeks, 2, 3, 19; to order, 1, 5, 7; 1, 6, 6; to appoint: τῶν πρὸς τοῦτο τεταγμένων, of those appointed for this work, 2, 3, 11 and 12; 3, 1, 25; —mid. to place one's self, 1, 7, 9; 3, 2, 17.

·ταῦρος, ου, ὁ, a bull, 2, 2, 9.

ταύτῃ, adv. (dat. sing. fem. of οὗτος) in this way, in that way, here, there, 1, 10, 6; 3, 2, 32; in this respect, 2, 6, 7.

τάφος, ου, ὁ, (θάπτω, to bury) a grave, tomb, 1, 6, 11.

τάφρος, ου, ἡ, (τάφος) a ditch, 1, 7, 14.

τάχα, adv. (ταχύς) quickly, soon, 1, 8, 8.

ταχέως, adv. (ταχύς) quickly, rapidly, 2, 2, 12.

τάχιστα, see ταχύ.

τάχος, εος, ους, τό, (ταχύς) speed, 2, 5, 7.

ταχύ, adv. (ταχύς) quickly, speedily, 1, 5, 3; 2, 3, 6 and 8;—comp. θᾶττον, sup. τάχιστα: ὡς τάχιστα, most quickly, as quickly as possible, 1, 3, 14: ᾗ ἐδύνατο τάχιστα, as quickly as he was able, 1, 2, 4; ἐπειδὰν τάχιστα, as soon as, 3, 1, 9.

ταχύς, εῖα, ύ, quick: διὰ ταχέων, adv. quickly, 1, 5, 9;—comp. θᾶττων, sup. τάχιστος; τὴν ταχίστην ὁδόν, by the speediest way, 1, 2, 20; τὴν ταχίστην, sc. ὁδόν, most speedily, 1, 3, 14.

τέ, enclit., copulat. conjunc., and, Lat. que: τὲ ... τέ, both ... and; τὲ ... καί, both ... and, not only ... but also, not only ... but especially.

τέθριππον, ου, τό, (τέτταρες, ἵππος) sc. ἅρμα, a four-horse chariot, 3, 2, 24.

τείνω, τενῶ, ἔτεινα, τέτᾰκα, τέτᾰμαι, ἐτάθην, to stretch, extend; intrans. to strive, to hasten.

τεῖχος, εος, ους, τό, a wall, 1, 4, 4: τὸ Μηδίας τεῖχος, the Median wall, 1, 7, 15; 2, 4, 12; a fort, fortress, citadel, 3, 4, 10.

τεκμήριον, ου, τό, (τεκμαίρομαι, to infer from indications) a sign, a proof, 1, 9, 29 and 30.

τέκνον, ου, τό, (τεκεῖν, inf. 2d aor. of τίκτω, to beget or to bear) a child, 1, 4, 8.

τελευταῖος, α, ον, (τελευτή) last.

τελευτάω, ῶ, -ήσω, (τελευτή) to end, finish, sc. βίον, to die, 1, 1, 3; 1, 9, 1.

τελευτή, ῆς, ἡ, (τελέω, τέλος) end, termination, τοῦ βίου, 1, 1, 1; also without τοῦ βίου, death, 2, 6, 29; 2, 2, 7.

τελέω, ῶ, τελέσω or τελῶ, ἐτέλεσα, τετέλεκα, τετέλεσμαι, ἐτελέσθην, (τέλος) to end, to finish; to finish an obligation, to pay, 3, 3, 18.

τέλος, εος, ους, τό, an end, 1, 10, 18;—τέλος, adv. finally, at last, 1, 10, 13; 2, 3, 26;—τὰ τέλη, the magistrates (the last, i. e. the highest station in civil life), 2, 6, 4.

τέμνω, τεμῶ, ἔταμον, Att. ἔτεμον, τέτμηκα, τέτμημαι, ἐτμήθην, to cut.

τεσσαράκοντα, Att. τετταράκοντα, forty.

τέσσαρες, Att. τέτταρες, α, gen. ων, four.

τέταρτος, η, ον, fourth.

τετρακισχίλιοι, αι, α, four thousand.

τετρακόσιοι, αι, α, four hundred; sing. ἀσπὶς τετρακοσία, 1, 7, 10.

τετταράκοντα, forty.

τέτταρες, α, gen. ων, four.

Τευθρανία, ας, ἡ, Teuthrania, name of a city, and also of a small territory in Mysia: ὁ Τευθρανίας ἄρχων, 1, 2, 3.

τέχνη, ης, ἡ, art, contrivance, skill.

-ῇδε, adv. (τῇ, δέ) in this way, thus, in the following manner, 2, 3, 1.

τήμερον, adv. (ἡμέρα) to-day, 1, 9, 25.

τηνικαῦτα, adv. then, at that time.

τιάρα, ας, ἡ, a tiara (the Persian head-dress): τιάρα ὀρθή, an upright tiara, 2, 5, 23.

Τίγρης, ητος, ὁ, in other writers also Τίγρις, ιδος, ὁ, the Tigris, a celebrated river of Asia, emptying into the Euphrates.

τίθημι, θήσω, aor. ἔθηκα, pf. τέθεικα, τέθειμαι, ἐτέθην, to put, set, place, 1, 5, 13; to appoint, ἀγῶνα, 1, 2, 10;—mid. to put, set, place (for one's self): τὰ ὅπλα τίθεσθαι signifies, (a) to lay aside, to put up arms, 1, 5, 17; 1, 2, 16; (b) to lay down one's arms, to surrender; (c) to stand under arms, 1, 5, 14; 1, 6, 4: ἐν τάξει θέσθαι τὰ ὅπλα, and εἰς τάξιν τὰ ὅπλα τίθεσθαι, to place one's self in order of battle, 2, 2, 8 and 21.

Τιμασίων, ωνος, ὁ, Timasion.

τιμάω, ῶ, -ήσω, (τιμή) to esteem, to honor, 1, 3, 3;—pass. 1, 8, 29.

τιμή, ῆς, ἡ, honor, 2, 1, 17; 2, 5, 38.

τίμιος, α, ον, (τιμή) honorable, 1, 2, 27.

τιμωρέω, ῶ, -ήσω, (τιμωρός, όν, avenging, fr. τιμή, honor, satisfaction, and αἴρω, to take) to punish;—mid. to punish (for one's own sake), 1, 9, 13; to take vengeance upon,

τιμωρία 257 τοσοῦτος

1, 3, 4;—pass. *to be punished*, 2, 5, 27; 2, 6, 29.

τιμωρία, as, ἡ, (akin to τιμωρέω) *vengeance, punishment*, 2, 6, 14.

τὶς, τὶ, gen. τινός or τοῦ, indef. pron. enclit. (distinguished by the accent from τίς, τί, interrog.) *a certain one, some one, any one, one*: μελανία τις, *a certain blackness, a sort of black cloud*, 1, 8, 8; χαλκός τις, *now and then a piece of brazen armor*, 1, 8, 8; *now and then one, here and there one*, 1, 8, 20; added to ποῖος, ὁποῖος, πόσος, and similar words, making them more indef., 2, 2, 2; 2, 4, 21;—τὶ, *in any respect, in anything, in some respect, in something, somewhat*, 3, 1, 37; *something*, 1, 10, 16: τὶ τῆς φάλαγγος, *a certain part of the line*, 1, 8, 18.

τίς, τί, gen. τίνος or τοῦ, interrog. pron., comm. in direct, also in indirect questions, *who? which? what?* —neut. τί often, *why?* 2, 4, 3 and 19; also, *how?*

Τισσαφέρνης, ους, ὁ, *Tissaphernes*.

τιτρώσκω, τρώσω, ἔτρωσα, τέτρωμαι, ἐτρώθην, *to wound*, 1, 8, 26; *to inflict (some) wounds*, 3, 3, 7.—Pass. 2, 2, 14.

τλήμων, ονος, ὁ, ἡ, (root τλα- in τλήσομαι and ἔτλην, *to bear*) *bearing, suffering, wretched*, 3, 1, 29.

τοί, enclit. particle, intens. *indeed, truly*, 3, 1, 18 and 37.

τοιγαροῦν, (τοί, γάρ, οὖν) *wherefore, accordingly*, 1, 9, 9 and 15.

τοίνυν, (τοί, νύν enclit. particle, *then, thereupon*) *therefore, then, accordingly*, 2, 1, 22; 2, 3, 5;—often continuative, *moreover, further*, 3, 1, 36.

τοιόσδε, τοιάδε, τοιόνδε, (τοῖος, δέ) *such, such as*: τοιάδε, *such as the following, as follows*.

τοιοῦτος, τοιαύτη, τοιοῦτον (also τοιοῦτο), (τοῖος, οὗτος) *such*, Lat. *talis*; τοιαῦτα, *such as precedes, as above*: ἐν τοιούτῳ τοῦ κινδύνου προσιόντος, *at such a point of the coming danger, in such extreme danger*, 1, 7, 5.

τολμάω, ῶ, -ἡσω, (τόλμα, *daring*) *to bear, endure, dare*, 3, 2, 11 and 16 and 32.

Τολμίδης, ου, ὁ, *Tolmīdes*, an Elean, the best herald in the army of 10,000.

τόξευμα, ατος, τό, (τόξον) *an arrow*, 1, 8, 19; 3, 4, 4 and 17.

τοξεύω, -εύσω, (τόξον) *to shoot with the bow*, 3, 3, 7; 3, 4, 17;—*to hit with an arrow*; pass. *to be hit with an arrow*, 1, 8, 20.

τοξική, ῆς, ἡ, sc. τέχνη, (τόξον) *the art of shooting with the bow*, 1, 9, 5.

τόξον, ου, τό, *a bow*, 3, 4, 17.

τοξότης, ου, ὁ, (τόξον) *a bowman*, 3, 3, 6.

τόπος, ου, ὁ, *a place, a region*, 1, 5, 1.

τοσόσδε, τοσήδε, τοσόνδε, (τόσος, *so much*, δέ intens.) *so great, so much*, Lat. *tantus*: τοσοίδε, *of such a number; so many; so few*, 2, 4, 4.

τοσοῦτος, τοσαύτη, τοσοῦτον (sometimes τοσοῦτο) *so much*, Lat. *tantus*: τοσοῦτος τὸ βάθος, *so much in depth, i. e. so deep*, 3, 5, 7; *thus much*, 1, 3, 14; 2, 1, 9; ὅσῳ... τοσούτῳ, 1, 5, 9, lit. *by how much sooner ... by so much the more*, etc., i. e. *the sooner ... the more*, etc., and in the next clause, *the slower ... the more*, etc.: τοσοῦτον ... ὅσον, *in so far ... as*, 3, 1, 45; *so far*, 3, 3, 10; *so many* (in plur.), 2, 1, 16; 3, 1, 36.

τότε, adv. *then, at that time*, Lat. *tum, tunc*, 1, 1, 6; τότε δή, *then indeed*, 2, 4, 22; ὅτε ... καὶ τότε, *when ... then also*, 3, 2, 13; ἄριστον τῶν τότε, *best of the men of that time*, 2, 2, 20.

τοὔμπαλιν, = τὸ ἔμπαλιν, *back, back again*, 1, 4, 15.

τοὔπισθεν, = τὸ ὄπισθεν, *back, backwards*, 3, 3, 10.

τράγημα, ατος, τό, (τραγέω, ῶ, τρώγω *to eat raw* fruits); comm. plur. *sweetmeats, dessert*, Lat. *bellaria*, French *dragées*, 2, 3, 15.

Τράλλεις, εων, αἱ, *Tralles*, a city in Lydia.

τράπεζα, ης, ἡ, *a table*.

τραῦμα, ατος, τό, (τιτρώσκω) *a wound*, 1, 8, 26.

τράχηλος, ου, ὁ, *the neck*, 1, 5, 8.

τραχύς, εῖα, ύ, *rough, harsh*, 2, 6, 9.

τρεῖς, τρία, gen. τριῶν, *three*.

τρέπω, τρέψω, ἔτρεψα, aor. 2d ἔτραπον, τέτροφα, τέτραμμαι, ἐτράπην (ᾰ), rare ἐτρέφθην, *to turn: τρ. εἰς φυγήν, to put to flight*, 1, 8, 24; *to divert, change*, τὰς γνώμας, 3, 1, 41;—mid. *to turn one's self, to turn* (intrans.) 3, 5, 13;—pass. ἡ sc. ὁδὸς ... τετραμμένη, *the way having been turned*, i. e. *the way leading*, 3, 5, 15.

τρέφω, θρέψω, ἔθρεψα, τέτροφα, τέθραμμαι, ἐτράφην, rare ἐθρέφθην, *to nourish*, 1, 1, 9 and 10.

τρέχω, δραμοῦμαι, ἔδραμον, δεδράμηκα, *to run*, 1, 5, 8.

τρέω, τρέσω, ἔτρεσα, *to tremble* (through fear), *to shun from fear, to shrink away from*, 1, 9, 6.

τριάκοντα, *thirty*.

τριακόσιοι, αι, α, *three hundred*.

τριήρης, εος, ους, ἡ, (τρίς, and the root ἀρ- in ἀραρίσκω, *to join, to fit*), sc. ναῦς, *a galley with three banks of oars, a trireme, a war-vessel*, 1, 4, 8.

τρίς, adv. *thrice*, 3, 2, 24.

τρισάσμενος, η, ον, (τρίς, ἄσμενος *willing, glad*) *thrice glad, thrice as willing*.

τρισκαίδεκα (τρίς, καί, δέκα) *thirteen*.

τρισχίλιοι, αι, α, (τρίς, χίλιοι) *three thousand*.

τριταῖος, αία, αῖον, *on the third day*.

τρίτος, η, ον, *third*: τὸ τρίτον, *the third time*.

τρόπαιον, ου, τό, (τροπή, τρέπω) *a trophy* (being a monument erected at the point where the enemy turned to flee), 3, 2, 13.

τροπή, ῆς, ἡ, (τρέπω) *the act of turning, the flight, rout*, 1, 8, 25.

τρόπος, ου, ὁ, (τρέπω) *a turn, direction, way, manner*: τόνδε τὸν τρόπον, *in the following manner*, 1, 1, 9; *way, course*, 2, 5, 20: ἐκ παντὸς τρόπου, *in every way, by every means*, 3, 1, 43;—*character*, πρὸς τοῦ τρόπου, *in keeping with the character*, etc., 1, 2, 11; cf. 2, 6, 11;—plur. *characters*, 1, 9, 22.

τροφή, ῆς, ἡ, (τρέφω) *nourishment, support*: εἰς τὴν τροφὴν τῶν στρατιωτῶν, *for the support of his soldiers*, 1, 1, 9.

τρυπάω, ῶ, -ήσω, (τρῦπα, *a hole*) *to bore*; pass. ἀμφότερα τὰ ὦτα τετρυπημένον, *with both his ears bored*, 3, 1, 31.

τρωτός, ή, όν, (τιτρώσκω, *to wound*)

vulnerable, liable to be wounded, 3, 1, 23.

τυγχάνω, τεύξομαι, ἔτυχον, τετύχηκα, *to hit,* w. gen. 3, 2, 19; *to obtain,* 1, 4, 15; *to meet with,* 2, 6, 29; 3, 2, 7; *to reach, to hit,* 3, 2, 19;—often with a particip. and rendered *happen, by chance, just then, just now, just :* παρὼν ἐτύγχανε, *happened to be present, or was by chance present, or was just then present,* 1, 1, 2; ἔτυχε θυόμενος, *was just then sacrificing,* 2, 1, 9; ἐτύγχανον λέγων, *I was just saying,* 3, 2, 10;— sometimes the particip. is to be supplied, ἐτύγχανεν ἕκαστος, sc. ὤν or ἀναπαυόμενος, 3, 1, 3; ὡς ἐτύγχανον, sc. αὐλιζόμενοι or ὄντες, 2, 2, 17.

Τυριαῖον, ου, τό, *Tyriæum.*

τυρός, οῦ, ὁ, *a cheese;* plur. 2, 4, 28.

τύχη, ης, ἡ, (τυγχάνω) *chance, luck, fortune,* 2, 2, 13.

τῷδε, adv. (dat. sing. of ὅδε) *in the following manner, as follows.*

Υ

ὑβρίζω, f. -ίσω, or -ιῶ, or -οῦμαι, (ὕβρις) *to be insolent;* w. acc. *to treat insolently, to insult;* pass. *to be insulted,* 8, 1, 13 and 29.

ὕβρις, εως, ἡ, *insolence,* 3, 1, 21.

ὕδωρ, ὕδατος, τό, (ὕω) *to wet, to rain) water,* 1, 5, 9.

υἱός, οῦ, (also υἱέος 3d declens.) ὁ, *a son.*

ὕλη, ης, ἡ, *a wood, a forest;* also, *an undergrowth of wood, brush,* 1, 5, 1; 3, 5, 10.

ὑμέτερος, α, ον, (ὑμεῖς) *your, yours.*

ὑπάγω, (ὑπό, ἄγω, wh. see) *to lead on slowly;* intrans. *to advance slowly,* 3, 4, 48;—mid. *to lead on slyly, with cunning; to suggest cunningly,* 2, 1, 18; *to lead* (one) *on deceitfully, to try to induce* (one) *with deceit,* 2, 4, 3.

ὑπακούω, (ὑπό, ἀκούω, wh. see) *to hear, listen to.*

ὕπαρχος, ου, ὁ, (ὑπό, ἄρχω) *a subordinate commander or officer :* τῶν ὑπάρχων δυνάστην, *an influential man of the subordinate officers,* 1, 2, 20: ὁ Κύρου ὑπ., *the next in command to Cyrus,* 1, 8, 5.

ὑπάρχω, (ὑπό, ἄρχω, wh. see) *to begin,* w. the particip. 2, 3, 23;—*to be, to exist,* 2, 2, 11;—*to be inclined towards, to favor,* w. dat. 1, 1, 4.

ὕπειμι, (ὑπό, εἰμί, wh. see) *to be under,* 3, 4, 7.

ὑπελαύνω, (ὑπό, ἐλαύνω, wh. see) *to drive or ride under, to ride up* (spoken of a subordinate person riding up to a superior), 1, 8, 15.

ὑπέρ, prep. w. gen. or acc. (1) w. gen. *over, above, beyond,* 1, 10, 12 and 14; *for, in behalf of,* 1, 3, 4; 1, 8, 27; *for, on account of,* 1, 7, 3 (Dind. here omits ὑπέρ); *instead of, in the name of;* (2) w. acc. *over, beyond,* of place, time, number, or measure, 1, 1, 9. In compos. *over, beyond, for, in behalf of,* and intens. See H. 633. K. § 166. 3.

ὑπερβολή, ῆς, ἡ, (ὑπέρ, βάλλω) *the act of casting beyond;* in rhetoric, *an extravagant expression, a hyperbole ; the act of passing, passage,* 1, 2, 25; *the place of passing, the pass,* 3, 5, 18.

ὑπερδέξιος, ον, (ὑπέρ, δεξιός) *above the right,* 3, 4, 37.

ὑπερέχω, (ὑπέρ, ἔχω, wh. see) *to be above, project above*, 3, 5, 7, sc. τοῦ ὕδατος.

ὕπερθεν, adv. (ὑπέρ) *above*, 1, 4, 4.

ὑπερύψηλος, ον, (ὑπέρ, ὑψηλός) *exceedingly high*, 3, 5, 7.

ὑπήκοος, ον, (ὑπό, ἀκούω) *hearing to, subject*, 1, 6, 6.

ὑπηρετέω, ῶ, -ήσω, (ὑπηρέτης) *to serve*, w. dat. 1, 9, 18 ; 2, 5, 14; *to provide with, to furnish*, 3, 5, 8.

ὑπηρέτης, ου, ὁ, (ὑπό, ἐρέτης a rower, ἐρέττω to row) *a sailor ;* genr. *a laborer, helper, attendant, servant*, 1, 9, 18 and 27 ; 2, 1, 9.

ὑπισχνέομαι, οῦμαι, (ὑπό, ἴσχω = ἔχω to have, to hold*)*, f. ὑποσχήσομαι, aor. ὑπεσχόμην, pf. ὑπέσχημαι, *to promise*, 1, 2, 2 ; 1, 7, 5.

ὕπνος, ου, ὁ, *sleep*.

ὑπό, prep. w. gen. dat. or acc. (1) w. gen. *under*, of place; or comm. of a cause or agent ; hence, *by*, w. pass. verbs, 2, 6, 13 and 15 ; w. neut. verbs, 1, 5, 5 ; 3, 4, 11.—(2) w. dat. *under* (of situation), 1, 2, 8 ; 1, 8, 10; *under the power of, subject to.*— (3) w. acc. *under*, w. verbs of motion, 1, 8, 27 ; 1, 10, 14 ; also w. verbs of rest, 3, 4, 37. In compos. *under, secretly, slightly, a little, slowly*. See H. 655. ff. K. § 167. 7.

ὑποδεής, ές, gen. έος, (ὑπό, δέομαι to want) *slight ;* comm. in comp. ὑποδεέστερος, *inferior*, w. gen. *inferior to*, 1, 9, 5.

ὑποδέχομαι, (ὑπό, δέχομαι, wh. see) *to receive*, 1, 6, 3.

ὑποζύγιον, ου, τό (ὑπό, ζυγόν a yoke, ζεύγνυμι) *an animal under the yoke, a beast of burden*, 1, 3, 1.

ὑπολαμβάνω, (ὑπό, λαμβάνω, wh. see) *to take under one's protection, to receive*, 1, 1, 7 ; sc. τὸν λόγον, *to take up the word, to reply*, 2, 1, 15 : μεταξὺ ὑπολαβών, *having replied in the midst* (of his remarks), *abruptly replying*, 3, 1, 27.

ὑπολείπω, (ὑπό, λείπω, wh. see) *to leave behind ;* pass. *to be left behind*, 1, 2, 25.

ὑπομαλακίζομαι, (ὑπό, μαλακίζω to soften, fr. μαλακός soft) *to be somewhat softened, to grow somewhat timid, to yield somewhat*, 2, 1, 14.

ὑπομένω, (ὑπό, μένω, wh. see) *to remain behind, to halt, to stop*, 3, 4, 21.

ὑπόμνημα, ατος, τό, (ὑπό, μιμνήσκω) *a remembrance, reminiscence*, 1, 6, 3.

ὑπόπεμπτος, ον, (verb. adj. fr. ὑποπέμπω) *sent secretly, sent as a spy, sent treacherously*, 3, 3, 4.

ὑποπέμπω, (ὑπό, πέμπω, wh. see) *to send secretly, to send as a spy, send treacherously*, 2, 4, 22.

ὑποπτεύω, -εύσω, (ὕποπτος) *to suspect*, 1, 3, 1 ; 2, 3, 13 ; *to be apprehensive of, to apprehend*, 1, 1, 1.

ὕποπτος, ον, (ὑπό, and root ὀπ- in ὄψομαι, κτἑ.) *suspecting*.

ὑποστῆναι, see ὑφίστημι.

ὑποστράτηγος or ὑποστρατηγός, gen. ου or οῦ, ὁ, (ὑπό, στρατηγός) *a lieutenant-general*, 3, 1, 32.

ὑποστρέφω, (ὑπό, στρέφω, wh. see) *to turn about ; to turn slyly, to turn artfully*, 2, 1, 18.

ὑποφαίνω, (ὑπό, φαίνω, wh. see) *to appear a little ;* of the day, *to begin to dawn*, 3, 2, 1.

ὑποχείριος, ον, (ὑπό, χείρ) *under the hand of, subject to*, w. dat. 3, 2, 3.

ὔποχος, ον, (ὑπέχω) *held under, subject to*, w. dat. 2, 5, 7.

ὑποχωρέω, ῶ, -ήσω, (ὑπό, χωρέω) *to withdraw, to recede*, w. dat. of person, *before a person*, 1, 4, 18; *to retreat*, 1, 7, 17.

ὑποψία, ας, ἡ, (ὑπό, and root ὀπ- in ὄψομαι, κτέ.) *a suspicion*, 1, 3, 21; ὑποψίαν παρέχειν, *to occasion suspicion*, 2, 4, 10; in plur. *expressions of suspicion*, 2, 5, 1 and 2.

ῦς, ὑός, ὁ or ἡ, *a swine*.

ὑστεραῖος, αία, αῖον, (ὕστερος) *following, subsequent*: ἡ ὑστεραία, sc. ἡμέρα, *the following day*, 2, 3, 25; often dat. *on the following day*, 1, 2, 21.

ὑστερέω, ῶ, -ήσω, (ὕστερος) *to be late*; w. gen. *to arrive later than, after*, 1, 7, 12.

ὕστερον, adv. (neut. of ὕστερος) *later, afterwards*, 1, 3, 2; 1, 8, 8; sup. ὕστατα.

ὕστερος, έρα, ερον, *later*, 1, 5, 14; 2, 2, 17: ὑπέμενον ὕστεροι, *remained behind*, 3, 4, 21.

ὑφίημι, (ὑπό, ἵημι, wh. see) *to send under*; *to give up, surrender*, w. acc. 3, 5, 5;—mid. *to yield, submit*, 3, 1, 17; 3, 2, 3.

ὑφίστημι, (ὑπό, ἵστημι, wh. see) *to put under*; intrans. parts (see ἵστημι) *to stand under, to undertake*; *to oppose, resist*, w. dat. 3, 2, 11.

ὑφοράω, ῶ, (ὑπό, ὁράω, wh. see) *to look upon with suspicion*, w. acc. 2, 4, 10.

ὑψηλός, ή, όν, (ὕψος) *lofty, ὄρος ὑψηλόν*, 1, 2, 22; τὸ ὑψηλόν, *the eminence*, 3, 4, 25.

ὕψος, εος, ους, τό, *height*, 3, 4, 7 and 10.

Φ

φαγεῖν, 2d aor. infin. of ἐσθίω, *to eat*: ἔφαγον, 2, 3, 16.

φαιδρός, ά, όν, (φαίνω) *bright, cheerful*, 2, 6, 11.

φαίνω, φἄνῶ, ἔφηνα, πέφαγκα, (2d pf. πέφηνα, intrans.), πέφασμαι, ἐφάνθην, 2d aor. ἐφάνην (ᾰ), *to show*; pass. and 2d pf. act. *to appear*, 1, 3, 19: πηλοῦ φανέντος, 1, 5, 7; ἐφαίνετο ἴχνια, 1, 6, 1; φάνητε, *appear, show yourselves*, 3, 1, 24;—w. the infin. φαίνομαι means *to appear, to seem* (the appearance may be deceptive); w. the particip. it means *to appear, to be plain* (denoting what actually exists): οὐ φθονῶν ἐφαίνετο, *he appeared not envying*, or *he plainly did not envy*, 1, 9, 19; cf. 2, 5, 38.

φάλαγξ, αγγος, ἡ, *a line of battle, a phalanx*, 1, 2, 17; 1, 8, 17 and 18; also, *an army in camp*, meton. *a camp*, 2, 1, 6.

Φαλῖνος, ου, ὁ, *Phalinus*, 2, 1, 7.

φάναι, infin. pres. of φημί.

φανερός, ά, όν, (φαίνω) *plain, manifest, visible*; often w. a particip., ἐπιβουλεύων μοι φανερός, *manifest plotting against me*, or in an Eng. idiom, *manifestly plotting against me*, 1, 6, 8: φανερὸς ἦν πειρώμενος, lit. *he was manifest attempting*, i. e. *he manifestly attempted*, or, *it was manifest that he attempted*, 1, 9, 11; cf. 1, 9, 16; 2, 5, 40: ἐν τῷ φανερῷ, *openly*, 1, 3, 21.

φανερῶς, adv. (φανερός) *openly*, 1, 9, 19.

φέρω, οἴσω, aor. 1. ἤνεγκα, aor. 2. ἤνεγκον, pf. ἐνήνοχα, ἐνήνεγμαι, ἠνέχθην, *to bear, to carry, to endure*;

φεύγω 262 φλυαρία

often w. an adv. χαλεπῶς φ., *to bear with difficulty, to be disturbed at,* w. dat. 1, 3, 3; cf. βαρέως φ., 2, 1, 4;—*to receive,* sc. μισθόν, 1, 3, 21;—*to bring,* τιμήν, 2, 1, 17;—*to carry off;* hence, in the frequent expression, φέρειν καὶ ἄγειν, *to rob and plunder,* 2, 6, 5; *to pay,* sc. φόρους or δασμόν; —*to lead,* of a road, 3, 5, 15;—pass. *to be carried, borne,* etc. 1, 8, 20; 3, 3, 16; *to be procured,* 2, 1, 6.

φεύγω, φεύξομαι or φευξοῦμαι, ἔφυγον, πέφευγα, *to flee,* 1, 10, 11; *to flee (from one's country),* 1, 3, 3; *to be a fugitive,* τοὺς φεύγοντας, *the fugitives, the exiles,* 1, 1, 7; 1, 9, 9.

φημί, φήσω, comm. ἐρῶ, aor. εἶπα or εἶπον, pf. εἴρηκα, εἴρημαι, ἐρρήθην or ἐρρέθην, *to say, to speak, affirm, relate,* 1, 6, 5, ff.; *to say yes, to reply affirmatively,* ἔφη ὁ Ὀρόντης, 1, 6, 7; οὐ φάναι, *to say no, to deny, to refuse,* 1, 3, 1 and 7.

φθάνω, φθάσω and φθήσομαι, ἔφθασα and ἔφθην, ἔφθακα, *to anticipate, to come* or *do before:* φθάσαι βουλόμενοι πρὶν παθεῖν, *wishing to get the start before suffering,* 2, 5, 5: βουλόμενος φθάσαι πρῶτος, *wishing to get over first,* 3, 4, 20: often w. a particip. 1, 3, 14; 8, 4, 49.

φθέγγομαι, -ξομαι, ἐφθεγξάμην, *to utter a loud cry, to shout,* 1, 8, 18.

φθείρω, φθερῶ, ἔφθειρα, ἔφθαρκα, ἔφθαρμαι, ἐφθάρην (α), *to destroy.*

φθονέω, ῶ, -ήσω, (φθόνος) *to envy,* 1, 9, 19.

φθόνος, ου, ὁ, *envy.*

φιλαίτερος, α, ον, see φίλος.

φιλέω, ῶ, -ήσω, (φίλος) *to love;* pass. 1, 9, 28.

Φιλήσιος, ου, ὁ, *Philesius,* 3, 1, 17.

φιλία, ας, ἡ, (φιλέω) *friendship,* 1, 3, 5.

φίλιος, ία, ιον, (φίλος) *friendly,* 1, 3, 14; 1, 6, 3.

φίλιππος, ον, (φίλος, ἵππος) *fond of horses;* comp. -ώτερος, sup. -ώτατος, 1, 9, 5.

φιλόθηρος, ον, (φίλος, θήρα *the chase*) *fond of the chase;* comp. -ώτερος, sup. -ώτατος, 1, 9, 6.

φιλοκερδέω, ῶ, (φίλος, κέρδος *gain*) *to be greedy of gain,* 1, 9, 16.

φιλοκίνδυνος, ον, (φίλος, κίνδυνος) *fond of danger,* 2, 6, 7.

φιλομαθής, ές, gen. έος, οῦς, (φίλος, and root μαθ- in μανθάνω) *fond of learning;* comp. -έστερος, sup. -έστατος, 1, 9, 5.

φιλοπόλεμος, ον, (φίλος, πόλεμος) *fond of war,* 2, 6, 1 and 7.

φίλος, η, ον, *loved, dear, friendly,* 1, 4, 2; comp. φιλαίτερος, sup. φιλαίτατος: Κύρῳ φιλαίτερον, *more friendly to Cyrus,* 1, 9, 29.

φίλος, ου, ὁ, *a friend,* 1, 3, 12; 1, 8, 14.

φιλόσοφος, ου, ὁ, (φίλος, σοφία) *a philosopher,* 2, 1, 13.

φιλοτιμέομαι, οῦμαι, -ήσομαι, ἐφιλοτιμήθην, (φίλος, τιμή) depon. *to be fond of honor, to be ambitious, to be jealous:* φιλοτιμηθέντες, *being jealous,* 1, 4, 7.

φιλοφρονέομαι, οῦμαι, -ήσομαι, aor. -ησάμην or -ήθην, (φίλος, φρονέω, φρήν *mind*) *to be friendly, to treat (a person) as a friend,* 2, 5, 27.

φλυαρέω, ῶ, -ήσω, (φλύαρος, *a prater, prattler*) *to talk nonsense,* 3, 1, 26 and 29.

φλυαρία, ας, ἡ, (same as φλυαρέω) *nonsense;* plur. *fooleries,* 1, 8, 18.

φοβερός, ά, όν, (φόβος) terrible, fearful, 2, 5, 9; comp. -ώτερος, sup. -ώτατος, 2, 5, 9; ὅτι φοβερώτατον ὁρᾶν, most terrible to behold, 3, 4, 5.

φοβέω, ῶ, -ήσω, (φόβος) to terrify, frighten; mid. to fear: φοβοίμην ... ἕπεσθαι, I should fear to follow, etc. 1, 3, 17; w. acc. τιμωρίαν φ., to fear punishment, 2, 6, 14.

φόβος, ου, ὁ, fear: τὸν ἐκ τῶν Ἑλλήνων εἰς τοὺς βαρβάρους φόβον, the fear which the Greeks inspired in the barbarians, 1, 2, 18.

φοινίκεος, έα, εον, contr. οῦς, ῆ, οῦν, (φοῖνιξ) purple or crimson, 1, 2, 16.

φοινικιστής, οῦ, ὁ, (φοῖνιξ) one who is clothed in purple, i. e. among the Persians, a courtier, 1, 2, 20; or perh. a purple-dyer, as Krüg. understands it.

φοῖνιξ, ικος, ὁ, (Φοῖνιξ, a Phœnician) the Phœnician color, purple or crimson.—(2) the palm-tree, 2, 3, 10: ἡ βάλανος τοῦ φοίνικος, the berry of the palm-tree, the date, 2, 3, 15; cf. 1, 5, 10: οἶνος φοινίκων, palm-wine, 2, 3, 14. Sometimes written φοῖνιξ.

φορέω, ῶ, -ήσω, (φέρω) to carry, bear; to wear, 1, 8, 29.

φράζω, -σω, ἔφρασα, πέφρακα, πέφρασμαι, ἐφράσθην, to say, relate, 2, 4, 18; to bid, to direct, 1, 6, 3; 2, 3, 3.

φρονέω, ῶ, -ήσω, (φρήν, mind) to think, to have an insight, to understand, 2, 2, 5: μέγα φρονεῖν, to be high-minded, to be proud, 3, 1, 27.

φρόνημα, ατος, τό, (φρονέω) mind, spirit, courage, 3, 1, 22; 3, 2, 16.

φρόνιμος, ον, (φρονέω, φρήν mind) thoughtful, prudent, intelligent, 1, 10, 7; self-possessed, 2, 6, 7.

φροντίζω, ίσω or ιῶ, (φρονέω, φρήν mind) to think, reflect, to take care, to provide, 2, 6, 8; to be anxious, 2, 3, 25.

φρούραρχος, ου, ὁ, (φρουρά, a watch, a guard, a garrison, and ἄρχω) a commander of a garrison, 1, 1, 6.

φρουρέω, ῶ, -ήσω, (φρουρά, a watch, a guard, a garrison) to watch, to guard, to hold under guard; pass. φρουρούμενα, held under guard, 1, 4, 8.

φρούριον, ου, τό, (φρουρός, a watcher, a guard, fr. πρό, ὁράω) a garrisoned fort, a fortress, 1, 4, 15.

Φρυγία, ας, ἡ, Phrygia: ἡ μεγάλη, great Phrygia, in the interior of Asia Minor, 1, 2, 7. Φρυγία μικρά, Lesser Phrygia, often called Troas, was in the N.W. part of Asia Minor. See map.

Φρύξ, υγός, ὁ, a Phrygian.

φυγάς, άδος, ὁ, (φεύγω) a fugitive; esp. an exile, 1, 1, 9 and 11.

φυγή, ῆς, ἡ, (φεύγω) flight, 3, 2, 17.

φυλακή, ῆς, ἡ, (φυλάττω) the act of guarding: φυλακὰς φυλάξειν, to keep guard, 2, 6, 10; a guard (collective), 1, 4, 4; 2, 4, 17 and 23; a garrison, 1, 1, 6; a place for watching and guarding: πρὸς τὰς φυλακάς, to the guard-stations, 3, 1, 40. (φύλαξ, a single person as guard; φυλακή, a company of persons as guard.)

φύλαξ, ακος, ὁ, (φυλάττω) a guard, a watch (spoken of a single person); plur. φύλακες, guards, 1, 2, 12.

φυλάττω, -ξω, ἐφύλαξα, πεφύλαχα, -γμαι, ἐφυλάχθην, to guard, 1, 2, 1 and 21; intrans. to keep guard, 1, 2, φυσάω 264 χείρ

22: φυλακὰs φυλάξειν, to keep guard, 2, 6, 10:—mid. to guard one's self, to be on one's guard, 2, 2, 16; 2, 4, 16; w. acc. to guard one's self against, τοῦτον φ., 1, 6, 9; ἀλλήλους, 2, 4, 10.
φυσάω, ῶ, -ήσω, to blow, to inflate (by blowing); pass. 3, 5, 9.
Φύσκοs, ov, ὁ, Physcus, a river in Assyria.
φύω, φύσω, ἔφυσα and ἔφυν, πέφυκα, aor. pass. ἐφύην, to produce, 1, 4, 10. The pf. plupf. and 2d aor. act. are intrans. to come into being; πέφυκα as pres. am by nature.
Φωκαῖs, ἴδos, ἡ, a Phocæan woman, (from Phocæa, a city of Ionia, N.W. from Smyrna), 1, 10, 2.
φωνή, ῆs, ἡ, a voice, a discourse, a language.
φῶs, φωτόs, τό, a light, 3, 1, 12.

X

χαίρω, χαιρήσω, κεχάρηκα, κεχάρημαι or κέχαρμαι, ἐχάρην (ἄ), to rejoice.
χαλεπαίνω, -ἄνῶ, (χαλεπόs) to be hard, harsh; to be angry, indignant, w. dat. 1, 4, 12; 1, 5, 11 and 14.
χαλεπόs, ή, όν, hard, difficult, 3, 2, 2; 3, 4, 35; of character, harsh, severe, 2, 6, 9 and 12; violent, dangerous, χ. ἐχθρόs, 1, 3, 12: τὸ χαλεπόν, as subst. the harshness, the severity, 2, 6, 11: τὰ χαλεπώτατα, those things which are most cruel, 3, 1, 13. Comp. -ώτεροs, sup. -ώτατοs.
χαλεπῶs, adv. (χαλεπόs) hardly, with difficulty, 3, 3, 13: χ. φέρω, w. dat. to be annoyed at, to be in ill humor at, 1, 3, 3.

χαλινόω, ῶ, -ώσω, (χαλινόs, a bridle or bit of a bridle) to bridle, sc. τὸν ἵππον, 3, 4, 35.
χαλκόs, οῦ, ὁ, copper, bronze, brass: meton. anything made of χαλκόs, esp. armor: χαλκόs τιs, here and there a piece of armor, 1, 8, 8.
Χάλοs, ov, ὁ, Chalus, a river in Syria, 1, 4, 9.
χαράδρα, as, ἡ, (χαράττω, to cut into furrows) a ravine, 3, 4, 1, ff.
χαρίειs, ίεσσα, ίεν, and Att. χάριεν, (χάριs) graceful, pleasing, ingenious, 3, 5, 12.
χαρίζομαι, -ίσομαι, Att. -ιοῦμαι, (χάριs) to favor, to gratify, w. dat. 2, 3, 19; w. acc. and dat. to gratify a person in respect to anything, 2, 1, 10.
χάριs, χάριτοs, acc. χάριν, ἡ, (χαίρω) grace, favor: χ. ἀποδιδόναι, to repay a favor, 1, 4, 15; gratitude, χάριν εἴσεται, lit. will know gratitude, i. e. will be grateful, w. dat. 1, 4, 15: χ. ἔχειν, to feel, etc. w. dat. towards a person, 2, 5, 14: τοῖs θεοῖs χ., thanks be to the gods, 3, 3, 14.
Χαρμάνδη, ηs, ἡ, Charmande, a large and flourishing city, on the Arabian bank of the Euphrates, opposite the desert, 1, 5, 10.
χειμών, ῶνοs, ὁ, winter-weather, cold, 1, 7, 6.
χείρ, χειρόs, ἡ, the hand and arm, the hand, χεὶρ ἡ δεξιά, 1, 10, 1: εἰs τὰs χεῖραs ἔλαβε, he took into his hands, 1, 8, 3; εἰs χεῖραs ἐλθεῖν, w. dat. to come into the power of any one, 1, 2, 26; τὴν χεῖρα ἀνατείνειν, to extend the hand, 3, 2, 9; οἱ ἐκ χειρὸs βάλλοντεs, those casting from the hand, i. e. those casting missile

Χειρίσοφος 265 χρυσός

weapons, 3, 3, 15; ψέλια περί ταῖς χερσίν, *bracelets around the arms*, 1, 5, 8.

Χειρίσοφος, ου, ὁ, *Chirisophus*.

χειροπληθής, ές, (χείρ, πλήθω *to be full*) *filling the hand:* χειροπληθέσι τοῖς λίθοις, *with stones as large as one can hold in the hand*, 3, 8, 17.

χείρων, ον, comp. of κακός.

Χερρόνησος, ου, ἡ, (χέρρος or χέρσος *mainland*, νῆσος *an island*) *Cherronēsus*, or in earlier writers *Chersonēsus*, the peninsula north of the Hellespont, called also the *Thracian Chersonesus*, 1, 1, 9.

χήν, χηνός, ὁ and ἡ, *a goose*, 1, 9, 26.

χθές, adv. *yesterday*.

χίλιοι, αι, α, *a thousand*.

χιλός, οῦ, ὁ, *grass, fodder, forage*, 1, 5, 7; 1, 6, 1.

χίμαιρα, ας, ἡ, *a she-goat*, 3, 2, 12.

Χῖος, ία, ῖον, *Chian*, from Chios, a large island in the Ægean sea, on the coast of Ionia: now called Scio.

χιτών, ῶνος, ὁ, *a tunic, an under garment*, Lat. *tunica*, 1, 5, 8.

χοῖνιξ, ικος, ἡ, *a chœnix* (a dry measure = about one quart Eng., perh. a little less), 1, 5, 6.

χόρτος, ου, ὁ, *fodder, grass:* χόρτος κοῦφος, *dry grass*, i. e. *hay*, 1, 5, 10.

χράομαι, ῶμαι, χρήσομαι, ἐχρησάμην, κέχρημαι (for the irreg. contr. see H. 371. c. K. § 97. 3) *to use, to employ*, w. dat. τί βούλεται ἡμῖν χρῆσθαι, *for what he wishes to employ us*, 1, 3, 18: τινὶ εἴς τι χ., *to employ a person for anything*, 1, 4, 15; τοῖς ποσὶ δρόμῳ χ., *to use the feet for running;* ταῖς πτέρυξιν ὥσπερ ἱστίῳ, *to use the wings as a sail*, 1, 5, 3.—(2) *to have*, *to find:* σφόδρα πειθομένοις ἐχρῆτο, *he found (them) very obedient*, 2, 6, 13: στρατεύματι ἀληθινῷ ἐχρήσατο, *he had a genuine army*, 1, 9, 17.— (3) *to have intercourse with* a person, *to treat* any one, etc.: τοῖς ὁσίοις ὡς ἀνάνδροις χ., *to treat the conscientious as unmanly*, 2, 6, 25: χρώμενος αὐτῷ, *while associating with him*, 2, 6, 27. The particip. w. the dat. may often be rendered, *with*.

χράω, χρήσω, ἔχρησα, κέχρηκα, κέχρησμαι, ἐχρήσθην, f. pass. κεχρήσομαι, *to deliver an oracle*.

χρή, subjunc. χρῇ, optat. χρείη, infin. χρῆναι, particip. neut. χρεών, impf. ἐχρῆν or χρῆν, f. χρήσει, impers. *it behooves, it is necessary*, 1, 3, 11: φημὶ χρῆναι, *I affirm that it is necessary*, 1, 4, 14.

χρῄζω, in Att. only in pres. and impf. *to wish, to desire*, 1, 3, 20; 1, 8, 22.

χρῆμα, ατος, τό, (χράομαι) *anything which one needs or uses;* comm. plur. *goods, possessions*, 2, 4, 27; esp. *money*, χρήματα πολλά, *much money*, 1, 2, 27; 1, 4, 12.

χρήσιμος, η, ον, (χράομαι) *useful*, 1, 6, 1; 2, 5, 23.

χρόνος, ου, ὁ, *time:* χρόνῳ συχνῷ, *a considerable time*, 1, 8, 8; ἡμίσει χρόνῳ, *in half the time*, 1, 8, 22; πολλοῦ χρόνου, *within a long time*, 1, 9, 25.

χρύσεος, έα, εον, contr. χρυσοῦς, ῆ, οῦν, (χρυσός) *golden*, 1, 2, 27.

χρυσίον, ου, τό, dimin. fr. χρυσός, *a piece of gold;* also genr. *gold*, esp. *gold coin*, 1, 1, 9. See χρυσός.

χρυσός, οῦ, ὁ, *gold*, 3, 1, 19. χρυσός and ἄργυρος denote comm. the

χρυσοῦς, see χρύσεος.

χρυσοχάλινος, ον, (χρυσός, χαλινός a bridle or bit of a bridle) *with gold-studded bridle;* or perh. *with golden bit* (of a bridle), ἵππον χ., 1, 2, 27.

χώρα, as, ἡ, *a position, place*: κατὰ χώραν ἔθεντο τὰ ὅπλα, *put up their arms in (their) place,* 1, 5, 17; cf. 1, 8, 17: ἐκ χώρας ὁρμωμένους, *rushing forth from a fixed position,* 3, 4, 33;—*land, country,* ἐκ τῆς χ., 1, 2, 1; 1, 5, 5: πλήθει χώρας, *in extent of country,* 1, 5, 9; plur. *countries,* 1, 9, 14.

χωρέω, ῶ, -ήσω or **-ήσομαι,** (χῶρος, *place*) *to contain,* 1, 5, 6;—*to move, to proceed,* 1, 10, 13; 2, 4, 10.

χωρίον, ου, τό, (in form dimin. of χῶρος, *a place,* and of χώρα) *a place, position,* 1, 2, 24; (spoken of a city) 1, 4, 6.

χωρίς, adv. *apart:* ἐκάθισαν χωρίς, *put in a separate place,* w. acc. 3, 5, 17;—as prep. w. gen. *apart from,* χωρὶς τῶν ἄλλων, 1, 4, 13.

Ψ

Ψάρος, ου, ὁ, *Psarus,* also written Σάρος, *a river of Cilicia,* 1, 4, 1.

ψέλιον, ου, τό, *a bracelet,* 1, 2, 27.

ψευδής, ές, gen. **έος,** (ψεύδομαι) *false,* 2, 2, 24.

ψεύδω, ψεύσω, ἔψευσα, ἔψευσμαι, ἐψεύσθην, (akin to ψεῦδος, *falsehood*) *to deceive, to mislead by falsehood;*—pass. *to be deceived:* ἐψεύσθη τοῦτο, *in this he was,* etc. 1, 8, 11; cf. 2, 2, 13; ἐψευσμένοι ἔσονται, *will have been deceived,* 3, 2, 31;—mid. *to be false, to act falsely:* πρὸς ἐκεῖνον ψευσάμενον, *having been false to him,* 1, 3, 5; *to deceive:* πάντα ἐψευσμένος αὐτόν, *having deceived him in all things,* 1, 3, 10; μηδὲν ψεύδεσθαι, *to deceive in nothing,* 1, 9, 7.

ψηφίζομαι, -ίσομαι or **-ιοῦμαι, ἐψηφισάμην, ἐψήφισμαι,** (ψῆφος) *to give one's vote with a pebble, to vote,* w. infin. 1, 4, 15; w. acc. and infin. 3, 2, 31; w. acc. ἃ εἴρηκε ψηφίσασθαι, *to sanction by vote what he has spoken,* 3, 2, 33.

ψῆφος, ου, 2, decl. f. used for voting, hence *a vote.*

ψιλός, ή, όν, (ψίω = ψάω *to rub*) *rubbed, bare,* χώρα, 1, 5, 5: ψιλὴν ... κεφαλήν, *having his head bare,* i. e. *without helmet,* but wearing probably a tiara, 1, 8, 6; *without defensive armor, light-armed,* 3, 3, 7.

ψιλόω, ῶ, -ώσω, (ψιλός) *to rub off, to make bare;*—pass. *to be left bare, to be deserted,* w. gen. 1, 10, 13.

ψυχή, ῆς, ἡ, (ψύχω, *to breathe*) *breath, life, heart, soul,* 3, 1, 23 and 42; 3, 2, 20.

ψῦχος, εος, ους, τό, (ψύχω, *to breathe, blow, make cool*) *cold;* plur. ψύχη, *cold,* 3, 1, 23.

Ω

ὦ, a particle often prefixed to the vocative, less emphatic than the Eng. *O!* hence often omitted in the translation.

ὧδε, adv. (ὅδε) *thus, so, in this manner;* often, *as follows* (cf. οὕτως), *in the following manner,* 1, 5, 10; ὧδέ πως, *somehow as follows,* 1, 7, 9.

ὠθέω, ῶ, ὤσω, (ὠθήσω, not in Att. prose), ἔωσα, (ἔωκα, not Att.), ἔωσμαι, ἐώσθην, to push; mid. to push from one's self, or for one's own sake, in gen. to push, to thrust, τινὰ ἔκ τινος, 3, 4, 48.

ὠμός, ή, όν, raw, not cooked; of character, cruel, savage, 2, 6, 12.

ὦμος, ου, ὁ, the shoulder.

ὠνέομαι, οῦμαι, -ήσομαι, impf. w. syllab. aug. ἐωνούμην, aor. ἐπριάμην, pf. pass. or mid. ἐώνημαι, aor. pass. ἐωνήθην, to buy, to purchase: mid. ὠνουμένους ἕξειν τὰ ἐπιτήδεια, to have provisions by purchasing (them), 2, 3, 27; cf. 3, 1, 20.

ὤνιος, α, ον, (ὦνος value, ὠνέομαι) for sale: τὰ ὤνια, wares (offered for sale in the market-place), 1, 2, 18.

Ὦπις, ιδος, ή, Opis, a large city of Assyria at the confluence of the Physcus with the Tigris, 2, 4, 25.

ὥρα, ας, ἡ, time, a fitting time, w. infin. 1, 3, 11; ὥρα, sc. ἐστίν, 1, 3, 12; a time of the year, 2, 3, 13; plur. ὧραι, the seasons, 1, 4, 10; time of day, hour, 3, 5, 18.

ὡραῖος, αία, αῖον, (ὥρα) seasonable; in the bloom of youth, 2, 6, 28.

ὥς, adv. (ὅς, ὁ, as demonst. pron.) = οὕτως, thus: οὐδ' ὥς, not even thus, 1, 8, 21; 3, 2, 23. Notice the accent as distinguishing it from ὡς proclitic.

ὡς, (1) As relative adv. how, as, in what manner: ὡς ἐγένετο, how it took place, 1, 6, 5; ὡς ... ἐδόκουν, as they seemed, 1, 4, 7 and often; before a particip. it represents the meaning of the particip. as subjective, i. e. as thought, felt, or uttered by some person; and may be rendered as if, as though, apparently. on the ground that, saying that, thinking that, intending, and other similar expressions. H. 795. e. K. § 312. 6. L. G. ὡς ἀποκτενῶν, 1, 1, 3, as if to put (him) to death, apparently to, etc.; or, giving out that he would put him to death, declaring that, etc.; ἀποκτενῶν without ὡς would mean, to put (him) to death, denoting the simple, unqualified purpose: ὡς ἐπιβουλεύοντος Τισσαφέρνους, on the ground that Tissaphernes was plotting, etc. 1, 1, 6; cf. 1, 1, 11;—in a similar way, without any particip. expressed, ὡς φίλον, as a friend, supposing him to be a friend, 1, 1, 2; before a prep., ὡς ἐπί, as if against, 1, 2, 4;—so also, with the superlative, to denote that it is not to be understood absolutely, but according to the modifying force of circumstances: ὡς τάχιστα, as quickly as possible, as quickly as circumstances would admit of, 1, 3, 14 and often; —with numerals, ὡς denotes that the number is not to be taken with absolute exactness, but as approximate, and may be rendered, about: ὡς δισχίλιοι, about six thousand, 1, 6, 1; it has a similar force in the phrases, ὡς ἐπὶ τὸ πολύ, for the most part, generally, 3, 1, 42; ὡς ἐπὶ τὸ πλεῖστον, for the most part, generally.—(2) As conjunc. (a) Declarative = ὅτι, that, ὡς ἐπιβουλεύοι, (saying) that he was plotting, etc. 1, 1, 3 and often. (b) Final, denoting purpose: ὡς μηκέτι δέῃ, that or in order that it may no longer be necessary, 1, 6, 9. Often w. the infin. = ὥστε, denoting purpose or result, so as, so that, 1, 5, 10. (c) Causal, because, since, 2, 4, 17. (d) Temporal, as, when, 1, 8, 18 and 25.— (3) As prep. w. acc. = πρός, to; but is used only before the names of persons: ὡς βασιλέα, to the king, 1, 2, 4; 2, 3, 29.

ὡσαύτως, adv. (ὡς, αὕτως even so, just so) just so, in like manner, 3, 2, 23.

ὡσεί = ὡς εἰ, as if.

ὥσπερ, adv. a strengthened form of ὡς, just as, 1, 4, 12; just as if, w. particip. 1, 3, 16.

ὥστε, conjunc. (1) w. the indic. denoting a fact, that, so that, consequently, 1, 3, 10; 1, 7, 7: τοσοῦτον ... ὥστε, so much (space) ... that, 3, 4, 37.—(2) w. the infin. denoting comm. a conception, so as: ὥστε ἑλεῖν, so as to take, 1, 4, 8; so that, ὥστε ... αὐτούς, so that they might never be able, etc. 1, 6, 2; denoting an actual result, 1, 5, 13; 2, 4, 26; sometimes it may be rendered, on condition that: πονεῖν ὥστε πολεμεῖν, to toil on condition that he may engage in war, 2, 6, 6. Also used w. the particip. in the sense of ὡς.

ὠτειλή, ῆς, ἡ, a mark from a wound, a scar, 1, 9, 6.

ὠτίς, ίδος, ἡ, (οὖς, an ear) a kind of bustard with long ear-feathers, prob. our great bustard, 1, 5, 2, ff.

ὄφελε, O that, would that: ὄφελε ... ζῆν, would that Cyrus were alive, 2, 1, 4. See ὀφείλω.

ὠφελέω, ῶ, -ήσω, (ὄφελος) to benefit, to assist, w. acc. 1, 1, 9; 1, 3, 4.

ὠφέλιμος, ον, also η, ον, (ὠφελέω) useful, beneficial, profitable, 1, 6, 2.

ADDENDA.

ἀγαπάω, ῶ, -ήσω, (ἄγαμαι) to love, to esteem, 1, 9, 29. Syn. φιλέω, to love; ἄγαμαι, to esteem: ἀγαπάω includes both ideas.

ἀναγκάζω, -άσω, (ἀνάγκη) to force, compel; pass. 3, 3, 12.

ἀναμένω, f. -μενῶ, (ἀνά, μένω) to wait for, w. acc. 3, 1, 14.

ἀναρπάζω, -άσω, (ἀνά, ἁρπάζω) to snatch up, to take (as plunder), 1, 3, 14.

ἀναχωρέω, ῶ, -ήσω, (ἀνά, χωρέω) to move back, withdraw, 3, 3, 13.

Ἀρκάς, άδος, ὁ, an Arcadian.

ἀφικνέομαι, -οῦμαι, (ἀπό, ἱκνέομαι, -οῦμαι, ἵξομαι, ἷγμαι, ἱκόμην to come or go), to come or go from, to arrive: ἀφικνεῖτο πρὸς αὐτόν, came to him, 1, 1, 5; εἰς Σάρδεις αὐτῷ ἀφ-, 1, 2, 4; παρὰ Κῦρον ἀφ-, 1, 2, 12.

βασιλεύω, -εύσω, (βασιλεύς) to be king, to reign, 1, 1, 4.

γελάω, ῶ, γελάσομαι, ἐγέλασα; pass. aor. ἐγελάσθην, to laugh, 2, 1, 13.

γόνυ, γόνατος, τό, a knee; plur. τὰ γόνατα, 1, 5, 13.

διακόσιοι, αι, α, two hundred.

δρέπανον, ου, τό, a scythe, 1, 8, 10.

εἰσέρχομαι, (εἰς, ἔρχομαι wh. see) to go into, to enter, 1, 2, 21.

Ἑλλάς, άδος, ἡ, Greece, Hellas.

ἔξειμι, (ἐξ, εἶμι, wh. see) to go out of, go forth, 3, 5, 13.

ἑπτακαίδεκα, (ἑπτά, καί, δέκα) seventeen.

εὐώδης, ες, (εὖ, ὄζω to smell) fragrant, 1, 5, 1.

Θεόπομπος, ου, ὁ, (θεός, πομπός an escort, πέμπω) Theopompus, 2, 1, 12.

θηρεύω, -εύσομαι (= θηράω, wh. see) to hunt, 1, 2, 7; to catch, 1, 2, 13.

κατανοέω, ῶ, -ήσω, (κατά, νοέω, νοῦς) to fix the mind on, to observe, 1, 2, 4.

κοιμάω, ῶ, -ήσω, (akin to κεῖμαι, Lat. cumbo, cubo) to lull to sleep; pass. w. f. mid. to fall asleep, 2, 1, 1.

κτῆμα, ατος, τό, (κτάομαι) a thing acquired; comm. plur. possessions, 2, 6, 24. Cf. χρῆμα.

κτῆνος, εός, ους, τό, (κτάομαι) a possession; comm. plur. τὰ κτήνη, possessions, esp. cattle, 3, 1, 19.

Λάκων, -ωνος, ὁ, a Laconian.
λευκός, ή, όν, (λεύσσω, to see: cf.
Lat. luceo, lux) bright, white, 1, 8, 8.

μελετηρός, ή, όν, (μελετάω, μέλει)
practiced, expert; comp. -ότερος,
sup. -ότατος, 1, 9, 5.

μιμέομαι, -οῦμαι, -ήσομαι, -ησάμην,
(μῖμος, an imitator, Eng. mime) to
imitate, 3, 1, 36.

ξύλινος, ίνη, ινον (ξύλον) wooden,
2, 1, 6.

ὁδοποιέω, ῶ, -ήσω (ὁδός, ποιέω) to
make a road, 3, 2, 24.

οἶδα, (Il. 409. 6. K. § 143.) f. εἴσομαι, plupf. as impf. ᾔδειν, to know, 1, 3, 5 & 10.

οἴκοθεν, adv. (οἶκος, -θεν from) from home, 3, 1, 4.

οὖς, ὠτός, τό, an ear, 3, 1, 31.

οὐχί, strengthened form of οὐ, 3, 1, 13.

ὀφθαλμός, οῦ, ὁ, (akin to ὄψομαι) an eye, 1, 9, 13.

παντελής, ές, (πᾶς, τέλος) all-complete; adv. -ῶς, completely, wholly, 2, 2, 11.

Παφλαγών, όνος, ὁ, a Paphlagonian; as adj. 1, 8, 5.

πεζός, ή, όν, (πέζα Doric = πούς)

on foot: δύναμις πεζή, foot-forces, 1 3, 12.

Περσικός, ή, όν, Persian.

πέτρα, ας, ἡ, a rock, 1, 4, 4.

πλατύς, εῖα, ύ, broad, wide; comp -ύτερος, sup. -ύτατος, 3, 4, 22.

πλησιάζω, -άσω, (πλησίος, near) to draw near, 1, 5, 2.

πλούσιος, ία, ιον, (πλοῦτος, wealth) rich; comp. -ώτερος, sup. -ώτατος, 1, 9, 16.

πλουτέω, ῶ, -ήσω, (πλοῦτος, wealth) to be rich, 2, 6, 21.

πρόσειμι, (πρός, εἶμι wh. see) to come or go to: ἔτυχε προσιών, happened to be coming up, was just then coming up, 1, 5, 14.

Πυθαγόρας, ου, ὁ, Pythagoras.

Ῥόδιος, ία, ιον, Rhodian; as subst. a Rhodian.

σάλπιγξ, -ιγγος, ἡ, a trumpet, 3, 4, 4.

στρατιά, ᾶς, ἡ, an army, 1, 2, 12.
στρατός, οῦ, ὁ, an army, 1, 5, 7.

φιλικός, ή, όν, (φίλος, φιλέω) friendly; adv. -κῶς, 2, 5, 27: cf. διάκειμαι.

Φοινίκη, ης, ἡ, Phœnicia.

χάλκεος, έα, εον, contr. χαλκοῦς, ῆ, οῦν, (χαλκός) of copper, bronze, or brass, brazen, 1, 2, 16.

THE END.

D. APPLETON & CO.'S PUBLICATIONS.

The Works of Horace.
With English Notes, for the use of Schools and Colleges. By J. I. LINCOLN, Professor of the Latin Language and Literature in Brown University. 12mo, 575 pages.

The text of this edition is mainly that of Orelli, the most important readings of other critics being given in foot-notes. The volume is introduced with a biographical sketch of Horace and a critique on his writings, which enable the student to enter intelligently on his work. Peculiar grammatical constructions, as well as geographical and historical allusions, are explained in notes, which are just full enough to aid the pupil, to excite him to gain a thorough understanding of the author, and awaken in him a taste for philological studies, without taking all labor off his hands. While the chief aim has been to impart a clear idea of Latin Syntax as exhibited in the text, it has also been a cherished object to take advantage of the means so variously and richly furnished by Horace for promoting the poetical taste and literary culture of the student.

From an article by PROF. BAHR, *of the University of Heidelberg, in the Heidelberg Annals of Literature.*

"There are already several American editions of Horace, intended for the use of schools; of one of these, which has passed through many editions, and has also been widely circulated in England, mention has been formerly made in this journal; but that one we may not put upon an equality with the one now before us, inasmuch as this has taken a different stand-point, which may serve as a sign of progress in this department of study. The editor has, it is true, also intended his work for the use of schools, and has sought to adapt it, in all its parts, to such a use; but still, without losing sight of this purpose, he has proceeded throughout with more independence. In the preparation of the Notes, the editor has faithfully observed the principles (laid down in his preface); the explanations of the poet's words commend themselves by a compressed brevity which limits itself to what is most essential, and by a sharp precision of expression; and references to other passages of the poet, and also to grammars, dictionaries, etc., are not wanting."

Sallust's Jugurtha and Catiline.
With Notes and a Vocabulary. By NOBLE BUTLER and MINARD STURGIS. 12mo, 397 pages.

The editors have spent a vast amount of time and labor in correcting the text, by a comparison of the most improved German and English editions. It is believed that this will be found superior to any edition hitherto published in this country. In accordance with their chronological order, the "Jugurtha" precedes the "Catiline." The Notes are copious and tersely expressed; they display not only fine scholarship, but (what is quite as necessary in such a book) a practical knowledge of the difficulties which the student encounters in reading this author, and the aids that he requires. The Vocabulary was prepared by the late WILLIAM H. G. BUTLER. It will be found an able and faithful performance.

D. APPLETON & CO.'S PUBLICATIONS.

Virgil's Æneid.

With Explanatory Notes. By HENRY S. FRIEZE, Professor of Latin in the State University of Michigan. Illustrated. 12mo, 598 pages.

The appearance of this edition of Virgil's Æneid will, it is believed, be hailed with delight by all classical teachers. Neither expense nor pains have been spared to clothe the great Latin epic in a fitting dress. The type is unusually large and distinct, and errors in the text, so annoying to the learner, have been carefully avoided. The work contains eighty-five engravings, which delineate the usages, costumes, weapons, arts, and mythology of the ancients with a vividness that can be attained only by pictorial illustrations. The great feature of this edition is the scholarly and judicious commentary furnished in the appended Notes. The author has here endeavored not to show his learning, but to supply such practical aid as will enable the pupil to understand and appreciate what he reads. The notes are just full enough, thoroughly explaining the most difficult passages, while they are not so extended as to take all labor off the pupil's hands. Properly used, they cannot fail to impart an intelligent acquaintance with the syntax of the language. In a word, this work is commended to teachers as the most elegant, accurate, interesting, and practically useful edition of the Æneid that has yet been published.

From JOHN H. BRUNNER, President of Hiwasse College.

"The typography, paper, and binding of Virgil's Æneid, by Prof. Frieze, are all that need be desired; while the learned and judicious notes appended, are very valuable indeed."

From Principal of Piedmont (Va.) Academy.

"I have to thank you for a copy of Prof. Frieze's edition of the Æneid. I have been exceedingly pleased in my examination of it. The size of the type from which the text is printed, and the faultless execution, leave nothing to be desired in these respects. The adherence to a standard text throughout, increases the value of this edition."

From D. G. MOORE, Principal U. High School, Rutland.

"The copy of Frieze's 'Virgil' forwarded to me was duly received. It is so evidently superior to any of the other editions, that I shall unhesitatingly adopt it in my classes."

D. APPLETON & CO.'S PUBLICATIONS.

Select Orations of M. Tullius Cicero:

With Notes, for the use of Schools and Colleges. By E. A. JOHN-
SON, Professor of Latin in the University of New York. 12mo,
459 pages.

This edition of Cicero's Select Orations possesses some special advantages for the student which are both new and important. It is the only edition which contains the improved text that has been prepared by a recent careful collation and correct deciphering of the best manuscripts of Cicero's writings. It is the work of the celebrated Orelli, Madvig, and Klotz, and has been done since the appearance of Orelli's complete edition. The Notes, by Professor Johnson, of the New York University, have been mostly selected, with great care, from the best German authors, as well as the English edition of Arnold.

From THOMAS CHASE, *Tutor in Latin in Harvard University.*

"An edition of Cicero like Johnson's has long been wanted; and the excellence of the text, the illustrations of words, particles, and pronouns, and the explanation of various points of construction and interpretation, bear witness to the Editor's familiarity with some of the most important results of modern scholarship, and entitle his work to a large share of public favor."

"It seems to us an improvement upon any edition of these Orations that has been published in this country, and will be found a valuable aid in their studies to the lovers of classical literature."—*Troy Daily Whig.*

Cicero de Officiis:

With English Notes, mostly translated from ZUMPT and BONNELL. By
THOMAS A. THACHER, of Yale College. 12mo, 194 pages.

In this edition, a few historical notes have been introduced in cases where the Dictionary in common use has not been found to contain the desired information; the design of which is to aid the learner in understanding the contents of the treatises, the thoughts and reasoning of the author, to explain grammatical difficulties, and inculcate a knowledge of grammatical principles. The Editor has aimed throughout to guide rather than carry the learner through difficulties; requiring of him more study, in consequence of his help, than he would have devoted to the book without it.

From M. L. STOEVER, *Professor of the Latin Language and Literature in Pennsylvania College.*

"I have examined with much pleasure Prof. Thacher's edition of Cicero de Officiis, and am convinced of its excellence. The Notes have been prepared with great care and good judgment. Practical knowledge of the wants of the student has enabled the Editor to furnish just the kind of assistance required; grammatical difficulties are removed, and the obscurities of the treatise are explained, the interest of the learner is elicited, and his industry directed rather than superseded. There can be but one opinion with regard to the merits of the work, and I trust that Professor Thacher will be disposed to continue his labors so carefully commenced, in this department of classical learning."

D. APPLETON & CO.'S PUBLICATIONS.

Lincoln's Livy.

Selections from the first Five Books, together with the Twenty-First and Twenty-Second Books entire; with a Plan of Rome, a Map of the passage of Hannibal, and English Notes for the use of Schools. By J. L. LINCOLN, Professor of the Latin Language and Literature in Brown University. 12mo, 329 pages.

The publishers believe that in this edition of Livy a want is supplied which has been universally felt; there being previous to this no American edition furnished with the requisite aids for the successful study of this Latin author. The text is chiefly that of Alschefski, which is now generally received by the best critics. The notes have been prepared with special reference to the grammatical study of the language, and the illustration of its forms, constructions, and idioms, as used by Livy. They will not be found to foster habits of dependence in the student, by supplying indiscriminate translation or unnecessary assistance; but come to his help only in such parts as it is fair to suppose he cannot master by his own exertions. They also embrace all necessary information relating to history, geography, and antiquities.

Lincoln's Livy has been highly commended by critics, and is used in nearly all the colleges in the country.

From PROF. ANDERSON, *of Waterville College.*

"A careful examination of several portions of your work has convinced me that, for the use of students, it is altogether superior to any edition of Livy with which I am acquainted. Among its excellences you will permit me to name the close attention given to particles, to the subjunctive mood, the constant reference to the grammars, the discrimination of words nearly synonymous, and the care in giving the localities mentioned in the text. The book will be hereafter used in our college."

Beza's Latin Version of the New Testament.

12mo, 291 pages.

The now-acknowledged propriety of giving students of languages familiar works for translation—thus adopting in the schools the mode by which the child first learns to talk—has induced the publication of this new American edition of Beza's Latin Version of the New Testament. Ever since its first appearance, this work has kept its place in the general esteem; while more recent versions have been so strongly tinged with the peculiar views of the translators as to make them acceptable to particular classes only. The editor has exerted himself to render the present edition worthy of patronage by its superior accuracy and neatness; and the publishers flatter themselves that the pains bestowed will insure for it a preference over other editions.

D. APPLETON & CO.'S PUBLICATIONS.

Cæsar's Commentaries on the Gallic War.

With English Notes, Critical and Explanatory; a Lexicon, Geographical and Historical Indexes, a Map of Gaul, etc. By Rev. J. A. SPENCER, D. D. 12mo, 408 pages.

In the preparation of this volume, great care has been taken to adapt it in every respect to the wants of the young student, to make it a means at the same time of advancing him in a thorough knowledge of Latin, and inspiring him with a desire for further acquaintance with the classics of the language. Dr. Spencer has not, like some commentators, given an abundance of help on the easy passages, and allowed the difficult ones to speak for themselves. His Notes are on those parts on which the pupil wants them, and explain, not only grammatical difficulties, but allusions of every kind in the text. A well-drawn sketch of Cæsar's life, a Map of the region in which his campaigns were carried on, and a Vocabulary, which removes the necessity of using a large dictionary and the waste of time consequent thereon, enhance the value of the volume in no small degree.

Quintus Curtius :

Life and Exploits of Alexander the Great. Edited and illustrated with English Notes. By WILLIAM HENRY CROSBY. 12mo, 385 pages.

Curtius's History of Alexander the Great, though little used in the schools of this country, in England and on the Continent holds a high place in the estimation of classical instructors. The interesting character of its subject, the elegance of its style, and the purity of its moral sentiments, ought to place it at least on a par with Cæsar's Commentaries or Sallust's Histories. The present edition, by the late Professor of Latin in Rutgers College, is unexceptionable in typography, convenient in form, scholarly and practical in its notes, and altogether an admirable text-book for classes preparing for college.

From PROF. OWEN, of the New York Free Academy.

"It gives me great pleasure to add my testimonial to the many you are receiving in favor of the beautiful and well-edited edition of Quintus Curtius, by Prof. Wm. Henry Crosby. It is seldom that a classical book is submitted to me for examination, to which I can give so hearty a recommendation as to this. The external appearance is attractive; the paper, type, and binding, being just what a text-book should be, neat, clear, and durable. The notes are brief, pertinent, scholar-like, neither too exuberant nor too meagre, but happily exemplifying the golden mean so desirable and yet so very difficult of attainment."

D. APPLETON & CO.'S PUBLICATIONS.

Arnold's Greek Course.

Revised, Corrected, and Improved, by the Rev. J. A. SPENCER, D. D., late Professor of Latin and Oriental Languages in Burlington College, N. J.

FIRST GREEK BOOK, on the Plan of the First Latin Book. 12mo, 254 pages.
PRACTICAL INTRODUCTION TO GREEK PROSE COMPOSITION. 12mo, 237 pages.
SECOND PART TO THE ABOVE. 12mo, 248 pages.
GREEK READING BOOK. Containing the substance of the Practical Introduction to Greek Construing, and a Treatise on the Greek Particles; also, copious selections from Greek Authors, with Critical and Explanatory English Notes, and a Lexicon. 12mo, 618 pages.

A complete, thorough, practical, and easy Greek course is here presented. The beginner commences with the "First Book," in which the elementary principles of the language are unfolded, not in abstract language, difficult both to comprehend and to remember, but as practically applied in sentences. Throughout the whole, the pupil sees just where he stands, and is taught to use and apply what he learns. His progress is, therefore, as rapid as it is intelligent and pleasant. There is no unnecessary verbiage, nor is the pupil's attention diverted from what is really important by a mass of minor details. It is the experience of teachers who use this book, that with it a given amount of Greek Grammar can be imparted to a pupil in a shorter time and with far less trouble than with any other text-book.

The "First Book" may with advantage be followed by the "Introduction to Greek Prose Composition." The object of this work is to enable the student, as soon as he can decline and conjugate with tolerable facility, to translate simple sentences after given examples and with given words; the principles employed being those of imitation and very frequent repetition. It is at once a Syntax, a Vocabulary, and an Exercise-book. The "Second Part" carries the subject further, unfolding the most complicated constructions, and the nicest points of Latin Syntax. A Key is provided for the teacher's use.

The "Reader," besides extracts judiciously selected from the Greek classics, contains valuable instructions to guide the learner in translating and construing, and a complete exposition of the particles, their signification and government. It is a fitting sequel to the earlier parts of the course, everywhere showing the hand of an acute critic, an accomplished scholar, and an experienced teacher.

From the REV. DR. COLEMAN, *Professor of Greek and Latin, Princeton, N. J.*

"I can, from the most satisfactory experience, bear testimony to the excellence of your series of Text-Books for Schools. I am in the daily use of Arnold's Latin and Greek Exercises, and consider them decidedly superior to any other Elementary Works in those languages."

D. APPLETON & CO.'S PUBLICATIONS.

Short and Comprehensive Greek Grammar.

By J. T. CHAMPLIN, Professor of Greek and Latin in Waterville College. 12mo, 208 pages.

In compiling this Grammar, Professor Champlin has drawn upon the best critics and grammarians, and with the results of his research has interwoven much original matter suggested during several years' experience in teaching, and editing Greek authors. His design is to exhibit the essential facts and principles of the language in the clearest, briefest, and most practicable form possible. With this view, all theories and complications belonging to general grammar have been avoided, and only their results used. The amplification and illustration of principles have been carried only so far as is necessary to their comprehension. In this way all the real wants of the Greek student are met, while his attention is not distracted by unnecessary and embarrassing details. Materials for oral exercises are supplied, and a sketch of Greek versification is given in an appendix.

From the Rev. Mr. ANDERSON, New Orleans.

"I believe the author has fully accomplished what he proposes in his preface. To those wishing to study Greek, I am satisfied he has presented a book which will much tend to simplify the study to beginners; and at the same time, without being too voluminous, presents as lucid and full an exposition of the principles of the language as can be contained within so small a compass."

Kuhner's Greek Grammar:

Translated by Professors EDWARDS and TAYLOR. Large 12mo, 620 pages.

Kühner's is universally acknowledged to be the most accurate, comprehensive, clear, and practical grammar of the Greek language now extant. It is the work of one who devoted his life to Greek philology, and spent years of patient labor in perfecting this work. Too full and learned for the beginner, it is just what is needed for the college curriculum, containing all that a book of reference should contain. The student will never appeal to its pages in vain. In fulness of illustration, copiousness of reference, and philosophical analysis of the various forms of language, it is unsurpassed, we might say unequalled.

The present translation is made by two distinguished American scholars, who have revised the whole, verified the references, and appended an original treatise of their own on Greek versification. As now presented to the public, it is believed to be as perfect a grammar of the Greek language as enlightened research and profound scholarship can produce.

D. APPLETON & CO.'S PUBLICATIONS.

Greek Ollendorff;

Being a Progressive Exhibition of the Principles of the Greek Grammar. By ASAHEL C. KENDRICK, Professor of the Greek Language and Literature in the University of Rochester. 12mo, 371 pages.

The present work is what its title indicates, strictly an *Ollendorff*, and aims to apply the methods which have proved so successful in the acquisition of the modern languages to the study of Ancient Greek, with such differences as the different genius of the Greek, and the different purposes for which it is studied, suggest. It differs from the modern Ollendorffs in containing Exercises for reciprocal translation, in confining them within a smaller compass, and in a more methodical exposition of the principles of language.

The leading object of the author was to furnish a book which should serve as an *introduction* to the study of Greek, and precede the use of any grammar. It will therefore be found, although not claiming to embrace all the principles of the Grammar, yet complete in itself, and will lead the pupil, by insensible gradations, from the simpler constructions to those which are more complicated and difficult. The exceptions, and the more idiomatic forms, it studiously avoids, aiming only to exhibit the regular and ordinary usages of the language as the proper starting-point for the student's further researches.

In presenting these, the author has aimed to combine the strictest accuracy with the utmost simplicity of statement. His work is therefore adapted to a younger class of pupils than have usually engaged in the study of Greek, and will, it is hoped, win to the acquisition of that noble tongue many in our academies and primary schools who have been repelled by the less simple character of our ordinary text-books.

Exercises in Greek Composition.

Adapted to the First Book of Xenophon's Anabasis. By JAMES R. BOISE, Professor of Greek in the University of Michigan. 12mo, 185 pages.

These Exercises consist of easy sentences, similar to those in the Anabasis, having the same words and constructions, and are designed by frequent repetition to make the learner familiar with the language of Xenophon. Accordingly, the chapters and sections in both are made to correspond. No exercises can be more improving than those in this volume; obliging the student as they do, by analysis and synthesis, to master the constructions employed by one of the purest of Greek writers, and imbuing him with the spirit of one of the greatest historians of all antiquity.

D. APPLETON & CO.'S PUBLICATIONS.

Xenophon's Anabasis:

With Explanatory Notes for the use of Schools and Colleges in the United States. By JAMES R. BOISE, Professor of Greek in the University of Michigan. 12mo, 393 pages.

A handsome and convenient edition of this great classic, really adapted to the wants of schools, has long been needed; the want is here met by Prof. Boise in a manner that leaves nothing to be desired. Decidedly the best German editions, whether text or commentary be considered, have appeared within the last few years; and of these Mr. Boise has made free use; while, at the same time, he has not lost sight of the fact that the classical schools of this country are behind those of Germany, and that simpler and more elementary explanations are therefore often necessary in a work prepared for American schools. Nothing has been put in the notes for the sake of a mere display of learning—pedantry is out of place in a school-book; and nothing has been introduced by way of comment except what can be turned to practical use by the reader.

An historical Introduction, which will enable the pupil to enter on his task intelligently, is prefixed. An abundance of geographical information, embodying the latest discoveries of travellers, is supplied; and the whole is illustrated with Kiepert's excellent map, showing the entire route of the ten thousand on their retreat.

The First Three Books of Anabasis:

With Explanatory Notes and References to Hadley and Kühner's Greek Grammars, and to Goodwin's Greek Moods and Tenses. A copious Greek-English Vocabulary, and Kiepert's Map of the Route of the Ten Thousand. 12mo, 268 pages.

Xenophon's Memorabilia of Socrates:

With Notes and an Introduction. By R. D. C. ROBBINS, Professor of Languages in Middlebury College, Vermont. 12mo, 421 pages.

This will be found an exceedingly useful book for College classes. The text is large and distinct, the typography accurate, and the notes judicious and scholarly. Instead of referring the student to a variety of books, few of which are within his reach, the editor has wisely supplied whatever is necessary. An admirable treatise on the Life of Socrates introduces the work, and English and Greek Indexes render it easy to refer to the text and notes.

D. APPLETON & CO.'S PUBLICATIONS.

Plato's Apology and Crito;

With Notes. By W. S. TYLER, Graves Professor of Greek in Amherst College. 12mo, 180 pages.

This edition of the Apology and Crito has been prepared to meet the largely-felt want among students of the Dialogues of Plato, now mostly superseded in Academic Courses. It is in the main an exact reprint of Staullbaum's third edition—though the author has had before him, and used, whenever it seemed best, the editions of Bekker, Forster, Ast, Schleiemacher, and others. The Notes are particularly full and clear; and errors in the text have been guarded against with the very greatest care.

From J. B. GARRITT, Professor of Greek, Hanover (Ind.) College.

"I can most heartily say that I am much pleased with the book. Prof. Tyler seems to have hit the happy medium between too profuse and too scanty notes; and also to have known the *kind* of notes needed in our American institutions, better than the great majority of those who have given us editions of the ancient classics. I have adopted the work this year, in place of the Georgics, and anticipate much pleasure in reading it in connection with the class."

From JACOB COOPER, PH. D., Professor of the Greek Language and Literature in Centre College, Danville, Ky.

"I have examined Prof. Tyler's edition of the 'Apology and Crito,' and am highly pleased with its execution. It bears the marks of the editor's well-known scholarship, and is an acceptable addition to our college text-books. The typography is also accurate and very beautiful. I purpose to introduce it into Centre College."

From ALPHEUS S. PACKARD, Professor of the Greek Language, Bowdoin College.

"I received, a short time since, Plato's Apology and Crito, edited by Prof. Tyler. I am much pleased with the edition, and shall introduce it into my classes as soon as I have opportunity. I have no doubt it will prove a most acceptable addition to the classics read in our colleges."

From W. H. YOUNG, Dept. Anct. Languages, Ohio University, Athens.

"It will meet a pressing want with us, and shall be introduced at once. The type is beautiful indeed, and the earnest teacher of the classics needs no better recommendation of a text-book than the name of Prof. Tyler."

From the New York Observer.

"A valuable service to classical learning and letters in general has been rendered by Prof. Tyler, in giving to the American student this edition of Plato's Apology and Crito. Hitherto, the scholars of our country have had no access to this work of Plato, except in foreign editions, or as in fragmentary form they found it in the old and now obsolete Græca Majora. It is now placed within their reach, in a form both convenient and beautiful, and accompanied by such notes and illustrations as to remove all serious difficulties in ascertaining the meaning of the text. One of the most valuable features of this edition is the introduction, which occupies some forty pages, and contains a clear and scholarly analysis of the Defence of the great philosopher before his judges, who had already determined on his death."

STANDARD CLASSICAL WORKS.

Arnold's Greek Reading Book, containing the Substance of the Practical Introduction to Greek Construing and a Treatise on the Greek Particles; also, copious Selections from Greek Authors, with Critical and Explanatory English Notes, and a Lexicon. 12mo. 618 pages.

Boise's Exercises in Greek Prose Composition. Adapted to the First Book of Xenophon's Anabasis. By JAMES R. BOISE, Prof. of Greek in University of Michigan. 12mo. 185 pages.

Champlin's Short and Comprehensive Greek Grammar. By J. T. CHAMPLIN, Professor of Greek and Latin in Waterville College. 12mo. 206 pages.

First Lessons in Greek; * or, the Beginner's Companion-Book to Hadley's Grammar. By JAMES MORRIS WHITON, Rector of Hopkins's Grammar School, New Haven, Ct. 12mo.

Hadley's Greek Grammar, * for Schools and Colleges. By JAMES HADLEY, Professor in Yale College. 12mo. 366 pages.

———— **Elements of the Greek Grammar.** 12mo.

Herodotus, Selections from; comprising mainly such portions as give a Connected History of the East, to the Fall of Babylon and the Death of Cyrus the Great. By HERMAN M. JOHNSON, D. D., 12mo. 185 pages.

Homer's Iliad, according to the Text of WOLF, with Notes, by JOHN J. OWEN, D. D., LL. D., Professor of the Latin and Greek Languages and Literature in the Free Academy of the City of New York. 1 vol., 12mo. 740 pages.

———— **Odyssey,** according to the Text of WOLF, with Notes by JOHN J. OWEN. Sixteenth Edition. 12mo.

Kuhner's Greek Grammar. Translated by Professors EDWARDS and TAYLOR. Large 12mo. 620 pages.

Kendrick's Greek Ollendorff. * Being a Progressive Exhibition of the Principles of the Greek Grammar. By ASAHEL C. KENDRICK, Prof. of Greek Language in the University of Rochester. 12mo. 371 pages.

Owen's Xenophon's Anabasis. A new and enlarged edition, with numerous references to Kuhner's, Crosby's, and Hadley's Grammars. 12mo.

———— **Homer's Iliad.** 12mo. 750 pages.
———— **Greek Reader.** 12mo.
———— **Acts of the Apostles,** in Greek, with a Lexicon. 12mo.
———— **Homer's Odyssey.** Tenth Edition. 12mo.
———— **Thucydides.** With Map. 12mo. 700 pages.
———— **Xenophon's Cyropædia.** Eighth Edition. 12mo.

Plato's Apology and Crito. * With Notes by W. S. TYLER, Graves Professor of Greek in Amherst College. 12mo. 180 pp.

STANDARD CLASSICAL WORKS.

Thucydides's History of the Peloponnesian War, according to the Text of L. DINDORF, with Notes by JOHN J. OWEN. With Map. 12mo.

Xenophon's Memorabilia of Socrates. With Notes and Introduction by R. D. C. ROBBINS, Professor of Language in Middlebury College. 12mo. 421 pages.

——————— **Anabasis.** With Explanatory Notes for the use of Schools and Colleges. By JAMES R. BOISE, Professor of Greek in the University of Michigan. 12mo. 398 pages.

——————— **Anabasis.** Chiefly according to the Text of L. DINDORF, with Notes by John J. OWEN. Revised Edition. With Map. 12mo.

——————— **Cyropædia,** according to the Text of L. DINDORF, with Notes by JOHN J. OWEN. 12mo.

Sophocles's Œdipus Tyrannus. With Notes for the use of Schools and Colleges. By HOWARD CROSBY, Professor of Greek in the University of New York. 12mo. 138 pages.

HEBREW AND SYRIAC.

Gesenius's Hebrew Grammar. Seventeenth Edition, with Corrections and Additions, by Dr. E. RODIGER. Translated by T. J. CONANT, Professor of Hebrew in Rochester Theological Seminary, New York. 8vo. 361 pages.

Uhlemann's Syriac Grammar. Translated from the German. By ENOCH HUTCHINSON. With a Course of Exercises in Syriac Grammar, and a Crestomathy and brief Lexicon prepared by the Translator. 8vo. 367 pages.

D. APPLETON & CO., 90, 92 & 94 Grand Street, N. Y.,

PUBLISH UPWARD OF

800 SCHOOL TEXT-BOOKS,

Including the Departments of English, Latin, Greek, French, Spanish, Italian, Hebrew, and Syriac; of which a complete

DESCRIPTIVE CATALOGUE

Will be sent, free of postage, to those applying for it.

A single copy for *examination*, of any of the works marked thus *, will be transmitted by mail, postage prepaid, to any *Teacher* remitting one-half of its price. Any of the others will be sent by mail, *postage prepaid*, upon receipt of full retail price.

www.ingramcontent.com/pod-product-compliance
Lightning Source LLC
Chambersburg PA
CBHW021957220426
43663CB00007B/857